인터넷 중독 상담과
정책의 쟁점

인터넷 중독 상담과 정책의 쟁점

발행일 2015년 9월 25일 1쇄 발행

편저 디지털중독연구회
발행인 강학경
발행처 (주)시그마프레스
디자인 김미숙
편집 윤경희
본문 일러스트 강준기
표지 제호 蕙垣 김후분

등록번호 제10-2642호
주소 서울특별시 영등포구 양평로 22길 21 선유도코오롱디지털타워
　　　A401~403호
전자우편 sigma@spress.co.kr
홈페이지 http://www.sigmapress.co.kr
전화 (02)323-4845, (02)2062-5184~8
팩스 (02)323-4197
ISBN 978-89-6866-522-6

＊ 책값은 책 뒤표지에 있습니다.

이 도서의 국립중앙도서관 출판예정도서목록(CIP)은 서지정보유통지원시스템
홈페이지(http://seoji.nl.go.kr)와 국가자료공동목록시스템(http://www.nl.go.
kr/kolisnet)에서 이용하실 수 있습니다.(CIP제어번호 : CIP2015024958)

책머리에

이 책은 '디지털 중독 대응 총서'의 두 번째 책이다. 첫 번째 책과 마찬가지로 이 책에 참여한 필자들도 역시 인터넷 중독의 상담 분야에서 오랫동안 촉(觸)을 갈아 온 분들이다. 상담 전문가는 모름지기 촉이 좋아야 한다. 가수 싸이는 자신의 성공 비결을 지독, 고독, 중독 등 삼독으로 설명한 바 있다. 그는 "지독하게 중독되어 고독한 길을 가다 보면 생각지도 않은 기회가 오게 된다."라고 말했다. 필자는 상담사야말로 삼독인이라고 생각한다. 상담사는 정말 상담밖에 모른다. 상담사는 삼독을 통해 나름대로의 촉을 날카롭게 갈고 또 간다. 촉이 좋은 상담사 앞에 서면 마음 아팠던 사람들은 치유되고, 몰랐던 사람들은 깨닫게 된다.

첫 권에서는 인터넷 중독의 개념과 원인, 역학 실태조사, 중독자의 자아와 인간관계 등을 다루었다. 그 책에서는 이러한 주제를 통해 인터넷 중독의 여러 특징을 살피는 것이 목적이었다. 하지만 인터넷 중독의 상담 방법에 대해 궁금해하는 상담사가 많기 때문에 이 책에서는 다양한 상담 방법을 하나씩 다루기로 하였다. 인터넷 중독 상담의 이론과 기법에 대해서는 국내에 출간된 보고서가 몇 가지 있지만 이를 종합적으로 설명하는 책이 없기에 갈증을 해소하는 데 도움이 될 것이다. 또한 이 책에서는 인터넷 중독에 관련된 국가 정책도 다루고 있는데, 상담 현장에서 사업을 기획하는 사람이나 연구자에게 유익할 것이라고 생각한다. 각 장에 대해 간단히 설명하면 다음과 같다.

한국심리학회장을 역임한 김교헌 교수(제1장)는 인터넷 중독 과정과 탈중독 과정을 맡았다. 김 교수는 인터넷에 중독된다는 것의 의미, 중독의 발달 과정 등에 대해 설명하면서 회복 과정에서 필요한 것이 무엇인지를 풀어냈다. 이론에 기대기보다는 현장의 문제의식에서 증류된 고찰이기에 일반 논문에서는 발견하기 힘든 통찰력을 보여 줄 것이다.

박승민 교수(제2장)는 인터넷 중독 상담의 목표를 주제로 다루었다. 인터넷 중독의 특성을 감안할 때 상담의 목표를 인터넷 사용하기의 단절 혹은 조절 등 어디까지 설정해야 하는지, 고려해야 할 공존질환은 무엇이며 이를 감안할 때 상담 목표를 어떻게 잡고 관리해야 할 것인지를 깊이 있게 설명하였다.

신성만 교수(제3장)는 인터넷 중독의 동기강화상담에 대해 다루었다. 최근 정신건강 관련 상담에서 동기강화상담을 알고자 하는 상담사가 많다. 신 교수는 이러한 요구에 부응하고자 변화에 대한 정의부터 동기의 중요성, 동기강화상담의 역사, 원리, 단계, 기술 등을 상세하게 설명하여 많은 궁금증을 해소해 줄 것이다.

박중규 교수(제4장)는 인터넷 중독의 인지행동치료 기법을 소개하였다. 인지행동치료는 현재 인터넷 중독의 상담과 치유에서 가장 많이 사용되고 있는 기법이다. 따라서 인지행동치료가 인터넷 중독 치료에 어떻게 활용되고 있는지 문헌을 바탕으로 성과를 제시할 뿐만 아니라, 향후 더 발전되어야 할 것도 설명하고 있다.

유영달 교수(제5장)는 인터넷 중독의 다양한 상담 기법을 다루었다. 상담의 기법과 기술은 매우 다양하고 광범위하여 일목요연하게 설명하기가 쉽지 않은데, 유 교수는 이를 분류하는 보다 큰 차원을 다루면서 자연스럽게 인터넷 중독 상담의 기법과 기술을 설명하였다. 인터넷 중독의 이론적 맥락에 대해 궁금해하는 이들에게 도움이 될 것이다.

문현실 원장(제6장)은 인터넷 중독과 개인상담 부분을 담당하였다. 개인상담은 내담자의 아픔과 고통을 치유하고 내적인 성장을 할 수 있도록 지원하는 것이지만 상담사 입장에서는 부담스러운 것이 사실이다. 이 글은 내담자와의 관계 형성, 가정방문상담 등에서 경험하는 난관을 돌파하는 데 좋은 시사점을 줄 것이다.

이화자 교수(제7장)는 인터넷 중독과 가족상담 부분을 담당하였다. 인터넷 중독의 원인이 반드시 가족에게 있는 것은 아닐지라도 치유에서는 가족의 도움이 절대 필요하다. 이 글은 가족상담의 패러다임, 역기능 가족구조의 모습뿐 아니라 인터넷 중독 가족상담의 사례를 들어 설명하여 가족상담의 현장에서 도움이 될 것이다.

강준기 박사(제8장)는 인터넷 중독 치유에서의 대안활동과 예술치료 부분을 다루었다. 많은 사람들은 "인터넷 중독, 그거 그냥 많이 뛰놀고 대안활동하면 되는 거 아닌가?" 하고 묻는다. 미술치료로 왕성한 활약을 하고 있는 강 박사는 삶의 아픔을 치유하는 대안활동과 미술치료에 대해 좋은 상상력을 제시해 준다.

조현섭 교수(제9장)는 서울시에서 운영하는 인터넷 중독 전문 상담센터인 아이윌센터의 센터장으로서 상담센터 운영의 실제 사례를 다루었다. 현재 많은 상담센터가 개설되고 있지만 지속 가능성을 확보하기가 쉽지 않다. 아이윌센터는 정부에서 운영하는 것이긴 하나 상담센터 개설을 목표로 하는 사람들에게 도움이 될 것이다.

제2부에서는 인터넷 중독의 정책에 대해 살펴보았다. 사실 우리나라는 한국형 인터넷 중독 진단척도, 3년 주기의 범부처 마스터플랜 수립, 전문상담사 양성 등 선제적인 국가 정책을 많이 시행하고 있다. 그러나 디지털 기술 환경뿐 아니라 부처 간 정책 거버넌스 환경도 계속 변화되고 있어 정책의 고도화를 계속 추구해야 하기 때문에 이러한 주제를 다루었다.

고영삼 박사(제10장)는 인터넷 중독에 대한 정부 서비스의 전달체계에 대해 다루었다. 주지하듯이 우리나라는 8개 부처가 인터넷 중독 문제에 간여하고 있다. 현재 전 부처가 참여하는 대응협의회가 있어 주기적 미팅을 하고도 있지만, 이 글은 과연 어떤 거버넌스를 구성하는 것이 더 효율적일지 공론장 조성을 위한 첫 문제 제기가 될 수 있을 것이다.

조정문 박사(제11장)는 인터넷 중독의 국가 규제에 대해 다루었다. 학부모들은 자녀의 인터넷 생활에 있어서 사용 시간이나 게임물 등급 등에 대한 정부의 규제를 강하게 요구하고 있다. 이것은 게임 기업의 존망에 부담이 되기 때문에 늘 격전의 현장인 것이 사실이다. 이 글은 국가의 바람직한 규제 방향에 대해 시사점을 줄 것이다.

민웅기 교수(제12장)는 인터넷 문화와 청소년 문화를 설명하였다. 민 교수는 다양한 학자들의 선행 연구를 기반으로 청소년 문화의 특징과 청소년 인터넷 문화의 주요 쟁점을 분석하였다. 인터넷이나 스마트폰에 과도하게 탐닉하는 청소년이 많기 때문에, 청소년 및 디지털 문화에 대해 알고자 하는 상담사에게 큰 도움이 될 것이다.

천성문 교수(제13장)는 인터넷 중독 전문상담사 훈련 정책을 다루었다. 천 교수는 현행 인터넷 중독 전문상담사 양성과정을 국내외 중독 전문가 양성과정이나 정신보건 전문가 양성과 비교하여 비판적으로 분석하면서 전문적 자질을 더 향상할 수 있는 방향 등을 제시하고 있다. 이는 향후 인력 양성 프로그램 구성에 도움이 될 것이다.

한국 사회는 경제 위기의 출구 전략으로서 디지털 기술을 급진적으로 도입함으로써 긍정적인 면 못지않게 부정적인 면 또한 적지 않게 드러나고 있다. 디지털 중독은 우리가 극복해야 할 과정이므로 이 시점에 인터넷 중독 상담사들의 헌신이 더 필요하다. 행(行)은 앎을 통해, 앎은 행을 통해 계속 발전한다. 조금 일찍 시작한 선배로서 행과 앎을 통해 만들어진 촉을 디지털 아픔으로 내방하는 사람들에게 더 나은 상담을 제공하고자 애쓰는 상담사에게 글로 전하고자 하였다. 기대에 얼마나 부응할 수 있을지 한편으로는 두려운 마음도 있다.

봄부터 시작된 편집 · 교정 작업에 (주)시그마프레스의 고영수 부장, 김경임 부장을 비롯한 직원들이 노력을 아끼지 않았다. 어려운 출판 환경에서도 지원을 아끼지 않으신 강학경 대표에게 깊은 감사를 드린다. 첫 권에 이어 이 책에도 강준기 박사가 삽화를 그려 주시고, 서예 미학의 높은 경지를 이루신 혜원(蕙垣) 김후분 선생이 제호의 글씨체를 보내 주셨는데, 두 분에게 존경의 마음을 담아 감사드린다.

2015년 찜통 같은 무더위에
대표 집필자 고영삼

차례

제3장 인터넷 중독과 동기강화상담

신성만 | 한동대학교 상담심리학과

제4장 인터넷 중독과 인지행동치료

박중규 | 대구대학교 재활심리학과

제5장 인터넷 중독의 상담 기법

유영달 | 신라대학교 사회복지학부

제6장 인터넷 중독과 개인상담

문현실 | DM행복심리상담치료센터

제11장 인터넷 중독의 규제와 국가의 역할

조정문 | 한국정보화진흥원

제12장 인터넷 문화와 청소년

민웅기 | 목원대학교 교양교육원

제13장 인터넷 중독 전문가 훈련

천성문 | 경성대학교 교육학과

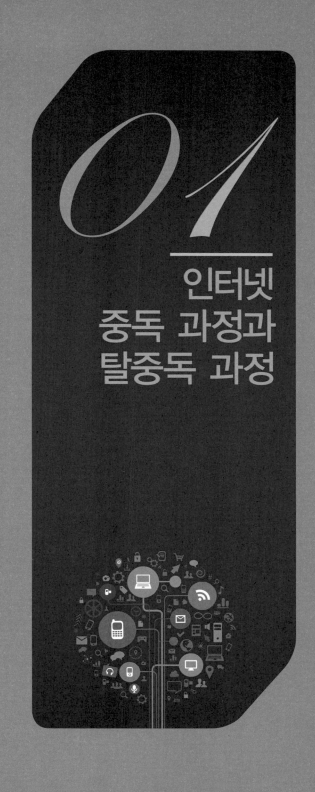

01

인터넷
중독 과정과
탈중독 과정

제1장
인터넷 중독 과정과 탈중독 과정

김교헌 | 충남대학교 심리학과

°° 시작하는 글

– 인터넷 중독, 그 정체가 무엇인가

술이나 마약처럼 물질이 아닌 인터넷을 사용하는 데에도 중독이 될 수 있을까? 그렇다면 스마트폰 사용도 중독이 될까? 인터넷 중독과 스마트폰 중독은 서로 어떻게 비슷하고 어떻게 다를까? 스마트폰 앱도 인터넷 기반 프로그램 아닌가? 인터넷에 중독되면 어떻게 될까? 인터넷과 인터넷 기반 활동의 어떤 특성이 그것을 만들어 활용하는 주인인 인간을 자신의 노예로 만들까? 중독이 되는 과정은 어떻고, 중독에서 회복되는 과정은 어떨까? 중독 과정과 회복 과정을 알면 이를 예방하고 치료하며 재발을 방지하는 데 어떻게 활용할 수 있을까?

인터넷은 새로운 세상을 열었다. 컴퓨터와 통신 기술의 융합을 바탕으로 하는 정보통신 기술의 적장자에 해당하는 인터넷과 인터넷 기반 활동은 현대 인류가 마주하는 생태계를 근본적으로 변화시키고, 그 속에서 살아가는 인간의 욕망 추구 방식과 문화를 혁명적으로 변화시켰다. 세계 곳곳의 사람들과 실시간으로 소통할 수 있고 수많은 정보가 여름 하늘의 뭉게구름처럼 떠다니는 정보화 사회가 되고, 사람들은 이런 생태계 속에서 생존과 번식과 번성의 욕망을 충족시키는 새로운 삶의 양식을 탐험하고 있다. 우리나라는 세계적으로 정보화가 빨리 진행되는 사회이다. 한국 국민 중에서도 젊은 세대가 이런 변화의 영향을 가장 크게 받는다. 이들은 변화를 빨리 받아들이고 기성의 문화와 생활양식에 깊은 물이 덜 들었다. 젊은 세대는 인터넷과 인터넷 기반 생태계를 일부 창조해 가기도 하지만, 다른 한편으로 발 빠른 기성세대가 창조해 내는 인터넷 소비를 강요당하는 연령층이기도 하다.

대학 입시를 위해 비장하게 공부에 매진해야 할 청소년기 아들딸이 인터넷 게임이나 스마트폰 채팅에 시간을 다 보내는 것 같아 부모의 애간장이 탄다. 인터넷 게임 때문에 어린 자녀를 죽음에 이르게 했다거나, 무고한 사람을 해치거나 총기 난사로 군 동료를 죽였다고 전하는 매체의 보도 내용도 간혹 접하게 된다. 인터넷을 통해 야동을 보거나 쇼핑을 하거나 도박을 하느라 자신의 사회적 역할과 장기적인 즐거움을 희생하는 사람들도 적지 않다. 필자 역시 컴퓨터나 스마트폰을 쓰기 시작하면 원래 하려던 일보다는 수많은 다른 유혹에 끌려다니며 시간을 허비하곤 한다. 후회와 함께 '다음에는 그러지 말아야지' 하고 결심을 해도 비슷한 행동을 반복하게 된다.

위의 예에서처럼 인터넷 활동에 지나치게 몰입하여 자신이 해야 할 역할을 제대로 하지 못하거나 건강에 손상이 오거나 남에게 폐해를 끼치는 등의 문제가 발생하면 우리는 흔히 중독이라는 이름을 붙여 설명하려 든다. 지나침과 그 폐해에 대해 손쉽게 중독이라는 이름을 붙여 대응하는 이런 방식이 타당하고 유용한가에 대해 조금 신중하게 고민해 봐야 하지 않을까? 이를 위해서는 중독의 실체가 무엇인지 보다 진지하게 생각해 봐야 한다.

먼저, 어디에 왜 중독된다는 말인가? 인터넷 중독은 인터넷에 중독되는 것인가? 즉 중독 대상이 인터넷인가? 라는 의문을 제기할 필요가 있다. 만약 내가 귀하게 구한 크리스털 술잔이 보기에 좋고 사용하기 편해 그 술잔으로 소주, 보드카, 데킬라를 자주 그리고 많이 마시게 되고, 아내와 가족 혹은 일 없이는 살아도 술 없이는 못 살게 되었다면 크리스털 술잔에 중독되었다고 할 수 있을까? 음주 경험이 조금이라도 있는 사람들은 술잔에 중독되기보다는 알코올이나 알코올을 사용하는 과정, 사용 후의 기분이나 생각과 행동의 변화에 유혹당하는 것임을 잘 알고 있다. 인터넷 중독의 경우도 인터넷 그 자체가 아니라 인터넷을 매개로 하는 게임, SNS, 도박, 쇼핑, 혹은 음란물에 과하게 끌리는 것이다. 그렇다면 인터넷 중독이 아니라 '인터넷 매개' 게임, 사회관계 맺기, 도박, 쇼핑, 음란물 중독이라고 부르는 편이 더 낫다고 생각한다. 보다 근원적으로 중독은 기분의 변화를 비롯해서 이런 활동을 통해 만족을 얻게 되는 특정한 자신의 욕구 충족 방식에 유혹당하는 것이다.

다음으로, 중독 대상의 명칭을 어떻게 하면 좋을까? 인터넷 중독, 인터넷 게임 중독, 인터넷 음란물 중독, PC 중독, 스마트폰 중독, 관계 중독, 성 중독 등 중에서 어떤 명칭을 택하는 것이 다른 것에 비해 왜 더 좋을까를 고려해 볼 필요가 있다. 중독을 포함한 질병(disease)이나 장애(disorder)의 분류와 명명하기는 흔히 원인에 입각한 방식이 가장 좋다고 가정한다. 질병이나 장애의 원인을 명확하게 밝힐 수 있다면 경과와 치료 및 예후에 대한 정보를 확보하여 질병이나 장애의 예방과 치료를 효과적으로 할 수 있기 때문이다. 그런데 중독의 원인은 어느 하나로 규정하기가 매우 어렵다. 흔히 술이나 마약, 인터넷 등의 소비행동을 하는 대상물이 중독의 원인이라고 생각하기 쉽지만, 개인의 유전적 · 생물학적 · 심리적인 취약성 그리고 중독 과정을 조장하는 환경 조건의 영향이 중독의 원인으로 함께 작용한다. 그러나 여러 원인이 동시에 상호작용하더라도 가장 핵심적인 원인이거나, 통제력이 높아서 증상을 조절하기 쉬운 원인을 중심으로 이름을 붙이는 것이 유용할 수 있다. 인터넷 중독이라는 명칭은 이런 점에서 일면 수긍할 만하다.

'인터넷 중독'은 다른 매체나 정보 소통 수단에 비해 인터넷이 가진 매체적 특성이 두드러지고 그 영향이 매우 크다는 점에서 붙은 이름이라고 할 수 있다. 인류가 최근 들어 발명하고 용처를 확장해 나가고 있는 신기술이나 매체가 이를 사용하는 인간에게 너무 매혹적이고 부작용을 동반해서 그에 유혹당해 자기조절의 힘을 잃고 노예가 되는 현상을 명명하고, 설명하고, 대처하려는 시도라고 할 수 있다. 그러나 인터넷은 여전히 도구에 해당하는 크리스털 술잔이다. 매혹적인 술잔에 유혹당할 수도 있겠지만 그 술잔에 부어 마시는 술의 작용에 유혹당하는 경우가 대부분이다.

마찬가지로 우리는 세계 곳곳을 매우 낮은 비용으로 자유로이 넘나드는 인터넷이라는 소통 매체를 통해 구현되는 활동에 유혹된다. 인터넷 게임, 쇼핑, 도박, 정보 검색, 음란행위, 대화, 대인관계 맺기 등의 활동 과정에 유혹당하는 것이다. 보다 근원적으로는 이런 인터넷 활동을 통해 만족되는 욕구 충족 방식에 유혹당하는 것이다. 인터넷 활동은 불안이나 고통을 신속하고 손쉽게 해소하는 일시적 수단일 수도 있고, 신기함이나 재미, 쾌락을 추구하는 욕구 충족 수단일 수도 있고, 일상에서 좌절된 성취나 자존 혹은 권력 욕구를 충족시키는 습관적인 수단일 수도 있다.

여러 사람들이 공동의 주제로 논의를 진행하고 효율적으로 정보를 소통하기 위해서는 어떤 이름을 왜 붙이고 어떻게 사용하려는가에 대한 논의가 선행되어야 한다. 현재 한국 사회에서 인터넷 관련 중독 문제는 이 쟁점에 대한 신중한 논의나 합의가 없어 이로 인한 사회적 손실이 매우 크다. 이런 실태는 대중매체와 학교 등의 지역사회 기관, 정부와 국회뿐만 아니라 연구자와 이를 전문적으로 연구한다는 연구 기관에서도 마찬가지이다. 인터넷 중독, 스마트폰 중독, 온라인 게임 중독, SNS 중독 등 이런 이름이 뒤섞여 혼용된 자료를 학술지 논문과 기관 보고서 등에서 마주하게 된다. 필자는 이 문제에 대한 열린 논의가 무엇보다 우선적으로 이루어져야 한다고 본다. 필자의 잠정적인 제안은 'PC 기반 온라인 게임 중독', '스마트폰 기반 SNS 중독'처럼 인터넷이 구현되는 플랫폼과 활동을 명시하는 명명법을 사용하는 것이다.[1] 이렇게 함으로써 플랫폼과 활동을 함께 고려하고, 이를 통해 충족시키려는 욕구에 대해서도 짐작할 수 있기 때문이다.

인터넷 중독을 보다 세분해서 다룰 필요가 있다면, 이 글의 주제인 인터넷 중독 과정과 탈중독 과정은 논의하기 힘들다는 것인가? 그렇지는 않다. 다양한 인터넷

---

[1] 이에 대한 자세한 논의는 이 글의 범위를 넘어서기 때문에 이를 다루는 다른 기회가 마련되기를 바란다.

매개 활동에 대한 중독과 탈중독 과정에는 상당한 공통점이 있어서 이런 공통점을 바탕으로 이 글의 주제에 대한 논의를 진행해 나갈 수 있다. 뿐만 아니라 인터넷 중독을 넘어서서 다양한 중독 현상에 걸쳐 공통점이 매우 많다는 주장이 등장하고 있다(이를 통칭해서 중독증후군 모형이라 한다. Shaffer, 2012 참조). 최근 발표된 DSM-5(2013)에도 '물질 및 중독 관련 장애'라는 하위 분류체계가 포함되어 중독 현상의 공통점을 공식화하고 있다.[2] 그래서 인터넷 중독을 비롯해 모든 중독 현상에 걸친 공통의 발달 과정과 해체 과정을 논의하는 것이 유용하고 의미 있다고 할 수 있다.

1. 인터넷 중독의 발달 과정을 어떻게 이해할 것인가

1) 양(연속)적 변화인가, 질(계단)적 변화인가

중독의 발달 과정이 양(연속)적 차이인가, 아니면 질(계단)적 차이인가에 대한 논의는 왜 필요할까? 연속적인 변화는 단일 차원의 속성이 양적으로 변화하는 것을 의미하는 반면, 질적 변화는 각 단계별로 서로 이질적인 차원의 새로운 속성이 드러남을 의미한다. 개입을 할 때, 양적 차이라면 해당 속성의 양을 어떻게 조절하느냐의 문제가 되는 반면, 질적 차이라면 각 단계별로 차이가 나는 속성을 어떻게 조절하느냐의 문제가 된다.

많은 심리적 속성의 변화나 발달이 양적인가, 질적인가에 대한 논의가 계속 이어져 오고 있다. 중독의 경우도, 인터넷 중독의 경우도 마찬가지이다. 최근까지 알코올이나 헤로인 등 물질 중독의 경우, 남용(abuse)과 의존(dependence), 정상적인 사용(use)을 질적 차이로 보고 이를 구분해서 다루었다. 도박이나 인터넷 사용의 경우도 물질 사용에 견주어 정상 사용과 남용 및 의존을 질적 차이로 구분하는 경향

---

2 DSM-5에는 '도박'만이 공식 진단범주에 포함되고, '인터넷 게임'의 경우는 차후 연구를 필요로 하는 제3영역에 포함되어 있다.

이 있었다. '남용'은 사용행동으로 인해 무시할 수 없는 일상생활의 부작용과 역할 기능의 손상이 있는데도 불구하고 사용행동을 계속하는 발달 단계를 지칭한다. 이에 반해 '의존'은 신체적 의존성이 발달되어 내성(tolerance)과 금단(withdrawal) 현상이 나타나는 단계를 뜻한다. 흔히 남용 단계를 거쳐 의존 단계로 발달해 간다고 간주한다. 그러나 최근 발표된 DSM-5(2013)에서는 남용과 의존 단계의 구분이 없어지고 가벼운 데서 심각한 수준에 이르는 단계를 구분하는, 양적 차이를 형용사적으로 기술하는 용법으로 바뀌었다. 즉 질적 구분에서 양적 구분으로 변화하였다. 아울러 신체적 의존성의 발달이 중독의 필수 요소가 아님을 천명하였다.

그렇다면 DSM-5에서 질적 구분이 없어진 것인가? 그렇지 않다. 중독에 해당하는 '장애'와 그렇지 않은 '비장애'를 질적으로 구분하지만, 그 구분을 양적 차이에 근거해서(예 : 10개의 주요 증상 중에서 4개 이상) 하는 것이다. 만약 중독의 발달을 양적 차이에 근거해서 구분한다면 그 속성이 무엇일까? 중독을 뇌의 질병으로 보고, 이의 핵심 지표로 신체적 의존성의 발달과 이를 뒷받침하는 증거로 뇌 신경 적응(neuro-adaptation)을 제안하는 주장을 이의 없이 받아들이지 못하는 현 상황에서 이 문제는 매우 중요하다.

필자는 중독의 핵심 속성이 '자기조절의 실패'라고 주장한다(김교헌, 2006; 김교헌 · 최훈석, 2008). 특정한 물질이나 행동을 소비하는 데서 부작용이 발생하고, 이를 자신이나 주위에서 조절하려 하지만 지속적으로 실패하는 현상이 중독의 핵심 차원이라고 보는 것이다. '3C'라는 영문 이니셜로 대표되는 중독의 핵심 증상인 '강박적 집착(compulsion, craving)', '조절의 실패(loss of control)', '부작용에도 불구하고 계속하기(continuation)'는 자기조절 실패의 원인과 현상, 지속을 기술하는 것으로 해석할 수 있다. 질병 개념으로 중독을 보는 입장에서 강조하는 신체적 의존성과 신경적응은 만성적으로 자기조절의 실패를 조장하는 중요한 한 가지 원인 중하나이다. 그러나 자기조절의 실패는 전적으로 신체적 의존성에 의해서만 결정되는 것이 아니다.

2) 중독의 발달 과정을 어떻게 구분하여 다루는가

중독 및 중독의 발달을 자기조절의 실패라는 연속체상에서 구분하려 해도 이해와 소통을 돕기 위해 단계 개념이 필요하다. 끊임없이 이어지는 연속체상에서 자기조절과 실패 과정을 모두 이야기하기는 어렵기 때문이다. 자기조절 실패로서의 중독 과정을 기존의 구분과 대응하여 논의하는 것은 지금까지 축적되어 온 정보를 큰 수정 없이 활용할 수 있다는 점에서 많은 도움이 된다.

필자는 중독의 발달 단계를 '실험적 접촉', '충동적 추구', '강박적 집착'의 단계로 나눈다. 실험적 접촉 단계에서는 개인이 특정한 인터넷 활동에 노출되고, 그 활동을 하면서 기분의 변화를 비롯한 의식의 변화를 경험하며 그 용도를 실험해 나간다. 인터넷 게임이나 카카오톡, 트위터 등의 SNS 활동을 배우고 해 보면서 즐거움을 맛보고 성취나 좌절감을 느끼기도 하며, 접촉하는 상대와 관계를 맺기도 하고, 이로 인해 동료들 사이에서 사회적 지위가 상승하거나 가족과의 마찰을 경험하는 등 다양한 탐색을 한다. 이 과정에서 고통이나 처벌 혹은 비보상보다는 쾌락이나 보상이 더 많은 행동이 더 자주 반복되고 학습되고 습관화된다. 보상은 존재하지 않던 쾌락이 추가되는 형태일 수도 있지만 지속되던 고통이 사라지는 형태가 될 수도 있다.

흔히 중독이 되기 쉬운 활동은 불쾌한 기분이나 통증을 비롯한 고통을 일시적으로 없애 주면서 일상에서는 경험하기 어려운 현저한 쾌락이나 유쾌한 기분을 선사하는 것이다. 이런 활동의 결과는 도파민 활동 경로로 알려져 있는 뇌의 보상중추 활동으로 나타나고 강한 인상의 기억으로 남는다. '사용 단계'라고도 부를 수 있는 실험적 접촉 단계는 대부분의 활동에서 시행착오를 거치면서 계속 유지되거나 보상을 주지 못한다면 개인의 행동 목록에서 사라질 것이다. 그러나 일시적 보상에 유혹당해서 과도하게 몰입하여 일상의 역할 기능을 해치는데도 불구하고 이를 조절하지 못하고 반복하면 충동적 추구 단계로 발달해 간다.

충동적 추구 단계의 핵심 특징은 행동의 부작용을 인식하고 있으면서도 단기적인 이기적 보상의 유혹에 충동적으로 빠지는 것이다. 과도한 인터넷 활동으로 성적이 떨어지거나, 오프라인에서의 대인관계가 손상되거나, 가족이나 사회 규범 혹은 법적 규제와의 마찰이 있음에도 불구하고 과도하게 특정한 인터넷 활동을 반복하는 것이다. 이 과정에서는 개인의 기질적인 충동성 성향과 환경적 스트레스가 중요한 역할을 할 수 있다. 환경적 스트레스로 인한 만성적 고통은 장기적으로 손해를 가져오지만 순간적으로는 고통에서 도피할 수 있는 행동을 충동적으로 선택하게 만든다. 쾌락이라는 보상을 만나면 그것이 초래할 수도 있는 위험성을 사전에 고려하지 못하고 덥석 선택하게 만드는 충동적 기질은 중독 과정의 발달에 거름이 될 수 있다. 이 단계는 기존의 분류에서 '남용 단계'에 상응한다고 할 수 있다.

이 단계의 또 다른 특징은 중독 활동에 대한 자기조절력을 잃는 충동적 추구(흔히 binge라고 표현)와 극단적인 금지 사이를 요동하는 것이다. 폭식이나 폭음이라고 할 때의 '폭'은 영어의 'binge'에 해당한다. 통제력을 잃고 대상 활동에 푹 빠지는 과정도 있지만, 그 과정이 끝나고 나면 크게 후회하면서 앞으로는 그런 과정에 절대 빠지지 않으려고 극단적으로 대상 활동을 끊고 멀리하다가 다시 충동적이고 과도하게 대상 활동을 탐닉하는 과정이 반복된다.

앞의 단계가 '보상(reward)'에 대한 추구라는 동력에 의해 움직이는 특징이 있다면, 강박적 집착의 단계는 '반보상(anti-reward)'으로부터의 탈출이라는 동력에 의해 더 많이 움직이는 특징을 보인다. 인간의 신체는 특정 활동을 과도하게 하면 이에 대해 균형을 잡으려는 반대 과정(opponent process)이 작동하는 것으로 알려져 있다. 처음에는 쾌락을 가져다주던 활동이 차츰 쾌락 효과가 줄어들고 그 활동을 하지 않으면 불쾌해지는 상태로 이동해 간다. 그래서 이제는 보상을 추구하기 위해 인터넷 활동을 하는 것이 아니라 인터넷 활동을 하지 않으면 무기력하고 불유쾌하여 이런 부정적 상태에서 탈출하기 위해 인터넷 활동을 하게 된다.

앞선 단계가 비록 일시적이거나 단기적이기는 하지만 보상에 대한 '충동성(impulsivity)'에 의해 움직인다면, 이 단계에서는 인터넷 활동을 하지 않으면 불유쾌해지기 때문에 이를 탈피하려는 '강박성(compulsivity)'에 의해 활동에 집착하게 된다고 본다. 이 단계는 질병으로서의 중독이나 신체적 의존 개념과 유사하다. 그러나 아편제 등을 수술 후 진통제로 사용하는 사례에서 보듯이 신체적 의존성이 발달한다고 반드시 중독적인 폐해를 초래하는 것이 아님이 밝혀졌고, 신체적 의존성이 발달하지 않고도 강박적 집착 행동이 유발될 수 있다. 즉 신체적 의존성은 중독의 필요조건이나 충분조건이 아니다.

중독증후군 모형(Shaffer, 2012)에서는 다양한 중독 현상에 걸쳐서 공통적으로 진행되어 가는 발달 과정이 있다고 보는데, 이를 '비중독 단계', '병전 중독증후군 단계(pre-morbid addiction syndrome)', '중독증후군 단계(manifestation of addiction syndrome)'로 구분한다.[3] 이런 세 단계의 구분과 필자가 앞에서 제안한 세 단계의 발달 구분은 매우 유사해서 상호 교환하여 사용할 수 있다고 본다.

3) 누가 어디에 경계선을 긋는가

중독을 자기조절 실패라는 단일한 차원에서 양적으로 정의하고 세 가지 발달 단계

---

3 중독증후군 모형에서는 '비중독 단계' 대신 '중독증후군의 원격 선행 요인'이라는 명칭을 사용하고 있지만 이는 중독에만 초점을 두고 붙인 명칭이기 때문에, 이 장에서는 사용(use)의 개념까지를 포함하는 '비중독 단계'라는 명칭을 사용한다.

로 구분한다면, 누가 어떤 증상에 의해서 어디에 경계선을 긋고 어떻게 활용하는 가는 매우 중요한 쟁점이 된다. 생검(autopsy)을 통해 악성 종양인지 그리고 그 크기나 전이의 정도를 보고 암을 진단하는 것과 같이 대다수가 동의할 수 있는 '황금 기준(golden standard)'이 있는 경우라면 경계선을 긋기가 쉽고 논란이 적을 것이다. 그러나 인터넷을 위시한 여러 중독 현상에는 이런 황금 기준이 존재하지 않으니 필연적으로 논란이 있을 수밖에 없다.

신체적 의존성의 발달이라는 기준으로 중독을 정의하던 방식에서는 내성과 금단 증상의 발현이라는 기준으로 중독이나 의존을 정의했다. 신체적 의존성의 발달을 평가하고 진단할 수 있는 전문가인 중독 전문 의사와 정신과 의사, 심리학자가 흔히 경계선을 긋는 책임과 권리를 가진다. 남용의 경우에는 단일한 특성은 아니지만 객관적으로 주목할 만한 개인적 고통이나 역할 기능의 손상 혹은 타인에 대한 피해 등이 기준이 된다. 이 경우에도 평가 기준을 만들고 선을 긋는 사람은 의존의 경우와 유사하다.

일상생활 속에서 인터넷 활용의 기능과 역기능을 예민하게 경험하고, 질병이나 장애 정도로 문제가 심각해지기 전에 그 기미를 파악해서 예방하는 데 초점을 두려는 사람들은 경계선을 보다 아래로 내려서 잡고 싶을 것이다. 부모나 교사, 예방에 일차적 관심을 보이는 의학자나 심리학자, 공중 건강(public health) 관련자, 공공정책의 효율성을 추구하려는 정책 입안자와 집행자 등이 이런 집단에 속할 것이다. 이들은 위험 단계(혹은 고위험군이나 과몰입) 등의 이름으로 인터넷 활동으로 인한 부작용이나 폐해의 기미를 미리 파악해서 예방(보다 특정하게는 2차 예방) 조치를 취하고 싶어 한다. 이와 같이 누가 어디에 선을 긋느냐에 따라 중독의 단계에 대한 정의와 각 단계에 속하는 사람들의 수(질병의 경우는 유병률), 집단별 이해관계가 달라진다.

인터넷 중독과 관련해서 국내외적으로 널리 동의를 받고 있는 평가와 진단을 위한 기준은 매우 부족하거나 아직 거의 없다고 할 수 있다. DSM-5에 인터넷 관련 중독이 포함되지 못한 이유 중 하나도 이런 수렴되는 진단 준거와 실증 연구 결과의 부족으로 알려져 있다. 인터넷 중독의 준거로 제안된 중국 연구자 Tan 등(2010)의 내용과 기준은 다음과 같다. ① 임상적으로 의미가 있는 정도의 기능과 심리·사회적 손상이 초래됨, ② 하루에 적어도 6시간 이상의 필수적이지 않은 인터넷 사용이 3개월 이상 지속된 경과 기준, ③ 정신증적 장애에 기인하지 않아야 하는 배제 기준을 충족하는 동시에, 두 가지 필수 증상(몰두와 금단 증상)과 다섯 가지 증상(내성, 통제력 상실, 부정적인 결과가 초래됨을 인식하고 있음에도 불구하고 계속 사용하기, 인터넷을 제외한 다른 활동에 대한 흥미 상실, 불유쾌한 기분을 완화하거나 도피하기 위해 인터넷 사용하기) 중 하나 이상의 기준을 충족할 것.

영국의 연구자 Griffiths(2005)가 제안하는, 인터넷 사용을 비롯한 행동 중독의 공통 준거도 인터넷 중독을 평가하고 진단하는 기준으로 눈여겨 볼 만하다. 여기에는 ① 대상 활동이 개인의 생각과 행동의 대부분을 지배하는 현저성(salience), ② 활동이 기분을 바꾸거나 개선하는 기분 변화(mood modification), ③ 종전의 효과를 내기 위해서는 활동의 양을 증가시켜야 하는 내성, ④ 활동이 중단되거나 갑작스럽게 감소했을 때 불유쾌한 감정이 경험되는 금단, ⑤ 관계나 일, 교육 등 일상의 중요한 활동과 충돌을 유발하는 갈등(conflict), ⑥ 그 활동을 중단하거나 통제력을 갖게 된 다음에도 처음의 활동 양상으로 되돌아가게 되는 재발(relapse)이 포함된다.

우리나라의 인터넷 사용자들이 인터넷 활동을 통해 발달시키는 중독 과정에서 한국 문화가 특정한 효과를 발휘한다는 증거가 없다면, 한국인의 인터넷 중독을 평가하고 진단하기 위한 도구나 체계도 세계적으로 통용될 수 있는 증상을 중심으로 구성되어야 한다고 생각한다. 우리나라의 문화적 특성이나 환경적 맥락이 만들어 내는 독특한 특성이 있는 경우라 하더라도, 위의 범문화적 특성에 한국적 특성을 추가하고 어떻게 사용할 것인가에 대해 논의를 거쳐 활용해야 할 것이다.

중독 발달 단계를 진단하고 평가할 수 있는 준거의 내용뿐만 아니라 어느 지점

(점수)에서 단계를 구분할 것인가도 매우 중요한 의미를 갖는다. 정신과 의사나 심리학자 등 관련 분야 전문가가 남용이나 의존 혹은 중독의 절단 기준점을 정하는 것은 공통으로 동의하는 황금의 표준적 기준이 없을 때 사용하는 일반적인 방법이라 할 수 있다. 그러나 앞서 언급했듯이 전문가의 관점이나 관심의 초점에 따라 이 절단점수가 달라질 수 있다. DSM-IV-TR(2000) 체계에서 사용하던 '남용'과 '의존'의 개념 및 기준을 사용할 것인지, 아니면 '과몰입'이나 '위험' 집단(과몰입 집단은 중독과 유사하게 사용하고 3차 예방 혹은 치료에 적합한 표본을 일컫는 반면, 위험 집단은 흔히 2차 예방에 적합한 표본을 정의하는 용어로 사용되는 경우가 많다)이라는 개념을 사용할 것인지를 명시적으로 규정하고, 그 개념에 맞는 절단점수를 선정해 나가는 경험적 연구를 진행해야 한다.

그런데 현재 우리나라에서 가장 널리 사용되고 있는 K-척도는 연구 당시 표준화(규준) 집단의 점수 분포에서 표준점수(T점수)로 절단점을 구한 것으로 알려져 있다. T점수가 70 이상이면 정상 분포에서 상위 약 2%가 속하는 상대적 의미를 갖는 점수인 셈이다. 이 점수는 표준화 집단에 비추어 상대적으로 해석이 가능한 점수에 해당한다. 이를 인터넷 중독의 절단점으로 사용한다는 것은 조금은 우스운 일이라고 생각한다. 더 우스운 이야기는 2% 정도에 머물러야 할 이 절단점 위에 속하는 과몰입 집단(중독의 백분율 혹은 인터넷 중독 유병률이란 표현을 사용하는 경우가 많다)이 8% 혹은 10% 이상이 되기도 한다고 발표하는 현실이다. 따라서 이 문제를 해결하기 위한 연구자 집단과 정책 집행자들 사이의 신중한 논의와 합의 과정이 필요하다.

4) 중독의 발달을 무엇으로 설명하는가

인터넷 중독을 비롯한 다양한 형태의 중독에 걸쳐서 공통적인 중독의 발달 원인은 '보상의 학습과 기억 기제'라 할 수 있다. 보상의 학습과 기억은 인간의 인간다움이나 삶에서 핵심 기능을 하는 진화의 산물이다. 즉 인간은 세상에서 보상적이었던 과거를 기억하고 이를 새로 맞이하는 세상(환경)에 적용할 수 있는 잠재력을 잘 활용해서 지상의 다른 어느 종 못지않게 성공적으로 생존하고 번식해 왔다. 내가 가진 사탕을 나누어 주고 동생을 잘 돌보고 난 뒤 칭찬과 용돈을 받거나, 열심히 공부함으로써 좋은 성적을 얻어 상을 받고 좋은 학교에 입학하면 동생에게 더 이타적이되고, 학교를 졸업하고 회사에 들어가서도 더 좋은 성적을 내는 행동을 하게 된다. 우리는 이런 원리와 기제를 활용하여 좋은 사회나 건전한 인재를 육성하려 한다. 그런데 인터넷 게임을 통해 학교에서 쌓인 스트레스나 대인관계에서의 열등감, 소외감을 즉각적으로 해소하거나 스릴을 즐길 수 있어 그 유혹에 점차 노예가 되어가는 인터넷 중독 현상도 앞의 예와 질적으로 다르지 않다.

중독 대상 행동은 그 활동을 통해 새로운 쾌락, 즐거움을 얻게 해 주거나 고통, 불유쾌함을 도피 혹은 회피할 수 있게 해 준다. 즉 보상적인 결과를 초래한다. 그것도 활동 후에 즉각적이고 현저한 보상 경험을 초래한다. 이런 대상 활동과 맥락은 강한 정서 경험을 유발하고 뇌에 뚜렷한 흔적을 남기며 기억되고 습관화되기 쉽다. 다시 말해 유혹적이다. 그런데 함정이 도사리고 있는 경우가 적지 않다. 세상의 어느 한 면이나 활동에만 편파적인 관심과 에너지를 쏟으면 대가가 초래된다. 시행착오를 통해 이를 바로잡지 못하고 대상 행동 자체가 주인이 되며, 자기 스스로 벗어나려 하나 만성적으로 실패하는 악순환의 고리를 이루는 과정을 중독의 발달 과정으로 조망할 수 있다. 인간 학습의 여러 가지 형태가 중독 발달 과정에 모두 관여된다고 할 수 있다.

쇼핑, 폭식, 폭음, 폭력, 투약, 도착적 성행동, 도박, 일, 게임, 운동 등의 여러 활동이 중독적이 될 수 있다. 유혹의 정도가 높고 그런 유혹에 어떻게 대처하는 것이 효과적인가에 관한 대처 방법이 잘 형성되어 있지 않은 대상 활동은 더욱 중독적이 된다. 인터넷 매개 활동의 상당수는 인류가 정보화 시대라는 새로운 생태계에서 처음 경험하는 유혹적 활동이다. 소비를 조장하고 부추기며 경쟁에서 승리하는 것에 경도되는 신자유주의적 시장경제에서는 중독적이어야 성공적이라는 언명을 공공연하게 한다. 게임, SNS, 쇼핑, 음란물과 음란행동 기회 제공, 도박뿐만 아니라 인터넷 정보화 기술을 통해 새로 창조해 낼 다른 다양한 활동에 대한 중독 문제가 장차 발생할 것이다.

대상 활동을 할 수 있는 기회가 얼마나 많은지(가용성), 대상 활동에 얼마나 쉽게 접근할 수 있는지(접근성), 문화에서 그 활동을 얼마나 수긍하고 받아들이는지(수용성) 등의 환경적 요소는 중독의 발달을 촉진하거나 저해하는 것으로 잘 알려져 있다. 매우 유혹적이거나 중독적인 활동이라고 하더라도 그 활동을 할 수 있는 기회가 드물고, 그 활동을 하려면 오랜 시간과 노력을 들여야만 기회에 접근할 수 있으며, 주위 사람들이 모두 눈살을 찌푸리고 심지어 법으로 처벌한다면 중독이 발달하기 어려워질 것이다. 그런데 인터넷 매개 활동은 대부분 가용성과 접근성 및 수용성이 높다.[4] 즉 중독 발달의 위험성이 높은 것이다.

개인의 특성도 중독 발달의 촉진 원인으로 작용한다. 보상적인 기대에 매우 민감하게 반응하는 기질 혹은 성격적 특성을 지니고 있는 경우에 중독 위험성이 높아진다. 이와 함께 의사결정이나 행동을 하기 전에 장차 초래될 미래 결과를 제대로 고려하지 않는 특성인 충동성이 합쳐지면 위험은 배가된다. 눈앞의 유혹에 저항하는 힘이 제대로 발달하지 않은 어린 연령층, 특히 욕망과 행동하는 힘은 커져 있으나 욕망을 통제하는 자기조절력이 충분히 발달하지 않은 청소년기가 중독 발달의 위험 시기이다. 이런 위험한 시기에 있는 아동이나 청소년을 보호하고 감독하는 환경이 열악하면 위험성은 더욱 높아진다.

일상생활 속에서 경험하는 스트레스도 핵심적인 위험 요인으로 작동한다. 생활 스트레스로 인해 생기는 불유쾌한 기분 상태는 이를 해소하기 위한 단기적 선택(예 : 인터넷 게임)을 촉진하고, 그런 선택으로 인해 새로운 스트레스가 유발되고

---

4 적어도 특정한 대상 활동을 많이 하는 하위 문화 집단에서는 수용성이 높은 경우가 많다. 예를 들어 남자 청소년의 인터넷 게임, 여자 청소년의 카톡이나 밴드 등 SNS 활동은 부모나 교사에 대해서는 수용성이 낮지만 또래 청소년 집단 사이에서는 수용성이 높다.

또다시 단기적이고 도피적인 선택을 하는 악순환의 고리를 이루게 한다. 중독 과정을 이끄는 핵심적 성분은 생활의 균형을 깨는 '과도한 행동을 오랫동안 반복하는 것'이다.

2. 인터넷 중독의 탈중독 혹은 중독 회복 과정

1) 탈중독 과정은 중독 과정의 거꾸로인가

탈중독이나 중독의 회복은 중독 발달 과정을 역전시키는 것인가? 약물 중독의 치료에서 가장 먼저 시작하는 치료적 개입을 흔히 '해독(detoxification)' 과정이라고 부른다. 문자적으로만 해석하면 약물의 독을 희석하거나 줄이거나 없앤다는 의미이다. 이 표현을 그대로 받아들인다면, 중독을 회복시키는 과정이 마치 독에 물든 뇌나 신체를 세척하듯이 씻어 내어 원래의 상태로 되돌린다는 의미로 전달될 것이다. 그렇다면 탈중독 과정은 중독 과정을 역전시키거나 씻어 내어 그 흔적을 없애는 것인가?

필자는 그렇지 않다고 생각한다. 일부 이런 해석이 적용될 수 있는 영역이 있다. 예를 들어 독한 보드카를 짧은 시간 안에 많은 양 마시거나 연탄가스에 많이 들어 있는 일산화탄소를 상당량 흡입해서 중독이 되는 경우가 그렇다. 이 경우, 시간이 흘러 알코올의 신진대사가 충분히 진행되거나 신선한 공기를 마시면 알코올과 일산화탄소의 독이 희석되는 이른바 해독 과정이 일어나고 신체의 기능도 원상회복된다. 이런 중독은 '급성 중독 혹은 취함(intoxication)'이라고 하며, 인터넷 중독을 언급할 때의 만성적인 상태를 뜻하는 '만성 중독(addiction)'과는 다르다. 한편 인터넷 중독 현상에서도 단기적으로 오랜 시간 집중적으로 인터넷 활동을 하다가 일시적으로 망상과 환각 현상을 보이는 '급성 중독' 증상이 문제가 되는 경우도 있을 것이다. 그러나 우리가 지금 논의하려는 중독은 만성 중독에 해당한다.

보상의 학습과 기억 과정의 문제에 해당하는 만성 중독에는 '없애기 혹은 빼기(-)' 과정이 없다. 이는 인간이 세상을 경험하고 그 흔적이 남는 것은 뇌의 해당 구

조가 파괴되지 않는 한 사라지지 않는다고 보는 관점이다. 이런 관점에서 보면 '인생이란 빼기가 아니라 끝없는 더하기 과정'이다. 탈중독이나 회복 과정은 중독이나 나쁜 습관이 학습된 것을 역전시켜서 그 기억 흔적을 없애는 것이 아니라, 그보다 강력하거나 기존의 흔적을 통제할 수 있는 덜 유해하거나 건강한 새로운 길을 내는 작업에 비유할 수 있다. 학습 연구에서 널리 알려져 있는 '자발적 회복' 현상이나, 중독 치료에서 완치되었다고 판정받은 내담자가 30~40년이 지난 다음에도 한순간 재발하는 현상은 이런 관점을 지지한다. "(나쁜) 중독은 더 독한 다른 좋은 중독으로 치료해야 한다"거나 "중독은 궁극적으로 영적인 성장을 통해 치료될 수 있다"는 주장 역시 이런 관점과 맥이 닿아 있다.

그렇다면 중독에서 회복되는 탈중독 과정이라는 변화에도 일정한 규칙성과 단계가 있을까? 필자는 그럴 것이라고 추측한다. 그러나 중독의 발달 과정에 비해 탈중독 과정을 설명하려는 시도와 연구에 대한 관심은 보다 최근에 생겼고 축적된 경험적 자료가 적은 형편이다. Prochaska 등이 '초이론 모형(trans-theoretical model)'에서 제안하는 변화의 다섯 단계(고려 전-고려-계획-행동-유지/습관 자동화 단계)를 여기에 적용할 수 있다. 그러나 이 모형은 변화를 설명하는 데 초점을 맞춘

틀이지, 중독 회복 과정의 복잡성과 세부 특징을 기술하는 데는 한계가 있다. 중독의 발달 과정을 남용이나 의존/중독 단계로 나누고 각 단계의 신체·심리적 특성과 위험 및 보호 요소를 명세화한 모형은 아니다. 동기 면담(motivational interview)적 접근도 중독에서 회복하는 과정의 변화를 다루는 의미 있고 유용한 설명의 틀이자 개입 기법이라고 볼 수 있다. 그러나 아직 탈중독 과정의 신체·심리·사회적 측면을 포괄적으로 설명하는 이론으로 발전하지는 못한 상태이다. 장차 중독의 회복 과정을 설명하는 연구가 집중적으로 이루어져서 중독의 발달 과정에 대한 연구와 균형을 이룰 필요가 있다.

현재 여러 중독 대상에 걸쳐 탈중독이나 회복 과정을 다루는 연구나 실무 작업에서 입을 모아 반복하는 이야기는 두 가지 핵심 내용을 담고 있다. 하나는 중독자 자신의 변화하려는 자발적 동기가 필수적이라는 것이고, 또 하나는 변화 과정에 상당한 시간과 노력이 들고 시행착오와 재발이 많다는 것이다. 아무리 효능이 좋은 새로운 약물이 개발되고 법적으로 강력하게 중독행동을 하지 못하도록 강제한다고 해도 그것만으로 지속 가능한 변화가 달성되지 않는다는 것이다. 중독으로 인해 심각한 피해를 절절하게 경험하고 소위 '바닥을 치는' 경험을 하거나 당사자 자신의 내심에서 우러나오는 결심과 의지 없이는 진정한 변화가 어렵다. 일시적으로 중독에서 성공적으로 탈출한 듯한 변화를 가져와도 장기적으로 다시 중독 활동으로 돌아가고 또다시 새로운 변화를 시도하는 과정은 예외가 아니라 규칙에 해당한다. 이런 현상은 중독의 발달과 회복이 일반적인 '보상의 학습과 기억' 기제에 기초하고 있음을 의미한다. 즉 중독이나 회복은 모두 삶의 학습 과정이다.

2) 누가 탈중독이나 회복 과정에서 주도적인 역할을 할 수 있는가

인터넷 활동에 중독되거나 거기에서 회복되는 과정이 모두 일반적인 보상 학습과 기억 과정이라면, 누가 인터넷 중독의 예방이나 회복 과정에서 주도적인 역할을 하는 것이 효과적이고 합당할까? 당연히 자기 자신이다. 그러나 당사자가 어리거나, 경험과 시행착오를 통해 판단할 수 있는 능력이 없거나, 뇌 신경적응을 비롯한 심각한 중독 상태에 있거나, 급성 중독 상태에 처해 있을 때는 적절한 다른 사람이 이 상태를 벗어나게 도와주어야 할 것이다. 어리거나 심신 기능이 미약한 경우에는 부모를 비롯한 보호자가 일차적으로 중요한 역할을 해야 할 것이다. 심각한 만성 중독이나 급성 중독의 경우에는 흔히 이런 문제 상태를 바꿀 수 있는 약물을 잘 처방할 수 있는 의사가 일차적으로 중요한 역할을 할 수 있거나 해야 할 것이다.

상업적 이해관계가 관련되는 인터넷 매개 활동이나 도박 활동 등은 소비자들에게 매우 유혹적으로 제공될 가능성이 높다. 이는 특히 취약성을 지닌 소비자에게 더욱 그렇다. 그렇다면 사회나 정부는 여기에 어떻게 대응해야 할까? 당연히 소비자 보호 정책이나 대책을 마련해야 할 것이다. 위험성이 높은 소비 활동 과정의 위험성을 소비자가 사전에 충분히 알고 순간적으로 상품 제공자의 소비 촉진 전략에 휘둘리지 않을 정도로 소비 환경을 마련할 필요가 있다. 도박에서는 이를 '책임 도박(responsible gambling)' 또는 '소비자 보호(consumer protection)' 등의 정책이나 전략이라 부른다. 이런 대책을 세우고 시행할 때 이해관계자 집단 사이의 갈등이나 충돌이 있게 마련이다. 인터넷 매개 활동의 사용이나 기능성을 강조하는 공급자 및 소비자 측과 부작용과 오용(mis-use)을 크게 보는 시민 단체나 취약한 이용자의 보호자 측이 흔히 충돌의 주체가 된다. 인터넷 매개 활동의 소비나 사용이 매우 중요해진 사회에서 그것의 완전한 금지나 방임은 현명하지 못한 대책이다. 한편으로 인터넷 활동의 기능성을 높이면서 부작용과 폐해를 방지하기 위한 대책을 강구하고 시행하는 위험 관리 전략이 현명하다.

자기 스스로의 힘으로 중독에서 벗어나기 어렵거나, 남에게 해를 끼쳤거나 끼칠 가능성이 높은 중독자는 어떻게 해야 할까? 이런 경우 흔히 의료 전문가나 법 집행 전문 기관이 일차적 역할을 한다. 그러나 중독의 단기적 부작용을 차단하는 것만으로는 근본적이고 장기적인 문제해결이 되지 않는다. 중독 상태가 유발하는 단기적 문제를 막고, 그다음 단계에는 본인의 변화 동기를 끌어내며 사회·문화적으로 수용되고 생산적인 삶의 양식을 회복해야 한다. 이 과정은 중독적 삶의 양식을 조절하면서 건강한 삶의 양식을 발달시키는 과정이라 할 수 있다. 이 과정에는 인류의 다양한 지혜가 적용될 수 있을 것이다. 인터넷 중독 회복 과정은 고난 속에서 한 인간으로서 자기성장을 이루는 이야기라 할 수 있다.

°° 맺음말

- 변화를 설명하는 동기와 자기조절 모형

인터넷 중독이 특별한 기제나 과정에 의해 발달하거나 회복되지 않고, 일반적인 보상 학습과 기억의 기제 및 원리에 의해 설명되는 보편적 인간 문제라면 중독이라는 별난 이름을 사용하고 특별 대우를 할 필요가 있을까? 습관적이거나 자동화되는 일반행동과 중독행동은 어떻게 구분할 수 있을까? 실상 분명한 구분의 경계선을 긋기가 쉽지 않다. 일반적 습관행동과 중독행동의 차이는 질적인 것이라기보다는 '원형(prototype)'을 중심으로 '모호 경계 집합(fuzzy set)'을 이룬다고 보는 편이 실제에 가깝다. 중독의 원형은 습관적이고 자동적이거나 일반적인 습관행동에 비해 피해나 부작용이 심각한데도 불구하고 반복되며, 행동을 하기 전에 강한 갈망을 느끼고, 통제력을 행사하려는 의도가 있는데도 통제력을 상실한다는 것이 특징이다. 중독의 발생과 회복에는 순전히 생물 · 심리적인 측면만이 아니라 부작용과 피해를 만들어 내는 사회적 측면에 해당하는 제도와 규범 등의 문화가 중요하게 작용한다.

어떤 종류의 행동이나 활동이든 중독이 될 수 있지만, 중독이라는 이름을 부여받기 쉬운 대상 행동이나 활동의 특징이 있다. 첫째, 행동 다음에 생존과 번식에 도움을 주는 결과가 초래하는 것과 유사한 (흔히 도파민 분출로 대표되는) 강렬한 보상 반응이 즉각적이고 일관되게 수반될 것, 둘째, 대상 행동을 할 수 있는 가용성과 접근성, 수용성이 높은 사회적 조건, 셋째, 활동에 동반되기 쉬운 과도한 비용과 부작용이 그것이다. 인터넷 매개 활동은 이런 중독 조건을 잘 충족시키는 활동으로서 중독 위험성이 높다.

다른 면에서 중독은 동기와 자기조절의 문제로 조망할 수 있다(김교헌, 2006; Kopetz, Reinout, Wiers, & Kruglanski, 2013). 학습되고 기억된 보상적 행동 경험은 미래 결과에 대한 기대와 동기 및 목표로 개인의 의식과 무의식에 표상되고 의사결정과 행동에 영향을 미친다. 인터넷 중독은 인간의 진화와 문화 · 사회 · 심리적 맥락에서 잘 조망될 수 있는 보상의 학습과 기억 관련 문제이고, 동기와 자기조절의 과제이며, 개인의 인생 과제에 대한 대처와 성장, 생활양식의 문제이다. 이런 것들에 관해 잘 알 수 있다면 인터넷 중독과의 개인 및 사회적 전투에서 승리할 수 있다.

인터넷 중독의 발달과 회복은 마음이라는 극장의 산물이다. 인간의 마음은 동일한 입력 자료라고 하더라도 사람마다 다른 대본과 연출, 감독의 작품이 상영되는 만화경 같은 시뮬레이션을 한다. 행동을 하기 전에 현실과 대응행동의 결과에 대한 가상 실험을 해 보는 인간의 심리적 능력은 인간다움의 정수이다. 최정예 과학기술과 소비시장의 결정판에 해당하는 인터넷 매개 활동은 마음이라는 가상 영화관에서 다양하게 각색되고 연출된다. 그 활동을 어떻게 인식하고 기대하고 선택하거나 결정하는가가 특정 행동의 소비를 결정한다. 현대인, 한국인, 특히 스트레스가 많고 자발적 선택권과 여가 활동의 기회는 적은 우리나라 아동 · 청소년과 사회경제적 취약 계층, 소외감과 외로움을 많이 느끼는 사람들의 경우 인터넷 활동을 자기조절하기가 어려울 것이다.

국가는 위험한 제품이나 상품을 세상에 내놓고 판매하며 사용하는 위험을 현명하게 관리할 필요가 있다. 일반적으로 사용이나 소비에 따른 부작용이나 위험성이 높을 경우에는 보수적이고 신중하게 관리한다. 미국의 FDA나 우리나라의 식약처와 같은 기관에서는 약품이나 식품을 공적으로 판매 · 사용하기 전에 상당한 시험과 검증을 거치고, 사용 위험성이 있는 경우 특정한 방법과 절차를 통해 판매한다(예 : 허가된 병원과 약국 등에서 자격 있는 전문가에 의해 특정한 방법으로). 장차 우리나라에서 인터넷 관련 제품을 어떻게 관리하는 것이 현명할까? 현재는 제품의 위험성이나 부작용보다는 진흥에 무게중심이 실린 듯하다. 한국정보화진흥원이나 한국콘텐츠진흥원 등에서 인터넷 중독이나 미디어 중독이라는 이름으로 진흥의 부작용을 해소하는 접근을 하고 있다. 인터넷 제품의 사용에 따른 중독이나 문제가 발생했을 때 이를 사후 처리하는 대처 전략 우선이다.

위험성 관리의 수위가 낮은 일반 제품의 소비 문제를 사후 처리하는 소비자보호원에서도 인터넷 중독을 처리해 줄 것인가? 인터넷 제품은 지금 우리에게 무엇인가? 국민에게 어떤 의미를 갖는가에 대해 신중하게 점검해야 할 시점이라고 생각한다. 약품이나 식품처럼 위험성을 먼저 고려하는 접근이 좋은가, 아니면 지금처럼 국민 경제를 책임질 성장 동력으로 활용하고 사후적으로 그 위험성을 다루는 접근이 좋은가는 포괄적이고 중립적인 연구의 정밀한 자료를 바탕으로 해야 하지 않을까? 그런데 지금 인터넷은 식품이나 약품 못지않게 한국인의 생활 필수품이 되었다. 문화적 선택, 정치적 선택이 필요한 시점이라고 생각한다.

참고문헌

김교헌 (2006). 중독과 자기조절: 인지신경과학적 접근. 한국심리학회지 건강, 11(1), 63-105.

김교헌, 최훈석 (2008). 인터넷 게임 중독: 자기조절 모형. 한국심리학회지 건강, 13(3), 551-569.

American Psychiatric Association. (2000). *Diagnostic and Statistical Manual of Mental Disorders* (4th ed.), Washington, DC: Author.

American Psychiatric Association. (2013). *Diagnostic and Statistical Manual of Mental Disorders* (5th ed.), Washington, DC: Author.

Griffith, M. D. (2005). A component model of addiction within a biopsychosocial framework. *Journal of Substance Use, 10*, 191-197.

Kopetz, C. E., Reinout, C. W., Wiers, R. W., & Kruglanski, A. W. (2013). Motivation and self-regulation in addiction: A call for convergence. *Perspective on Psychological Science, 8*(1), 3-24.

Shaffer, H. (2012). *Addiction Syndrome Handbook*. Washington, DC: American Psychological Association.

Tan, R., Huang, X., Wang, J., Zhang, Y., & Li, M. (2010). Proposed diagnostic criteria for internet addiction. *Addiction, 105*, 556-564.

02

인터넷 중독
상담의 목표

제2장
인터넷 중독 상담의 목표

박승민 | 숭실대학교 기독교학과

°° 시작하는 글

세상에는 많은 종류의 '중독(中毒)'이 있다. 알코올 중독, 마약 중독, 도박 중독, 일 중독…, 그리고 21세기에 들어서면서 일반화된 용어로 자리잡은 인터넷 중독까지 이처럼 수많은 중독 현상이 지금 우리가 사는 삶의 현장에 존재하고 있다. 어떤 사람들은 '중독'에 '증(症)'이라는 말까지 붙여 아예 병(病)으로 만들어서 부르기도 한다. 이는 아마도 우리가 살고 있는 이 세상의 삶이 얼핏 보기에는 더 편해지고 첨단으로 가고 있지만, 사실은 무언가에 지나칠 정도로 빠지거나 탐닉하지 않고는 살 수 없을 정도로 고달픈 곳임을 보여 주는 증례라고 할 수도 있겠다.

인터넷 중독 내담자를 만나는 상담자라면 누구나 '어떻게 하면 이들이 중독 상태에서 벗어날 수 있는가'에 관심을 갖고 상담 목표를 설정할 것이다. 그러나 알코올이나 약물 중독, 니코틴 중독처럼 완벽하게 단절시키기가 어려운 중독 대상이 바로 인터넷이라는 데 개입의 어려움이 있다. 게다가 이제는 그간 컴퓨터로 제공되던 서비스가 모바일 통신 기술과 융합하여 스마트폰을 통해서도 사용할 수 있게 되었기 때문에, 우리에게 생필품이나 다름없는 인터넷과 단절한다는 것은 생활의 상당 부분에서 큰 불편과 무력감을 경험하게 된다는 말과도 거의 같은 의미가 되었다.

앞으로도 기술은 첨단을 달릴 것이고, 더욱 다양하고 새로운 콘텐츠와 편리한 장비가 개발되면서 사람들은 이전보다 훨씬 많은 시간을 컴퓨터와 인터넷이 가능한 장비 앞에서 보내게 될 것이다. 따라서 사용자들은 자연스럽게 사람들 간에 오고 갔던 시선과 표정, 목소리마저도 이러한 장비와 매체를 매개로 하여 접하게 되는 사이버 세상에 빠져들거나 자신의 현실과 혼동하는 증상, 소위 '중독'으로 갈 확률이 높아질 것이다. 이미 많은 사람들이 '카카오톡' 등의 메신저, '밴드(BAND)'와 같은 폐쇄형 커뮤니티 안에서 텍스트 이외에도 다양한 이모티콘과 스티커를 통해 자신을 나타내고 있다. 그래서 필자는 주류와 담배에 쓰여 있는 것처럼, 앞으로 컴퓨터나 모바일 기기에도 이런 경고 문구가 부착된 제품이 나와야 하지 않을까 가끔 상상해 본다. "주의! 인터넷을 할 때는 늘 정신을 바짝 차리고 시계를 꼭 간간이 보십시오. 그렇지 않으면 이 기계가 당신을 삼켜 버릴지도 모릅니다."

이처럼 인터넷은 양날의 칼처럼 우리 생활의 필수품이면서 동시에 어떻게 사용하느냐에 따라 독이 될 수도 있다. 때문에 인터넷 중독의 상담에는 그 몰입의 정도 또는 증상의 심각도에 따라 예방 차원의 개입이 필요한지부터 집중적이고 다면적 중재(multiphasic intervention), 즉 의학적 개입과 상담학적 개입이 필요한지까지 의사 결정이 필요하다. 그리고 이 과정은 상담 목표 설정에서부터 시작되어야 할 것이다.

인터넷 중독 상담을 시행할 때 중독 증상의 심각도에 따라 상담 목표가 달라질 수 있을 것이라는 점에 대해서는 많은 전문가들이 대체로 의견을 모으고 있다. 그렇다면 상담 목표를 정할 때 중독 증상의 심각도만 고려하면 될까?

그동안 발표된 논문과 저서(박승민·조영미·김동민, 2011; 이형초, 2006; Young, 1998 등)를 보면 상담을 시작하기 전에 고려해야 할 사항이 여러 가지 제시되어 있다. 내담자의 발달 연령, 주로 사용하는 인터넷 콘텐츠, 공존 증상, 증상의 심각도에 따른 개입 주체(상담사, 의사)의 구별 및 정신신경학적 개입 등이 상담 목표 설정과 관련된 주제이다. 이 외에도 Young(1999)이 언급한, 매체로서 인터넷의 특성인 익명성(anonymity), 편리성(convenience), 현실 탈출(escape) 또는 접근 가능성(accessibility), 통제감(control), 흥미감(excitement)을 고려할 때, 증상의 심각도 경감, 사용 시간 경감 등의 변화가 일어난 이후에도 변화 양상의 유지를 위한 사후 관리가 필요할 것이므로, 사후 관리를 어느 정도와 방식으로 하느냐도 상담 목표 설정 시 고려할 사항이라 생각된다.

그러므로 이 장에서는 인터넷 중독 상담의 목표를 설정할 때 무엇을 고려해야 하는지에 대해 숙고해 보고자 한다. "시작이 반이다", "첫 단추를 잘 끼워야 한다"라는 격언이 나타내듯이, 인터넷 중독 상담에서도 무엇을 고려하여 상담 목표를 탄탄하게 잘 수립하느냐에 따라 상담 성과 또한 그에 부합하게 나타날 것이다.

1. 상담 목표를 '(인터넷으로부터의) 단절'에 둘 것인가, '(인터넷 사용) 조절'에 둘 것인가

그동안 인터넷 중독 상담과 치료, 개입에 대한 많은 연구와 방안이 논의되었다. 알코올 또는 도박 중독의 기준과 치료 관점에서 인터넷 중독을 보는 경우, 되도록 인터넷을 사용하지 않는, 즉 단절이 치료를 위해 필수조건이라는 주장을 해 왔다. 인터넷이 없던 시절에도 문명이 발전하고 사는 데 큰 지장이 없었으니 인터넷 사용에 익숙치 않은 사람들, 인터넷을 잘 다루지 못하는 특정 연령의 인구나 지역 주민들에게는 이 말이 설득력 있어 보인다. '은둔형 외톨이'로 지칭되는 고위험군 내담자는 중독 증상이 매우 심각하고 일상생활에서 심각한 장애가 분명히 관찰되므로 바로 인터넷으로부터 단절시키는 것도 필요하다고 본다.

그러나 '조절'의 입장에서는 '단절'을 소수의 중증 인터넷 중독자에게만 내릴 수 있는 극약 처방으로 본다. 최근 몇 년간의 인터넷 중독 실태조사에서 발견된 5% 미만의 고위험군 내담자를 제외하고, 10%를 넘나드는 잠재적 위험군, 즉 과다 사용자들을 대상으로 한 상담의 목표는 무분별하게 인터넷을 사용하던 것에서 자신의 의지와 통제력을 가지고 사용량을 '조절'할 수 있도록 개입하는 것이 바람직하다는 입장이다.

김교헌(2006)은 어떤 종류의 중독이든지 중독의 핵심 속성을 '자기조절의 실패'로 보고, 조절력 회복이 종국적인 치료의 핵심이라고 주장한다. 특정한 물질이나 행동을 소비하는 데서 부작용이 발생하고 이를 자신이나 주위에서 조절하려 하지만 지속적으로 실패하는 현상이 중독의 핵심 차원이며, 이것이 중독의 핵심 증상인 '강박적 집착(compulsive craving)', '조절의 실패(loss of control)', '중독행동 계속하기(continuation)'로 나타나게 된다는 것이다.

필자도 중독의 핵심 속성에 대한 김교헌의 입장에 동의한다. 인터넷 중독으로 나타나는 다양한 증상은 곧 자기조절 실패가 지속된다는 것을 보여 주는 증례라고 해석할 수 있다. 그러나 상담 목표를 설정할 때는 '조절력 회복'이라는 대전제를 증상의 심각도에 따라 나누어 목표를 정할 필요가 있다. 예컨대 은둔형 외톨이이면서 인터넷 사용을 말리는 주변 사람들에게 폭언과 폭력을 행사하는 청소년의 경우에는 이미 의존 정도가 너무 심하여 스스로가 조절해야겠다는 동기 자체를 기대하기 어려울 수 있다. 이는 입원 치료를 해야 하는 알코올 중독자의 경우와 유사하다. 따라서 이들에게는 그 은둔의 장면으로부터 강제로 차단시키거나 조절해 주는 방법이 필요할 수도 있다. 즉 인터넷과 일정 기간 단절시킴으로써 인터넷 없이 일상생활을 수행해 가는 경험을 할 수 있도록 개입하는 것이다. 아마도 이 시기의 개입 목표는 '내담자로 하여금 단절 경험 하게 하기' 또는 '견디기'가 될 것이다. 그리고 나서 금단 증상의 시기를 이겨 낸 후 자신의 행동과 증상에 대해 자각이 생겼을 때 의식적인 변화에 대한 동기를 진작할 수 있도록 돕는다. 자기조절을 위한 여러 활동(자기 행동 돌아보기, 중독행동 모니터링하기, 대안행동 찾아 실행하기 등)은 이 단계에서 '조절'이라는 목표를 달성하는 데 필요한 방법이 될 것이다.

황재원(2010)은 시간 사용에 관해 스스로 모니터링만 충실하게 해도 인터넷 중독의 정도가 감소하는 것을 연구를 통해 보여 주기도 하였다. 이 경우는 심각도 측면에서 자신의 행동 변화에 대한 의지와 동기를 어느정도 가지고 있는 내담자들에게 효과적인 방법이 될 수 있을 것으로 생각된다. 이에 필자는 이러한 접근을 '심각도에 기반한 순차적 개입 목표 설정(severity-based intervention goal setting)'이라는 말로 요약하고자 한다.

2. 고려해야 할 공존질환은 무엇이며, 공존질환을 어디까지 다룰 수 있는가

공존질환(comorbidity)은 인터넷 중독이라는 전면에 나타난 증상 뒤에 가려져 있지만, 보다 근본적인 원인으로서 중독 발현에 상승 작용을 일으키는 문제라고 정의할 수 있다. 지금까지 보고된 인터넷 중독 공존증상은 ADHD, 우울증, 충동조절장애, 사회공포증, 강박장애 등이다. 인터넷 중독은 최근 개정된 DSM-5(American Psychiatric Association, 2013)의 공식 진단범주에는 포함되지 못했지만 추가적인 연구와 임상 경험 자료를 요하는 제3영역에 포함되었다. 그러나 지금까지 인터넷 중독을 연구하는 국내외 학자들은 인터넷 중독을 약물 의존, 알코올 남용, 병리적 도박과 같은 중독 관련 문제와 관련시키거나, 충동조절장애로 분류하는 견해를 주장하고 있다. 인터넷 중독이 병리적 도박, 섭식장애, 알코올 중독과 같이 통제력을 상실하는 중독행동을 보이며, 자신의 인터넷 사용을 통제하거나 조절할 수 없음이 병적 도박과 유사하다는 점에서 그렇다는 것이다. 따라서 공존질환과 관련된 문제 역시 지속적인 실증적 연구와 임상적 자료가 축적됨으로써 해결될 수 있을 것으로 생각된다.

한편 상담 현장에서는 여전히 인터넷 중독과 공존증상을 나타내는 내담자를 어렵지 않게 만날 수 있다. 필자의 임상 경험과 슈퍼비전 경험을 돌이켜 볼 때, 공존증상이 나타나는 경우에는 그 공존증상이 인터넷에 더 쉽게 빠져들게 하는 원인이 거의 분명하다고 생각된다. 단, 현재 내담자 또는 가족들이 가장 문제라고 호소하는 주제가 인터넷 중독 또는 과도한 인터넷 사용과 관련된 것이라면 인터넷 중독 문제를 우선으로 하면서 공존질환을 함께 다루어야 한다. 학자들이 대체로 합의하고 있는 다음의 공존질환별로 상담 목표 설정 시 고려할 사항에 대해 생각해 보자.

1) 주의력 결핍 과잉행동장애

주의력 결핍 과잉행동장애(attention deficit and hyperactivity disorder, ADHD)는 초등학생이 인터넷에 중독되었다고 걱정하며 부모가 상담실에 데리고 오는 경우 가장 쉽게 의심할 수 있는 임상 양상이다. 과잉행동과 집중력장애를 갖고 있는 경우일수록 유독 게임을 더 좋아하고 집착하는 경향이 있는 것으로 관찰된다. 산만하면 게임도 못하지 않겠느냐고 반문할 수도 있겠지만, 뇌의 메커니즘을 잘 생각해 보면 쉽게 이해할 수 있다. 지속적으로 주의를 기울이기 어렵고 산만한 아동의 경우, 멈추어 있는 자극이나 대상, 예컨대 책 등에 적극적으로 집중력을 유지하기 어렵다. 그러나 컴퓨터 모니터에서 펼쳐지는 자극은 아동이 애써 주의를 기울이지 않아도 끊임없이 변화무쌍하게 주어지므로 최소한의 수동적인 주의력만 있으면 집중이 가능하다. 따라서 교실이나 집에서 산만한 아동이 모니터 앞에만 있으면 조용한 것처럼 보이는 현상이 나타나게 된다.

게다가 ADHD 아동은 인터넷 또는 게임을 통해 심리적으로 긍정적 피드백과 유능감, 자기효능감을 보상으로 받는 경험을 하는 것 같다. 이들에게 게임은 집중하기 쉽고 통제하기도 쉬운 대상일 것이다. 또한 다른 학습과 활동의 영역에서 부정적인 피드백만 받던 산만한 아동이 게임에 놀라울 정도의 집중력을 보이면서

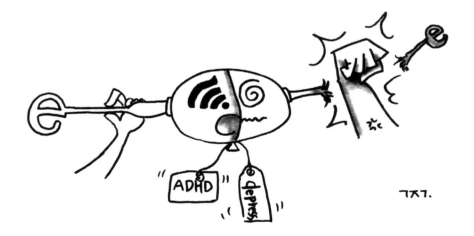

자신에게 만족해하는 순간을 경험할 수도 있을 것이다. 인간은 누구든 자신이 잘하는 것을 더 많이 하고 싶고, 자신을 인정해 주는 그룹에 속하고 싶은 욕구가 있음을 생각해 보면, ADHD 아동에게 게임은 자신에게 가장 유용한 놀잇감이고 유능감을 높여 주는 고마운 존재일 수도 있을 것이다. 청소년기에 접어들면 게임은 단지 놀이와 유능감뿐만 아니라 게임 커뮤니티에서 얻게 되는 지위나 보상까지 주는 대상이 될 수 있다. 이들에게 결핍된 주의력과 인정을 인터넷 게임이 보상해 주는 것이다.

인터넷 중독과 ADHD 간의 연관성은 다수의 연구에서 보고되고 있다. 주의를 유지하기 어렵고, 충동적이며, 자기조절 능력이 부족한 ADHD 아동은 특히 청소년기가 될수록 과잉행동은 감소하는 반면 인터넷 과몰입은 증가할 가능성이 있다. 다시 말해 과잉행동의 발현 양상이 인터넷 과몰입으로 이행될 수 있다는 것이다. 다양한 스트레스와 공격적 충동을 적절히 표출할 줄 모르는 청소년들에게 인터넷은 좌절감과 결핍감을 표현할 수 있는 공간으로 사용될 수 있기 때문이다.

환경적 요인은 ADHD의 증상 악화와 유지에 더 많은 영향을 준다고 알려져 있다. 가족 내에서 자녀의 산만하고 부주의한 행동은 부모의 부정적인 피드백으로 이어지고, 부모와 자녀 간의 갈등은 아동의 증상을 더욱 악화, 유지시키는 악순환으로 이어진다. 또한 학교에 입학한 후에도 ADHD 아동은 가만히 앉아서 진행되는 수업을 견딜 수 없어 학습의 어려움, 교사, 또래와의 관계에서의 어려움을 겪는다. 이러한 어려움은 다시 증상으로 이어진다. 아동의 산만하고 충동적인 행동은 일관성 있는 양육과 훈육을 어렵게 하는 요인이다.

따라서 상담 목표를 설정할 때 부모 측면에서 고려할 사항은 ADHD 자녀의 문제의 본질을 이해하고, 지금까지와는 다른 태도와 행동으로 자녀를 대하는 것을 목표에 포함할 수 있다는 점이다. 특히 주의력장애에 대한 치료를 통해 게임이 아닌 다른 분야에서 유능감을 경험하도록 돕는 것 또한 중요하다. 안타깝게도, 주의력과 과잉행동이 좋아진다고 하더라도 일단 게임이 주는 보상 효과를 강력하게 경험한 아동은 게임 습관이 쉽게 나아지지 않는 경향이 있다. 따라서 주의력장애의 치료와 더불어 게임을 조절하도록 돕는 새로운 보상체계와 습관을 만드는 것이 상담 목표 설정에서 꼭 필요하다.

2) 우울증

많은 연구에서 우울증은 인터넷 중독의 주요 원인 또는 공존질환으로 보고되고 있다. 우울증은 청소년기에 가장 흔하게 나타나는 문제 중의 하나로서 슬픔, 공허함과 같은 우울한 기분과 흥미나 즐거움의 상실을 주요 특징으로 한다. 이 외에도 체중이나 식욕, 수면의 변화가 나타나며, 안절부절못하거나 말 또는 행동이 느려지는 등의 증상을 보인다. 또 급격한 피로를 호소하며, 자신과 환경에 대한 부정적인 지각과 판단이 두드러진다.

아동·청소년기의 우울증은 성인기의 우울증과는 다른 비전형적 우울 양상을 보이는데 과민한 기분, 신체적 증상 호소, 사회적 위축, 변덕스러운 행동이 그것이다. 우울한 청소년은 억눌린 감정의 해방과 스트레스의 탈출구로 인터넷을 활용한다. 꽉 찬 학업 스케줄, 학원 시간, 입시 위주의 생활은 일체의 휴식과 감정 정화의 시간을 허용하지 않는다. 이들에게 자신의 우울감을 잠시나마 털어 버릴 수 있는 현실 도피처로서의 인터넷은 휴식과 즐거움을 주는 공간이다.

아동·청소년기의 우울증은 다양한 영역에서 이차적인 문제를 낳는다. 흥미나 즐거움을 느끼지 못하고, 주의집중이 잘되지 않아 학업 수행에 문제가 발생하며, 감정 통제의 어려움과 사회적 위축 때문에 또래관계 형성에 어려움을 겪게 된다. 우울과 관련된 인지 도식은 자존감의 약화, 사회적 위축 등을 일으키며, 스트레스, 부모와의 부정적 상호작용 등은 우울증을 더 악화시키는 주요 원인이 된다. 우울감이 인터넷 중독과 공존증상으로 나타날 경우에는 우울감의 정도에 따른 상담 및 약물치료를 병행하고, 더불어 현실에서의 적응력을 회복할 수 있는 방안을 마련하고 변화하는 것을 상담 목표 설정 시 고려해야 한다. 사소한 일상생활 속에서 만족을 느낄 수 있는 목표를 설정하고 이를 달성할 때 오는 만족감을 통해 변화를 향한 동기를 끌어올릴 수 있도록 돕는 것도 필요하며, 꿈과 비전을 탐색하고 진로 목표를 설정하는 것을 상담 목표 안에 포함하여 현재의 상태에 머무르기보다는 자신의 진로를 향해 나아갈 때 오는 보상감을 상상하고 진로를 향해 나아가는 데 인터넷이 어떤 역할을 하는지를 냉철하게 바라보도록 하는 방안 등이 마련되어야 한다.

3) 충동조절장애

충동조절장애는 충동 조절의 어려움으로 인해 부적응적 행동 양상이 나타나는 경우를 일컫는데, 자기 자신이나 타인에게 해를 끼칠 수 있는 충동 및 욕구를 잘 조절하지 못하는 경향을 나타낸다. Young(1999)은 인터넷 중독자들 중 거의 대부분이 충동조절장애에 속한다고 보았다.

충동조절장애 중 잘 알려진 장애는 도박 중독이다. 이는 주로 성인 인터넷 중독자들에게 나타나는데, 최근에 도박 사이트가 성행하면서 오프라인에서 하던 도박을 인터넷에서도 할 수 있게 되어 온·오프라인을 넘나들며 도박에 빠져 헤어나오지 못하는 경우가 많이 발생하고 있다. 이들의 공통적인 특징은 승부 근성이 강하고 강렬한 자극을 추구하며 한 번 빠지면 헤어나오기 힘들어하는 경향이 크다는 것이다.

특히 폭력성이 게임 안에서 그대로 구현되는 RPG(role playing game) 형태의 게임은 충동조절장애 경향이 큰 사람들로 하여금 더욱 몰두하게 만드는 것으로 알려져 있다. 몇몇 국내 연구는 청소년들 중 폭력성이 강한 RPG 게임을 특히 선호하는 남자 청소년의 인터넷 중독 성향이 충동 조절의 문제와 관련이 있음을 보고하고 있다.

일반적으로 충동조절장애의 치료는 어렵다고 알려져 있다. 한 번 게임에 빠져들면 자신의 현실 기반이 모두 파괴될 때까지 지속하는 경향이 있기 때문이다. 앞서 언급했듯이 인터넷 중독의 상담 목표를 '조절력 회복'에 둘 때, 충동조절장애를 공존질환으로 갖고 있는 내담자의 경우에는 특히 조절력 회복까지 가는 데 오랜 시간과 노력이 필요할 수 있다. 따라서 충동조절장애 또는 통제력의 문제를 인터넷 중독 문제와 함께 갖고 있는 내담자와 상담을 할 때, 상담 목표 설정에서 중요한 점은 자신의 상태에 대한 자각과 모니터링이다. 변화에 대한 동기가 생겼다 하더라도 외적인 자극에 대한 자기통제력이 약하기 때문에 특히 재발에 주의를 기울일 필요가 있다. 따라서 스트레스 대처, 대안행동 발굴 및 실천, 행동 계획 수립과 모니터링에 대한 내용이 상담 목표에 포함되어야 할 것이다.

3. 인터넷 사용량 감소를 목표로 할 것인가, 관계의 변화까지 목표로 할 것인가

이제 목표의 범위와 깊이 측면에서 생각해 보자. 우선 양적인 측면을 살펴보면, 내담자의 사용 시간으로 대변되는 사용량이 감소하면 인터넷 중독의 정도 역시 감소할까? 그렇다면 간단하게 개인의 인터넷 사용량 감소를 상담 목표로 설정하면 될 것이다. 그러나 실제 상담 장면에서 만나는 내담자들의 양상은 그리 간단하지 않다. 내담자의 인터넷 사용 문제에 동반되어 오는 다른 주제가 더 있다. 예를 들면 청소년의 경우에는 학업 성적 문제가 빠지지 않는 주제이고, 더불어 부모와의 관계 악화 역시 동반 이슈로 따라온다. 이렇게 볼 때 내담자의 인터넷 중독 문제는 곧 자기 일상생활의 효율성과 관련이 있을 뿐만 아니라 가족관계 문제와도 맞물려 있음을 알 수 있다.

따라서 필자는 상담 장면에서 다루는 다른 문제들과 마찬가지로 인터넷 중독 상담에서도 내담자의 인터넷 중독과 관련된 심리적·물리적 환경 등 가족관계를 함께 탐색하고 다루어야 보다 직접적인 효과를 기대할 수 있을 것이라고 본다. 물론 각 회기마다 내담자의 인터넷 사용 양태와 사용 시간 모니터링은 필히 지속적으로 해야 할 것이다. 필자의 성공적인 임상 사례에서도 게임 중독 문제로 내방한 청소년의 부모-자녀 관계가 호전되었을 때 자녀의 게임 시간이 줄어들고 학업에 쏟는 시간이 늘어나는 것을 관찰할 수 있었다. 마치 도미노와 같이 인터넷 사용 문제로 온 청소년의 문제가 부모와의 관계 문제가 해결되면서 자동적으로 해결되는 것처럼 보이기도 하였다.

이러한 임상 결과를 뒷받침해 주는 다수의 연구는 가족관계 혹은 부모와 자녀 간의 대화 소통 정도가 인터넷 중독과 관련이 높다고 보고한다. 가족치료적 관점에 의하면 가족은 구성원 개개인에게 상호 영향을 미치는 역동적인 체제이므로, 역기능적인 가족관계를 유지하는 것은 구성원이 건강하게 성장하는 데 장애가 되며 나아가 또 다른 역기능적인 가족을 형성하도록 한다.

역기능적 가족관계에서는 병리적인 대화 스타일을 고집하거나 가족 개개인의 자아를 손상하며, 가족 갈등의 원인을 한 개인에게 돌려서 희생자를 만들기도 하고 가족 폭력을 조장하게도 한다. 역기능적인 가족관계는 특히 청소년이 사이버 세상으로 더욱 도피하게 하는 이유를 제공하기도 한다. 학교에서 성적에 대한 스트레스를 받고 집에서도 자신의 심정을 이야기할 수 없다면 청소년은 친구와 더불어 사이버 세상에 들어가서 현실을 잊고 재미있는 게임 한 판으로 마음을 달래는 것이 유일한 취미가 되고 이를 통해 위안을 받을 것이다. 부모의 부정적 양육 방식도 자녀의 인터넷 중독 가능성을 증가시키는 요인이 된다. 부모의 무관심한 태도, 거부적 양육 태도, 적대적 양육 태도, 비성취적 양육 태도, 과보호적 양육 태도, 꾸중 등과 관련성이 있는 것으로 알려져 있다.

이처럼 인터넷 중독 문제에 있어서 가족관계는 그 특성에 따라 가족 구성원들 각자가 필요로 하는 자원을 제공하는 지지체계의 역할을 할 수도 있고, 반대로 서로를 힘들게 하고 문제를 촉발하는 스트레스원이 될 수도 있다. 이런 상황에서 부모-자녀 관계의 역기능적인 측면을 간과하고 청소년의 컴퓨터 사용 문제만을 다루려는 부모의 시도는 대개의 경우 실패하고 만다(Micucci, 1998). 그 주된 이유는 청소년이 부모에 대해 신뢰와 우호적인 감정을 회복하지 않는 한 자신의 행동을 통제하려는 부모의 노력을 거부할 가능성이 높다는 것이다.

인터넷 중독 청소년을 둔 가족은 대개의 경우 청소년의 컴퓨터 사용만을 문제

삼고 청소년에 대한 가족의 반응이 문제의 촉발이나 악화에 어떤 영향을 주는지에 대해서는 고려하지 않는다. 문제의 악순환(symptomatic cycle)이란 가족체제 안에서 문제나 증상이 촉발 및 지속되는 과정을 말한다(Micucci, 1998). 가족은 어떤 구성원의 문제나 증상을 제거하거나 통제하려고 할 때 자연스럽게 문제나 증상에 관심을 집중하게 되고 그 외 서로의 관계 측면은 간과한다. 이 과정에서 가족 구성원들 간의 관계가 악화되고 모든 구성원들, 특히 문제행동을 나타내는 청소년 자녀는 가족 안에서 점점 더 소외감과 정서적인 단절을 경험하게 된다. 이처럼 자녀가 부모의 통제 노력에 반발할수록 부모는 통제의 강도를 높이며, 부모의 통제는 청소년 자녀로 하여금 자신이 제대로 이해받지 못하고 부당한 대우를 받는다는 느낌을 갖게 하고 부모에 대한 불신과 반발을 불러일으켜 오히려 문제를 악화시킨다.

이러한 관점에서 보면, 인터넷 중독 청소년 상담의 목표를 설정할 때는 인터넷 중독 청소년의 컴퓨터 사용에 대한 통제와 조절뿐만 아니라 여기에 영향을 미치는 요소인 부모와 청소년 자녀 간의 관계적 측면을 중점적으로 다루는 것이 중요하다. 따라서 상담자는 청소년의 인터넷 사용 행동의 원인에서부터 해결책 모색에 이르기까지 가족관계와 가족역동이라는 관점을 견지하면서 부모-자녀 관계 회복과 관련된 부분이 상담 목표 안에 들어갈 수 있도록 노력해야 한다.

4. 상담 목표의 점검과 관리는 어떻게 이루어지는가

이 글의 서두에서 언급한 것처럼, 인터넷 중독 문제는 여타 중독 문제와 비슷한 속성을 갖고 있으면서도 인터넷이라는 매체의 특성으로 인해 여타 중독 문제와는 다르게 다룰 필요가 있다. 증상의 심각도에 따라 일정 기간 '단절'을 한 이후에도 어느 정도 필요하다면 '조절'의 역량을 회복하도록 하는 것이 치료의 목표가 될 수 있다. 따라서 상담 목표 달성 혹은 상담 중에 나타나는 증상 악화 등의 변수에 대한 관리 측면에서도 알코올 남용 등 여타 중독과 다른 면을 고려해야 할 것으로 생각된다.

필자는 동기강화상담(motivational interviewing, MI) 이론의 관점을 여기에 적절하게 적용할 수 있을 것이라고 생각한다. 이에 동기강화상담의 원리를 간략하게 살펴보고, 상담 목표의 점검과 관리에 어떻게 적용될 수 있을지 고찰하고자 한다.

1) 동기강화상담의 원리

동기강화상담은 William Miller와 Stephen Rollnick이 개발한 모델로, 알코올 중독뿐만 아니라 다른 중독행동 및 건강 관련 행동에 치료 효과가 지속적으로 입증되고 있는 상담 접근이다(Miller & Rollnick, 2002; Arkowitz, Westra, Miller, & Rollnick, 2007). 동기강화상담은 중독 치료 목표의 달성에 있어 '변화를 위한 동기'를 가장 핵심 요소로 본다. 동기강화상담에서는 특히 "내담자의 양가감정을 탐색하고 해결함으로써 그 사람의 내면에 갖고 있는 변화 동기의 강화를 목적으로 하는 내담자 중심적이면서도 지시적인 상담"을 표방한다(Miller & Rollnick, 2002). 또한 Rogers의 정확한 공감적 반영을 강조함과 동시에 변화 동기를 높이기 위한 목적과 방향을 가지고 선택적으로 반영하는 것 또한 강조한다. 동기강화상담에서의 내면적 동기는 내담자가 자신의 행동을 자유롭게 선택했다고 지각할 때 강화되는 것이기 때문에, 논쟁이나 설득을 주로 하는 직면적 상담과는 반대의 입장을 취한다.

동기강화상담 접근에서는 내담자와의 협력적 관계를 대단히 강조한다. 교육이 중심이 되는 접근 또는 권위적 접근보다는 협동정신과 유발성, 자율성을 매우 강조하고 있다. 여기서 협동정신이란 내담자의 관점을 존중하고, 내담자와 파트너십을 이루어 간다는 마음으로 임하는 것을 말한다. 그리고 유발성은 변화에 대한 동기가 내담자에게 내재되어 있다고 보고 내담자의 느낌, 관점, 가치관, 인생 목표 등에 대한 탐색을 통해 변화 동기를 자연스럽게 이끌어 내어 강화하는 것을 말한다. 마지막으로 자율성은 내담자에게 변화에 대한 책임과 선택의 자율권, 능력이 있다고 생각하고 이를 촉진하는 것을 말한다.

동기강화상담의 네 가지 주요 원리는 다음과 같다. 첫 번째 원리는 '공감

(empathy) 표현하기'이다. 특히 중독 상담에서의 공감은 내담자의 양가감정을 어떻게 다루느냐가 관건이라 할 수 있다. 내담자가 인터넷에 접근하고 싶기도 하고 그만하고 싶기도 한 그 양가감정을 병리적인 것이나 해로운 방어기제로 보기보다는 변화와 관련하여 누구나 겪는 정상적인 경험의 일부로 수용하는 것이다. 오히려 내담자의 상황을 비교적 정상적인 심리 과정을 거치면서 겪을 수 있는 '변화되고 있는' 상황이라고 이해한다.

두 번째 원리는 '불일치감(discrepancy) 만들기'이다. 내담자의 관점에서 본 자신의 현재 행동과 자신의 보다 넓은 목적 및 가치관 사이에 불일치감을 만들어서 이를 확대해 보는 것이다. 한 사람의 행동과 그의 중요한 가치관(건강, 성공, 가족 행복, 긍정적 자아상)이 갈등을 일으키면 행동이 변할 확률이 더 높아진다. 내담자는 이러한 불일치감 속에서 도움을 받기 위해 상담실을 찾아오지만 여전히 접근 회피의 양가적인 갈등에 사로잡혀 있다. 동기강화상담 접근에서는 불일치감을 알아차림으로써, 변화에 대해 저항하고 버티는 힘을 이겨 낼 수 있을 때까지 양가감정의 갈등을 이용하고 증폭한다.

세 번째 원리는 '저항과 함께 구르기(rolling with resistance)'이다. 변화 동기를 촉발하고자 하는 관점에서 가장 바람직하지 않은 상황은, 내담자가 변화에 저항하고 있는데 상담자는 변화의 바람직성을 내담자에게 설득하며 서로 논쟁하는 것이다. 이런 논쟁은 비생산적이다. 저항이 있을 때 내담자의 지각을 대상으로 약간씩 돌리거나 조금 다르게 해석하다 보면 그 사람의 저항을 변화로 돌릴 수 있는 순간이 만들어진다. 중요한 것은 내담자의 저항에 직접 맞서지 말고 내담자의 저항과 함께 구르거나 흘러가는 것이다.

이때도 내담자에 대한 존중이 매우 중요하다. 내담자의 문제해결이나 결정은 궁극적으로 내담자 자신의 의사결정에 달려 있으므로 새로운 관점이나 목표를 내담자에게 강요하지 않는다. 내담자가 문제해결을 주저하고 혼란스러워하는 것을 잘못된 일로 보기보다 자연스럽게 일어나는 현상으로 보고 이해하고 인정하면서 내

담자로 하여금 새로운 정보에 대해 한번 생각해 보게 하거나 새로운 관점이 있음을 알게 하는 정도가 좋다. 동기강화상담에서는 내담자가 상담자에게 질문을 하거나 문제에 대해 언급하면, 그에 대한 대답을 바로 해 주지 않고 내담자에게 도로 되묻거나 문제를 생각해 보게 하는 방법을 자주 사용한다. 이는 사람이 자신의 문제와 해결책에 대한 나름대로의 생각과 통찰력을 가지고 있으며 자율적 능력이 있다는 사고에 기반한다. 그래서 저항과 함께 구른다는 의미에는 내담자를 문제해결 과정에 적극적으로 관여시키며 그 과정에 상담자가 함께한다는 뜻이 내포되어 있다.

네 번째 원리는 '자기효능감(self-efficacy) 지지해 주기'이다. 자기효능감이란 어떤 특정 과제를 성취하고 성공시킬 수 있다는 자신의 능력에 대한 신념을 의미하는데, 이는 변화 동기를 구성하는 핵심 요인이며 치료 효과를 예측하는 좋은 잣대가 된다. 처음의 세 가지 원리를 통해 내담자가 자신의 문제를 지각한 후 진정한 변화를 위해서는 변화에 대한 희망과 함께 변화 가능성을 느끼고 움직이기 위해 노력하는 신념인 자기효능감이 관건이 된다. 내담자의 변화 가능성을 상담자가 굳게 믿으면 그것이 하나의 자기충족 예언(self-fulfilling prophecy)처럼 작용하여 결과에 강력한 영향을 줄 수 있다. 동기강화상담의 일반적 목표는 변화에 장애물이 놓여 있어도 내담자가 적응하며 계속 변화해 나갈 수 있다는 자신의 능력에 대해 자신감을 키우는 것이다.

2) 인터넷 중독 상담의 목표 점검 및 관리에 어떻게 적용할 수 있는가

동기강화상담의 원리를 인터넷 중독 상담의 목표 점검 및 관리에 어떻게 적용할 수 있을까? 다음 사례를 보자. 게임 중독 문제로 상담을 받고 게임 시간을 상당히 줄이던 청소년 내담자가 새 게임 출시일에 친구들의 권유에 못 이겨 PC방에 갔다가 저녁부터 밤까지 게임을 하고 집에 왔다. 다음 날도 핑계를 대며 다시 PC방에 가려 한다. 부모는 자녀의 모습을 보면서 다시 문제가 악화되었다고 여기며 절망한다. 다시 부모와 자녀 간의 갈등이 증폭되면서 가족은 다시 위기에 봉착하게 된다. 사실 이런 경우는 인터넷 중독 상담에서 흔하게 나타날 수 있는 일이며, 이쯤에서 상담이 중단(drop out)되기도 한다.

상담자라면 이때 어떻게 해야 할까? 상담 목표를 나름 달성해 갈 때 갑자기 찾아온 '문제 악화' 에피소드로 인해 상담자도 충격과 좌절에 휩싸일 수 있다. '내가 이토록 공을 들였는데 다시 게임에 빠지다니 배신감이 느껴지네.' '왜 다시 게임을 많이 하게 되었는지 물어봐야겠다. 무슨 일이 있었나?', '이제 내담자는 상담하러 오지 않을 수도 있겠네. 역시 인터넷 중독 상담은 힘들어. 잘 안 돼.' 등의 생각이 떠오를 수도 있다. 이처럼 인터넷 중독이라는 상담 주제는 다른 문제들과 달리 상담자에게도 상당한 좌절과 도전을 주는 어려운 주제이다. 특히 청소년 인터넷 중독의 경우에는 '중독 상담'이라는 주제와 '청소년 상담'이라는 어려운 주제가 더불어 있다는 점에서 상담자의 에너지와 노력을 더 많이 요하므로 상담자가 쉽게 소진될 가능성도 있다. 따라서 상담자가 흔들리지 않고 중심을 잘 잡아 임하는 것이 매우 중요하다.

이렇게 볼 때 동기강화상담의 원리는 내담자의 변화에 초점을 두고 있지만 가만히 생각해 보면 '상담자의 상담에 임하는 동기강화'에도 적용 가능할 것으로 생각된다. 먼저 '상담자의 동기강화'를 생각해 보자. 이 어려운 문제에 헌신하고 있는 자신의 마음과 상태를 점검하고, 첫 번째 원리인 '공감 표현하기' 단계에서 상담자 자신의 양가감정과 복잡한 심경을 스스로 인정하는 일이 필요할 것이다. 두 번째 원리인 '불일치감 만들기' 단계에서는 그럼에도 불구하고 계속 상담에 임하는 것에 대해 상담자 스스로에게 일어나는 다양한 감정이 서로 불일치함을 충분히 경험한다. 이 상담을 더 하기가 힘들다는 마음이 계속 든다면 세 번째 원리인 '저항과 함께 구르기'를 적용해 볼 수 있다. 상담자도 전문가이기 이전에 한 인간이므로 힘든 일에는 당연히 저항이 있게 마련이라는 것을 인정하고, 그럼에도 불구하고 상담자인 자신이 이 내담자를 포기하지 않고 상담을 계속해야 하는 이유를 찾으며, 앞으로 어떻게 상담을 진행할지에 대해서도 생각하면서 마음을 다잡는다. 이쯤 되면 자연스럽게 네 번째 원리인 '자기효능감 지지해 주기' 단계로 넘어갈 수 있을 것이다. 다시 시작하기로 결정한 상담자 자신에 대해서 스스로 격려하고 지지하며, 다른 상담자 동료들과 경험을 서로 나누고 동료 간 지지를 받는다. 이처럼 상담자가 자신의 상담에 대한 동기를 점검하고 강화하는 경험을 했다면 내담자의 동기강화에 보다 효율적으로 임할 수 있으리라 생각한다.

이번에는 문제가 악화된 게임 중독 내담자에게 동기강화상담의 원리를 적용하여 어떻게 도울 수 있을지 살펴보자. 첫 번째 원리인 '공감 표현하기' 단계에서 내담자가 갖고 있는 양가감정을 상담자가 잘 공감해 주고 인정(validation)할 필요가 있다. 아마도 내담자 입장에서는 게임에 대한 접근-회피 갈등에서 자신이 다시 게임을 선택한 것에 대한 자책감, 재미있는 게임을 다시 마음껏 하고 싶은 욕구, 부모님과 주변 사람들에게 실망감을 안겨 주었다는 데 대한 불편감 등 여러 가지가 떠오를 수 있을 것이다. 게임을 많이 하지 않기로 한 약속을 어겼다는 이유에만 매여서 이를 비난하거나 지적하면 내담자는 자신의 행동을 돌아보기보다는 상담에 대한 저항감과 부모에 대한 반발심을 더 앞세울 수도 있다. '몰라서, 정신 못 차려서 또 게임한다'고 하기보다는 '안 하려고 했는데 유혹에 또 넘어갔네'라는 마음을 상담자가 읽어 주고, 내담자 스스로도 그 때문에 마음이 불편하다는 점을 인정하는 과정을 경험하는 것이 필요하다.

두 번째 원리인 '불일치감 만들기' 단계에서는 앞서 들었던 여러 가지 마음이 자기 안에서 충돌함으로써 불일치감과 불편감을 충분히 느끼는 것이 중요하다. 그리하여 이러한 불편감이 지속되는 것을 내담자가 원치 않는다는 것을 스스로 확인할 수 있도록 돕는다.

세 번째 원리인 '저항과 함께 구르기' 단계에서는 인간이기 때문에 완벽하게 어떤 행동을 원하는 대로 한 번에 변화시키기는 어려우며, 더욱이 게임을 줄인다는 것이 쉽지 않은 일이고 여기에 내담자가 도전하는 것이기 때문에, 힘든 일에는 당연히 저항이 있게 마련이라는 것을 내담자 스스로 받아들일 수 있도록 도와야 한다. 그럼에도 불구하고 내담자 스스로 상담을 포기하지 않고 다시 찾아온 점, 그리고 변화를 위해 다시 도전하고자 하는 실낱같은 내담자의 마음을 상담자가 충분히 지지하고 격려하면서, 다시 노력하면 된다는 생각을 내담자 스스로 가질 수 있도록 기회와 시간을 제공한다. 이때 상담자의 임상 경험, 즉 다른 내담자들도 이런 일을 겪는다는 것을 정보로 제공하는 것도 내담자가 보편성(universality)[1]을 경험하고 마음을 다잡는 데 도움이 될 수 있다.

네 번째 원리인 '자기효능감 지지해 주기' 단계에서는 자신의 행동 변화를 위한 여정을 다시 시작하기로 마음먹은 내담자에게 격려와 지지를 보냄으로써 내담자 역시 스스로에 대해 지지하고 격려할 수 있도록 돕는다. 어려움이 있음에도 불구하고 자신이 목표로 한 행동 변화를 위해 포기하지 않고 끝까지 도전하고 이루어 내는 경험은 내담자의 인생에서도 분명히 의미 있는 경험이 될 것이다.

---

1 Irvin Yalom(2005)이 제안한 상담의 치료적 요인 중 하나이다. 일반적으로 내담자들은 자신의 문제가 독특하고 혼자만이 겪는 고통이라고 생각하는 경향이 있으나, 사실 그 문제는 다른 여러 사람이 겪을 수 있는 공통분모가 있다는 것을 깨닫고 위로를 경험한다는 것이다.

김교헌 (2006). 중독과 자기조절: 인지신경과학적 접근. 한국심리학회지: 건강, 11(1), 63-105.

박승민, 조영미, 김동민 (2011). 청소년 인터넷 중독의 이해와 상담. 학지사.

장재홍, 나은영, 성윤숙, 박승민, 김현수, 김동민, 이형초, 권희경, 이영선 (2006). 청소년 인터넷 중독 상담. 국가청소년위원회.

황재원 (2010). 청소년의 인터넷 사용 시간에 대한 자기조절 과정 분석. 서울대학교 대학원 박사학위논문.

American Psychiatric Association (2013). *Diagnostic and Statistical Manual of Mental Disorders* (5th ed.), Washington, DC: Author.

Arkowitz, H., Westra, H. A., Miller, W. R., & Rollnick, S. (2007). *Motivational Interviewing in the Treatment of Psychological Problems (Applications of Motivational Interviewing)*, The Guilford Press.

Micucci, J. A. (1998). *The Adolescent in Family Therapy: Breaking the Cycle of Conflict and Control*, The Guilford Press.

Miller, W. R. & Rollnick, S. (2002). *Motivational Interviewing: Preparing People Change* (2nd ed.), The Guilford Press.

Yalom, I. D. & Leszcz, M. (2005). *Theory and Practice of Group Psychotherapy* (5th ed.), Basic Books.

Young, K. (1999). Internet addiction: Symptoms, evaluation and treatment. In L. VandeCreek & Jackson (Eds.). *Innovations in Clinical Practice: A Source Book* (Vol. 17, pp. 19-31), Sarasota, FL: Professional Resource Press.

03

인터넷 중독과
동기강화상담

제3장
인터넷 중독과 동기강화상담

신성만 | 한동대학교 상담심리학과

시작하는 글

정보화 시대로 접어들면서 인터넷의 발달은 우리 삶의 모습에 근본적인 변화를
가져왔다. 우선 이전에는 시간과 공간의 제약으로 접근하기 어려웠던 다양한 정
보와 자원에 많은 사람들이 자유롭고 쉽게 접근할 수 있게 되었으며, 특정 대상을
얻기 위한 금전적·심리적 대가, 즉 필요한 노력과 동기의 정도가 이전과는 다르
게 재편되고 새롭게 정해졌다. 또한 사람과 사람, 집단과 집단 간 관계의 방법이
달라지면서 사람들이 직접 함께 만남으로써 과업을 성취하는 일은 점차 줄어드는
반면, 개인적인 활동이나 간접적인 관계의 형태가 더 선호된다. 적어도 심리적으
로 원하는 것을 쉽게 얻게 된 현대인은 함께 노력하고 협력하여 무언가를 얻던 과
거와는 상당히 다른 수준의 동기(motivation)를 발달시키게 되었고, 이와 함께 인
간 발달의 초기 시점부터 자기중심적, 개인적 특성을 더 많이 보여 준다. 이는 현
대 사회에 다양한 중독의 문제가 이전보다 더 보편적으로 빠르게 확산되는 토대
가 되었다고 볼 수 있다.

　이 책에서 집중적으로 다루고 있는 인터넷 중독 또한 가치중립적인 인터넷을 우
리가 어떻게 사용하고 발전시켜 나가는가의 문제와 연결되어 있다. 따라서 우리는
인터넷이 제공하는 유익하고 꼭 필요한 측면과 함께 중독의 문제도 간과해서는 안

된다는 문제의식과 경각심을 가질 필요가 있다.

과거에는 중독의 문제를 알코올, 약물, 담배 등과 같은 물질 중독에만 국한하여 생각했다면, 지금은 도박을 비롯해 인터넷, 성, 쇼핑, 운동 등과 같은 과정(process)이나 행동(behavior)도 중독의 대상에 포함하여 고려하고 있다. 이 중 다수는 우리 실생활에 즐거움을 주며 유익하다고 간주되던 것인데, 중독의 특징인 통제의 상실(out of control), 강박적인 집착(compulsion), 그리고 부정적인 결과에도 불구하고 지속하는 증상을 보이는 경우에는 중독행동에 포함한다.

중독행동의 개선을 위한 심리치료나 상담은 대단히 어려운 작업이다. 실제로 효과가 입증된 중독상담 접근법도 그리 많지 않다. 중독이 특히 어려운 것은 동기의 문제와 함께 관계의 문제를 다루어야 하기 때문이다. 이 두 영역의 문제는 인터넷을 중심으로 한 오늘날의 모든 중독 문제와 직결되어 있다. 이러한 동기와 관계를 효과적으로 다루어 중독행동을 개선시키는 가장 대표적인 접근을 이 장에서 소개하고자 한다.

중독행동에 대한 상담을 포함한 모든 상담 접근의 궁극적인 목표는 내담자로 하여금 자신이 겪는 갈등과 문제를 스스로 해결해 나갈 수 있는 능력을 갖추도록 하는 데 있으며, 이는 곧 '변화'로 이어지게 된다. 변화를 위해서는 내담자가 지니고 있는 변화에 대한 의미와 자신감, 중요도 등을 고려해야 하는데, 이것은 결국 '동기'라는 상태로 집약하여 생각해 볼 수 있다. 변화와 이를 위한 동기에 집중하여 내담자와의 관계를 설정해 나가는 상담 접근은 1980년대에 처음으로 소개되기 시작한 동기강화상담(motivational interviewing)이다. 인터넷 중독의 영역에서 점차 광범위하게 연구 및 적용되고 있는 이 접근에 대해 살펴보는 것은 상당히 의미 있는 일일 것이다.

이 장에서는 변화에 대한 개괄적인 정의와 원리를 이해한 후, 변화에 가장 밀접한 개념인 동기의 중요성에 대해 살펴볼 것이다. 그다음으로 동기강화상담의 이해를 위한 이론적 설명을 통해 동기강화상담의 역사, 정신, 원리, 단계, 기술을 중심으로 설명해 나갈 것이며, 특별히 **동기강화상담** 2판에서 3판으로 넘어오면서 달라진 동기강화상담의 정신과 단계에 대한 내용을 서술할 것이다. 마지막에는 동기강화상담에 대한 쟁점을 논하는데, 달라진 동기강화상담의 정신을 기반으로 사회 · 문화적인 차이에 따른 동기강화상담의 적용에 대해 다룰 것이다.

1. 인간 행동의 변화는 어떻게 가능한가

인간의 발달과 성장을 연구하는 모든 학문은 인간의 '변화'에 특별한 관심을 기울인 채 변화가 어떤 모습으로, 언제, 왜, 어떻게 진행되는가와 같은 의문을 가지고 학문해 간다. 인간의 행동을 과학적으로 연구하는 학문인 심리학은 그 목적이 인간의 행동을 기술하고 설명하고 예측하고 통제하여 삶의 질을 개선하는 데 있다고 명시하고 있다. 다시 말해 인간의 행동을 보다 나은 모습으로 변화시키고자 하는 목적을 학문의 방향성으로 제시하고 있는 것이다. 인간이 인간을 알아 가는 데 있어 변화를 이해하는 것은 인간의 성장과 발달에 대한 기여에 밑바탕이 된다고 할 수 있다.

심리학의 선구자 William James는 인간 변화를 두 가지 형태로 말했는데, 그가 설명한 인간 변화의 첫 번째 형태(type 1 change)는 교육에 따라 인간의 행동이 달라지는 것과 같은 것을 의미한다. 이러한 변화는 연속적인 근사치(successive approximations)의 모습을 보이며 점진적이고 도도한 강물이 흐르듯이 일어나는 변화이다. 눈에 특별히 드러나지는 않지만 분명히 변화가 일어나는 것과 같은 상황을 말한다. 두 번째 형태의 변화(type 2 change)는 전자의 경우와는 달리 변화가 별개의 형태로 일어나는 것으로, 항구적이며 갑작스럽고 마치 급류에 휩쓸려 가듯이 일어나는 급격한 변화를 말한다. 종교가 없던 사람이 어느 날 갑자기 종교적인 체험을 하고 완전히 다른 사람이 되는 것과 같은 경우를 설명하고자 하는 형태의 변화이다.

최근 중독 분야에서도 이러한 변화의 과정에 대한 관심과 연구가 지속되고 있다. 이를 크게 나누어 보면, 변화를 기본적인 단계의 진행 과정으로 보는 관점과 특별한 단계를 상정할 수 없는 급작스럽고 완전한 변화라고 보는 관점이 있다. 중독 분야는 변화의 과정을 돕고 지원해야 하는 전문 영역이기에 변화 과정에 대한 깊고 실질적인 이해는 개입 효과와 직결되는 문제일 수 있다. 따라서 이러한 구분은 나름 중요한 함의를 지닌다고 말할 수 있다.

변화 단계(stage of change)를 상정하는 이론으로는 Prochaska와 DiClemente가 소개한 초이론 모형(transtheoretical model)을 들 수 있고, 보다 급작스럽고 차원이 달라지는 것으로 보이는 완전한 변화로는 William Miller가 설명하는 양자 변화(quantum change)를 들 수 있을 것이다(Miller, 2004). 변화에 대한 양측의 관점은 실제적 삶의 현장에서 그리고 중독행동의 해결 과정에서 모두 관찰되고 경험된다는 점에서 어느 한쪽만 옳다고 말할 수 없다는 것은 대부분의 전문가들이 동의하는 바이다. 두 변화의 관점 가운데 상대적으로 이해가 용이하고 많이 연구된 분야는 변화 단계를 상정하는 초이론 모형일 것이다. 반면에 급작스럽고 차원을 이동하는 것으로 보이는 양자 변화는 의사결정 과정을 거친 것이 아니라 갑작스러운 깨달음이 생기거나, 모르던 것을 알게 되거나, 지각의 변화가 있거나, 사실에 대한 인지가 나타났을 때 흔히 발생하는 것으로 보인다. 변화에 영향을 미치는 타인의 역할이 제한적이거나 변화 과정이 예측하기 어려운 경우라 할 수 있다.

변화 단계를 상정하는 변화의 초이론 모형은 인간 행동의 변화가 보편적으로 전숙고–숙고–준비/계획–실행–유지 또는 재발의 순서로 일어난다고 제시한다. 개인이 어떤 변화 단계에 속해 있느냐에 따라서 상담자가 사용하는 변화 전략의 종류도 달라져야 한다. 변화를 표현할 수 있는 또 다른 공식은 아래와 같다.

$$\text{변화} = \text{앎(지식)} \times \text{동기} / \text{저항}$$

위 공식에서 알 수 있듯이 변화는 개인이 많은 정보를 알수록 그리고 동기가 강해질수록 그 가능성이 높아지며, 반대로 저항이 커지면 변화의 가능성도 낮아지게

된다. 이를 초이론 모형과 연관지으면 전숙고 단계에 있는 사람들에게는 동기보다
는 지식적인 측면으로 접근하는 것이 변화를 일궈 낼 가능성이 더 높다. 앎의 수준
을 확장하기 위해 교육이나 인지치료, REBT 등을 활용할 수 있을 것이다. 그다음
숙고 단계에 있는 사람들에게는 특별히 동기의 강화가 중요한데, 이때는 각 개인
의 변화에 대한 양가감정을 해결하고 계속해서 변화의 방향으로 스스로 이야기할
수 있도록 독려하는 과정이 중시된다.

한편 저항은 변화 단계를 넘어가는 모든 과정에 존재할 수 있는데, 그 예로 개인
의 내적 저항인 자기효능감의 부족을 들 수 있다. 이는 변화에 대한 정보 수집도 어
느 정도 되었고 동기도 있으나 변화의 실행과 유지는 여전히 어려운 상태로서 자기
효능감이 부족한 경우라고 할 수 있다. 이와 같은 저항을 효과적으로 다루지 않고
서는 장기적으로 변화를 유지하기 어렵기 때문에 이 과정에서는 자기효능감을 고
취하고 깊은 수준의 변화대화를 지속적으로 할 수 있도록 도와야 한다.

2. 인터넷 중독 상담, 동기강화상담이면 되는가

1) 인터넷 중독 상담에서 동기강화상담의 효과

비단 중독행동에 대한 접근법 외에도 일반적인 상담 접근법들은 회복, 성장을 내
포한 내담자의 '변화'를 추구한다. '어떻게 하면 효과적인 상담을 할 수 있을까?'라
는 질문은 '어떻게 하면 내담자의 변화를 촉진할 수 있을까?'라는 고민과 일맥상통
한다. 변화에 대해 고민하다 보면 누구나 '동기'라는 개념에 다다를 텐데, 변화와
동기는 서로 간에 영향을 주고받는 밀접한 개념인 것이다.

그렇다면 내담자로 하여금 상담에 적극적으로 참여하고자 하는 동기를 증진한
다든지 혹은 상담 과정 중에 이행해야 하는 과제를 충실히 하려는 의도 및 동기를
강화할 때 내담자의 변화가 더욱더 자연스럽게 일어날 것이라는 기대를 가져 볼 수
있다. 동기강화상담의 효과성을 검증하는 메타분석은 이 접근이 알코올, 약물과
같은 물질 중독뿐 아니라 위험한 성적 행동이나 음식, 운동을 포함한 행동 중독에

도 효과적임을 보여 준다. 아직까지는 인터넷 중독과 관련한 동기강화상담 연구가 많이 행해지지는 않았으나, 인터넷 중독 또한 행동 중독의 한 형태이므로 동기강화상담의 인터넷 중독에 대한 효과성을 추론해 볼 수 있을 것이다.

현재까지 국외에서는 인터넷 중독과 동기강화상담에 대한 연구가 그렇게 활발하게 이루어지고 있지는 않지만, 국내 연구 중 김남조(2009)는 동기강화 집단에 참여한 청소년들이 동기강화 집단에 참여하지 않은 통제집단의 청소년들보다 인터넷 중독행동의 감소에 더 유의미한 효과가 있음을 보여 준다. 이지혜(2013)의 연구에서는 저소득층 청소년을 대상으로 동기강화 인터넷 중독 예방 프로그램을 시행한 결과, 통제집단에 비해 실험집단의 인터넷 중독 위험도가 통계적으로 유의한 차이로 감소된 것을 알 수 있다.

2) 다른 상담 접근에의 통합 적용

동기강화상담은 여러 다른 상담 접근과도 통합하여 사용할 수 있다. 특히 CBT와 동기강화상담에 관련한 몇 가지 연구를 살펴보면 더욱 확실히 알 수 있는데, Treasure(1999)는 신경성 폭식증 환자를 대상으로 동기강화상담이 가미된 인지행동치료와 인지행동치료의 효과를 비교한 결과, 두 집단 모두 유의미한 결과가 있었으나 동기강화상담을 접목한 집단이 인지행동치료만을 실시한 집단보다 더 효과적인 치료관계를 유지했다는 결과를 도출하였다(김귀량, 2013 재인용). 그리고 정명희(2006)는 동기강화상담과 인지행동치료를 통합하여 고등학교 3학년 학생을 대상으로 프로그램을 실시한 결과, 동기강화상담과 CBT를 통합하여 처치한 집단의 인터넷 중독행동이 동기강화상담을 접목하지 않은 인지행동 집단에 참여한 학생들보다 더 유의하게 줄어든 것을 알 수 있었다.

위와 같은 비교 연구를 통해 인터넷 중독에 동기강화상담이 효과가 있음을 확인할 수 있으며, 다른 상담 접근과 동기강화상담을 함께 활용했을 때 그 효과성이 증대된다는 것을 알 수 있다. 이는 변화의 과정에서 그만큼 동기가 중요하다는 사실을 반증하는 것이다. 그러나 이와 같은 동기의 중요성에도 불구하고 상담 장면에서는 오랜 시간 동안 내담자의 무동기 상태로 인해 어려움을 겪는다는 상담자의 고충이 있다. 비자발적이고 자기성찰 능력이 낮은 중독 관련 내담자를 대하는 상담자의 경우 그 소진이 더욱 심하다고 볼 수 있는데, 이러한 상담자의 갈증을 덜어 줄 효과적인 접근법 가운데 하나가 바로 동기강화상담이다.

상담 장면에서 동기강화상담에 대한 관심은 지속적으로 커지는 추세이며, 최근 근거 중심적 심리치료를 지향하는 조력 장면에서 가장 많이 시행되고 있는 접근 중 하나이다. 상담 접근 중 동기강화상담의 정신에 부합하는 접근은 내담자의 변화대화(변화하고자 하는 열망, 변화할 수 있는 능력, 변화해야 하는 이유, 변화의 필요성 등에 대한 표현)를 증가시키는 경향이 있고, 변화대화가 증가할수록 변화를 실제 행동으로 옮기는 경향성이 연구를 통해 확인된 것이다. 다수의 메타분석이 다양한 분야와 문제점에 대해 수행되었고 평균적인 효과는 중간(small to medium) 정도의 크기로 보고되고 있다.

3. 동기강화상담 제대로 알기

1) 동기강화상담은 접근법이 다른가

동기강화상담은 Miller와 Rollnick에 의해 개발된 상담 모델이다. 초기에는 알코올 중독 내담자들의 치료 참여 동기를 증진하기 위해 Rogers의 인간중심치료 방법과 몇 가지 심리 · 사회적 원리인 인지부조화나 자기효능감과 같은 개념을 근간으로 하여 만들어진 상담 기법이다(Miller & Rollnick, 2002). 동기강화상담이 처음 소개된 이후 30년이 지난 오늘날에는 그 적용 범위가 다양해지고 그에 따른 동기강화상담의 정의도 확장되었다. 2009년에 Miller와 Rollnick이 정의한 동기강화상담이 내담자의 변화 동기를 유발하고 강화하는, 협력적이고 인간 중심적이면서 안내적인 방식의 상담 접근이었다면 2013년에는 더욱 확장된 의미로 동기강화상담을 정의하고 있다. 동기강화상담이 무엇인지, 왜 동기강화상담을 활용해야 하는지, 어떻게 활용하는 것인지의 세 가지 측면을 포함하는 보다 포괄적인 정의를 내리고 있다(Miller & Rollnick, 2013).

세 가지 측면 중 첫 번째로 동기강화상담의 일반적 정의는 변화에 대한 개인 고유의 동기와 결심을 강화하는 협력적 대화 방식이라는 것이다. 한마디로 말하자면 동기를 강화하는 대화라고 할 수 있다. 주어진 시간과 상황, 대상이 어떻든지를 막론하고 기억해야 할 것은 협력적인 대화라는 것이다. 두 번째 측면으로 동기강화상담을 사용해야 하는 이유에 대해서는 동기강화상담이 변화 과정에서 변화의 주체인 내담자의 내재적인 동기에 집중하고, 또한 변화를 망설이게 하는 양가감정을 세심하게 다루어 준다는 것이다(Wagner & Ingersoll, 2013). 양가감정은 어떠한 대상이나 상황에 대해 전혀 반대되는 감정을 동시에 느끼는 것으로, 이러한 양가감정을 탐색하고 해결하는 것은 동기강화상담 시 중요하게 다루어야 할 과제이다. 동기강화상담에서는 중독자들뿐 아니라 변화를 고려하고 시도하는 모든 개인에게는 정도의 차이가 있을 뿐 이것이 존재함을 가정하고 있다. 이는 변화를 원하고 동시에 현 상태에 머물기를 원하는 내담자의 딜레마를 이해하는 것으로, 상담자는 이에 대해 주의를 기울이고 면밀히 탐색해야 한다.

또한 동기강화상담에서는 내담자의 동기가 절대적으로 0(zero)인 상태가 없다고 여긴다. 개인에게 내재화되어 있는 동기는 그 정도나 방향이 제각기 다르기는 하지만 동기가 아예 없는 사람은 없다. 또한 동기는 고정되지 않고 가변적이라 내부적인 혹은 외부적인 어떤 요인에 의해 강화되기도 하고 약화되기도 한다. 이처럼 동기를 강화할 수 있는 요인이 외부에도 있고 내부에도 있지만 동기강화상담에서는 내재적인 동기에 초점을 맞추는데, 이러한 점은 외재적 동기를 부여하는 행동치료적인 접근법과의 차이라고도 할 수 있다.

끝으로 동기강화상담을 어떻게 실천할 것이냐의 측면에서 상담자는 기본적으로 내담자와 협력 작업을 하되 내담자의 변화대화에 의도적으로 더 주의를 기울여야 한다. 상담자는 내담자가 변화의 방향으로 논쟁을 하고 그 방향으로 더 탐색할 수 있도록 기술을 활용해야 하며, 불협화음으로 표현되는 유지대화와 저항대화는 줄이는 방향으로 상담을 진행해야 한다. 방향성이 있다는 점이 동기강화상담과 Rogers의 접근을 구분짓는 대목인데, 이와 같은 양가감정의 해결이라는 것과 변화라는 특정한 방향으로 대화가 진행되도록 하기 위해 동기강화상담에서는 내담자의 말에 선택적으로 반영을 한다.

확장된 정의에서 언급하고 있는 세 가지 내용을 종합해 보면, 동기강화상담은 변화를 향한 의도를 가진 의사소통의 한 종류이며, 상담자와 내담자 사이에 협력적으로 이루어지는 일련의 작업이라 할 수 있다. 또한 동기강화상담은 유발하는 특성을 가지고 있기 때문에 상담자는 내담자로부터 변화대화를 이끌어 내고 변화에의 동기를 강화하는 방향으로 진행해 나간다.

동기강화상담은 Rogers의 인간중심상담을 근간으로 하고 있기 때문에 상당 부분 공통점이 많은데, 인간중심상담을 비롯해 다른 상담 접근법들과 동기강화상담이 어떤 면에 차이가 있는지 한눈에 볼 수 있도록 표 3.1에 정리하였다.

표 3.1	동기강화상담과 다른 접근법들의 차이점			
구분	**인간중심상담**	**동기강화상담**	**인지치료**	**행동치료**
지시 수준	따라가기	안내하기	지시하기	지시하기
상담의 주안점	감정, 탐색	변화대화 강화, 유지대화 축소	인지, 부적응적 사고와 신념	문제행동
형태	심리치료	의사소통 양식	심리치료	심리치료
기간	장기	단기	단기	단기
필수 요소	무조건적인 긍정적 존중, 공감, 일치성	정신	부적응적 사고와 신념에 대한 도전	건강한 행동 학습
변화 요소	불일치감 해소	변화대화	적응적 사고와 신념의 학습	건강한 행동 학습
정신병리에 대한 관점	불일치	없음	학습된 사고의 패턴	학습된 행동

2) 동기강화상담의 역사

동기강화상담의 가능성은 William Miller가 1973년 위스콘신대학교에서 임상심리 석사 과정을 밟던 중 밀워키 소재의 재향군인병원에서 인턴십을 하는 동안 시작되었다. 그 당시 재향군인병원에 있는 대다수의 내담자들은 알코올이나 약물에 중독되어 있었고, Miller는 중독 관련 문제에 대해 아는 것이라고는 없는, 전혀 준비되지 않은 학생이었다. Miller를 지도한 슈퍼바이저가 알코올 중독에 대해 아는 게 있는지 물어보았을 때 전혀 준비되지 않았다는 사실을 말하자, 앞으로 전문가로 활동하게 될 경우 두 번째로 흔히 볼 문제 영역이 바로 알코올 중독이라고 하면서 잘 준비해야 한다는 조언을 주었다고 한다.

Miller는 1975년부터 오리건대학교에서 임상심리학 박사 과정을 밟았는데 졸업 논문을 쓰는 과정에서 또다시 동기강화상담의 태동에 영향을 주는 중요한 경험을 하게 된다. 그는 상담자가 진행하는 행동치료적 자기통제 프로그램과 자조집단을 중심으로 한 비블리오 테라피에 무작위로 내담자를 배치하는 한 연구의 결과를 관찰하였다(Miller, Gribskow, & Mortell, 1981). 놀랍게도 결과는 스스로 책을 읽은 환자들이 상담자의 지도를 받은 집단보다 더 나아졌다는 것이었다. 이는 Miller가 비교집단이 처치집단보다 더 나은 결과를 나타내는 이유를 고민하는 계기가 되었다.

이후 내담자의 알코올 음주 재발률과 상담자의 관계 기술의 상관관계를 본 연구(Valle, 1981)에서는 6, 12, 18, 24개월 추적조사를 했는데, Rogers의 이론에 입각하여 관계 기술이 부족한 상담자와 관계 기술이 중간치인 상담자, 관계 기술이 높은 상담자와 각각 만난 내담자의 재발률을 비교해 보았을 때, 관계 기술이 높을수록 재발률이 떨어진다는 일관된 결과를 발견하게 되었다. 이러한 결과들은 Miller로 하여금 중독자에 대한 기존의 접근이 너무 직면적이고 교육적이며 오히려 저항을 불러일으키는 등 역효과의 원인이 아닐까 의심하게 만드는 계기가 되었던 것이다.

1982년 노르웨이에서 첫 번째 안식년을 맞은 Miller는 그곳의 중독센터에서 대학원생을 중심으로 CBT를 가르치는 일을 했다. 학생들과 주로 역할극을 하였는데, 학생들은 자신이 만나는 내담자 중 가장 힘든 내담자 역할을 하고 Miller는 그런 내담자를 다루는 상담자 역할을 하였다. 이 과정에서 학생들은 자주 그리고 중간중간 역할극을 중단하고, 왜 그렇게 반응하는지, 그리고 이 상황에서는 어떤 생각을 하는지 묻곤 하였다. 이러한 질문에 제대로 답해 주기 위해 Miller는 이전까지는 별로 깊이 생각해 보지 않고 했던 반응에 대해 논리적인 관계를 고려하며 자신의 생각을 글로 정리하기 시작하였다. 이 모든 내용을 하나의 통합적인 모습으로 '아하' 하고 깨달은 곳은 다름 아닌 이발소였다고 그는 회고한다.

당시 Miller가 정리한 중독 상담의 기본적 방향성은 다음과 같다. 먼저 상담자가 아닌 내담자가 변화에 대해 그 당위성을 주장해야 한다. 변화 당사자가 자신이 변화하지 않을 때 생길 수 있는 문제에 대한 우려를 말해야 하며, 변화에 대한 스스로의 동기를 유발해야 한다. 상담자는 공감적 경청을 하면서 저항을 최소화하고 증가시키지 않도록 노력해야 한다. 희망과 자신감을 북돋아 주어야 하며, 따라서 동기강화상담을 치료에 대한 준비 과정으로 볼 수 있다는 것 등이 그가 정리한 생각이었다.

이를 바탕으로 1983년 Miller는 논문을 썼으며, 이것은 이후 '동기강화상담'으로 불리게 된 접근의 공식적 시작이었다. 그는 이 논문을 통해 동기강화상담의 기본 개념을 소개했는데 요약하자면 다음과 같다. 즉 간단한 대화 형식의 개입으로도 변화를 이끌어 낼 수 있다는 것, 그리고 이러한 변화의 중요한 열쇠는 바로 상담자의 태도이며 상담자의 공감적 대화 방식은 내담자의 변화를 예측하는 가장 중요한 요인이 된다는 것이다. 그리고 직면적 상황은 오히려 변화를 거스르는 결과를 가져오며, 동기강화적 대화를 통해 변화를 시작한 내담자는 이후 지속적인 치료 없이도 변화의 과정을 유지해 나갈 수 있다는 것이다.

1989년은 Miller에게 대단히 중요한 만남이 이루어진 시기로, 그 대상은 바로 Stephen Rollnick이었다. Miller의 이전 논문을 읽었던 Rollnick은 그 당시 이미 동기강화상담을 영국 전역에 가르치고 있었던 인물이다. 두 사람은 의기투합하여 기존의 개념을 보다 체계적으로 정리하게 되는데, 이때 나온 것이 1991년의 **동기강화상담** 1판이며 주로 중독 영역에 집중한 내용으로 채워졌다. 2002년에 2판이 나오면서 이미 상당히 다양한 영역에 응용한 내용이 소개되었고, 실제적인 효과성에 대한 근거도 상당 부분 제시되기 시작하였다. 2013년에는 마침내 3판이 출간되었다.

오늘날까지 **동기강화상담**은 22개 언어로 번역되었고, 동기강화상담 관련 출판물은 1,200여 권에 달하며, 200여 개가 넘는 무작위 임상 연구를 포함하여 2만 5,000여 개에 달하는 문헌이 동기강화상담을 언급하고 있다. 동기강화상담을 통해 내담자의 동기가 강화되고 행동 변화가 나타난다는 근거가 축적되면서 미국의 상담 및 심리치료, 사회복지 대학원에서는 동기강화상담을 전문적으로 배울 수 있도록 커리큘럼에 포함하여 교육하고 있는 실정이다. 중독행동뿐만 아니라 식이, 건강관리, 교정 시스템, 교육, 성직자 코칭, 그리고 동부 아프리카 부락민의 정수 실행을 개선하는 데 이르기까지 그 활용 범위가 확장되어 변화에 관한 대화가 오고 가는 거의 모든 상황에 적용된다고 할 수 있다.

3) 동기강화상담의 정신

1980년대에 물질 중독 상담의 일반적인 흐름은 지시적이고 직면적인 유형이었다. 이에 대한 대안으로 부상하기 시작한 동기강화상담은 특정 이론 모델이라기보다는 임상 실제와 경험을 근간으로 하고 있다(Miller & Rose, 2009). Miller는 동기강화상담에 대해 특정한 상담 기법이라기보다는 상담자의 태도(attitude)에 가깝고 상담자와 내담자 사이의 자연스러운 의사소통 방법이라고 하였다. 그렇기 때문에 동기강화상담은 다른 접근법에 비해 특별히 그 정신을 강조하는 경향이 있다. 동기강화상담의 정신에 입각하지 않고 동기강화상담적인 기술(skill)만 단순하게 사용한다면 그것은 올바른 동기강화상담이라고 할 수 없다. 동기강화상담의 정신과 원리에 입각하여 기술을 구사할 때 비로소 동기강화상담이 되는 것이다. 이러한 동기강화상담의 정신은 협동정신, 수용, 연민, 유발성이다(Miller & Rollnick, 2013).

협동정신은 상담자와 내담자가 위계적인 관계가 아니라 파트너 정신을 가지고 작업하는 것을 말한다. 이것은 상담 과정 속에 스며들어 있는 것으로 동기강화상담에서 첫 번째 정신이다. 여기서 협동이란 상담자가 자신의 기대와 포부, 열망을 조율하며, 또한 자신의 열망을 감시의 눈으로 스스로 들여다보기도 한다는 뜻이다. 상담자와 내담자가 가지고 있는 열망이 종종 다르긴 하지만 이 열망들의 만남을 동기강화상담에서는 인간관계 과정이라고 한다.

상담자는 내담자와 동등한 관계에서 권고보다는 탐색을, 설득이나 논쟁보다는 관심과 지지를 표명한다. 또한 강제적이지 않고 자연스럽게 내담자의 변화가 일어날 수 있는 긍정적 상담 분위기를 만들어 내고자 한다. 동기강화상담은 내담자'에게(to)' 하는 것이 아니라 내담자를 '위하여(for)' 그리고 내담자와 '함께(with)' 하는 것이다. 이러한 상담자의 협동적인 자세는 내담자로 하여금 자기 자신에 대해서, 그리고 자기 삶의 역사와 상황에 대해서, 변화의 방향에 대해서 가장 잘 아는 사람은 내담자 자신이라는 사실을 인식할 수 있도록 해 준다.

동기강화상담의 두 번째 정신은 수용이다. 그림 3.1과 같이 수용에는 네 가지 측면이 포함되는데 절대적 가치(absolute worth), 자율성(autonomy), 정확한 공감(accurate empathy), 인정하기(affirmation)가 그것이다. **동기강화상담** 2판에서 3판으로 넘어오면서 달라진 부분 가운데 하나가 자율성이 수용이라는 개념의 하위 요소로 포함된 것이다. 본래 동기강화상담의 정신은 협동정신, 자율성, 유발성이었는데 수용과 연민이라는 새로운 개념이 추가되고 자율성이 수용의 하위 개념으로 포함되었다.

수용은 상담 장면에서 내담자가 상담자와 대화할 때 하는 말과 행동에 감사를 표현하고 환영하는 것으로 나타난다. 동기강화상담에서 이러한 수용적 분위기는

그림 3.1 | 수용의 네 가지 측면

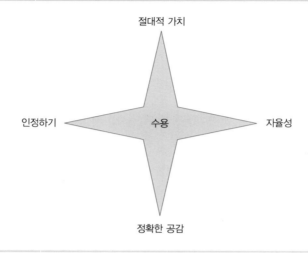

내담자가 자유롭게 변화의 측면을 탐색할 수 있도록 한다. 그렇다고 해서 상담자가 내담자의 모든 행동이나 상황에 대해 괜찮다고 이야기하라는 의미는 아니다. 수용한다는 것은 내담자의 (문제)행동을 승인하거나 현재 상태를 묵인한다는 의미가 아니라, 각 개인은 기본적으로 가치롭고 변화를 위한 조건이 개인의 내면에 잠재되어 있다고 보는 것이다.

수용의 첫 번째 측면인 절대적 가치는 상담자가 지니고 있어야 하는 기본적인 신념이다. 이는 Rogers가 이야기한 비소유적인 돌봄, 무조건적인 긍정적 존중에서 잘 나타나는데, 한 개인을 독립된 개체로 인식하고 개인은 자기만의 고유한 생각과 감정을 가질 권리가 있음을 존중하는 태도를 말한다. Rogers는 이러한 신념이 변화의 필요조건이자 충분조건이라고 하였다. Fromm은 상담자가 내담자를 있는 그 자체로 인식하는 능력과 독특하고 특별한 개인으로 바라보는 능력을 길러야 한다고 했으며, 진정한 존중은 내담자가 스스로 자신을 탐색하면서 그 사람 자체로 성장할 수 있도록 관심을 표현하는 것이라고 하였다.

또한 개인의 선택에 대한 자유를 존중해 줌으로써 내담자의 자율성을 지지한다. 선택은 항상 당사자에게 남겨진 것으로 여긴다. 이것은 내담자의 자율성에 대한 존중과 인정뿐 아니라 상담자가 내담자를 변화시켜야 한다는 중압감을 가지지 않는 것을 말하며, 달리 말해 상담자가 주도권과 우선권을 가지려는 것을 포기한다는 의미도 지닌다.

수용의 세 번째 측면은 정확한 공감이다. 동기강화상담에서 상담자는 내담자의 상황을 이해하고자 하는 열망과 진실된 관심을 표현해야 한다. 정확한 공감은 내담자의 주관적 세계를 이해하고자 하는 적극적 노력을 의미하며, 상담자는 자신이 탐색한 내담자의 주관적 세계가 변화의 국면과 어떻게 연결될 것인지를 고민해야 한다. 예를 들어 자신의 투약 관리에 대한 언급을 원치 않는 내담자가 있다고 가정하자. 이럴 때 동기강화상담자는 단순히 투약에 대해 교육하거나 설득하는 형태로 강의하지 않는다. 오히려 내담자의 상황과 추구하는 가치, 목표 등을 탐색하면서 그것들이 변화와 어떤 연관성이 있는지 알아 가고자 노력한다.

끝으로 인정하기가 있는데, 기본적으로 동기강화상담은 강점 중심 접근을 기반으로 하기 때문에 내담자의 강점과 자원을 발견하고 그것에 대해 인정해 주는 작업을 한다. 인정하기를 실천하려는 의도로 상담자가 단순히 치어리더가 되거나 긍정적인 측면만을 부각할 필요는 없다. 인정하기를 하는 이유는 내담자의 기분을 좋게 해 주려는 것도 아니고 기운을 북돋우려는 것도 아니다. 혹자가 인간의 뇌를 '비극적인 뇌'라고 표현했듯이 인간의 뇌는 부정적 사건에 더 예민하게 반응하고 그것을 더 강하게 각인하는 습성이 있다. 변화를 갈망하며 상담실에 찾아온 내담자들도 비극적인 뇌에서 자유로울 수 없는데, 그들은 이전에 변화를 위해 실시했던 노력이나 작은 성공의 경험을 평가절하하는 경우가 많다. 따라서 동기강화상담자는 내담자가 변화를 위해 노력했던 작은 부분들을 인식시켜 주고 그들이 스스로의 강점과 자원을 돌아볼 수 있도록 해야 할 것이다.

동기강화상담의 세 번째 정신은 연민이다. 연민은 수용과 마찬가지로 **동기강화상**

담 3판에서 추가된 개념이다. 여기서 연민은 단순히 개인적인 감정이나 정서적 경험을 넘어서 내담자의 상황에 완전히 우선순위를 둔다는 것을 의미한다. 적극적으로 상대방의 안녕과 복지를 증진하려는 마음, 나 자신이 아닌 상대방의 필요와 유익을 우선으로 여기는 것을 말한다.

동기강화상담의 마지막 네 번째 정신인 유발성은 변화에 대한 동기가 내담자의 내면에 이미 내재되어 있다고 보는 관점이다. 동기강화상담에서 상담자는 내담자가 자신에 대해서는 전문가이며 비록 좌절했으나 이전에 변화를 시도했던 경험이 있기 때문에, 변화에 있어서 자신에게 도움이 되었던 것과 도움이 되지 않았던 것에 대해 잘 알고 있다고 본다. 따라서 상담자로부터가 아니라 내담자의 생각에서 변화해야 할 이유와 잠정적 변화 방법을 이끌어 내어 변화를 유도해 간다. 상담자는 지혜, 통찰, 현실감 등에 관한 정보를 제공할 수 있되 가르치는 듯한 교훈적인 어조가 아닌 협동정신과 일치하는 어조를 사용한다. 동기를 주입하거나 만들려고 하지 않으며 내담자의 느낌이나 관점, 인생 목표, 가치관 등을 탐색하여 내담자의 이면에 내재된 변화 동기를 자연스럽게 끌어낼 수 있도록 한다.

유발성은 양가감정, 즉 변화를 원하면서도 동시에 현재 상태에 머물고 싶어 하는 내담자의 심리적 상태에도 적용된다. 변화 과정에서 양가감정은 자연스럽고 정상적인 것으로 간주되며, 이 양가감정의 한 측면인 변화 동기를 유발하고 강화하는 것이 상담자의 임무가 될 것이다. 동기강화상담에서는 변화에 대한 동기와 자원, 내담자의 관점, 목적, 가치 및 양가감정까지도 내담자 안에 내재되어 있으며, 그것들을 일깨우고 불러일으킬 때 변화로의 동기가 자극받고 강화된다고 본다(Martin & Sihn, 2009).

4) 동기강화상담의 원리

동기강화상담의 네 가지 정신, 즉 협동정신, 수용, 연민, 유발성은 동기강화상담이 진행되는 처음부터 끝까지 기저에서 흐르고 지속적으로 상담자와 상담 장면에 영향을 미쳐야 한다. 거듭 강조하지만 동기강화상담의 정신에 위배된 것은 동기강화상담이 아니다. Miller와 Rollnick은 정신과 더불어 동기강화상담의 중심 원리 네 가지를 소개하고 있는데 이는 공감 표현하기, 불일치감 만들기, 저항과 함께 구르기, 자기효능감 지지하기이다. 각각의 내용을 차례대로 살펴보자.

우선 공감 표현하기는 상담자의 수용적인 태도와 관련이 깊다. 동기강화상담은 내담자 중심적이면서 공감적 상담이다. 즉 이 접근법은 Rogers가 말한 반영적 경청이나 공감적 이해를 기본 바탕으로 한다. 공감적 의사소통은 상담의 초기부터 마치기까지 상담 과정 전체에 걸쳐서 이어진다. 공감은 내담자의 관점, 감정, 삶에 대한 생각, 행동을 이해하고자 노력하는 대화 방법으로, 공감을 할 때 상담자는 적어도 '내담자의 경험과 사고의 틀로 생각하면 내담자의 판단이 타당한 것이다'라는 생각으로 내담자의 관점을 이해하고 반응해야 한다.

상담자의 수용적 태도의 핵심은 내담자의 말을 존중하는 자세로 귀 기울여 듣는 데 있다. 내담자는 자신이 있는 그대로 받아들여질 때 스스로 변화하고 싶어 하지만, 타인으로부터 변화를 촉구하는 지시적인 말을 듣게 되면 오히려 변화하지 않으려는 경향성을 보인다. 왜냐하면 인간의 독립성은 아동기 초기부터 성장과 발달의 주요 과업이고 성공적인 성인의 특징으로 간주되기 때문이다. 그래서 어떠한 이유에서건 독립성이 훼손되는 것을 원치 않는다. 특히나 요즘과 같이 개인주의 성향이 만연된 사회에서는 상담자의 수용과 존중의 태도가 더욱 강조되어야 할 것이다. 수용과 존중의 태도로 내담자의 말을 경청하고 그들이 의미하는 바를 이해하며 그들이 계속적으로 탐색할 수 있도록 반영해 주는 능력을 길러야 한다.

두 번째는 불일치감 만들기이다. 동기강화상담에서는 변화에 앞서 양가감정 문제를 해결해야 하기 때문에 상담은 의도적으로 양가감정을 해결하는 방향으로 이루어지는데, 이것이 고전적 내담자중심상담과의 차이점이라고 할 수 있다(Miller & Rollnick, 2002). 전체적으로 탐색을 주로 하는 내담자중심상담은 내담자가 자신의 삶을 정리한다거나 어려운 결정으로 고민할 때 사용하기 좋으며, 의도적이고 지향적인 성격의 동기강화상담은 양가감정에 묶여서 어떠한 행동 변화에 대한 결정도 하지 못하고 있는 내담자에게 적합할 것이다. 동기강화상담은 양가감정에서 벗어나 긍정적인 행동을 하는 방향으로 나아가게 한다.

내담자는 내적 갈등을 해소하기 위해 혹은 낙심과 두려움의 상태로 상담자를 찾아오지만 여전히 접근-회피(변화하고 싶기도 하고 그렇지 않기도 한)의 양가적 갈등에 사로잡혀 있다. 그럼에도 상담자는 내담자의 변화를 몹시 돕고 싶은 나머지 경고나 주의로 내담자를 일깨워 주려 한다. 그러나 유감스럽게도 이것은 내담자를 변화로부터 더 멀어지게 하여 저항과 변하지 말아야 할 입장을 고수하게 할 뿐 효과적이지 않다. 동기강화상담에서 불일치감을 일으키는 것은 외부의 누군가(상담자나 권위적 인물)가 자신의 문제를 직면하도록 하는 것이 아니라 자기 내면과의 대면으로 안내하는 것을 말한다. 이는 현재 자신이 경험하는 것이 자신이 원하는 바가 아니며, 적어도 그것과는 다르다는 내적 경험으로 인도하는 것으로서 현재의 행동과 자신이 원하는 모습 간의 불일치를 자각하게 하는 것이다. 왜냐하면 변화 동기는 개인의 현재 행동이 자기 삶의 목적 및 가치와 충돌됨을 인식할 때 강화되기 때문이다.

동기강화상담에서는 양가감정의 갈등을 이용해서 오히려 내면의 불일치감을 경험하도록 이를 증폭한다. 내담자의 행동과 신념, 가치관 사이의 불일치감을 만들어 내기 위해 상담자는 내담자 스스로 이를 발견할 수 있도록 질문하고 돕는 역할을 맡아야 한다. 유의해야 할 점은 상담자가 내담자의 행동과 말, 가치관의 불일치를 언급하거나 문제해결 방향을 제시하는 것 또는 판단과 비판을 삼가야 한다는 것이다.

세 번째는 저항과 함께 구르기이다. Miller와 Rollnick(2013)은 부인이나 방어와 같은 저항행동을 공격이나 위협을 감지했을 때 나오는 자연스러운 반응으로 간주하며, 이전의 저항이라는 개념을 유지대화(sustain talk, 현재의 행동이나 상태에 대한 우호적인 말)와 불협화음(discord)이라는 용어로 대체하여 이에 어떻게 반응할 것인지를 설명한다. 유지대화가 목표로 하는 행동이나 변화에 관한 것이라면, 불협화음은 내담자와 상담자 간의 관계를 지칭하는 것이다. 화음은 단음으로는 만들수 없으며 적어도 두 음 이상일 때 가능한 것이다. 동기강화상담에서는 내담자가 저항을 보이는 것이 내담자 본래의 속성이 아니라 두 사람 간의 협력적 관계에 이상이 있음을 알려 주는 신호라고 여기며, 상담자가 내담자의 저항에 어떻게 반응하느냐에 따라 유지대화와 불협화음의 정도가 달라진다고 본다.

만약 상담자가 내담자로 하여금 변화하도록 설득하기 위해 논쟁을 벌인다면 도리어 상담자의 의도와 달리 내담자는 변화하고 싶지 않은 이유를 더 생각해 내고 그런 태도를 감싸고 돌 것이다. 이러한 비생산적인 논쟁을 피하려면 공격을 맞받아서 공격하는 복싱의 원리가 아니라, 오히려 공격의 대상이 되어 주면서 공격자의 힘에 저항하지 않고 그것을 이용하는 유도의 원리를 기억할 필요가 있다. 상대의 저항과 함께 구르는 유도의 원리는 동기강화상담에서 유용하다. 내담자의 저항이 있을 때 내담자의 지각을 살짝 다른 쪽으로 돌리거나, 보다 색다른 시각으로 해석해 주다 보면 내담자의 저항을 오히려 변화를 위한 에너지로 돌릴 수 있는 순간이 만들어지게 된다. 요점은 내담자의 저항에 직접 맞서지 말고 내담자가 저항하는 방향으로 함께 움직이거나 같이 흘러가라는 것이다.

저항과 함께 구르기의 원리에서도 내담자를 존중하는 자세는 빼놓을 수 없다. 내담자의 문제해결이나 변화에 대한 결정의 책임이 내담자에게 있다는 동기강화상담의 근본적 원칙이 여기에도 적용된다. 상담자의 역할은 새로운 관점을 강요하는 것이 아니라, 저항에 사용하는 에너지의 방향을 긍정적으로 바꾸거나 감소시킬수 있도록 내담자가 스스로를 바라보는 과정을 격려하고 공감을 표현하는 것이다. 정보의 제공이 가장 적절하다고 판단되는 경우, 상담자는 단순하게 정보를 제공하는 단계에만 머물러야 할 수도 있다. 만약 제공된 관점이나 정보에 대해 내담자가 상담자에게 되묻는다면, 상담자는 자신의 의견을 바로 말하지 말고 오히려 내담자가 그에 대한 답을 스스로 생각해 보도록 질문하거나 시간을 주는 것이 좋다.

이러한 조언에 대해 어떤 상담자들은 정직하지 못하다고 느끼기도 하고 불편해하기도 한다. 하지만 상담에서 가장 중요한 것은 내담자의 이득이다. 상담자가 중독의 문제를 지닌 내담자에게 가장 도움이 되는 적절한 반응이 무엇인지 알고 그러한 반응을 하는 것이 중요하다. 질문에 대한 답을 상담자가 섣불리 하는 것은 내담자에게 상담자의 의견이나 생각에 대해 비판하거나 논쟁을 시작하는 기회를 제공할 수 있다. 또한 내담자 스스로의 해답이 아니므로 또 다른 저항을 불러오거나 변화에 대해 설득 또는 강압을 느끼게 될 수도 있으므로 더욱 신중해야 한다.

끝으로 자기효능감 지지하기이다. 어떤 특정 과제를 성취하고 변화를 성공시킬 수 있다는 자신의 능력에 대한 신념을 '자기효능감'이라 하는데, 이는 변화 동기를 구성하는 핵심 요인이자 치료 효과를 예측하는 유용한 잣대가 된다.

진정한 변화를 위해서는 내담자가 자신의 문제를 지각한 후, 스스로 변화에 대한 희망과 함께 변화의 가능성을 느낄 수 있어야 한다. 또한 내담자의 변화 가능성에 대한 상담자의 굳은 믿음은 이미 많은 연구 결과를 통해 밝혀진 바와 같이 상담 결과에 강력한 영향을 줄 수 있다. 변화를 어렵게 하는 장애물이 있더라도 그것을 해결해 나갈 수 있으며 새로운 변화에 적응하면서 변화를 지속해 나갈 수 있다는 것을 내담자 스스로 믿고 그런 자신감을 키우는 것이 동기강화상담의 일반적 목표이다.

자기효능감의 중요성은 이미 앞에서도 언급된 바와 같이 내담자가 자신에 대한 최고의 전문가라는 관점, 내담자 안에 이미 변화를 향한 동기가 있다는 점, 변화와 변화 결과에 대해 내담자 자신이 책임진다는 측면에서 동기강화상담의 기본적인 신념과 흐름을 같이한다. 변화에 대한 선택과 책임이 내담자에게 있다는 것은 개개인이 가지고 있는 변화 가능성에 대한 믿음이며, 상담자의 역할이 제한된다는 것 또한 시사한다.

5) 동기강화상담 각 단계의 특징

동기강화상담 2판에서는 동기강화상담의 단계가 동기를 강화하는 단계(1단계)와 결심공약을 공고히 하는 단계(2단계)로 크게 나누어져 있었다. 하지만 Miller와 Rollnick은 2단계의 과정으로는 상담 현장의 현실성을 담아내기에 부족하다고 보았고, 따라서 3판에서는 관계 형성하기, 초점 맞추기, 유발하기, 계획하기의 4단계 과정으로 동기강화상담의 단계를 세분화하였다. 그러나 이 과정은 선형적이기보다 순환적이며 이전 단계로 되돌아가기도 하고 중첩되기도 한다. 또한 각 단계가 순차적이기는 하나 이전 단계는 이후 단계의 토대가 되고 모든 과정 내내 지속된다. 이 과정은 다음과 같은 계단으로 도식화할 수 있으며, 상담자와 내담자 간의 대화는 때로는 한 층에서 때로는 층간을 오르락내리락하며 추는 댄스와 같다고 할 수 있다.

(1) 관계 형성하기(engaging)

다른 상담 접근법들과 마찬가지로 동기강화상담에서도 상담의 초기에 관계를 형성하는 것을 첫걸음으로 중요시한다. 앞서 언급한 것처럼 동기강화상담은 단순히 몇 가지 기법을 한꺼번에 사용하는 기술의 측면이 아니라 상담자와 내담자의 의사소통이기 때문에 관계 형성하기는 동기강화상담에서 매우 중요한 단계라고 할 수 있다. 여기서 상담자와 내담자의 관계 형성이 이루어지는 시기는 각각 다르다. 어떤 경우에는 상담을 시작하고 몇 분 되지 않아 작업동맹이 형성되는가 하면, 어떤 경우에는 몇 주간 상담자가 공을 들여야 이루어지기도 한다. 작업동맹은 상담의 결과에도 영향을 미치는데, 이를 간과한 상담자는 필요한 개입을 적시에 했음에도 불구하고 처음에 원했던 만큼의 효과를 보지 못하는 경우가 많다. 따라서 상담자는 무엇보다 괴로움과 어려움으로 낙심한 내담자에게 안전한 환경을 제공하여 편안하게 해 줌으로써 변화를 가져오는 데 적합한 터, 다시 말해 열매가 맺히기에 알맞은 기후와 토지를 제공해 주는가의 관점으로 내담자와의 관계를 형성해 나가야 한다.

(2) 초점 맞추기(focusing)

관계 형성 이후에는 특정 안건에 상담의 초점을 맞추는 것이 중요하다. 안건을 선택하는 과정에 내담자가 참여할 수 있도록 하는 것이 중요하며, 안건을 정하는 과정에서 상담자와 내담자의 생각이 다를 수 있는데 이는 협력하여 공동의 안건으로 좁혀 나가야 한다. 동기강화상담에서 초점을 맞춘다는 것은 상담의 방향을 명료화하는 것이며, 이 과정을 통해 상담에서 어떠한 변화가 일어나기를 바라는지 명확하게 할 수 있다.

(3) 유발하기(evoking)

초점 맞추기를 통해 변화의 방향이 명확해졌다면 이러한 변화를 달성하는 데 유발하기가 반드시 필요하다. 유발하기는 변화에 대한 내담자 스스로의 동기를 이끌어 내는 것을 포함하고 있는데 동기강화상담의 네 가지 단계에서 심장부라고 할 수 있다. 그리고 유발하기는 상담자가 내담자에게 변화를 촉구하고 설득하고 교육하는 방식이 아니라 변화를 위해 내담자 자신의 목소리를 이끌어 내는 과정이다. 외부적인 교육이나 설득, 충고는 변화에서 효과를 발휘하지 못할 때가 많다. 이러한 교정반사는 오히려 내담자로 하여금 상담자가 이야기하는 반대편의 논지를 역설하게 하는 상황을 만들 수도 있다.

(4) 계획하기(planning)

계획하기는 행동의 구체적인 계획을 만드는 것과 변화에 대한 결심을 발전시키는 것 모두를 포함하는 과정이다. 이것은 여러 주제의 범위를 아우를 수 있는데, 내담자 스스로가 효과적인 해결책을 잘 구별해서 드러내고 의사결정을 할 수 있도록 자율성을 촉진해야 한다. 내담자가 계획에 대해 언급할 때 변화대화를 선별해 내고 강화할 수 있는 상담자의 자질이 요구된다. 계획하기 단계에서도 이전 단계에서 활용한 모든 기술이 활용될 수 있으며, 변화 계획은 진행되는 과정에서 필요할 때

언제든지 수정할 수 있다. 예상치 못한 장애물로 인해 변화 계획을 수정할 수밖에 없는 경우가 종종 있다.

6) OARS에 대한 이해

OARS는 동기강화상담의 전 과정에서 유용하게 사용되는 핵심 기술들의 영어 단어 머리글자이다. 미세 기술이라고도 불리는 이 네 가지 기술은 열린 질문(open questions), 인정하기(affirming), 반영하기(reflecting), 요약하기(summarizing)이다. OARS는 관계 형성하기 단계에서는 상담자와 내담자의 안전한 상호관계를 만들어 가는 도구가 되며, 그다음 단계로 넘어가면서는 변화의 과정을 인도하고 나아가게 하는 항해의 도구가 된다.

상담의 초기 단계에는 문제행동을 인식하고 있거나 변화할 준비가 되어 있는 내담자를 만나기가 흔치 않다. 이러한 상황에서 상담자는 내담자가 자신에게 중요한 것이 무엇인지 자유롭게 말할 수 있도록 충분한 심리적 공간을 만들어 줄 수 있어야 한다. 또한 수용과 격려를 통해 내담자가 자신의 관심사를 편안하게 탐색할 수

있도록 신뢰감 있는 분위기를 형성해 주는 것이 중요하다. 이 단계에서 상담자는 주의 깊게 경청하고 반영하기를 통해 대부분의 이야기를 내담자가 하도록 유도해야 하는데, 이렇듯 편안하고 안전한 분위기에서 자기 내면의 이야기를 최대한 많이 할 수 있도록 촉진하는 방법 중 하나가 열린 질문이다. 열린 질문은 짧은 단답형이나 '예/아니요' 형식의 대답이 아니라 내담자로부터 상세한 진술 형식의 대답, 즉 생각이나 감정에 대한 보다 자세한 정보를 이끌어 내는 질문이라 할 수 있다.

경우에 따라 내담자는 열린 질문을 어렵고 애매모호하거나 너무 포괄적이라고 느껴 어떤 의미인지 되묻기도 하는데, 이처럼 열린 질문을 되묻는 과정에서 오히려 내담자는 자신을 탐색하는 내적 움직임을 만들어 내고, 상담자는 반영적 경청을 통해 내담자의 자기탐색을 안내할 수 있다. 이와 같은 열린 질문은 상담의 문을 여는 도구로서 나머지 기술(인정하기, 반영하기, 요약하기)을 사용할 수 있는 기회를 제공한다.

물론 내담자들마다 열린 질문에 대해 반응하는 방식이 다양할 것이다. 어떤 내담자는 자신의 어려움에 대해 이야기할 수 있는 기회로 여기고 질문에 적극적으로 응답하는 반면, 어떤 내담자(예 : 비자발적 청소년)는 열린 질문이라 하더라도 소극적으로 혹은 단답형으로만 대답할 수도 있다. 만약 청소년의 경우라면 그들의 관심사나 그들이 이야기하고 싶어 하는 부분에 대해 호기심을 갖고 질문하는 것이 대화를 이끌어 가는 한 방법이 될 수 있을 것이다. 열린 질문은 관계를 형성하는 초기 단계에서 서로간의 이해를 쌓기 위한 기본적 도구가 될 뿐 아니라 이후 초점 맞추기, 유발하기, 계획하기 단계에서는 방향성을 정하고 변화 과정을 추진하는 데 유용하게 쓰일 수 있는 기술이다(Miller & Rollnick, 2013).

두 번째는 인정하기이다. 상담실을 찾아오는 내담자들은 자신의 시도나 노력의 거듭되는 실패로 인해 좌절감과 사기가 저하되어 있는 경우가 대부분이다. 따라서 상담자는 내담자가 실제로 변화할 수 있다는 희망과 믿음을 갖도록 돕는 것이 중요한데, 이를 위한 방법으로 사용할 수 있는 것이 바로 인정하기이다. 인정하기는 내담자로 하여금 변화를 위한 노력에 동원될 수 있는 자신의 강점이나 자원을 향해 다시금 시선을 돌리게 해 준다. 사람들은 보통 자신의 이야기를 귀담아 듣고 자신의 강점을 알아주는 사람과 함께 하고 싶어 한다. 상담자의 인정하기가 내담자로 하여금 치료를 지속하게 하고 놀라운 치료 효익(therapeutic benefits)을 만들어 내는 것은 이미 많이 보고된 바이다. 상담자의 진솔한 인정과 지지는 내담자와의 라포 형성에도 도움이 될 뿐만 아니라 내담자가 자신의 문제를 드러내 놓고 탐색해 보고자 하는 마음도 강화하는 효과가 있다(Miller & Rollnick, 2002).

인정하기는 자신이 듣고 관찰한 것을 바탕으로 하되 상담자의 평가나 판단은 배제되어야 한다. 인정하기에 평가나 판단을 섞으면 듣는 이로 하여금 저항과 반감을 불러일으킬 수 있기 때문이다. 또 "내가 보니…"라는 말은 삼가며 무엇을 잘했는지 구체적인 행동 혹은 그로 인한 긍정적 영향이나 결과에 대해 말해 준다. 부정적인 경험이라도 재구성을 통해 강점을 발견할 수 있으므로 솔직함과 진정성을 지니고 말하되, 지금 너무 힘들어하는 내담자에게 때 이른 인정하기는 삼간다. 한편 내담자의 문화적 배경이나 사회적 맥락에 따라 상담자의 지지나 인정이 상대적으로 다르게 받아들여질 수 있다. 그것을 알려 주는 표지판은 바로 내담자의 반응(예: 표정)이므로 각 내담자에 대한 진정한 인정과 긍정적 존중을 어떻게 전달할지 최선의 방법을 알아내는 것 또한 상담자가 연마해야 할 기술이다.

세 번째 기술은 반영하기이다. 앞서 말한 열린 질문에는 반드시 적극적인 경청이 뒤따라야 한다. 상담자는 질문에 대한 대답을 들은 후에 곧바로 다른 질문을 할 것이 아니라, 자신이 들은 것에 대한 반영하기를 통해 내담자 말의 본래 의미를 확인하는 것이 중요하다. 상담자가 아무리 열심히 경청한다 해도 상담자가 들은 것, 이해한 것이 내담자가 의도하고 의미하는 바와 다를 수 있기 때문에 반영하기와 요약하기의 과정이 필요하다. 반영하기를 통해 상담자는 자신이 이해한 것을 전달하여 확인받는 한편, 내담자는 자신의 말이 주의 깊게 경청되고 공감받고 있음을 경험하게 될 것이다. 때로는 내용뿐 아니라 내담자가 말하면서 느끼고 있을 느낌, 정서, 비언어적 표현을 반영해 주는 것도 도움이 된다.

반영하기는 내담자에 대한 상담자의 관심, 공감, 이해를 표현하고(공감 표현하기), 내담자로 하여금 더 깊이 탐색하게 하며(불일치감 만들기), 필요에 따라 다른 영역으로 초점을 이동할 수 있도록(저항과 함께 구르기) 촉진하는 등 동기강화상담의 기초가 되는 중요한 기술이다. 반영의 깊이와 너비의 변화에 따라 반영하기 유형은 단순반영, 복합반영, 확대반영, 축소반영으로 나눌 수 있다.

네 번째 기술은 요약하기인데, 반영하기와 더불어 요약하기도 내담자로 하여금 상담자가 자신의 말을 주의 깊게 듣고 있음을 알게 해 주는 기법이다. 반영하기가 내담자가 언급한 내용을 단순히 반복해서 말해 주는 것을 넘어서 그 진술 속에 함축된 의미를 상담자가 표현해 줌으로써 내담자가 더 깊은 자기이해를 하도록 돕듯이, 요약하기 또한 반영적 경청의 좋은 응용 기법이 될 수 있다. 요약하기의 핵심은 내담자의 경험을 정리, 조직화해 준다는 것, 그리고 이미 논의된 이야기들을 연결하고 강화할 뿐 아니라 더 자세한 이야기를 할 수 있도록 촉진한다는 것이다.

또한 요약하기 기술은 상담 진행 단계에 따라 다른 기능을 발휘할 수 있다. 요약하기를 통해 내담자로부터 나온 각각의 조각들을 조합하여 보여 주는 전체적인 그림은 내담자 자신의 경험에 대해 어떤 새로운 시각이나 관점을 제공하기도 한다. 따라서 관계를 형성하는 초기 단계에서는 씨실과 날실 같은 양가적 감정, 두 가지 마음을 중립적 입장에서 치우침 없이 반영하여 요약하는 것이 유익하다. 이는 내담자 자신의 감정과 경험을 알아차리고 상담자로부터 이해받고 수용받는 소통의 기능이 관계 맺는 단계에서는 더 우선되어야 하기 때문이다. 그러나 이후 유도하기 단계에서는 내담자가 한 말을 전략적·선택적으로 요약해야 하는데, 이는 목표지향적이며 방향성이 있는 동기강화상담의 특성에 맞게 내담자의 양가감정을 해결하고 변화로 전진할 수 있도록 방향성을 가지기 위함이다. 특히 내담자가 말하는 변화에 대한 필요, 이유, 중요성 등과 같은 변화대화에 주목하여 요약해 주는 것이 효과적이다.

그림 3.2 　동기강화상담의 과정

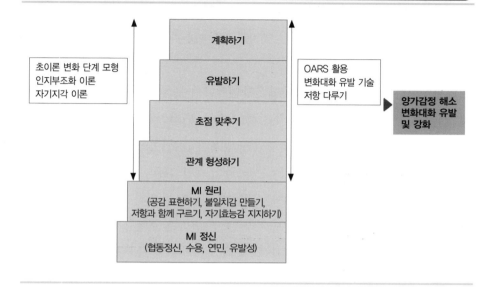

이제까지 동기강화상담의 정신을 비롯해 그 원리, 단계, 사용하는 기술 등을 살펴보았다. 결국 동기강화상담은 철저하게 정신과 원리를 바탕으로 하며 각각의 단계를 거치면서 진행되지만 그 단계는 일련의 고정된 순서가 아니라 매 순간 새롭게 적용되는 유연한 개념이라고 할 수 있다. 그리고 그 단계를 지나면서 여러 가지 미세 기술과 특정 진술을 유발하는 기술을 활용하여 내담자의 변화에 대한 양가감정을 해소하고 변화의 방향으로 나아가는 것이 동기강화상담의 전반적인 그림이라고 할 수 있다(그림 3.2).

7) 변화대화

변화대화란 상담 장면에서 내담자의 언급 가운데 변화의 내용이 포함된 진술을 뜻한다. 이때 변화대화는 그 내용과 강도에 차이가 있으므로 상담자는 내담자가 어떤 종류의 변화대화를 어느 정도 결심의 수준으로 이야기하고 있는지 파악할 수 있어야 한다. 유발성의 정신에 입각하여 동기강화상담에서는 상담자가 내담자의 변화대화를 유발하고, 또 유발된 변화대화를 더 깊은 수준으로 강화하는 역할이 중시된다. 각종 연구는 내담자가 더 많은 변화대화를 할수록 더 많은 변화를 이루어 낸다는 사실을 증명하고 있다. 이는 인지부조화 이론과 자기지각 이론이라는 이론적 배경을 가지고 있다.

변화대화는 변화준비언어와 변화실행언어로 구분할 수 있는데, 먼저 변화준비언어에는 변화 열망(desire), 변화 능력(ability), 변화 이유(reason), 변화 필요성(need)의 4요소가 포함된다. 변화 열망을 담은 진술은 변화를 위한 분명한 열망을 나타내지만 결심공약이라 하기에는 조금 부족한 진술이다. 그리고 변화 능력에 관한 진술은 자기효능감과 관련된 진술이고, 이는 내담자가 문제 상황에서 변화할 수 있다는 믿음을 나타내는 말이다. 종종 변화 능력에 관한 진술은 결심공약 언어가 시작되기 직전에 나타나기도 한다. 변화 이유와 관련한 진술은 내담자가 생각하고 있는, 변화해야만 하는 합리적이고 논리적인 근거에 대한 것이다. 내담자가 주장하는 변화의 근거가 반드시 높은 논리성을 지녀야 하는 것은 아니며, 내담자가 그러한 근거에 대해 타당하다고 생각하는 내용이 표현되는 것이 중요하다. 변화준비언어의 네 번째 요소는 변화의 필요성을 언급하는 것이다. 이는 현재의 행동 패턴을 유지했을 때 발생할 수 있는 문제에 대한 진술과 같다. 변화 필요성의 진술은 현재 내담자가 삶에서 어려움을 겪는다는 의미를 담고 있다. 물론 내담자는 구체적인 이유를 언급하지 않은 채, 삶에서의 전반적인 변화 필요성을 이야기하기도 한다.

변화실행언어에는 결심공약(commitment)과 실천공약(taking steps)의 두 가지 요소가 포함된다. 변화준비언어는 변화를 위한 초석을 다지는 중요한 단계이지만 그것으로는 충분하지 않다. 결심공약 진술은 변화대화 장면에서 핵심이 되는 중요한 부분이다. 결심공약 진술에는 행동 실천을 연결시키는 행동단어(예 : 동사)가 포함된다. 변화준비언어에서 변화 열망과 실행언어로서의 결심공약 진술 간에는 약간의 차이가 있는데, 변화열망 진술은 결심공약 진술에 비해 변화에 대한 의도성이 부족하다. 다음은 결심공약 진술의 예이다.

"나는 ~할 예정이다."

"나는 ~할 것이다."

"나는 ~할 계획이다."

"나는 이미 ~하기를 시작했다."

4. 동기강화상담의 주요 쟁점

1) 동기강화상담에서 문화적 차이

1990년대를 기준으로 그 이전까지는 심리치료와 상담의 이론들이 성격구조의 전반적인 변화와 인간 행동 전체를 다루는 대이론(grand theory)적 형태를 띠었다면, 1990년대에 들어서는 점차 구체적인 문제행동의 변화를 목표로 하는, 비교적 시간 제한적이고 매뉴얼화되어 있는 소이론적 형태를 띠게 되었다. 이 시점에 주로 발전한 것이 해결중심접근이나 변증법적 행동치료, 정서중심심리치료 등의 이론이라 할 수 있다.

동기강화상담도 이러한 흐름에 맞게 중독행동의 변화를 목표로 하면서 양가감정의 문제 때문에 행동에 옮기지 못하는 사람들이 자신의 가치와 목표에 부합하는 건강한 행동을 시작할 수 있도록 돕는 대화의 방법으로 시작되었다. 보다 구체적이고 상황 및 환경에 연관된 이러한 심리치료와 상담의 이론은 이전에 발전한 대이론보다 문화와 사회적 맥락에 더 민감하게 영향을 받을 가능성이 높다는 점을 고려해야 한다. 대이론은 인간 보편성을 강조하는 이론으로서 개인이나 문화적 특성의 차이보다는 인간 본성에 일반적으로 나타나는 특성과 경향을 중심으로 발전하였다. 그러나 문제해결, 정서, 동기, 우울감, 관계적 문제 등과 같이 보다 세부적인 인간 상태는 상당 부분 특정 환경과 문화, 관계의 특성에 크게 좌우될 수 있다. 동기강화상담은 동기의 문제를 주로 다루는데, 개인주의적 문화와 집단 중심적 문화에서 자아의 개념이 다르게 나타나듯이 동기의 근본적인 원인과 발달 양상, 드러나는 형태 또한 현저히 다르게 나타날 수 있다.

동기강화상담 초기에는 비교적 Rogers의 인간중심상담의 영향을 많이 받아 가장 근본적인 정신을 협동정신, 유발성, 자율성으로 상정하고 이러한 측면을 더 강조하였다. 그런데 최근 3판의 동기강화상담 정신을 살펴보면 협동정신과 유발성은 그대로인 반면에 자율성을 수용과 연민으로 변경하였다. 자율성을 수용의 큰 틀 안에 포함하는 방향성을 보이고 있는데 이는 적지 않은 변화이다.

우선 개인주의적 문화에서 자율성은 기본적 정신으로 비교적 쉽게 확보되는 상태일 수 있다. 그러므로 이러한 자율성의 개념을 특별히 정신으로 강조하지 않아도 되는 것이다. 그러나 집단주의적 또는 관계 지향적 문화에서는 오히려 수용적 정신이 더 빠르고 원활하게 구현될 수 있는 데 반해 자율성은 쉽게 확보되기 어려운 정신일 수 있다. 물론 진정한 타인에 대한 수용은 그 사람의 고유한 자율성을 인정하는 방향으로 진행되어 간다는 생각에 동의하는 부분이 없지 않다. 그럼에도 불구하고 실제 우리나라 현장에서 동기강화상담을 소개하고 훈련하면서 지속적으로 경험하는 것은 상담자가 내담자의 자율성을 어떻게 그리고 얼마나 인정하고 확보해 주는가가 이 접근의 효과와 직결된다는 깨달음이다. 또한 우리나라 문화에서 상담자가 내담자에 대해 갖는 연민, 즉 내담자의 이익을 가장 우선으로 고려하는 마음은 수용과 함께 비교적 기본적으로 나타나는 마음 상태라고 볼 수 있다. 동양 문화에서 상담자와 내담자의 라포가 서양 문화에서보다 더 빨리 자리 잡을 수 있지만, 반면에 상담을 종결하는 과정이 쉽지 않고 깔끔하게 이루어지기 어려운 점은 분명 문화적 차이가 관계의 기대와 진행 과정 및 결과에 영향을 미치기 때문일 것이다.

또 한 가지 중요한 부분은 동기강화상담을 적용할 때 우리 문화에서는 여전히 집단과 가족의 역할을 상당히 강조해야 한다는 것이다. 서론에서 말했듯이 인터넷의 보급으로 우리 사회가 개인주의 성향으로 변해 가고 있는 실정이기는 하나 특히 인터넷이나 미디어에 중독된 청소년을 대상으로 적용하고자 할 때는 그들이 속한 환경과 가족의 역할을 간과해서는 안 된다. 우리의 작업이 내담자에 대한 기대를 바탕으로 이루어져야 하는 것임에도 불구하고 청소년 시기에는 개개인이 변화를 이룰 수 있다는 기대를 사실상 온전히 받고 있지는 못하다. 따라서 상담자는 이러한 점을 염두에 두고 자신을 성찰할 필요가 있으며, 대상마다 주변 환경이 다르고 가족과 집단에서 개인의 역할 등이 다르다는 점을 명심해야 할 것이다.

한편 부모로부터 독립되지 않은 우리나라 청소년 및 젊은이의 특성상 동기강화상담을 통해 상당 부분 자기동기화가 된다 하더라도 가정으로 돌아가서 경험하게 되는 부모와의 관계는 모든 것을 되돌려 놓을 수 있을 만큼 강력하다는 점을 생각해 볼 때, 간략하게라도 동기강화상담을 부모에게 실행하여 부모의 변화대화를 이끌어 내야 할 필요성을 짚고 넘어가지 않을 수 없다. 그렇지 않을 경우 이 모든 과정이 수포로 돌아갈 수도 있다는 염려마저 하게 된다.

2) 동기강화상담에 대한 오해

어떤 특정한 접근을 다양한 분야에 적용하다 보면 본래의 방법이나 본질에서 벗어나고 상황에 맞게 진화하고 변하면서 오히려 산만하게 될 위험성이 있다. 동기강화상담도 시간과 함께 발전하고 빠르게 유포되면서 무엇이 동기강화상담인지 이를 정의하는 데 혼란이 야기되었다. 이와 관련하여 Miller와 Rollnick은 혼란이 되는 개념을 지목하며 설명했는데, 다음은 동기강화상담에 대해 오해하고 있는 주요 내용이다(Miller & Rollnick, 2009).

첫째, 동기강화상담은 초이론 모형을 기반으로 하지 않는다. 동기강화상담은 1980년대 초반 초이론 모형과 비슷한 시기에 성장했는데 많은 사람들은 동기강화상담이 초이론 모형에 기반하는 것이라고 혼동하고 있다. 초이론 모형이 왜 변화가 필요한지 그리고 어떻게 변화할 수 있는지에 대한 좀 더 포괄적인 개념을 제공한다면, 동기강화상담은 구체적인 방법을 통해 개인이 변화할 수 있도록 동기를 강화한다.

둘째, 동기강화상담은 사람들이 원하지 않는 것을 원하도록 만드는 교묘한 술책이 아니다. 동기강화상담은 개인의 자율성을 존중하고 사람들이 스스로 자신의 행동을 결정하게 한다. 따라서 개인에게 변화에 대한 내적 동기가 없다면 동기강화상담은 진행되기 어렵다.

셋째, 동기강화상담은 기법(technique)이 아니다. 동기강화상담은 단순한 기법이라기보다는 오랜 시간 동안의 연습을 통해 습득하게 되는 복잡하면서 임상적인 의사소통 방식이라고 할 수 있다.

넷째, 동기강화상담은 단순히 결정저울(decisional balance)을 사용하는 접근이 아니다. 동기강화상담과 결정저울을 혼동하곤 하는데, 결정저울은 갈등이나 양가감정을 해결하기 위해 변화의 장단점을 각각 탐색해 보는 것으로, 상담 시 변화대화를 유발하기 위해 사용하는 여러 가지 전략 중 한 가지일 뿐이며 동기강화상담을 하는 데 결정저울이 반드시 필요한 것은 아니다.

다섯째, 동기강화상담은 내담자중심상담을 말하거나 특정 형태의 심리치료를 말하는 것이 아니다. 동기강화상담에서 상담자는 행동 변화라는 방향을 견지하며 전략적으로 듣고 변화대화를 유발하기 위해 선택적으로 반응한다. 하지만 전형적인 내담자중심상담에서는 내담자가 정해서 나아가는 방향을 상담자가 무조건적인 긍정적 존중과 공감 그리고 진솔한 반영 등을 제공하며 따라가게 된다. 또한 내담자중심상담은 성격에 대한 이론이 있고 상담의 전반적인 방향이 그러한 성격 이론을 토대로 성격 변화를 목표로 진행되지만, 동기강화상담은 행동 변화를 어렵게 하는 양가감정의 해결을 목표로 대화의 틀을 제공하는 것이다.

여섯째, 동기강화상담은 생각보다 그리 쉽지 않다. 겉으로 보기에는 단순하고 자연스러운 대화처럼 보일 수 있지만, 실제 상담 장면에서는 순간순간의 변화에 대응할 수 있는 융통성이 필요한 복잡한 기술이다. 숙달되는 데 시간이 걸리고 지속적 의도를 지니고 노력해야 달성할 수 있는 대화의 상태이다.

일곱째, 동기강화상담은 모든 문제에 들어맞는 만병통치약이 아니다. 동기강화상담은 변화에 대한 양가감정을 가지고 있거나 행동 변화가 필요한 내담자를 위해 고안된 구체적인 문제를 해결하기 위한 접근이다.

°° **맺음말**

이 장에서는 인간 행동의 변화가 어떻게 진행되는지, 그리고 그 변화는 어떠한 원리로, 무엇에 의해 촉진되는지에 대해 알아보았다. 중독행동에 대한 접근법뿐만 아니라 일반적인 상담 접근법들도 공통적으로 내담자의 변화를 추구하며 이러한 변화는 결국 개인의 동기에 의해 촉진될 수 있는데, 이는 과거 CBT와 동기강화상담을 접목했던 치료집단에 대한 여러 연구를 통해 알 수 있다.

동기강화상담은 Miller와 Rollnick이 개발한 상담 모델로서 처음에는 알코올 중독 내담자의 치료에 대한 동기를 증진하기 위해 만들어진 상담 기법이다. 인간중심치료처럼 내담자 중심 접근법을 사용하지만 내담자를 무조건 따라가는 입장이 아니라 선택적으로 반영하며 특정한 의도와 방향성을 가지고 내담자를 만난다. 또한 상담자와 내담자가 서로 협력하는 관계 속에서 변화대화를 나누는 것이며, 내담자가 가진 변화에 대한 양가감정과 저항을 다루면서 변화 동기를 강화해 나가는 과정이다. 즉 동기강화의 정신(협동정신, 수용, 연민, 유발성)을 기반으로 원리(공감 표현하기, 불일치감 만들기, 저항과 함께 구르기, 자기효능감 지지하기)를 구현하고, 이를 위해 각 단계마다 OARS(열린 질문, 인정하기, 반영하기, 요약하기) 기술을 사용해 나가는 것이 동기강화상담의 핵심이다.

동기강화상담은 결국 동기의 문제를 다루는 것이고, 이는 개인이 속한 연령이나 집단, 사회·문화적인 환경에 따라 차이가 있다. 이러한 차이를 통해 동기강화상담의 접근이 다소 상이할 수밖에 없고 그 효과 또한 다르게 나타날 것임을 예측할 수 있다. 즉 문화적 차이가 관계의 기대와 진행 과정 및 결과에 영향을 미칠 것이라는 점을 고려해 볼 때 동기강화상담의 적용에 대한 논의는 계속 이루어져야 할 것이다.

더욱이 인터넷 중독의 문제행동적 양상이 인터넷 게임에서 스마트폰을 중심으로 진행해 왔고 앞으로는 가상현실 또는 증강현실(virtual reality)을 구현하는 기기를 중심으로 변화해 갈 것으로 보인다. 이러한 변화는 그 매개 미디어의 특성상 중독자로 하여금 더욱 주변 세계와 단절되게 하여 가족이나 관계를 중심으로 한 동기의 강화가 보다 어려워질 것이라는 추측을 가능하게 한다. 그래서 어떻게 변화를 위한 동기를 유발하고 그것을 강화 및 유지할 것인가 하는 문제는 앞으로 더욱 중요하고 답하기 어려운 질문이 될 것이다. 동기강화에 대한 더욱 많은 연구가 필요한 시점이다.

김귀랑 (2013). 동기강화 인지행동치료가 알코올 의존 환자의 단주 자기효능감과 변화 동기에 미치는 효과. 대구대학교 재활심리학과 석사학위논문.

김남조 (2009). 청소년의 인터넷 중독 실태와 동기강화 집단상담의 효과. 한동대학교 상담대학원 석사학위논문.

이지혜 (2013). 동기강화 인터넷 중독 예방 프로그램이 저소득층 청소년의 인터넷 중독, 자기통제력, 우울/불안, 지각된 스트레스에 미치는 효과. 한동대학교 상담대학원 석사학위논문.

정명희 (2006). 동기강화 인지행동치료가 청소년의 인터넷 중독에 미치는 효과. 계명대학교 대학원 석사학위논문.

Rosengren, D. B. (2009). *Building Motivational Interviewing Skills: A Practitioner Workbook.* [신성만, 김성재, 이동귀, 전영민 역 (2012). 동기강화상담 기술훈련 실무자 워크북. 박학사.]

Martin, J. E. & Sihn, E. P. (2009). Motivational interviewing: Applications to Christian therapy and church ministry. *Journal of Psychology and Christianity, 28*(1), 71.

Miller, W. R. & Rollnick, S. (2013). *Motivational Interviewing: Helping People Change.* Guilford Press.

Miller, W. R & Rollnick, S. (2010). What's new since MI-2? Presentation at the International Conference on Motivational Interviewing(ICMI). Stokholm, June 6, 2010.

Miller, W. R. & Rose, G. S. (2009). Toward a theory of motivational interviewing. *American Psychologist, 64*(6), 527.

Miller, W. R. & Rollnick, S. (2009). Ten things that motivational interviewing is not. *Behavioural and Cognitive Psychotherapy, 37*(2), 129–140.

Miller, W. R. (2004). The phenomenon of quantum change. *Journal of Clinical Psychology, 60*(5), 453–460.

Miller, W. R. & Rollnick, S. (2002). *Motivational Interviewing: Preparing People for Change* (2nd ed). [신성만, 권정옥, 손명자 역 (2006). 동기강화상담. 시그마프레스.]

Miller, W. R. et al. (1981). Effectiveness of a self-control manual for problem drinkers with and without therapist contact. *International Journal of the Addictions, 16*, 1247-1254.

Schumacher, J. A. & Madson, M. B. (2014). *Fundamentals of Motivational Interviewing: Tips and Strategies for Addressing Common Clinical Challenges.* Oxford University Press.

Valle, S. K. (1981). Interpersonal functioning of alcoholism counselors and treatment outcome. *Journal of Studies on Alcohol and Drugs, 42*(9), 783.

Wagner, C. C. & Ingersoll, K. S. (2012). *Motivational Interviewing in Groups.* Guilford Press.

04

인터넷 중독과
인지행동치료

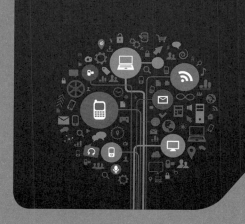

제4장
인터넷 중독과 인지행동치료

박중규 | 대구대학교 재활심리학과

°° 시작하는 글

인간의 부적응을 개선하려는 심리치료는 정신분석 이론에서 출발하여 행동주의 및 인본주의 등의 다양한 학파가 경쟁하고 있다. 이 중 1960년대 심리학의 인지 혁명 시기 즈음, 심리치료에서 인지 요인을 강조하는 여러 방안이 출현하기 시작하였다. '인지활동'이란 우리가 자신의 경험에 주의를 기울이고, 지각하고, 평가하는 전체 과정을 말한다. 이는 정서 과정이나 생리반응, 신체반응 과정과 대비하여 설명할 수 있다. 철학 및 심리학, 신경과학, 인지과학 등에서는 '정보처리 모형'(Neisser, 1967) 또는 '신경해부학적 모형'(Schwartz, 1997) 등의 가설로 이를 설명하기도 한다. 물론 우리 인간의 행동이란 인지 및 정서, 행위 요소가 결합되어 있는데, 인지 과정을 중심으로 부적응 행동을 설명하고 개입하려는 방안을 포괄적으로 인지행동치료(cognitive behavior therapy, CBT)라고 부른다.

현재 인터넷 중독의 상담과 치유에서 가장 많이 사용되고 있는 기법은 인지행동치료이다. 이는 인지행동치료가 그만큼 효과적이라고 증명되고 있기 때문이다. 따라서 이 장에서는 인지행동치료는 무엇이며 인터넷 중독 치료에 어떻게 활용되고 있는지, 효과적인 개입을 위한 고려 사항은 무엇인지 등을 살펴볼 것이다.

1. 인지행동치료는 무엇인가

현재 인지행동치료의 하위 학파는 10여 개 이상이라고 알려져 있다(David & Szentagotai, 2006). 여러 인지행동치료 방안의 가장 공통적인 핵심 전제는 '인지매개'의 역할을 가정하는 것이다. 이는 우리의 부적응적 행동과 감정이 역기능적 인지와 관련되며, 거꾸로 역기능적 인지의 교정을 통해 감정과 행동이 개선될 수 있다는 관점이다. Dobson과 Dozois(2010)는 인지매개의 개념을 ① 우리의 인지활동은 행동 전반(정서, 생리, 행위, 판단 등)에 영향을 미치며, ② 인지활동은 감찰되고 변경될 수 있고, ③ 인지활동의 변화는 행동의 변화를 이끌 수 있음을 의미한다고 요약하였다. 아직도 심리적 부적응에 영향을 미치는 인지매개에 관한 과학적 검증은 진행 중이며, 행위 및 정서, 생리적 반응 등이 인지와 함께 어떻게 상호 영향을 주고받는지에 대해서도 다양한 주장이 계속되는 상황이다.

역사적으로 인지행동치료는 자극-반응(S-R) 이론에 기초한 행동치료에 대한 불만으로부터 발전해 왔다. 유기체의 내부에서 어떠한 일이 일어나건 간에 선행 요인(조건)과 후행 요인(결과)을 조작함으로써 행동을 변화시킬 수 있다고 믿었

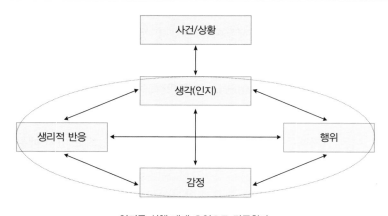

그림 4.1	인지행동치료의 기본 모형

인지를 선행 매개 요인으로 간주한다.

던 비매개 관점의 행동주의 학습 이론은 인간의 행동을 설명하는 데 한계가 명백하였다(Mahoney, 1974). 행동주의가 심리학의 지배적인 패러다임이던 시절에도 Thorndike의 '잠재학습'이나 게슈탈트심리학의 '통찰학습'의 개념이 존재했으며, Bandura(1965, 1971)의 '대리학습' 및 '자기효능감', Mischel, Ebbesen과 Zeiss(1972)의 만족지연에 관한 연구, Vygotsky(1962)의 상벌과 무관한 아동의 문법 규칙 습득 현상 등은 자극-반응 이론의 한계를 명백히 보여 주었다. 행동치료는 임상 장면에서 외현적 행위와 관련된 변화에는 유용성을 과시하였으나, 강박사고 등의 인지적 측면을 변화시키는 데에는 한계가 뚜렷하였다. 자극-반응의 비매개적 설명 방식보다 자극-인지-반응이라는 매개적 설명 방식이 더욱 다양한 문제행동을 설명할 수 있음이 여러 연구를 통해 입증되어 왔다.

Mahoney와 Arnkoff(1978)는 인지행동치료를 크게 ① 인지 재구성, ② 대처기술 치료, ③ 문제해결치료로 분류하였다. 인지 재구성 방식으로 분류되는 치료들은 정서적 고통을 부적응적 사고의 결과로 가정하여 이를 적응적 사고로 변화시키는 데 주력하는 방안을 지칭한다. 구체적으로는 Albert Eills의 합리적 정서행동치료(REBT)나 Aaron Beck의 인지치료(CT)가 여기에 속한다고 할 수 있다.

펜실베이니아대학교의 Beck(1960)이 인지치료를 개발하게 된 계기는 자신이 치료했던 환자들이 정신분석적 가설[예 : 우울한 환자는 상실이나 욕구 좌절에 대해 외부보다는 내부(자기)로 분노를 향하게 하여 무의식적으로 스스로를 처벌한다]보다는 인지적 가설(인지매개 모형)로 더 잘 설명될 수 있다는 발견 때문이었다. 즉 우울증 환자의 경우 부정적 인지 3요소(cognitive triad)—① 자신, ② 세계(환경), ③ 미래에 대한 부정적 기대—를 갖고 있기 때문에 이에 따라 역기능적인 기분과 행위를 나타내게 된다고 주장하였다. 그러므로 인지치료에서는 환자 스스로 지속되고 있는 부정적 자동사고를 인식하여 교정할 수 있도록 자기발견적 문답법을 활용하였고, 개입의 성과는 만족스러웠다. 이후 Beck과 동료들은 정신장애를 지닌 다양한 집단을 대상으로 인지치료를 성공적으로 적용해 왔다(Freeman & Dattilio,

1992; Freeman et al., 1989; Scott et al., 1989).

이에 비해 Eills(1962, 1970)는 합리적 정서행동치료라고 명명된 치료 방안에서 '비합리적 신념'을 강조하였다. 이 관점에서는 부적응 행동이 생득적이거나 후천적으로 습득된 비현실적이고 비합리적인 믿음과 연관되어 있으므로 과학적 질문 및 도전, 논박 등의 경험적 방안으로 교정될 수 있다고 하였다. REBT는 또한 자기 감찰 및 독서치료, 역할 연기, 모델링, 합리적 정서적 심상 기법, 이완 훈련, 수치심 공격 연습, 조작적 조건형성, 기술 훈련 등의 다양한 기술을 내담자에게 선택적으로 적용한다.

대처기술치료는 내담자가 다양한 스트레스 상황에 대응할 수 있도록 여러 기술을 개발하는 데 초점을 둔다. 여기에는 사회성 기술 훈련을 비롯해 스트레스 면역 훈련 등이 포함될 수 있다. 좀 더 광범위하고 문제해결치료로도 분류될 수 있는 종류로는 자기지시 훈련 및 자기통제치료가 있다. Kanfer(1970, 1971)의 자기조절 모형에 근거하여 Rehm(1977)은 자기감찰, 자기평가, 자기강화의 3요소를 강조하는 우울증에 관한 자기통제치료를 개발하였다. 이 치료 방안은 집단 토론 및 내현적·외현적 강화, 행동적 과제 수행, 모델링 등의 다양한 임상적 전략을 활용한다.

대표적인 문제해결치료는 D'Zurilla와 Goldfried(1971)가 제안하였다. 이는 초기에 아동에게 적용되다가 성인까지 적용 범위가 확대되었으며, 일반적인 문제해결 능력의 개선이 역기능적 적응 양상을 변화시킴을 입증하였다(D'Zurilla & Nezu, 1999).

1990년대 이후 CBT의 발전은 인지처리치료(Resick & Schnicke, 1992), 초진단적 통합치료(Barlow, Allen, & Choate, 2004) 등 다양한 양상으로 전개되고 있다. 이러한 치료들은 다양한 치료 요소를 포괄하는 특징을 보이며, 특정 문제에 탁월한 효과를 발휘하거나 또는 범용의 치료 패키지로 발전하고 있다. 아울러 제 3의 동향으로 수용과 마음챙김을 강조하는 일군의 치료 방안이 출현하였는데, 이에 대해서는 뒷부분에서 자세히 설명하겠다.

인지매개의 핵심적 공통성 이외에도 대부분의 CBT 방안은 시간 제한적인 특징을 갖고 있으며 상당히 구조화된 방식으로 시행된다는 특징이 있다. 치료의 내용은 표준화되어 있고 그 과정은 신속하게 효과를 발휘하도록 짜여져 있다. CBT 방안은 기본적으로 내담자가 자신의 사고와 행동을 통제할 수 있는 능력을 갖고 있다고 전제하며, 그러므로 치료자는 개입의 논리에 관해 삶의 주체자인 내담자와 교육적 상호작용을 해야만 한다고 강조한다. 이러한 CBT의 특징은 정신분석적 치료나 인본주의 치료 등과 비교할 때 경험적으로 타당화된 치료로서 우위를 점할 수 있는 근거를 제공한다. 이는 행동치료가 보여 주었던 엄정한 과학적 방법론에 근거한 임상적 유용성의 입증이라는 전통을 계승한 것이라고 할 수 있다. 오늘날 CBT 방안은 거의 모든 행동치료 기법을 하위 요소로 포섭하고 있기도 하다.

여러 공통점에도 불구하고 CBT 방안은 인지적 구성 개념과 인지 과정에 관해 각기 상이한 용어를 채택하고 있다. 현존하는 용어는 인지 및 사고를 비롯해 신념, 태도, 아이디어, 가정, 귀인, 규칙, 자기진술, 기대, 개념, 의식, 스크립트, 관념, 개인적 의미, 착각, 자기효능 예언, 인지적 원형, 도식 등이다(Dobson & Dozois, 2010). 향후 이러한 용어들이 과연 어떠한 구성 개념을 정의하는 것인지 명확히 밝혀져야만 할 것이며, 공통된 합의가 있으면 인지적 평가도 보다 효율적으로 이루어질 수 있을 것이다.

다양한 임상장애를 대상으로 CBT 방안은 일반적 효능을 입증하였으며, 다른 심리치료와의 비교에서 양호하거나 최소한 동등 수준의 성과를 보고하였다(Dobson & Dozois, 2010). 더욱이 단극성 우울장애와 특정 공포증, 사회공포증, 공황장애, 범불안장애, 섭식장애, 신체형장애, 수면장애에 관한 성과 연구에서는 약물치료에 비해 상대적으로 우월한 효능을 입증하기도 하였다.

경험적으로 타당화된 심리치료로서 CBT의 효능성 입증은 환영할 만한 일이다. 그러나 비판적인 관점으로 보자면 많은 CBT 연구 결과가 임상 현장의 증거라기보다는 공존질환이 배제된 통제된 연구 결과에 근거함으로써 임상적 유용성에 대해서는 여전히 의구심이 제기되기도 한다(Leichsenring, Hiller, Weissberg, & Leibing, 2006). 물론 일부 연구가 이미 긍정적인 결과를 보고했지만, 향후 CBT 방안은 다양한 문제가 복합된 실제 임상 환자군을 대상으로 성과를 입증해야만 하는 과제를 안고 있다. 국내의 인지행동치료 연구 성과는 영미권에 비하면 여전히 빈약한 편이다.

요약하자면, 인지행동치료는 행동치료와 인지치료의 결합을 통해 보다 과학적인 심리치료로서 위상을 굳혀 왔다고 할 수 있다. 행동주의의 개념에 의하면 어떤 행위의 발생 확률을 증가시키는 것은 강화인데, 행위의 결과가 자신에게 긍정 사건(자신에게 좋은 모든 것)을 경험하게 할 때 정적 강화가 발생하고, 행위의 결과가 부정 사건(자신에게 싫은 모든 것)의 회피를 이끄는 경우 부적 강화가 발생한다. 반면에 행동의 발생 확률을 감소시키는 것은 처벌이라고 하는데, 여기에는 불쾌한 사건을 경험시키는 정적 처벌과 유쾌한 사건의 경험을 제거하는 부적 처벌이 있다. 강화와 처벌은 인간의 행동을 증가시키거나 감소시키는 과정을 설명하는 개념이다. 쉽게 말해 우리는 아무리 해도 떡이 안 생긴다든지 매를 피할 수 없다면 그러한 행동을 더 이상 하지 않을 것임을 예측할 수 있다. 행동적 관점에 의하면 심리적 부적응도 동일한 방식으로 발생되고 유지된다.

그러나 인간의 많은 행동은 강화 원리만으로는 쉽게 설명되지 않기도 한다. 본인의 안위를 돌보지 않는 희생이라든지, 전 재산을 헌납하고도 겸손해하는 기부자, 모든 것을 이룬 듯한 사람의 예상하기 어려운 일탈 행동 등, 자극-반응 또는 선행 요인-행동반응-결과라는 비매개적 행동 원리만으로는 잘 설명되지 않는 경우가 많다. 이때 행위자가 자신의 경험에 대해 어떠한 의미를 부여했는가를 이해하면(행위자의 인지활동을 이해하면) 행동의 증감을 보다 효과적으로 예측할 수 있다. 앞서 자극-반응의 행동 원리로는 잘 설명되지 않는 예를 제시했는데, 외현적으로는 유기체에 손해를 끼쳐서 굳이 그렇게 행동할 필요가 없어 보이지만 행위자가 스스로 판단하기에 '그렇게 하는 것이 좋다'고 여긴다면 그렇게 행동하게 되는 것이다. 즉 사건-생각-감정(행동)의 인지적 매개 활동을 상정하면 최종 행동을 보다 잘 설명할 수 있다.

인지행동치료의 1세대가 행동적 강화 이론을 따랐다면, 2세대는 개인의 주관적 인지활동을 강조하였다. 이에 비해 1990년을 전후로 출현한 수용전념치료(ACT)와 변증법적 행동치료(DBT), 마음챙김 기반 인지치료(MBCT), 기능적 분석심리치료(FAT), 통합적 행동주의 부부치료(IBCT) 등 인지행동치료 3세대의 강조점은 확연히 다르다(Hayes, 2004). 2세대까지는 치료의 초점이 비합리적 사고의 수정이었다면, 3세대에서는 현재 순간의 모든 경험에 관한 마음챙김을 강조한다. "이 경험은 참을 수 없어. 나는 이 문제에 대해 무엇이든 해야만 해."라는 입장에서 "이 경험도 삶의 일부야. 나는 이 경험을 들여다볼 수 있어. 이것을 꼭 변화시키려고 노력해야 하는 것은 아니야."라는 식으로 현재의 상황과 고통에 대한 전적인 수용을 강조한다(Dobson & Dozois, 2010).

마음챙김의 입장에서 필요한 변화라면, 그것은 우리가 자신의 생각을 바라보는 상위인지(meta-cognition) 과정이 변화할 필요성이 있음을 깨닫는 것이다. 2세대까지의 CBT가 경험 자체의 변화를 추구했다면, 수용과 마음챙김의 접근은 경험이 존재하는 전체 맥락의 변화를 추구한다고도 할 수 있다(Farmer & Chapman, 2008). 국내에서도 3세대 인지행동치료는 마음챙김과 수용전념치료를 중심으로 활발히 보급되고 있다.

2. 인터넷 중독에 적용되는 인지행동치료의 현황

인터넷 중독을 설명하는 많은 가설이 있다(Kuss, 2013). 크게 보면 생물학적 원인론과 심리학적 원인론, 환경적 원인론으로 대별될 수 있는데, 이러한 요소들이 모두 상호작용한다는 데에는 누구나 동의할 것이다. 그런데 한 개인의 입장에서 보면 환경적 원인과 생물학적 원인은 개인의 통제 범위를 벗어난 고정적인 요인인 경우가 대부분이다. 이에 비해 개인 요인(심리학적 원인)은 일정한 생물학적 및 환경

| 그림 4.2 | Davis(2001)의 병리적 인터넷 사용의 인지행동적 모형 |

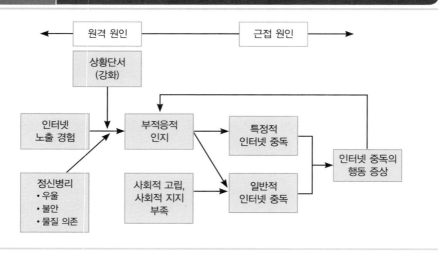

적 맥락 조건 속에서 상대적으로 가변적인 요인이다. 인지행동치료는 가변적인 개인 요인 중에서도 역기능적 인지 요소를 파악하는 데 주력한다.

Davis(2001)는 인터넷 중독에 관한 인지행동적 모형(그림 4.2)을 통해 '부적응적 인지'가 특정적이거나 일반적인 인터넷 중독의 주요 선행 요인임을 주장하였다. 이 모형은 국내에서도 김세진, 김교헌, 최훈석(2011)의 청소년의 게임 중독 발달기제와 예후의 위험 및 보호 요인 확인 연구에서 일부 지지되었다. 유사한 맥락으로 Kalkan(2012)은 대인관계 인지왜곡(거절 기대 및 비현실적 관계 기대)이 문제성 인터넷 사용과 유의하게 관련됨을 보고하였다. 손진희(2008)는 인터넷 과다 사용 청소년의 자동적 사고 질문지 개발을 통해 '긍정적 기대 및 심심풀이 시간 활용', '후회와 자책', '게임을 통한 자신감 추구', '가상공간에서의 친교 지향'이라는 네 가지 요인을 확인하였고, 인터넷 과다 사용이 긍정적 기대 및 심심풀이 시간 활용 요인 등과 유의하게 연관됨을 보고하였다. 국내의 인터넷 중독 유병률 조사에 흔히 사용되는 한국판 인터넷 중독 척도(K-척도)의 하위 요인 구조 모형에서도 '긍정적 기대'와 '가상적 대인관계 지향성' 요인이 '일상생활기능장애' 요인에 선행하며 영향을 주는 것으로 나타났다(김청택·김동일·박중규·이수진, 2002).

Davis(2001)의 주장은 상당 부분 타당성이 입증되었다고 할 수 있다. 아울러 그는 CBT 개입에서 사용일지 작성, 사고 목록 기록 연습, 컴퓨터를 사용하지 않아도 부정적인 일이 발생하지 않는다는 노출 경험, 컴퓨터 사용 노출 동안 본인의 인지적 반응 관찰하기 등의 요소가 필요할 것이라고 제안하였다. 하지만 Davis는 실제 프로그램을 시행하여 효과 검증을 제시하지는 못했다. 한편 엄밀히 따지면 Davis의 주장처럼 모든 선행 요인의 영향을 부적응적 인지가 완전 매개하기보다는 유의할 정도로 부분 매개한다는 가정이 좀 더 그럴듯해 보인다. 인지활동의 영향력 이상으로 압도적인 영향력을 가진 중독 유발 요인(예 : 심각한 정서적 문제, 또래 압력, 가정불화, 개인적 동기/욕구, 우연한 보상 경험 등)이 일상에는 다수 존재하기 때문이다.

인터넷 중독에 대한 인지행동적 개입 방안은 K. Young(1999, 2007, 2011)이 최초로 주창하였다고 할 수 있다. 그녀가 강박적 성향을 가진 도박 및 알코올 중독의 연장선상에서 인터넷 중독 문제를 제기한 것은 1994년 인터넷 중독 질문지를 발표하면서부터이다. 1995년, 피츠버그의 브래드포드에서 인터넷중독회복센터를 설립하였고, 1998년 *Caught in the Net*을 출간하였다[국내에는 인터넷 **중독증**(2000)으로 번역·출판되었다]. 그녀는 펜실베이니아의 인디애나대학교에서 1992년 임상심리학 전공으로 석사학위를 취득하였고, 동 대학원에서 1994년에 심리학 박사학위(Psy.D.)를 취득하였다. 현재 그녀는 세인트보나벤처대학교에 재직 중이며, 지난 10여 년간 인터넷 중독 분야가 크게 성장했지만 여전히 많은 과학적 연구가 필요한 상태라고 이야기한다(Young, 2010). 아울러 최근 TED 강연에서 그녀는 다른 나라에 비해 미국의 정책적 노력이 부족하다고 강조하였다(Young, https://www.youtube.com/watch?v=vOSYmLER664).

Young(1998, 2007, 2011)은 인터넷 중독자의 경우 탐닉적 사용 시간 탓에 일상적 업무 수행이 불가능한 경우가 많으므로 치료 개입의 첫 단계에는 사용 시간 조

| 그림 4.3 | Young 박사의 TED 강연 |

Korea also had prevention programs in
every single school system in their

* 출처 : https://www.youtube.com/watch?v=vOSYmLER664

절을 포함한 행동치료적 기법이 활용되어야 함을 강조한다. 사용 기록을 작성하고, 이를 통해 치료 개시 시점에 중독적 사용과 관련된 인터넷 사용 상황 및 활동 내역, 감정 상태, 관련 문제행동에 관한 기초선 자료를 수집한다. 사용 기록에는 인터넷 사용 시간 총량과 사용 개시, 사용 유지, 사용 종료 시기에 어떠한 감정과 생각이 나타나는지를 기록하게 한다. 이러한 기록을 통해 중독적 사용을 이끄는 고위험 상황을 찾아낼 수 있으며, 이는 치료 계획 수립의 근거가 된다. 기초선 파악 이후에는 컴퓨터를 기본 상태로 초기화하여 중독적 사용을 이끌던 프로그램과 전자 주소록 등을 모두 소거하도록 사용 환경을 바꾼다. 일정 간격으로 사용 시간 중 휴식을 갖거나, 주위 사람들과 대화를 하거나, 산책을 하는 등의 시간 계획을 세워 이전의 장시간 몰입하던 사용 습관을 허물어야 한다. 유해물 접속 차단 및 사용 시간 제한 프로그램 등을 활용함으로써 찬물을 끼얹듯이 중독적 사용 습관을 일순간 중단시키는 것도 내담자에게 도움이 될 수 있다.

두 번째는 인지적 재구성 단계로 중독 관련 부적응 인지(예 : 과잉일반화, 선택적 추상화, 과장하기, 개인화 등)를 공략한다. 중독자들은 흔히 '나는 온라인에서만 인정받는다', '내가 자리를 비울 때 인터넷에서 중요한 일이 일어나고 있을 것이다', '조금 더 사용한다고 해서 큰일이 나는 것은 아니다' 등의 왜곡되거나 편향된 생각을 하고, 그럼으로써 중독적인 강박적 사용을 합리화하며, 그 결과 초조함을 줄이고 자존심을 유지한다. 왜곡된 인지에 근거한 합리화 행동 전략이 온라인 상황에서만 유지되는 허구적인 만족일 뿐임을 깨닫게 하려면, 인지왜곡의 유형을 찾고 문제해결 훈련, 대처기술 훈련, 사고 감찰, 지지 집단 활동, 모델링 등을 통해 보다 현실적인 상황에서 만족감을 찾도록 이끈다. 이로써 내담자는 사건-생각-감정(행동)의 연쇄 과정을 이해하게 된다.

흔히 중독자는 자신의 어려움을 축소 또는 은폐하려는 시도를 하는데, 이 경우 '결과 따져보기' 기법을 통해 탈중독의 장점과 중독의 최종 결과를 대비함으로써 보다 솔직하게 치료에 참여하도록 유도할 수 있다. 이러한 방안은 종결 이후의 재발 방지에도 도움이 된다. 자신의 문제를 인정하지 않는 중독자의 '부정(denial)'은 인지행동치료에서도 매우 중요한 주제이다. 중독과 탈중독 사이에서 양가감정을 보이는 것은 매우 흔하며, 중독자는 중독 문제보다는 다른 문제(예 : 가정불화, 직장, 재정 문제 등)가 우선이라고 고집을 피우기도 한다. 치료자는 내담자의 치료에 관한 '소유권'을 강조하여 어떠한 경우에도 내담자의 동의 없이는 일방적으로 치료 계획이 진행되지 않는다는 것을 전달해야 한다. 내담자가 스스로 참여하지 않는 한 탈중독 치료는 유지되지 않을 것이기 때문이다.

세 번째 단계는 위험감소치료 단계로 개인의 상황적·사회적·심리적·직업적 관심사를 조절함으로써 치료 성과를 유지하고 재발을 방지하는 단계이다(Marlatt, Blume, & Parks, 2001). 중독자는 중독 문제를 겪을 때와 유사한 상황에 처하면 쉽게 예전의 문제를 재발시킬 수 있다. 완전한 재발이 되기 전인 부분적 재발 단계에 위험 요소를 관리하는 것이 매우 중요하다. 중독의 연속성을 고려할 때 약물이나 알코올 등의 물질 사용 증가는 재발의 위험성을 내포하므로 특별한 주의를 요한다. 회복된 내담자가 스스로 이를 알 수 있도록 해야 하며, 또한 스트레스 관리 기법 및 건강한 대처 방식을 숙지함으로써 완전한 재발을 미연에 방지해야 한다.

Davis와 Young의 초기 주장은 국내의 인터넷 중독 예방 및 치료 연구에 광범위하게 영향을 미쳤다. 실제로 필자가 관여한 인터넷 중독 연구에서 두 사람의 주장은 빠지는 일이 없을 정도였다. 아울러 한국정보문화진흥원(현 한국정보화진흥원)과 한국청소년상담원(현 한국청소년상담복지개발원)을 중심으로 이루어진 여러 정책 연구에서도 선행 연구의 이론적 배경으로 이들의 주장이 매번 거론될 수밖에 없었다. 결국 국내의 많은 개입 연구도 이들이 소개한 행동적·인지적 기법을 포함하게 되었고, 많은 경우 앞서 설명한 인지 재구성 및 대처기술치료, 문제해결치료의 세 가지 CBT 치료 방안을 모두 활용하는 경우가 주류를 이루게 되었다고 할 수 있다.

예컨대 권희경과 권정혜(2002)는 인터넷 게임 과사용 문제를 보이는 중학생을 대상으로 인터넷 중독에 대한 심리적 교육, 인터넷 사용에 대한 자기감찰, 자극통제법과 시간관리 기술의 훈련, 대안활동의 실행 및 긍정적 자기상의 확립을 주 내용으로 하는 6회기의 집단상담을 실시하였다. 17명 임상군의 게임 시간, 자기통제력, 자기효능감, 게임 중독 정도, 대안활동을 프로그램 전과 후에 측정하여 동수의 통제집단 학생들과 비교한 결과 양호한 성과가 나타났다.

이형초와 안창일(2002)은 인터넷 게임 중독 진단척도의 상위 10%에 해당되고 일일 게임 이용 시간이 2시간 30분 이상인 중학생(치료집단 : 42명, 통제집단 : 30명)을 대상으로 9회기의 인지행동치료와 부모교육 2회기, 총 11회기(매주 1회 1시간 30분씩)를 시행하였다. 프로그램의 내용은 ① 게임 행동에 대한 인식 및 인지적 왜곡 수정하기, ② 적절한 대안활동 찾기, ③ 자기통제력 증진하기, ④ 게임과 관련된 대인 갈등 해소하기, ⑤ 재발 방지-위험 상황에 대처하기였다. 성과로서 치료집단은 실제 사용 시간과 인터넷 중독 척도 점수가 낮아지는 성과를 나타냈다. 동시에 관련된 변인인 충동성과 우울감도 개선되었고, 가족관계를 비롯해 자기통제감, 불안감, 외로움과 같은 변인에서도 긍정적인 변화 경향성을 나타냈다.

강희양과 손정락(2010)의 연구에서도 10회기의 CBT 프로그램을 통해 중독행동의 인식 및 왜곡된 인지의 수정, 대안행동 찾기, 자기관리 능력 증진, 재발 방지의 내용으로 중학교 2학년생의 게임 및 인터넷 중독 양상을 개선할 수 있었다.

이윤주, 김동민, 손진희, 김혜수, 김미화(2005)는 국내 문헌을 고찰하여 인터넷 중독 상담의 성과를 요약했는데, 개입의 주요한 성과 지표는 자기조절 효능감 및 대인 유능감, 무망감이었고, 이 중 '자기조절'이 인터넷 중독 상담의 성과를 예언하는

표 4.1	국내의 CBT에 근거한 인터넷 중독 치료 및 예방 상담 프로그램 내용 요약							
연구자	인터넷 사용 조절/ 자기 통제력	인터넷 이해	자기 이해/ 인터넷 습관	인지왜곡 수정	대인관계 개선	스트레스 대처/ 대안행동	행동 평가	미래의 꿈/ 목표/ 자기긍정
이형초, 안창일 (2002)	○			○	○	○		
권희경, 권정혜 (2002)	○	○	○			○	○	○
김현주 (2007)			○	○	○	○		○
이정화, 손정락 (2008)	○			○		○	○	
손정락, 이유라 (2009)	○	○	○			○		
강희양, 이유라 (2010)			○	○	○	○		○ (자아 존중감 향상)
성미나, 홍성화 (2010)	○			○	○			
정은실, 손정락 (2011)	○		○	○		○		

* 이윤주 등(2005)의 표 양식에 2007년 이후 자료를 보완하여 완성하였음.

데 가장 설명력이 컸다고 하였다. 표 4.1에서 보듯이 그동안 국내에서 시행된 CBT 프로그램의 주요 개입 기법으로 인터넷 사용 시간의 조절, 자기이해, 인지왜곡 수정, 스트레스 대처 요소가 채택되어 왔음을 알 수 있다. 또한 이윤주 등(2005)은 우울, 불안, 강박, 충동성, 낮은 자존감, 대인 불안, 감각 추구, 무망감, 낮은 문제해결 능력 등 다양한 요인이 인터넷 중독의 위험 요인으로 제시되었다고 정리하였다.

물론 인터넷 중독에 관한 개입 방안에는 다른 이론적 접근에 근거한 방안도 다수 보고되어 왔다. 하지만 실제 활용된 구체적인 개입 방안에서 CBT와 유사한 치료적 기법과 개념이 다수 적용된 것으로 판단되었다. 인지행동치료의 소개 부분에서 지적했듯이 자기통제 및 자기조절, 자기효능감 등의 자기인지(self-cognition) 요소는 대표적인 인지행동적 매개 변인이며, 표 4.1에서 확인할 수 있듯이 CBT 방안은 우수한 치료 효능을 발휘했음을 확인할 수 있다.

최근 3세대 인지행동치료의 도입에 따라 국내에서도 관련 연구 성과가 보고되고 있다. 예컨대 정은실과 손정락(2011)은 마음챙김 기반 인지치료(MBCT) 프로그램이 대학생의 인터넷 중독 수준, 불안 및 스트레스에 미치는 효과를 보고하였다. 잠재적 위험 사용자군에 해당되는 30명을 MBCT 집단과 대기통제집단에 15명씩 무선할당하고, MBCT 프로그램을 2개월간 10회기(소요 시간 90~120분)에 걸쳐 시행한 결과, MBCT 프로그램 집단의 불안, 일반적 스트레스 수준이 대기통제집단에 비해 유의하게 감소하고 인터넷 중독 수준도 개선되었다고 보고하였다.

인지행동적 인터넷 중독 가설을 요약하면 다음과 같다. ① 과다 사용의 시초는 특정적이건 일반적이건 인터넷 사용과 관련하여 강화의 경험을 하는 것이고, ② 이후의 추가적인 인터넷 사용은 잘못된 강화 경험을 더욱 견고하게 만들며, ③ 이 과정에서 자기만의 인터넷 사용 관련 사고방식이 중독의 발생과 지속에 영향을 미친다.

잘못된 강화를 경험하는 현상은 알코올 중독자가 심하게 좌절하거나 긴장할 때면 폭음을 함으로써 긴장 해소를 경험하듯이, 인터넷 중독자는 과사용을 통해 현실 회피와 긴장 완화를 경험하고 강박적인 인터넷 사용에 집착하는 것과 유사한 것으로 설명된다(Greenfield, 1999). 아울러 불만과 소외감이라는 현실의 도피를 넘어 온라인에서의 충족감과 소속감에 대한 왜곡된 인지를 형성하면 강박적인 인터넷 사용이 증가한다(Caplan, 2002). 그러나 컴퓨터와 스마트폰의 사용에 알코올 중독의 절대 금주와 같은 방법을 적용하기란 매우 어렵기 때문에, 인터넷 중독의 경우 절제(abstinence)보다는 통제(control)를 개입의 목표로 삼는 것이 자연스럽다(Young, 2011). 그리고 내담자가 스스로의 치료자가 되는 것이 중요하므로 CBT는 내담자와의 상호작용 중에 교육적 개입 요소를 강조한다.

이 밖에도 전체 치료 과정에서 뚜렷한 성과 측정치를 기반으로 하는 점, 표준화된 단기적 개입을 강조하는 점 등은 CBT 방안이 인터넷 중독 분야에서도 경험적으로 타당화된 치료로 인정받을 가능성을 뒷받침하고 있다. 향후 마음챙김 및 수용을 강조하는 인지행동치료 제 3세력의 접근법이 인터넷 중독 문제에 대해 어떠한 성과를 보고할 것인지도 주목해 볼 만한 상황이다.

3. 여전히 인간관계를 바탕으로 하는 인지행동치료

대다수 인터넷 중독자는 만족스러운 자기통제력의 발달을 기대하기 어려운 성장 배경을 가졌거나 다양한 위험 요인을 갖고 있다. 또한 변화에 능동적인 태도도 갖고 있지 않으며 동기가 결여된 비자발적 내담자이기 십상인데, 현실에서 인터넷 활동을 대치할 만한 건전한 강화물을 찾아내기도 매우 어렵다. 대부분 주변의 권유나 강압에 의해 내원하며 극소수의 경우만 자발적 결정으로서 탈중독을 계획하지만, 그간 유지되어 온 대리만족 및 회피의 습관은 쉽게 바뀌지 않는다. 내담자가 '구관이 명관이다' 식으로 버틸 때, 아무리 효능성이 입증된 인지행동치료라 할지라도 그 능력을 발휘하기 어렵다. 그렇다면 어떻게 해야 할까?

Lambert(2005)는 심리치료의 성과가 치료 외적 요인 40%, 치료관계에 대한 내담자의 경험 30%, 내담자의 희망감 15%, 치료자의 기법과 기술 15%로 구성된다고 주장하였다. CBT라는 특정 치료의 효과보다 내담자가 치료자와의 관계에서 경험하는 효과가 압도적으로 높은 것에 주목할 필요가 있다. 미국의 경우 CBT는 전체 심리치료자의 약 33%가 주로 채택하는 접근법이다(Norcross, Karg, & Prochaska, 1997). CBT의 특징은 표준화된 치료 내용을 갖추고 있는 것이지만, 치료자가 능숙하게 이를 활용하려면 측정, 평가, 개입, 성과 유지의 모든 측면에서 내담자의 상황 맥락을 충분히 고려할 필요가 있다. 부적응 행동의 유형 및 특정 양상을 평가하는 것 이상으로 근본적으로 부적응 행동이 형성되고 유지될 만한 기능 요소와 맥락을 갖고 있음을 유의해야 한다(Pantalone, Iwamasa, & Martell, 2009). 치료자가 공감적 이해와 존중의 태도로 접근하지 않는 한 내담자의 부적응 행동의 기능(의미)과 유발 및 지속의 맥락 상황을 정확히 파악하기란 어려울 것이다.

CBT에서 강조하는 협력적 치료관계는 이 대목에서 상기해야 할 특성이다. 인지행동치료는 실행에 초점을 둔다. 당연히 내담자가 치료 과정에 적극적인 참여자가 되어야 하고 치료 수행 과정에서 책임을 나누어야 한다. 이 때문에 내담자는 자신의 문제를 파악하고 가장 좋은 치료 방안을 선택하는 과정에서 능동적인 입장을 취하도록 격려받는다. "추가하고 싶은 것이 있습니까?", "이제 인터넷 사용 습관에 대해 다루어도 괜찮겠습니까?" 등의 질문을 통해 협력관계임을 강조해야 하며, 앞서 언급했듯이 치료의 '소유권'을 강조해야 한다.

치료자는 내담자가 내놓은 치료 의제를 진지하게 고려해야 하며, 내담자의 목표와 가치를 존중하고 함께 작업하는 같은 편임을 전달해야 한다(Farmer & Chapman, 2008). 이때 명심해야 할 것은 치료 시간 동안 치료자와 상호작용하면서 내담자가 경험하는 것을 통해 그의 행동이 변화할 수 있다는 점이다. 예를 들면 사회적 기술이 부족한 내담자는 자연스러운 사회적 강화를 통해 적절한 사회적 행동을 발달시키는 기회를 경험할 수 있다(Kohlenberg & Tsai, 1991).

내담자가 과도하게 남 탓을 할 때 치료자는 이에 반응하는 것을 삼갈 수 있다. 과도한 의존성이나 주장성을 보일 때 적정 수준의 대안적 행동반응을 예시할 수 있으며, 스스로 자율적인 행동 변화를 보일 때 이를 놓치지 않고 강화해 주어야 한다.

일반적으로 치료 시작 몇 회기 안에 내담자가 조기 탈락할 가능성이 높다(Fiester & Rudestam, 1975). 내담자는 양가감정과 두려움, 자기 행동에 대한 죄책감이나 수치심을 어느 정도 갖고 있다. 또한 대부분의 내담자들은 오래 지속된 문제가 마법같이 해결되기를 바라는 식으로 비현실적인 기대를 갖고 내방하기도 한다. 그러므로 치료자는 내담자의 불안정한 감정을 수용하고 따뜻한 공감을 전해 주어야 한다. 또한 치료 과정에서 현실적으로 무엇을 기대할 수 있는지, 스케줄은 어떠한지를 분명히 설명해 주고 오해를 풀어 주며, 절망하지 않고 현실적인 희망과 확신을 갖도록 이끌어야 한다(Farmer & Chapman, 2008).

정신역동 심리치료에 관한 Vanderbilt 연구에서는 숙련되고 훈련이 풍부한 치료자라도 저항하는 환자와는 효과적으로 작업하지 못했다(Binder & Strupp, 1997). 오히려 저항하는 내담자에게 치료자는 종종 화를 낸다든지 비판을 하고 거부반응을 보이기도 했는데, 이러한 반응은 문제를 탐색하려는 환자의 자발성을 감소시켰다. 결론적으로 환자의 저항을 능숙하게 다루지 못하면 치료 효과가 저조해진다. 저항행동은 치료 중의 반항행동(예 : 화, 짜증, 의심)으로 잘 나타나는데, 이는 내적 요소(예 : 자존감 또는 안전감에 대한 위협감) 또는 대인관계적 요소(예 : 강압으로 인한 자유감의 상실)를 포함한다.

Beutler 등(1996)은 저항의 일종인 반항적이고 비협조적인 반발에 대해 세 가지 가설적 수준의 요인을 구분하였다. 첫째는 환자가 주관적 가치를 부여한 특정한 자유를 위협받았다고 지각한 경우에 나타난다. 즉 시간 약속을 구속으로 여기고 자기가 오고 싶을 때 오는 것이 자유라고 판단하는 경우 치료 예약 시간 준수 행동을 기대하기 어렵다. 둘째는 자신의 자유가 어느 정도로 위협받거나 박탈되었는지에 관한 지각으로서, 구속되었다고 판단할수록 반발이 심해지게 된다. 셋째는 위협하는 세력의 권력과 권위에 대한 반발 정도로서, 흔히 전문가의 권위에 도전하거나 반발하는 양상이 나타난다.

일반적으로 치료자는 저항이 심한 내담자와 공공연한 의견 불일치를 피해야 한다. 이는 치료 초기부터 중요하게 다루어져야 하며, 소크라테스식 문답법이나 안내된 발견의 질문을 할 때에도 저항이 최소화되도록 주의해야 한다. 개략적으로 구분하자면, 상태 저항은 지시를 잘 따르지 않거나 새로운 것을 거부하고, 명확한 것도 따르지 않거나 화를 잘 내는 등의 양상을 띤다. 이에 비해 특질 저항은 내담자의 일반적인 특성이 요구적이고, 의심이 많으며, 타인에게 쉽게 분개하고, 규칙을 잘 어기고, 경쟁을 즐기는 면이 있다. 이들은 타인의 규칙을 따르려 하기보다는 자신만의 규칙을 고집하고, 주장을 관철시킬 때 만족해한다(Harwood, Beutler, & Charvat, 2010).

일반적으로 높은 저항이 있을 때는 비지시적이고 비권위적인 내담자 주도적 접근이 유리하다. 직면이나 직접적인 지시보다는 역설적이거나 은유적인 접근이 낫다는 것이다. 그러나 낮은 저항이 있는 경우라면 치료자는 보다 직접적이고 설득적인 방식도 취할 수 있을 것이다. 최근 동기강화상담 및 변화의 단계 이론에서는 비자발적이고 쉽게 재발되는 행동 문제를 다룰 때 내담자의 '자기결정'을 존중하는 치료자의 개입을 강조하고 있다. 이러한 점들은 CBT에서도 당연히 참고해야 할 사항일 것이다.

이제까지 인터넷 중독의 개입 전략은 치수에 비유하자면 소형, 중형, 대형의 구분도 없이 프리스타일을 견지하지 않았나 싶다. 내담자는 각기 다른 맵시를 부리고 싶어 하며, 자신만의 개성이 존중될 때 비로소 치료자의 말을 듣는다. 그런데 의류상이 10여 년도 더 된 낡은 프리스타일을 고집하는 것은 아닐지 자문하고 반성해 봐야 할 때이다. 혹시 전문가들이 자의적으로 '인터넷 중독이란 이런 것이다'라고 판정한 뒤, 어울리지도 않는 기성복을 여러 내담자에게 강제로 입히고 '어울린다'고 주장한 것은 아니었을까?

서두르면 망친다. 개입을 하려면 각 내담자가 환경 및 타고난 특성 면에서 일단 인지행동치료에 적합할지 분별해야 할 것이다. 모든 내담자에게 CBT가 효과적일 것이라고는 기대할 수 없다. 게다가 얼마나 변화할 것인가도 여러 변수에 의해 결정될 텐데, 인지행동치료가 인터넷 중독에서 효과를 거두는 영역은 심리적 특성 중에서도 특히 자기통제력의 증진과 관련된 영역임을 명심할 필요가 있다. 효과적인 성과를 산출하려면 인지행동치료의 기본기를 충실하게 지키면서도 기성복을 맞춤복으로 바꿀 수 있는 탁월한 재단 능력이 각 치료자에게 요구된다.

°° 맺음말

- 인지행동치료의 한계점과 보완 방안

CBT가 치료 방안으로 더욱 확고히 발전하기 위해서는 내담자가 보이는 문제의 유형 및 대처 전략, 스트레스 수준, 사회적 기능장해 수준, 저항 등 환자의 특성에 따른 최적의 개입 방식이 무엇인지를 밝히는 연구가 필요한 상황이다(McMain, Newman, Segal, & DeRubeis, 2015). 예컨대 내담자의 치료 전 저항 수준이 높은 경우에는 비지시적이고 역설적인 개입이 지지적 개입보다 효과적이었다는 것은 이미 앞에서 제시하였다. 아울러 충동적 및 외현화 행동 문제를 보이는 내담자에게는 행동관리 기법인 유관관리가 통찰 지향적 개입보다 효과적인 것으로 나타났고, 역으로 외현화 대처 방식이 낮은 내담자에게는 반대의 결과가 보고되었다(Beutler, Moleiro, Malik, Mark, Romanelli, Gallagher-Thompson, & Thompson, 2003).

임상적 유용성을 향상하려는 다양한 시도는 최근 CBT가 동기강화상담이나 수용기반 마음챙김 등 외견상 이질적으로 보이는 다양한 기법들을 결합하는 노력으로 나타나기도 한다. Kaneez, Zhu, Tie, Osman(2013)은 2000년 이후 Scopus, Ovid, ProQuest, ScienceDirect, SpringerLink, PubMed에서 인터넷 중독 및 CBT의 검색어로 출력된 16개의 연구 결과를 개관하였다. 일반적으로 CBT는 효능을 보고했는데, CBT만을 시행한 경우에 비해 약물치료와 침술치료(중국계에서만 보고), 동기강화상담, 일반적인 상담을 함께 시행했을 때 그 효능이 더 만족스러웠다. 여러 절충적 방안이 CBT와 논리적이고 기법적인 일관성 차원에서 논쟁을 일으킬 소지는 없는지 좀 더 지켜보아야 할 상황이다(Dobson & Dozois, 2010).

이제까지 인터넷 중독이 분명한 임상적 장애라는 관점에서 인지행동치료의 적용 가능성을 논의하였다. 그러나 앞서 제시된 CBT 방안들이 어떤 종류의 인터넷 관련 적응 문제 또는 병리적 인터넷 사용을 대상으로 했는지 따져 보아야 할 사항이 있다. 우선 DSM-5에 인터넷 과다 사용과 관련되어 수록된 항목은 인터넷 중독 장애가 아니다. 이는 아직까지 장애로서 공식적으로 인정되지 못한 상황이다. 현재까지의 연구 결과로는 부록에 '향후 연구가 필요한 장애'로서 '인터넷게임장애 (internet gaming disorder)'로 수록되었다(APA, 2013). DSM-5 소위원회가 약 240개의 논문을 검토했으나 이 장애에 대한 핵심적 특징에 합의하기 어려웠으며, 특히 일부 아시아 국가(중국, 한국, 대만, 싱가포르 등)에서는 유병률이 매우 높다고 보고되나 서구에서는 그렇지 않은 것이 큰 쟁점이 되었다.

Moreno, Jelenchick, Cox, Young, Christakis(2011)는 PubMed와 PsycINFO, Web 검색에서 나타난 미국 청소년 대상 문제성 인터넷 사용에 관한 연구 658개를 분석하였다. 역학 연구에 대한 관찰보고 강화 규정(Strengthening the Reporting of Observational Studies in Epidemiology, STROBE)[1]에 따라 2명의 심사자가 연구 조건 및 피험자, 도구, 유병률 보고의 포함 여부를 개별적으로 판단한 결과, 이 중 18개의 연구만이 선정 기준에 부합되었다. 18개 연구는 선정 기준 42점 만점에 14~29점 범위에 해당되는 것으로서 평균은 23점(표준편차 5.1)이었고, 그중 8개는 대학생의 유병률 추정치를 포함하고 있었다. 병리적 인터넷 사용 유병률은 0~26.3%였으며, 나머지 10개의 연구는 유병률 보고가 누락되어 있었다. 결론적으로 병리적 인터넷 사용에 대한 평가는 방법론적 일치성이 결여되어 있었으며, 개념적 접근 방식이 광범위하여 매우 상이한 유병률이 보고된 것으로 판단되었다. 또한 아쉽게도 인터넷 중독이 신생 연구 분야임에도 보고된 연구는 2010년 기준으로 3년 이전의 것이 대부분이었다. 따라서 향후 인터넷 중독에 관한 개념적 일관성

---

1 STROBE 규정은 역학에서의 관찰 연구 보고에 관한 기준을 제시한다. 상세한 내용은 http://www.strobe-statement.org에서 확인할 수 있다.

과 타당화된 측정도구를 적용한 수준 높은 연구가 수행될 필요성이 절실한 상황이라고 할 수 있다.

Young(1998)의 초기 관심은 배우자의 사이버섹스 문제로 이혼한 중년 여성의 하소연에서 시작되었다. 아울러 그녀는 인터넷 중독이란 도박이나 물질 중독과 같은 중독의 기본적 특성을 공유한다고 가정하였다. 그녀가 제안한 인터넷 중독의 인지행동치료 시행 기준은 평균 3개월, 12~15회기 정도의 개인치료 및 집단치료 형식이었고, 치료자의 수준은 박사급의 심리 전문가였다(Young, 1998, 2007).

이에 비해 우리나라의 많은 연구는 초등학교 고학년에서 중학생 그리고 간혹 대학생의 게임 중독을 대상으로 한 연구가 대부분이다. 그리고 대개 10회기 이내의 집단 프로그램 형식이며, 치료자의 수준은 심리학 및 상담 관련 석사 수준이 가장 많았다. 서구와 국내에서 인터넷 중독이라고 칭한 부적응 행동은 동등한 것일까? 또한 인지행동치료의 효능성이 유사하다고 인정할 수 있을까? 문헌 비교만으로도 국내 인지행동치료의 실행 수준이 그리 만족스럽지 못함을 알 수 있다. 특히 일정 기준을 충족하여 국제적으로 연구 업적을 인정받기가 매우 어려운 상황

임을 인정할 수밖에 없다.

우리 정부는 매년 대규모 표본을 대상으로 인터넷 중독 실태조사를 진행하며, 이를 통해 고위험군이 평균 7~8% 내외이고 청소년층에서는 10%를 상회하기도 한다고 보고하고 있다. 아울러 국내에는 한국정보화진흥원 인터넷중독대응센터가 전국에 12개소 설치되어 있으며, 각급 학교에서도 인터넷 중독의 위험성을 교육하고 있다. 이러한 한국의 인터넷 중독 대응체제에 대해 Young(2010)은 높이 평가하면서 TED 강연에서도 언급하였다. 하지만 문제 현황의 파악에 비해 이후 과정인 선도적인 예방 및 치료 개입에 대한 정책적 지원은 그다지 충분하지 못해 보인다. 인터넷 중독의 예방과 치료 성과 연구에서 국제적 기준을 충족시키는 방안은 무엇일지 정책 당국도 이제는 고민해야만 할 것이다.

인터넷 중독 문제가 학문적 관심사를 넘어 실제적인 임상적 문제인지에 관해서 앞으로도 많은 논란이 지속될 것이다. 서구에서 어떻든지 간에 국내의 여건은 다수의 국민이 인터넷 중독 내지는 병리적 인터넷 사용의 문제를 겪는 상황으로 보인다. 특히 아동·청소년의 인터넷 게임 몰두 현상은 문제의 심각성을 인정할 수밖에 없다. 앞서 국내 연구 성과의 수준이 국제적인 기준으로는 그리 만족스럽지 못함을 지적했는데, 그렇다면 현장에서 활동하는 전문 인력의 역량 수준은 어떠할까? 당연히 충분한 역량을 인정받는 전문가이기를 바라며, 과학적인 이론적 토대와 실제적인 효능을 갖춘 방안을 주로 적용할 수 있는 수준이기를 기대하고 싶다.

끝으로 국내든 국외든 인터넷 중독을 다루는 인지행동치료가 보완해야 할 사항을 논의하고자 한다. King, Delfabbro, Griffiths, Gradisar(2011)는 인터넷 중독 치료의 임상적 시험 평가를 통해 2010년까지의 약물치료 및 심리치료의 성과를 비교하였다. 시험 연구 보고에 관한 통합 기준(Consolidating Standards of Reporting Trials, CONSORT)[2]에 따라 8개의 연구를 비교했는데 결론적으로 연구 결과의 한계가 명

---

2 무선표본 등을 이용한 시험 연구 보고의 투명성을 제고하기 위한 국제적 기준을 말한다. 상세한 내용은 http://www.consort-statement.org에서 확인할 수 있다.

백하였다. 세부적으로는 ① 인터넷 중독의 정의 및 진단의 불일치, ② 무선배치 및 맹검 절차의 결여, ③ 통제집단과 비교집단의 결여, ④ 표본 특성 및 선발 시기 보고 결여, ⑤ 치료 효과 크기 보고 결여 등의 문제가 나타났다. Kaneez 등(2013)은 이러한 사항 외에도 치료에 참여한 표본의 연령과 성별 탓에 연구 성과 일반화의 한계가 명백함을 지적하기도 하였다. 결론적으로 앞서 지적한 사항들이 보완된, 인터넷 중독에 관한 인지행동치료의 연구 성과가 축적되어야만 보다 실제적이고 효과적인 개입 방안이 확립될 수 있을 것이다. 아직 가야 할 길이 멀어 보인다.

강희양, 손정락 (2010). 청소년의 인터넷 중독과 게임 중독에 대한 자존감 향상 인지행동치료 효과. 한국심리학회지: 건강, 15(1), 143-159.

권희경, 권정혜 (2002). 인터넷 사용 조절 프로그램의 개발 및 효과 검증을 위한 연구. 한국심리학회지: 임상, 21(3), 503-514.

김세진, 김교헌, 최훈석 (2011). 청소년 고위험 게임 사용의 발현과 이후 변화에 대한 근거 이론적 접근: 위험요인과 보호요인을 중심으로. 한국심리학회지: 건강, 16(4), 759-781.

김청택, 김동일, 박중규, 이수진 (2002). 인터넷 중독 예방상담 및 예방 프로그램 개발 연구. 한국정보문화진흥원.

성미나, 홍성화 (2010). 인지행동적 집단상담이 청소년의 인터넷 중독행동에 미치는 효과. 청소년상담연구, 18(2), 57-69.

손정락, 이유라 (2009). 인지행동치료가 대학생의 인터넷 중독 수준, 부정적 자동사고 및 자기도피에 미치는 효과. 사회과학연구, 33(1), 31-47.

손진희 (2008). 인터넷 과다사용 청소년의 자동적 사고. 한국청소년연구, 19(1), 143-168.

이윤주, 김동민, 손진희, 김혜수, 김미화 (2005). 인터넷 중독 상담 성과 측정 연구. 한국정보문화진흥원.

이정화, 손정락 (2008). 게임 중독 고등학생의 중독 수준과 자기통제력, 우울감 개선을 위한 집단인지행동치료의 효과. 스트레스연구, 16(4), 409-417.

이형초, 안창일 (2002). 인터넷 게임 중독의 인지행동치료 프로그램 개발 및 효과 검증. 한국

심리학회지: 건강, 7(3), 463-486.

정은실, 손정락 (2011). 마음챙김 기반 인지치료(MBCT) 프로그램이 대학생의 인터넷 중독 수준, 불안 및 스트레스에 미치는 효과. 한국심리학회지: 임상, 30(4), 825-843.

표현정, 이민규 (2009). 인터넷 중독을 설명하기 위한 심리학적 모형의 탐색: 중독위험 청소년을 대상으로. 한국심리학회지: 건강, 14(3), 531-548.

한덕현 (2010). 인터넷 중독 치료 프로그램 개발-우울증, 불안 감소 효과 입증. 이투데이 (www.etoday.co.kr). 2010년 3월 22일.

Beck, A. T. (1970). Cognitive therapy: Nature and relation to behavior therapy. *Behavior Therapy, 1*(2), 184-200.

Bandura, A. (1965). Influence of models' reinforcement contingencies on the acquisition of imitative responses. *Journal of Personality and Social Psychology, 1*(6), 589-595.

Bandura, A. (1971). Psychotherapy based upon modeling principles. *Handbook of Psychotherapy and Behavior Change.* NewYork: Wiley, 653-708.

Barlow, D. H., Allen, L. B., & Choate, M. L. (2004). Toward a unified treatment for emotional disorders. *Behavior Therapy, 35*(2), 205-230.

Beutler, L. E., Kim, E. J., Davison, E., Karno, M., & Fisher, D. (1996). Research contributions to improving managed health care outcomes. *Psychotherapy, 33,* 197-206.

Beutler, L. E., Moleiro, C., Malik, M., Mark Harwood, T., Romanelli, R., Gallagher-Thompson, D., & Thompson, L. (2003). A comparison of the Dodo, EST, and ATI factors among comorbid stimulant-dependent, depressed patients. *Clinical Psychology & Psychotherapy, 10*(2), 69-85.

Binder, J. L. & Strupp, H. H. (1997). "Negative process": A recurrently discovered and underestimated facet of therapeutic process and outcome in the individual psychotherapy of adults. *Clinical Psychology: Science and Practice, 4*(2), 121-139.

Caplan, S. E. (2002). Problematic Internet use and psychosocial well-being: Development of a theory-based cognitive-behavioral measurement instrument. *Computers in Human Behavior, 18*(5), 553-575.

David, D. & Szentagotai, A. (2006). Cognitions in cognitive-behavioral psychotherapies: Toward an integrative model. *Clinical Psychology Review, 26*(3), 284-298.

Davis, R. A. (2001). A cognitive-behavioral model of pathological internet use. *Computers in Human Behavior, 17*(2), 187-195.

Dobson, K. S. (2009). [김은정, 원성두 역 (2012). 인지행동치료 핸드북. 학지사.]

Dobson, K. S. & Dozois, D. A. (2009). Historical and Philosophical Base of the Cognitive-

Behavioral Therapies. In Dobson, K. S. (Eds), *Handbook of Cognitive-Behavioral Therapies,* 3rd ed. 3–38. New York: Guilford Press.

Ellis, A. (1962). *Reason and Emotion in Psychotherapy.* New York: Citadel Press.

Farmer, R. F. & Chapman, A. L. (2008). [하은혜, 박중규, 송현주 역 (2013). 인지행동치료에서의 행동개입. 학지사.]

Fiester, A. R. & Rudestam, K. E. (1975). A multivariate analysis of the early dropout process. *Journal of Consulting and Clinical Psychology, 43*(4), 528–535.

Harwood, T. M., Beutler, L. E., & Charvat, M. (2009). Cognitive-Behavioral Therapy and Psychotherapy Integration. In Dobson, K. S. (Eds), *Handbook of Cognitive-Behavioral Therapies,* 3rd ed. 94–130. New York: Guilford Press.

Kaneez, F. S., Zhu, K., Tie, L., & Osman, N. B. H. (2013). Is Cognitive Behavioral Therapy an Intervention for Possible Internet Addiction Disorder?, *Journal of Drug and Alcohol Research,* Vol. 2, 1–9.

Kanfer, F. H. (1970). Self-regulation: Research, issues, and speculations. *Behavior Modification in Clinical Psychology,* 178–220.

Kanfer, F. H. (1971). The maintenance of behavior by self-generated stimuli and reinforcement. *The Psychology of Private Events,* 39–59.

Gentile, D. A., Choo, H., Liau, A., Sim, T., Li, D., Fung, D., & Khoo, A. (2011). Pathological video game use among youths: A two-year longitudinal study. *Pediatrics, 127*(2), 319–329.

Hayes, S. C. (2004). Acceptance and commitment therapy, relational frame theory, and the third wave of behavioral and cognitive therapies. *Behavior Therapy, 35*(4), 639–665.

Kalkan, M. (2012). Predictiveness of interpersonal cognitive distortions on university students' problematic internet use. *Children and Youth Services Review, 34*(7), 1305–1308.

Kim, H. K. & Davis, K. E. (2009). Toward a comprehensive theory of problematic internet use: Evaluating the role of self-esteem, anxiety, flow, and the self-rated importance of internet activities. *Computers in Human Behavior, 25*(2), 490–500.

King, D. L., Delfabbro, P. H., Griffiths, M. D., & Gradisar, M. (2011). Assessing clinical trials of internet addiction treatment: A systematic review and CONSORT evaluation. *Clinical Psychology Review, 31*(7), 1110–1116.

Kuss, D. J. (2013). Internet gaming addiction: Current perspectives. *Psychology Research and Behavior Management, 6,* 125–137.

Lambert, M. J. (2005). Implications of outcome research for psychotherapy integration. In

Norcross, J. C. & Goldfried, M. R. *Handbook of Psychotherapy Integration.* 94–129. New York: Basic Books.

Leichsenring, F., Hiller, W., Weissberg, M., & Leibing, E. (2006). Cognitive-behavioral therapy and psychodynamic psychotherapy: Techniques, efficacy, and indications. *American Journal of Psychotherapy, 60*(3), 233–259.

Mahoney, M. J. (1974). *Cognition and Behavior Modification.* Oxford, England: Ballinger.

Mahoney, M. J. & Arnkoff, D. B. (1978). *Self-management: Theory, Research and Application.* Pennsylvania State Univ.

McMain, S., Newman, M. G., Segal, Z. V., & DeRubeis, R. J. (2015). Cognitive behavioral therapy: Current status and future research directions. *Psychotherapy Research,* 1–9.

Moreno, M. A., Jelenchick, L., Cox, E., Young, H., & Christakis, D. A. (2011). Problematic internet use among US youth: A systematic review. *Archives of pediatrics & adolescent Medicine, 165*(9), 797–805.

Norcross, J. C., Karg, R., & Prochaska, J. (1997). Clinical psychologists in the 1990's, Part II. *Clinical Psychologist,* 50, 4–11.

Neisser, U. (1967). *Cognitive Psychology.* New York : Appleton-Centrury-Crofts.

Pantalone, D. W., Iwamasa, G. Y., & Martell, C. R. (2009). Cognitive-behavioral therapy with diverse populations. In Dobson, K. S. (Eds), *Handbook of Cognitive-Behavioral Therapies,* 3rd ed. 445–464. New York: Guilford Press.

Resick, P. A. & Schnicke, M. K. (1992). Cognitive processing therapy for sexual assault victims. *Journal of Consulting and Clinical Psychology, 60*(5), 748–756.

Schwartz, J. M. (1997). Neuroanatomical aspects of cognitive-behavioural therapy response in obsessive-compulsive disorder. An evolving perspective on brain and behaviour. *The British Journal of Psychiatry.* Supplement, (35), 38–44.

Young, K. S. (1999). Internet addiction: Symptoms, evaluation and treatment. *Innovations in Clinical Practice: A Source Book, 17,* 19–31.

Young, K. S. (2007). Cognitive behavior therapy with Internet addicts: Treatment outcomes and implications. *Cyber Psychology & Behavior, 10*(5), 671–679.

Young, K. S. (2010). Internet addiction over the decade: A personal look back. *World Psychiatry, 9*(2), 91.

05

인터넷 중독의
상담 기법

제5장

인터넷 중독의 상담 기법

유영달 ┃ 신라대학교 사회복지학부

°° 시작하는 글

인터넷 중독의 본질과 특성에 관해서는 앞에서 언급하였으며, 이 장에서는 인터넷 중독의 상담 기법에 대해 다루고자 한다. 그런데 상담 기법에 관한 이슈를 다루는 본론에 들어가기에 앞서 정리하고 넘어가야 할 사항이 두 가지 있다. 필자가 이 장에서 염두에 두고 있는 '인터넷 중독'의 본질에 관한 것과 '상담'의 개념에 관한 것이다. 먼저 '상담'의 개념을 살펴보자.

우리나라에서 상담 혹은 카운슬링(counseling)이라는 활동이 전문직으로 인정받게 된 것은 사실 그리 오래되지 않았으며, 아직도 적지 않은 사람들에게 상담이란 그저 마음 아픈 사람의 말을 잘 듣고 그 사람에게 딱 맞는 처방적 충고를 던져 주는 것으로 인식되고 있는 실정이다. 즉 전문가가 생각하는 상담과 일반인이 생각하는 상담은 현격한 차이가 있다. 그래서 '인터넷 중독의 상담 기법'이라는 이 장의 제목을 보면 독자들이 '인터넷 중독은 그야말로 무시무시한 중독장애인데 몇 마디 좋은 충고 좀 해 주고 실천행동적 처방을 탁 던져 준다고 치유(치료)가 될까?'라고 생각하지 않을까 싶다. 사람들은 알코올 중독, 니코틴 중독, 도박 중독 등 '중독'이라는 용어에 붙어 있는 부정적이고 무시무시한 위험성에 겁부터 먹게 된다.

그래서 이런 식의 오해를 불식하는 차원에서 본론에 들어가기 전에, 다소 고리타분하게 느껴질지도 모르겠지만 '상담'이라는 용어의 개념 정의에서 출발하려고 한다. 필자가 생각하기에 'counseling'이란 용어의 어원에 가장 가깝게 상담 이론과 실제를 펼친 사람은 Alfred Adler인 것 같다. Alfred Adler는 Sigmund Freud의 수제자 중 한 사람으로 정신분석을 시작하였다가 유아 성욕설 등 Freud의 정신분석의 몇 가지 핵심적 내용에 회의를 가지면서 독자적인 길을 갔던 사람이다(권석만, 2012). 그는 인간의 마음을 분석적으로 나누어 볼 수 없다는 의미에서 'individual psychology(개인심리학)'을 주창하였다.

Adler는 오스트리아 빈의 여러 학교에서 상담소를 개설하여 운영하면서 교사와 부모가 함께 참여하는 공개적인 토론 모임을 가졌다. 이 모임에서 그는 교사나 부모와 함께 문제 아동에 대해서 자유롭게 토론하며 의견을 교환하였다. 그런 다음 아동과 직접면담을 하고 나서 최종적으로 교사, 부모, 또는 아동에게 문제해결을 위한 조언을 제시하였다. 이런 방식의 치료 과정은 소위 심리치료의 '공개토론 모델(open forum model)'로 알려져 있으며 공동체 정신건강 프로그램을 발달시키는 초석이 되었다. 그는 심리치료 활동에 소수의 전문가뿐만 아니라 많은 사람들이 참여할 수 있어야 한다고 믿었다.

이런 유형의 심리치료 모델은 'counseling'의 어원적 개념과 매우 유사한데, counseling이라는 용어는 counsel, council, consult 등의 단어에 공통적으로 내포된 '조언, 충고, 자문, 위원회, 권고, 대책회의' 등의 의미에 근접해 있다. 그래서 상담(counseling)이라는 개념의 핵심적인 내용은 내담자(client)의 심리적 · 사회적 · 신체적 특성에 대한 전문적인 이해에 바탕을 두고, 내담자 삶의 질을 증진하기 위한 전문적인 목표를 설정하여 그 목표를 향해 내담자의 협력하에 적절한 조언, 충고, 권고를 제공해 나가는 종합예술과 같은 과정이라고 정의할 수 있다. 여기서 내담자의 인성에 대한 이해가 매우 중요하며, 인성의 형성 과정에는 개인의 생득적인 신체 · 심리적 특성뿐만 아니라 양육환경, 사회적 관계, 사회 · 경제적 환경 등 많은 요소가 개입한다. 따라서 인터넷 중독 문제의 상담에서도 이처럼 이 문제의 발전에 개입되어 있는 다양한 신체적·심리적·사회적 요인에 대한 이해가 필요하며, 각 분야 전문가의 견해가 황금 비율에 맞게 종합적으로 통합되어 제공되어야 할 것이다.

상담에 관한 개념적 정리에 이어서 '인터넷 중독'의 본질에 관해 몇 가지 정리할 것이 있다. 학자마다 인터넷 중독의 본질에 대해서 그리고 그 중독의 심각성에 대해서 의견이 분분하다. 모든 중독이 그렇듯이 중독 현상에는 어떤 물질이나 대상(혹은 행동)이 존재하고, 동시에 이러한 물질이나 대상에 빠져든 주체(인간)가 있다. 즉 중독 현상에는 반드시 중독자와 중독 물질(혹은 중독 유발자)이 있다는 것이다. 그래서 중독 현상을 어느 한쪽의 관점에서만 보면 안 된다.

오늘날 인간의 삶에서 인터넷은 제거할 수 없는 필수적인 미디어가 된 지 오래이다. 시각적·청각적 통로를 통해 많은 정보와 흥미를 제공할 수 있는 기능을 가졌기 때문이다. 더구나 인터넷은 인간의 삶에 다양한 편의를 제공하므로 그 자체로서 인간의 관심과 흥미를 끌고 다양한 욕구를 충족시킬 수 있다는 특성을 가지고 있다. 인터넷의 이런 환경적 특성을 인터넷 중독의 문제에서 완전히 배제할 수는 없지만, 여기서는 논의의 초점이 인터넷 중독의 상담에 관한 것이므로 컴퓨터와 그 인터넷 환경(게임의 특성, 내용, 자극성)은 배제하고 그 문제에 빠져드는 인간적 특성에 한정하여 이야기를 풀어 가고자 한다. 즉 이 장에서는 '인터넷 게임' 혹은 '인터넷 도박' 등 컴퓨터 프로그램의 특성 그 자체에 관한 것은 논외로 한다.

그리고 이 장에서 인터넷 상담의 기술이라고 할 때, 내담자의 상담에 필요한 전반적 과정에서 개입되는 신뢰관계의 형성, 상담의 구조화, 내담자 특성의 평가, 목표의 설정 및 합의, 동기의 강화, 상담적 기법과 기술의 적용, 상담 목표의 재점검, 상담관계의 종결 및 후속 상담 등의 다양한 단계가 있다는 것을 전제할 것이다. 다만 이 장에서는 이 중 상담적 기법과 기술에 대해 다룰 것이다. 이러한 상담적 기법과 기술은 '상담과 심리치료의 이론과 실제'라는 제목으로 출판된 다양한 교재를 통해 소개되고 있으며, 모든 기법과 기술을 일일이 언급하는 것은 이 장의 범위를 넘어선다. 그런데 과연 그 많은 기법과 기술이 모두 인터넷 중독 상담에 유용할까? 그리고 그 기법들은 어떻게 적용될 것인가? 이 두 질문에 대해서는 이렇게 대답할 수밖에 없는 것이 현실이다. "상담사마다 의견이 다르고 내담자마다 적용의 방법이 다르다."

사실 인터넷 중독 상담의 기법과 기술은 대체로 인지행동적인 상담 이론에서 가장 많이 도출되어 적용되고 있는데(Miller, 2009; Petry et al., 2006; Young, 2007), 이러한 현상이 반드시 인터넷 중독 상담에는 인지행동적인 기법과 기술만 존재한다거나, 인지행동적인 기법과 기술이 다른 이론에서 유도된 기법과 기술보다 더 효과적이거나 유용하다는 것을 의미하지는 않는다. 하지만 인지행동적 상담 이론이 미국을 중심으로 유행하고 있으며, 이러한 일반적인 흐름에 따라 인터넷 중독 상담에도 주로 인지행동적 기법과 기술이 적용된다고 보면 될 것이다.

이 장에서는 인지행동적 상담 이론뿐만 아니라 적용 가능한 다양한 상담 이론에서 유도된 상담 기법과 기술을 논할 것이다. 하지만 앞서 말한 대로 이러한 기법과 기술은 매우 다양하고 광범위하여 그 내용을 구체적으로 소개하기보다는 이것들을 묶을 수 있는 보다 큰 차원을 다루면서 자연스럽게 인터넷 중독 상담의 기법과 기술을 설명하고자 한다.

1. 인터넷 행동의 수정인가, 동기와 의도의 치유인가

인터넷 중독을 상담하거나 치료한다고 할 때 구체적으로 과연 무엇을 변화시켜 주어야 할 것인가? 인터넷을 못 하게, 아니 안 하게 해 주면 상담이 제대로 된 것일까? 내담자가 인터넷을 안 하기만 한다면 상담이 제대로 된 것일까? 또 인터넷을 안 한다는 것은 무슨 의미인가? 여러 가지 금지행동 중 하나로서 인터넷 행동을 그저 억제하는 것인가, 아니면 인터넷의 해악을 깨닫고 자발적인 의지로 인터넷을 하지 않는 것을 말하는가? 아니 요즘 같은 네트워크 세상에서 인터넷을 전혀 하지 않고 살 수 있을까?

인터넷 중독 상담이 정말 바람직하게 진행되었다면 상담이 끝났을 때 내담자는 스스로 인터넷을 자기 삶의 목적에 맞게 적절하게 조절하여 사용할 수 있으며, 인터넷으로 인해 어떠한 신체적 · 정신적 · 사회적 측면의 장해가 없는 상태일 것이다. 그런데 이러한 목표 상태를 기술하는 표현 중에서 강조되어야 할 두 용어는 '스스로'와 '조절'이다. 스스로 자신의 행동 문제를 조절할 수 있다는 것은 자신의 문제에 대한 자각에서부터 시작해야 한다. 이러한 자각은 곧 내담자가 자신이 인터넷 중독에 빠졌다는 사실을 인지하고 인정하는 것을 의미한다.

인터넷 중독에 빠진 사람들은 자신이 과연 인터넷 중독에 빠졌다는 사실을 알고 있을까? 있을 수도 있고 없을 수도 있을 것이다. 만약 그들이 인터넷 중독에 빠졌다는 사실을 자각하고 있을 때 자신이 중독에 빠졌다는 사실을 어떻게 자각할까? 자신이 남들보다 혹은 '정상적인' 수준보다 훨씬 더 인터넷을 '좋아한다'는 것을 가지고 자신의 인터넷 중독을 자각할 것인가, 아니면 자신이 남들보다 혹은 '정상적인' 수준보다 훨씬 더 인터넷 '행동을 하기' 때문에 인터넷 중독이라고 이야기하는가?

자신의 행동과 마음의 상태에 관한 자각은 흔히 Bem의 자기지각 이론(self-perception theory)이라는 창의적인 연구 결과에 잘 밝혀져 있다(Bem, 1972). 이 이론에 따르면 개인이 자신의 사회적 태도에 관해 인지하지 못할 때 그러한 자신의 태도에 대한 자각은 자기 행동의 관찰에 의해서 가능하다. 즉 자신이 인터넷에 대해 우호적인가, 비우호적인가를 자각하기 쉽지 않은 상태에서 사람들은 자신이 인터넷을 자주 사용하는가, 그렇지 않은가와 같은 자신의 인터넷 행동을 관찰함으로써 인터넷에 대한 자신의 태도를 결론 내린다는 것이다. 자신이 인터넷을 좋아한다는 사실을 인식하기 위해서는 인터넷을 사용하는 내담자가 자신의 인터넷 사용 행동을 관찰해야만 가능하다. 인터넷 중독자가 자신이 인터넷 중독이라는 것을 자각하는 방식도 이와 유사하다고 하겠다. 먼저 자신의 인터넷 사용과 관련된 행동을 관찰하여 중독 여부를 결정할 것이다. 예컨대 인터넷 사용 시간은 얼마나 되는가, 인터넷을 멀리하고자 대안행동을 얼마나 많이 혹은 자주 하였는가 등과 같은 행동적 지표를 관찰하여 자신의 인터넷 중독 여부에 대한 태도를 결정할 것이다.

이제 이러한 자기지각 이론의 관점에서 인터넷 중독의 문제가 치료되었는가 하는 치료 목표와 관련하여 논의해 보자. 인터넷 중독자는 어떤 치료 프로그램에 일정 기간 참여한 후 무엇을 기준으로 자신이 인터넷 중독 문제가 치료되었다고 생각할 것인가? 그 기준은 자기지각 이론의 관점에서 볼 때 자신의 행동적인 지표가 될 것이다. 자신이 인터넷을 얼마나 많이 사용하고 있는가 하는 문제가 주된 기준이 될 것이다. 예컨대 치료 전에는 7시간 인터넷을 사용하던 사람이 이제 2시간 이하로 사용하고 있다는 것을 안다면 자신이 인터넷 중독에서 해방되었다고 생각할 것이다.

그렇다면 인터넷 중독 치료 목표는 단순히 행동적인 문제를 교정하는 데 한정될까? 그렇게 생각하는 이론도 있다. 바로 행동주의자들이다. 이들은 인터넷 중독 치료에서 인터넷 사용의 절대적인 시간을 줄이는 것이 가장 중요하다고 한다. 인터넷 중독에 대한 다양한 상담 기법마다 치료의 목표와 초점이 다르다. 인터넷 중독에 대해 적용 가능한 상담 이론은 인지행동적 이론에서부터 정신역동적 이론, 실존주의적 이론, 대인관계적 이론 등 무수히 많으며, 이런 이론들은 인터넷 중독의 원인과 본질에 대해 각기 다른 견해를 펼친다.

따라서 인터넷 중독의 상담에서는 인터넷 과다 사용이라는 그 행동 자체를 수정하느냐(즉 인터넷 사용량을 줄이는 것), 과다 사용 행동에 기저하는 근본적인 동기와 의도를 분석하여 그 부분을 다루느냐 하는 것이 중요한 이슈이다. 그런데 다른 심리적·행동적 장애에 대한 치료적 접근이 그렇듯이 인터넷 중독의 문제도 과연 문제행동 혹은 표적행동의 보다 근본적인 동기와 의도가 있느냐는 질문은 한 단계 더 나아간 더 복잡한 질문이다.

인지행동주의자들은 이러한 의도니 동기니 하는 용어 자체를 별로 좋아하지 않는다. 이들은 인터넷 중독이라는 문제를 인터넷 과다 사용이라는 용어로 조작적으로 정의하기를 더 좋아한다(신성만 외, 2013). 이것은 행동주의적 관점에서의 접근법이다. 행동주의자들은 어떤 문제행동을 '문제적'인 행동으로 보지 않고 그저 '표적'행동으로 규정한다. 관찰 및 측정 가능한 형태로 조작적으로 구체화하여 정의하기를 좋아한다. 그리고 이러한 표적행동을 학습된 행동으로 간주하며, 표적행동이 학습된 기제를 찾아서 소위 강화자극이나 강화수반성(contingency)을 변경시키는 시도를 즐겨 한다. 다시 말해 인터넷 행동을 유지하거나 증가시키는 환경적 자극, 예컨대 학원 안 가도 되기, 긴장하지 않아도 되기 등 보상적인 결과에 의해 유지 및 증가된다.

반면 인터넷 중독의 문제를 인터넷 사용의 동기 혹은 의도—자각된 것이든 자각되지 않은 것이든—의 차원으로 보는 상담자와 치료자는 인터넷 사용의 문제를 단순히 인터넷 행동의 빈도나 몰입도의 문제로 보지 않고, 내담자의 행동 배후에 알게 모르게 존재하는 어떤 동기나 의도의 문제로 간주한다. 따라서 이들은 인터넷 중독의 내담자를 상담하고 치료할 때 단순히 행동을 수정하거나 인터넷 자극에 대한 지각과 인지를 수정하고 인터넷에 대한 비합리적 신념을 합리적 신념으로 대체하는 상담 기법과 기술보다는 보다 심층적인 기법을 적용하고자 한다. 이러한 기법에는 인터넷 중독 행동 속에 숨어 있는 어떤 무의식적인 동기에 대한 탐색과 해석, 인터넷 행동 속에 개입된 방어기제의 분석, 인터넷과 관련된 자유연상 내용의 탐색, 인터넷 상황이 아닌 직접적인 대면관계 속에서의 내담자와 상담자 간 관계에 대한 분석, 인터넷 중독 행동 속에 숨겨진 우월감 콤플렉스의 탐색과 분석, 가족 구조 및 가족관계의 분석 등 정신역동적 이론에 기반한 기법도 있고, 실존주의 혹은 인간 중심적 상담 이론에 바탕을 둔, 삶의 의미에 대한 추구와 의미 부여, 인터넷보다 큰 가치의 탐색과 추구, 실존적 불안에 대한 직면과 수용, 자유와 책임의 추구, 자신의 욕구와 감정에 대한 알아차림(자각) 증진, 진정한 자신과의 만남 촉진, 대인관계의 증진과 즐김, 인터넷 이외의 생활에서 만나는 크고 작은 환경자극과의 진정한 만남과 향유, 분리된 자아 간의 진정한 대화와 통합 등의 기법이 있다.

그렇다면 인터넷 중독에서 상담자는 중독행동에 초점을 두어야 하는가, 동기와 의도에 초점을 맞추어 이점을 치유해야 하는가? 필자는 이 문제가 양자택일의 질문이라기보다는 우선순위의 문제라고 생각한다. 인터넷 중독 문제로 상담이나 치료에 의뢰된 내담자는 대체적으로 자기 스스로는 헤어나기 어려운 심각한 수준에 처해 있는 경우가 많다. 따라서 이러한 내담자의 경우 중독행동의 중지와 금단 증상의 방지 등 보다 외현적이고 관찰 가능한 측면에 우선적으로 초점을 두는 것이 바람직할 것으로 생각된다. 하지만 시간과 비용이 허락하는 한 인터넷 중독 행동 뒤에 가려진 심층적인 동기와 의도를 탐색하고 분석하며 내담자의 전인적 삶을 바꿔 가도록 노력해야 할 것이다. 이러한 작업은 심리적 장애, 학업 문제, 성 문제 등 다른 상담적 주제에서 그렇듯 우선적으로 상담사와의 굳건한 신뢰관계에 바탕을 두어야 할 것은 두말할 필요가 없다.

2. 환경을 바꿔야 하는가, 인간을 바꿔야 하는가

필자는 2012년 당시 교육과학기술부에서 발주한 초 · 중 · 고등학교 교사를 위한 인터넷 중독(과다 사용) 생활지도 및 상담을 위한 매뉴얼을 발간하는 프로젝트의 연구책임을 맡은 적이 있다(유영달 · 고영삼 · 성윤숙 · 아영아 · 엄나래 · 연수현 · 이상화 · 황재인, 2012). 프로젝트를 마감하고 매뉴얼 책자를 전국 초 · 중 · 고등학교에 발송한 지 얼마 안 되어 호남 지방의 어느 중학교 여교사로부터 전화를 받았다. 그 선생님은 학교의 인터넷 중독 상담을 담당하고 있었는데 격앙된 목소리로 심각한 인터넷 중독의 사례를 털어놓았다.

문제의 학생은 3학년 남학생으로 학교를 무단결석한 지 2개월이 다 되었으며, 어느 누구도 제어할 수 없을 정도로 중독에 빠져 문을 걸어 잠그고 겨우 어머니가 넣어 주는 컵라면이나 간단한 식사를 먹는 시간 외에는 밤낮 인터넷에만 몰두한다고 하였다. 어떤 게임을 하는지, 얼마나 하는지, 왜 그렇게 되었는지 아무도 모른다고 하였다. 선생님의 목소리가 떨리더니 이내 울음을 터뜨리며 그 문제의 남학생이 남편 없이 혼자 사는 자신의 외아들이라고 털어놓았다. 사정이 참 딱하여 이후 몇 번 전화 상담을 해 주었다.

사실 이와 유사한 사례를 인터넷 중독 상담에서 흔히 만날 수 있다. 가족관계의 문제, 개인 성격의 문제, 대인관계 및 학교 친구와의 관계 등 인터넷 중독자는 복잡하고 다단한 문제의 뿌리 속에서 자라난다. 그렇다면 인터넷 중독자를 인터넷 환경이 다른—예컨대 PC방이 없거나 인터넷 연결망이 열악한—곳으로 이사를 보내면 문제가 쉽게 해결될 것 같지 않은가? 인간은 지극히 환경의 지배를 받으며 환경에 순응 내지는 적응하는 존재이기도 하기 때문이다.

다시 앞의 사례로 돌아가서 필자는 그 선생님을 충분히 공감하고 힘든 삶의 환경을 이해한 후 그녀의 가정환경, 가족관계, 특히 모자관계 등을 탐색하고 최종적으로 몇 가지 조언을 제공하였다. 그중의 하나가 모자를 공간적 · 심리적으로 떼어 놓기였다. 남편의 이른 병사로 슬픔을 극복하지 못한 선생님은 이런저런 동기와 상황에 의해 아들에게 심하게 접근하였고, 아들은 이에 역기능적으로 엉겨들면서 모자는 심하게 정서적으로 유착되어 있었다. 선생님은 자신을 위해서가 아니라 '아들'을 위해서 무거운 삶의 무게를 버티고 있었고, 아들은 두 사람뿐인 가정의 가장 역할을 하면서 동시에 어머니의 무거운 심리적 파트너 역할을 수행하다가 인터넷이라는 도피처를 찾은 것이다. 이런 경우 가족상담이 최선의 방법이겠지만, 인터넷 중독에 빠져든 아들을 상담에 개입시키는 문제는 또 다른 어렵고 큰 상담 이슈가 될 것이다(Ciarrochhi, 2002). 이때는 어머니와의 상담이 우선적이며, 보다 건강한 상태의 어머니를 상담의 지렛대로 활용하는 것이 좋다. 가능하면 어머니의 결단과 노력을 요청해야 하며, 어머니의 실천적 행동을 통해 아들의 물리적 환경, 심리적 환경, 결국에는 사회적 환경까지 바꿔 준다면 자력으로 일어날 수 없는 아들이 문제를 극복하는 데 큰 토대를 마련하는 셈이 될 것이다.

Beard(2008)는 인터넷 중독 청소년을 상담할 때, 상담자는 사회복지사나 청소년 동반자와 같은 청소년 돌봄 제공자와 함께 그리고 가족의 나머지 구성원들과도 함께 일하며 개입해야 한다고 설명한다. 가족상담은 어떻게 보면 가장 일차적인 치료 유형이다. Liddle, Dakof, Turner, Henderson, Greenbaum(2008)은 중독된 청소년의 치료를 위해 다면적 가족치료(multi-dimensional family therapy, MDFT) 모델을 제안하였다. 이 모델을 사용하여 사무실, 가정, 단기치료, 집중적인 외래치료, 주간치료, 거주형 치료 같은 다양한 시설 및 방식으로 치료 서비스가 제공된다. 개별적인 치료 회기에는 무슨 이슈를 다룰 것인가에 따라 청소년 본인이나 부모, 혹은 청소년과 부모가 함께 참여하는 식으로 진행된다. 일반적으로 MDFT는 1주일에 1~3회 주어지는데, 치료 기간은 치료환경, 문제의 심각성, 가족의 기능 정도에 따라 보통 4~6개월이다.

Liddle 등(2008)은 그들의 치료 모델에서 네 가지 영역(청소년, 부모, 상호작용, 가족 외부)을 다루어야 한다고 주장하였다. 각 영역별 이슈는 다음과 같다. 청소년 영역은 청소년을 치료에 참여시키기, 부모 및 성인들과의 의사소통 기술 개선시키기, 일상적인 문제에 대처하고 감정 조절하기, 문제해결 기술(특히 인간관계 기술, 학업 및 업무 능력, 중독행동에 대한 대안적 행동 기술) 발전시키기에 초점을 두었다. 부모 영역은 부모를 치료에 참여시키기, 자녀에 대한 행동적 · 정서적인 관여 개선하기, 자녀 행동 모니터링, 자녀에 대한 기대 명료화, 행동 제한 및 목표 결정과 같은 더 효과적인 양육 기술 개발하기, 부모의 심리적 욕구 다루기에 초점을 두었다. 부가적으로 부모는 자신의 인터넷 행동을 살펴보고 청소년에게 인터넷 사용과 관련하여 바람직한 모델이 되는 방법을 찾아보는 것이 좋다(Beard, 2008). 상호작용 영역은 가족 갈등 감소시키기, 정서적 유대감 증가시키기, 의사소통과 문제해결 능력 향상하기에 초점을 맞추어 설명하고 있다. 마지막으로 가족 외부 영역에서는 청소년이 속해 있는 사회체계(예 : 교육시설, 청소년 교정시설, 여가 시간을 보내는 장소) 안에서 가족의 기능적 역량을 강화하는 데 초점을 두었다.

하지만 가족상담이나 청소년 주변의 사회체계에 대한 개입으로 청소년의 인터넷 중독 문제가 치유될까? Marlatt(1985)은 중독행동의 구체적인 발생 과정이 어떻든 상관없이 중독행동의 효과적인 치료는 자기 스스로 행동을 변화시키기 위한 효과적인 방법을 배울 수 있다는 가정을 기본으로 해야 한다고 보았다. 즉 환경의 변화는 자동적으로 개인의 변화로 이어지지 않는 경우가 많다는 것이다. 개인의 변화는 개인이 환경을 보는 관점, 자신을 보는 관점, 미래에 대한 관점 등의 변화를 내포하기 때문이다.

미국 행동주의의 대부 격인 J. B. Watson(1948)은 인간의 조형에 대해 "나에게 12명의 건강한 아동을 보내 주십시오. 그리고 그들이 내가 고안한 특별한 세계에서 자라도록 해 주십시오. 나는 무선으로 1명을 골라서 내가 선택할 수 있는 어떤 유형의 전문가, 즉 의사, 변호사, 예술가, 상업가, 심지어 거지나 도둑이 되도록 훈련할 수 있다고 장담합니다."라고 주장했는데, 이는 필자가 보기에 지나친 환경론적 관점이며 행동주의에 대한 지나친 낙관론이다. 결국 심리학의 역사상 B. F. Skinner 같은 극단적 행동주의자들은 많은 비판을 받으며 사라지고, 환경을 강조하는 행동주의는 개인 내적인 인지도식과 같은 인지주의와 결합되어 인지행동주의로 탈바꿈하게 된다. 실제로 많은 심리치료 및 상담에 관한 교재에서 행동주의에 관한 내용은 점차 축소되거나 생략되고 인지행동치료의 한 방편으로 소개되는 경우가 많다.

이렇듯 인터넷 중독에 대한 개입에서 환경을 바꿔야 하는가, 인간을 바꿔야 하는가 역시 모 아니면 도의 방식이 아닌 절충과 통합의 관점에서 접근해야 할 것이다. 내담자의 역량과 주변 환경에 대한 개략적인 전체적 평가를 통해 환경 개입 우선이냐, 개인 심리적 접근 우선이냐를 결정하고, 상담이 진행되는 과정에서 융통성 있게 양쪽을 오가면서 혹은 황금 비율의 조화 속에서 모 아니면 도의 문제를 개, 걸, 윷과 같은 소박하지만 보다 승률이 높은 선택으로 변화시켜야 할 것이다.

3. 치료의 양약인가, 상담의 한약인가

인터넷 중독이냐, 인터넷 과다 사용이냐의 논쟁은 인터넷 게임 등 소프트웨어 생산업계와 소비자 간, 그리고 그 양쪽에 개입된 전문가 단체 등 이해관계가 복잡 미묘하게 얽혀 있는 삼각관계 속에서 전개되는 경우가 많다. 물론 전문가 단체 내에서도 관점이 나뉜다. 인터넷의 문제적 사용(problematic internet use)이라는 다소 중립적인 표현을 '인터넷 중독'으로 보는 관점에서는 '치료'를 통해 중독 바이러스를 퇴치하는 양약을 처방해야 한다고 하고, 인터넷의 문제적 사용을 '인터넷 과다 사용' 혹은 '역기능적 인터넷 사용'으로 보는 입장에서는 '상담'을 통해 전인적 삶을 재건하는 기초체력 증진에 초점을 두며, 여기에는 일종의 양방에 대비되는 한방적 처방이 필요하다고 주장한다. 과연 어느 쪽이 바람직할까?

치료가 맞다고 주장하는 사람들은 주로 정신건강의학과나 임상심리학자, 중독치료자이다. 이들은 인터넷의 문제적 사용에 대해 알코올 중독, 니코틴 중독 등 물질 중독과 유사한 신체생리적 기제를 밝혀내면서 인터넷 중독이라는 용어를 사용한다. 도박 중독과 마찬가지로 인터넷 중독도 일종의 행동 중독이라고 한다. 중독현상에 내재된 신체생리적 기제를 밝혀내려 하면서 신경계의 문제 등을 탐색한다. 그들은 금단, 내성, 의존 등 물질 중독의 현상에 사용되는 개념을 도입하여 인터넷 중독의 현상을 설명하기를 좋아한다. 결국 그들은 약물치료나 집중적 심리치료를 통해 인터넷 중독자를 돕고자 한다. 그들에게 인터넷 중독자는 치료를 받을 환

자이고 자신들은 전문적 치료를 제공하는 치료자인 셈이다. 따라서 이들의 관계는 대체적으로 일방적·수직적이다. 인터넷 중독자는 치료자인 의사나 임상심리학자의 지시에 그저 따르기만 하는 수동적인 역할을 수행하는 구도이다.

반면 인터넷의 문제적 사용자를 그저 인터넷의 과다 사용 혹은 역기능적 사용자로 간주하는 사람들은 주로 사회복지사나 학교상담사 등 상담 관련 분야에 종사하는 사람들이다. 이들은 인터넷 과다 사용 문제의 원인을 대체로 개인보다는 주변의 환경, 인터넷 환경, 사회·문화적 요인 등으로 돌린다. 따라서 이들은 인터넷 사용에 문제를 보이는 사람들에게 보다 인간적인 관대한 태도를 보이는 경향이 있다. 이들은 인터넷 중독자를 중독자로 부르지 않고 인터넷 사용의 문제로 간주하는데, 여기에는 기본적으로 개인의 가능성과 잠재력에 대한 믿음과 신뢰가 내포되어 있다. 따라서 이들은 소위 인본주의적, 인간 중심적 상담 이론의 철학을 지닌 경우가 많다. 자연스럽게 이들은 인간의 심리적·행동적 어려움을 보다 전체적이고 거시적인 전인적 관점에서 바라보며, 상담의 기법과 기술적인 측면보다는 내담자와 상담자 간의 진실한 관계, 인간적인 수용, 내담자의 내면적 심정에 대한 공감 등을 강조한다.

다시 말해 인터넷의 문제적 사용을 인터넷 중독으로 간주하며 치료를 주장하는 사람들은 과학적·의학적 모델을 적용하는 경우가 많은 반면, 인터넷의 문제적 사용을 말 그대로 역기능적 사용의 관점에서 보고 상담을 강조하는 사람들은 인문학적·예술적 모델을 적용하여 인간적인 접근을 시도한다. 또한 인터넷 중독 치료가 서양 의학에 근거한 심리적 수술과 같다고 한다면, 인터넷의 역기능적 사용에 대한 상담의 경우는 동양의 한의학과 유사하다고 할 수 있다. 기본적으로 이들은 인간의 자연적 치유력에 대한 믿음 아래 인터넷 사용 자체를 금지하거나 그 기저의 심리적인 장애를 암시하기보다는 개인의 전반적인 삶, 자연 및 주변 사람들과의 조화롭고 건강한 관계 등의 측면에서 전인적 치유를 시도한다. 그래서 인터넷 행동 그 자체에 초점을 두기보다는 개인의 전반적인 삶, 개인과 환경 간의 조화, 내적·외적 측면의 통일, 인터넷 행동이 전반적인 삶에 미치는 영향 등을 고려할 것이다.

결론적으로 인터넷 중독의 문제를 치료라는 양약으로 고칠 것이냐, 상담이라는 한약으로 다룰 것이냐 역시 이것이냐 저것이냐의 문제가 아니라 조화와 통합의 문제로 풀어 가는 것이 바람직할 것이다. 물론 이러한 입장은 모호하고 어정쩡한 타협으로 보일 수 있다. 그러나 인생의 문제가 그렇듯이 어떤 현상이나 문제에 대한 입장은 결국 자신이 선택한 결론에 의지할 수밖에 없다. 다만 필자는 이와 같은 입장이 가장 편하고 사안의 전체적인 측면에 가장 진실한 답이라고 생각한다.

4. 인터넷 중독 치료에서 인터넷 중독의 평가는 필수적인가

많은 사람들은 인터넷 중독 치료에 앞서 인터넷 중독에 대한 평가가 필수적이라고 생각한다. 반면 인터넷 중독의 요인은 개인마다, 상황마다, 장소마다 다르므로 인터넷 중독에 대한 평가는 큰 의미가 없다고 주장하는 학자들도 있다. 즉 평가를 통해 얻은 정보는 장소와 시간에 한정되므로 상황을 초월하여 일반화되기 어렵다는 것이다. 예컨대 가정에서 인터넷 중독인 학생이 학교에서는 그런 증상을 보이지 않을 수도 있고, 혼자 있는 상황에서 인터넷에 몰입하는 학생이 여러 명이 사회적인 활동을 하는 동안에는 중독 성향에서 자유로울 수도 있다는 것이다.

이 논점은 앞서 언급한 다른 이슈와 마찬가지로 '예/아니요'의 문제라기보다는 새로운 질문으로 재진술되어야 적절한 답을 구할 수 있을 것이다. 재진술된 질문은 이렇게 표현될 것이다. "인터넷 중독의 치료에서 평가와 진단은 어떤 의미를 갖는가?" 필자의 관점은 Beard(2005)의 입장과 유사하여, 인터넷 중독의 사전적 평가가 필수적이라고는 할 수 없지만 매우 필요하다는 입장이다.

Beard(2005)는 문제성 인터넷 사용의 징후, 증상, 발달을 이해하기 위한 방법으로 임상 면담과 표준화된 사정도구의 사용에 대해 언급하였다. 그의 사정도구는 행동에 대한 생물심리사회적 모델(biopsychosocial model)에 기초하는데, 청소년의 인터넷 중독에 영향을 주는 생물학적 · 심리적 · 사회적 요인과 관련된 질문으로 구성되어 있다. 생물학적 질문은 개인이 중독행동에 관여함으로써 발생할지도 모르는 생물학적 증상 혹은 문제에 초점을 두고 있다(예 : 당신의 인터넷 사용이 수면을 방해하나요?). 심리학적 질문은 고전적 조건형성과 조작적 조건형성뿐만 아니라 사고, 감정, 행동이 어떻게 중독행동을 시작하게 만들고 유지시키는 역할을 하는지에 초점을 두고 있다(예 : 기분을 향상하거나 사고를 바꾸려고 인터넷을 사용한 적이 있나요?). 사회적 질문은 과도한 인터넷 사용을 촉발하는 가족, 사회, 문화적 역동에 초점을 둔다(예 : 인터넷 사용이 어떻게 가족과의 문제나 가족의 염려를 일으켰나요?). 이 세 분야 외에도 Beard는 표출된 문제에 관련된 질문(당신은 언제부터 자신의 인터넷 사용에 대한 문제를 주목하기 시작했나요?)과 재발 가능성에 관한 질문(무엇이 인터넷 사용을 유발하는 것 같나요?)을 포함한다. 이처럼 Beard의 생물심리사회적 모델에 따른 평가는 완벽해 보인다. 하지만 아무리 좋은 첨단 기계를 도입했다 하더라도 모든 암을 치료할 수 없듯이, 아무리 다양하고 정밀한 검사도구를 적용한다 하더라도 상담이 저절로 되는 것은 아니다.

여러 문항으로 구성된 평가도구 중 객관식 질문지도 있고 투사형 검사도 있을 것이다. 그런데 인터넷 중독의 경우 대체로 인지행동적 이론에 근거하여 접근하는 경우가 많으므로 대개의 검사가 객관식 질문지의 형식으로 되어 있다. 하지만 객관식 질문지는 그 개발 과정이 인터넷 중독의 빈도와 강도, 그로 인한 주관적인 고통의 정도, 생활에 방해를 받는 정도 등 여러 가지 지표를 가지고 평균과 표준편차라는 두 통계적 개념을 기초로 개발된 것이다. 따라서 각각의 문항을 이해할 때 그 문항의 내용 외에 '모든 상황이 다 같다면(all the other things being the same)'이라는 전제 조건하에서 적용해야 한다.

한편 내적 · 심층적 인간의 마음에 관한 문제들이 그렇듯이 중독 문제도 그 문제의 발전 과정, 발생 상황, 촉발자극, 강화물, 중독 현상에 대한 내적인 지각 및 평가 등이 각 개인마다, 경우마다 너무나 달라서 뭉뚱그려 이런 유형 저런 유형으로 분류하기가 쉽지 않다. 더구나 중독의 유형이 실제로 존재한다 하더라도 아직 유형별 치료 기법 등이 제대로 연구·개발되지 않았기 때문에, 치료를 위해 인터넷 중독에 대한 유형별 분류나 정도를 평가하는 행위 자체는 그리 큰 의미를 갖는다고 보기 어렵다. 다만 치료의 효과를 입증하거나 평가하기 위해서는 그러한 분류나 중독 정도의 평가가 필수적일 것이다.

다만 투사적 평가의 기법은 인터넷 중독자의 심층적인 치료를 위해서 거치게 되는 일반적인 과정이라고 할 수 있다. 예컨대 내담자의 무의식적 욕구나 동기를 파악하기 위해 TAT(주제통각검사), Rorschach 잉크반점검사, 문장완성검사, HTP(집-나무-사람 검사) 등 다양한 검사도구를 동원할 수 있다. 그런데 이러한 검사는 검사 자체를 위한 검사가 아니라 내담자와의 전문적인 관계 형성을 가능하게 하고 내담자의 심층적 심리를 해석할 수 있는 기초 자료를 제공하기 때문에, 투사적 평가는 결국 평가에 그치는 것이 아니라 전체적인 치료 과정의 일부라고 보아야 할 것이다.

°° 맺음말

한때 상담과 심리치료 분야의 학자들은 '상담과 심리치료가 과연 효과가 있는가?'라는 근본적인 질문에 관심을 가진 적이 있고, 지금도 심리치료의 효과에 관한 연구가 꾸준히 진행되고 있다. 결론은 심리치료는 효과가 있다는 것이며, 치료의 효과는 치료 이론에 따라 다르고 그중 특히 인지행동치료가 상대적으로 가장 효과가 있다는 것이다. 하지만 인지행동치료는 합리적 사고와 토론의 문화 속에서 정보처리 이론에 기반을 두고 발생한 치료 유형이다. 그런데 우리나라와 같은 상황에서 소위 차가운 인지치료가 되지 않도록 내담자에 대한 존중과 공감, 치료에 대한 자발적인 동기의 유발, 치료자와 내담자 간의 친밀관계 형성 등 이 이론적 논리 밖에서 개발된 개념들을 통합적으로 적용하는 것은 매우 중요하다.

이 장에서는 네 가지 인터넷 중독 상담과 관련된 이슈를 살펴보았다. 이러한 이슈들은 모두 이것이냐 저것이냐 하는 대립적인 표현이지만 언제나 결론은 두 가지

대립적인 상황의 극복과 통합으로 맺어지고 있다.

첫째, 인터넷 행동의 수정이냐, 동기와 의도의 치유냐 하는 논점을 살펴본바 지혜로운 상담자는 인터넷 행동의 금지에서 출발하여 인터넷 동기와 의도의 치유까지 나아가야 한다는 결론이다. 둘째, 인터넷 환경을 바꿔야 하는가, 인간을 바꿔야 하는가 하는 논점에서도 역시 환경적 변화, 특히 가족환경의 변화와 개인의 심리적 변화를 연결하여 진행해야 한다는 점을 강조하였다. 셋째, 치료의 양약이냐, 상담의 한약이냐 하는 논점도 양자택일의 문제라기보다는 이 두 가지 관점 간의 적절한 조화와 통합적 관점의 필요성을 언급하였다. 넷째, 인터넷 중독 치료에서 인터넷 중독의 평가는 필수적인가 하는 논점에서는 투사적 평가의 필요성을 강조하였으며, 투사적 평가는 치료의 전체적인 과정의 일부로 간주해야 한다는 점을 말했다.

필자는 이 장을 시작할 때 Adler의 공개토론 모형에 근거한 상담적 접근을 옹호하였다. 그리고 이 장의 여러 부분에서 인터넷 중독 문제에 대한 상담은 신체적·심리적·사회적 측면을 통합하는 전체적이고 통합적인 방향이 적절한 기법이라는 점을 강조하였다. 이러한 통합적 관점은 정신건강 의사, 임상심리학자, 사회복지사, 학교상담사, 소프트웨어 전문가 등 다양한 전문가 집단이 한 개인의 사례를 두고 모여서 개입의 방향과 초점에 대한 토론에 바탕을 두고 최종적인 상담의 진행 과정과 기법에 의존하는 방법이 될 것이다.

참고문헌

권석만 (2012). 현대 심리치료와 상담 이론. 학지사.
신성만 외 (2009). 중독의 이해와 상담 실제. 학지사.
유영달, 고영삼, 성윤숙, 아영아, 엄나래, 연수현, 이상화, 황재인 (2012). 게임, 인터넷, 스마트폰 올바른 사용을 위한 생활지도 매뉴얼-중등용. 교육과학기술부.
유영달, 고영삼, 성윤숙, 아영아, 엄나래, 연수현, 이상화, 황재인 (2012). 게임, 인터넷, 스마트폰 올바른 사용을 위한 생활지도 매뉴얼-초등용. 교육과학기술부.

Beard, K. W. (2008). Behavioral therapy for pathological gamblers. *Journal of Consulting and Clinical Psychology, 74*, 555–567.

Beard, K. W. (2008). Internet addiction in children and adolescents. In C. B. Yarnall(Ed.), *Comuter Science Research Trends* (pp. 59–70). Hauppauge, NY: Nova Science Publishers.

Bem, D. J. (1972). "Self-perception theory". In L. Berkowitz (Ed.), *Advances in Experimental Social Psychology,* Vol. 6, 1–62. New York: Academic Press.

Ciarrochhi, J. W. (2002). *A Self-Regulation Manual for Individual and Family Therapy.* [김경훈, 김태우, 김한우, 안상일, 이영찬, 최성일 역 (2007). 도박중독 심리치료. 시그마프레스.]

Grante, J. E. (2008). *Impulse Control Disorders.* [김교헌, 이경희, 이형초, 권선중 역 (2009). 충동조절장애. 학지사.]

Liddle, H. A., Dakof, G. A., Turner, R. M., Henderson, C. E., & Greenbaum, P. E. (2008). Treating adolescent drug abuse: A randomized trial comparing multidimensional family therapy and cognitive behavior therapy. *Addiction, 103*(10), 1660–1670.

Marlatt, G. A. (1985). Relapse prevention: Theoretical rationale and overview of the model. In Marlatt & Gordon (Eds.). *Relapse Prevention* (pp. 3–70). New York: Guildford Press.

Miller, P. M. (2009). *Evidence-based Addiction Treatment.* New York: Academic Press.

Petry, N. M., Ammerman, Y., Bohl, J., Doersch, A., Gay, H., et al. (2006). Cognitive-behavioral therapy for pathological gamblers. *J Consult Clin Psychol, 74*(3), 555–567.

Skinner, B. F. (1971). *Beyond Freedom and Dignity.* New York: Knopf.

Young, K. S. (2007). Cognitive-behavioral therapy with internet addicts: Treatment outcomes and implications. *Cyberpsychology & Behavior, 10*, 671-679.

Young, K. S. & de Abreu C. N. (2013). *Internet Addiction: A Handbook and Guide to Evaluation and Treatment.* [신성만 외 역. 인터넷 중독 평가와 치료를 위한 지침서. 시그마프레스.]

06

인터넷 중독과
개인상담

제6장
인터넷 중독과 개인상담

문현실 | DM행복심리상담치료센터

인터넷 중독 상담을 시작한 지 벌써 10년이란 세월이 흘렀다. 그러나 세월이 지나 임상 경험이 쌓여 갈지라도 다양한 문제 증상을 가진 모든 내담자가 치료적 경험을 하도록 돕는 것은 쉬운 일이 아니다. 물론 필자도 내담자의 치유와 회복의 경험을 도왔던 성공 사례가 적지 않다. 다양한 문제 증상을 가진 내담자 유형을 만나 상담하면서 그들을 통해 필자도 나름대로 성장하였다. 그러나 그들이 상담실에 찾아와서 필자에게 자신의 아픈 상처와 고통스러운 경험을 호소할 때 그들을 어떻게 도울 수 있을지에 대해 늘 부담감을 갖게 된다.

개인적으로 그들에게 도움을 주는 방법으로 개인상담만이 최고라고 생각하지는 않는다. 그러나 Shertzer와 Stone(1980)이 언급한 바와 같이 필자는 개인상담이야말로 자기와 환경에 대한 의미 인식을 촉진하고, 장래 행동의 목표나 가치관을 확립하여 명료화하도록 한다는 점에서 모든 상담의 정수라고 생각한다(김춘경 · 이수연 · 최웅용, 2010 재인용).

그러나 개인상담은 상담실 내에서 내담자와 편안하게 주고받는 대화가 결코 아니다. 자신의 인터넷 중독 문제를 절대 인정하지 않고 상담에 완강하게 저항하는 내담자일지라도 결국은 그를 긍정적인 방향으로 변화시켜야 하는 긴장된 현장인 것이다. 상담은 내담자를 성장시키고, 그들의 문제행동을 개선하도록 돕는다는 측면에서 분명히 의미 있고 가치 있는 일이지만, 내담자의 아픔과 고통이 회복되지 않아 그들이 상담 효과에 대해 불만을 드러낼 때는 상담자 역시 상담에 대한 부담감을 크게 느끼게 된다. 이 장에서는 이러한 점에 초점을 맞추고 인터넷 중독 개인상담에서 부딪히는 문제 혹은 딜레마 등을 살펴보고자 한다. 인터넷 중독 개인상담에는 많은 쟁점이 있을 수 있으나, 이 장에서는 특히 상담자가 내담자와 맺는 관계 형성의 문제, 가정방문상담을 할 때 나타나는 문제 등에 초점을 맞추어 다루고자 한다.

1. 인터넷 중독자와 어떤 관계를 형성해야 하는가

1) 왜 관계인가

모든 상담에서도 그렇지만 인터넷 중독 문제에서도 문제해결의 실마리를 찾기 위해 상담자와 내담자가 협력적 관계를 형성하는 것은 매우 중요하다.[1] 인터넷 중독자들은 대개 사회적 대인관계에서 원활한 상호작용이 어렵고 친밀한 인간관계를 맺지 못하는 경우가 많다. 심지어 가장 사랑해야 할 가족관계에서 깊은 상처를 받으면 자기 삶의 회의감을 느끼며, 온라인상으로 도피하여 그곳에서 자신의 열망을 채우는 사람도 많다. 그렇기 때문에 인터넷 중독자와 협력적 관계를 형성할 수 있다면, 그러한 관계를 형성하는 것만으로도 상담 효과가 시작되었다고 볼 수도 있다.[2]

---

1 일반적으로 상담의 목표는 내담자를 변화시키는 것이다. 내담자를 변화시키는 데에는 상담자 요인(상담자의 능력, 자질 등), 내담자 요인(상담 동기, 성격 특성, 호소하는 문제의 특성 등), 그리고 상담자와 내담자 간의 관계 요인 등이 작용한다. 이때 상담자가 내담자와 좋은 관계를 맺는 것은 다른 요인의 부정적인 부분을 상쇄할 만큼 의미가 있다.

2 상담자와 내담자 간의 협력적 관계의 중요성은 인지행동치료나 해결중심상담 기법 등 모든 곳에서 강조되고 있다. 예를 들어 인지행동치료의 창시자인 Beck과 동료들은 협력적 경험주의(collaborative empiricism)라는 용어를 통해 상담자가 내담자와 한 팀처럼 협력하면서 변화의 가치를 찾아가는 것의 중요성을 설명했다(Beck et al., 1979). 내담자 중심의 접근법인 해결중심단기치료에서도 좋은 관계 형성을 치료 노력에 필수적인 것으로 간주하고 있다(문현실 · 서경현, 2014; 정문자 외, 2008).

7자7.

　그런데 문제는 내담자와 좋은 관계를 맺는 것의 중요성과 필요성을 상담자가 인지하고 있지만, 그것이 이론처럼 상담 현장에서 쉽게 이루어지기 어렵다는 것이다. 공식적인 통계가 없기에 단언할 수는 없으나, 이미 종결된 인터넷 중독 상담에서 10건 중 2건 정도는 초기에 관계 형성에 실패하여 상담이 지속되지 못하고 바로 상담이 종결되는 것 같다. 즉 관계 형성은 그 중요성만큼이나 사실상 어려운 일이다.

　그러면 관계 형성은 그 중요성에도 불구하고 왜 그렇게 어려울까? 내담자와의 협력관계 형성은 어떻게 하면 잘할 수 있을까? 사실 각종 상담 관련 책에서 관계의 중요성을 말하지 않는 경우는 거의 없다. 상담자 중에서 관계의 중요성을 모르는 사람이 누가 있겠는가? 결국 핵심은 상담자가 관계의 중요성을 전혀 인식하지 않고 조기 종결로 상담에 실패하는가의 문제가 아니다. 내담자의 욕구나 상태를 제대로 파악하고 상담을 지속하기 위해 상담을 어떻게 진행하고, 내담자가 상담에 잘 참여할 수 있도록 안정된 협력적 관계를 어떻게 성공적으로 형성할 것인가가 핵심이다.

2) 관계 유형의 종류

상담자와 내담자의 협력적 관계 형성은 사실 상담자 혼자만의 노력으로는 어려운 일이다. 물론 유능한 상담자는 어떠한 거부적 태도를 가지고 있는 내담자라 할지라도 공감, 따뜻함, 진실 등의 태도로써 내담자와 성공적인 관계를 맺기도 한다. 그러나 필자는 좋은 관계를 형성하기 위해서는 내담자의 태도도 동시에 변화되어야 한다는 상호작용의 관점을 믿는 편이다. 상담을 거부하거나 상담자를 불신하는 내담자와 보호자의 언행("너도 결국은 저렇게 미운 엄마 편이지?", "나는 당신 같은 사람이 보기도 싫어!")은 상담관계 형성을 어렵게 만든다. 하지만 내담자가 자신의 문제를 통찰하고 협조적 상담관계를 형성하게 된다면 이러한 문제행동은 긍정적인 변화를 가져올 수 있다.

그런데 사실 내담자와 좋은 관계를 형성한다는 것은 그렇게 쉬운 일이 아니다. 필자는 오랫동안 상담을 진행하면서 내담자와 상담자 간의 관계에 대한 미묘하고도 복잡한 어떤 특징을 찾으려고 노력해 왔다. 그 결과 내담자와 상담자의 관계 유형은 상담에 임하는 내담자의 태도 유형에 따라 세 가지가 있다는 것을 발견하였다.

(1) 상담 협조형

상담 협조형은 내담자가 인터넷을 건강하지 못하게 사용하고 있음을 스스로 인식하고, 자발적으로 도움을 받기 위해 자신의 문제에 대해 이야기하고 상담자에게 협조하여 상담을 받는 유형이다. 김경민(18세)은 고등학교 2학년 남학생인데 1학년 때부터 중독 문제가 시작되었으며 성적이 떨어지고 가족관계도 나빠졌다. 그는 형과 소통이 되지 않아 상담에서 대화학습의 필요성을 느꼈고, 효과적인 의사소통 방법을 찾기 위해 상담센터에 찾아왔다.

> 내담자 : 앞으로 인터넷 사용 시간을 줄여야겠다고 생각했어요.
> 상담자 : 경민이는 이제 인터넷 사용 시간을 조절해야겠다는 대단한 각오를 한 것처럼 보이네요?

내담자 : 네.

상담자 : 잘하셨어요. 그럼 경민이는 인터넷 사용 시간을 줄이기 위해 지금 이후에 무엇을 어떻게 다르게 행동할 수 있나요?

내담자 : 음… 이미 여기 오기 3일 전부터 인터넷을 하지 않았어요.

상담 협조형은 스스로 변화의 필요성을 느끼고 있기 때문에, 그 마음이 변하지 않도록 변화 동기 부여의 조언을 더 필요로 한다. 그리고 자신의 의지를 가지고 목표 달성을 위해 노력하기 때문에 가장 다루기 쉬운 내담자 유형이다. 그러나 안타깝게도 이러한 유형은 인터넷 중독 상담 현장에서 가장 만나기 어렵다.

(2) 문제 불인지형

인터넷 중독 상담에서 가장 흔하게 접하는 유형은 문제 불인지형이다. 이 유형은 자신이 인터넷을 병적으로 사용한다는 것을 스스로 인식하지 못하기 때문에 상담의 필요성을 전혀 느끼지 못하고 상담받기를 거부하거나 회피한다. 이는 인터넷 중독 상담 현장에서 가장 많이 만나는 유형인데, 그 이유는 인터넷 중독의 특성상 마약, 알코올, 도박 등 다른 중독과 달리 주변인들도 잘 인식하지 못해 문제가 심각해질 때까지 병적 행동이 지속되는 경향이 있기 때문이다.

상담 현장에서 이 유형은 상담을 통해 자신의 인터넷 중독 문제가 변화될 것임을 믿지 않았고, 변화에 대한 희망을 갖지 않는 것처럼 보였다. 그래서 이 유형의 내담자들은 자기노출을 꺼리고 상담에 강한 거부감을 갖고 있었다. 필자는 이들에게는 먼저 마음을 열고, 상담에 참여해 달라는 부담을 전혀 주지 않았다. 물론 다른 내담자들의 경우도 일방적인 상담 진행은 관계 형성을 더욱 어렵게 하기 때문에 권하고 싶지 않지만 이 유형에게는 더욱 그렇다. 관계 형성에 성공하지 못하면 첫 상담 이후 내방하지 않아 조기에 상담이 종결될 가능성이 크기 때문이다. 상담자와 내담자가 상담 목표와 인터넷 중독 문제를 발견하는 데 어려움을 보여 주는 다음 사례를 살펴보자.

수경이는 중학교 2학년 여학생으로 직장에 다니는 어머니에 의해 센터를 방문하였다. 내담자는 스마트폰으로 일본 만화영화 동영상을 내려받고 하루 5시간 이상 게임을 함으로써 휴대전화 요금이 과다 청구되어 부모와 잦은 갈등 상태에 있었다. 수경이는 학원이나 학교에서도 수업에 집중하지 못하고, 카톡으로 친구들과 문자를 주고받거나 인터넷을 하여 수업 태도에 대해 여러 번 지적을 받았는 데도 자신의 문제행동에 대해 전혀 개선 의지를 갖지 않고 있었다. 맨 처음 내담자가 상담센터에 왔을 때 "무엇이 달라지길 원하나요?"라고 질문했지만 내담자는 "나는 잘못한 게 없어요. 상담받을 이유가 없어요."라는 말만 되풀이했기 때문에 상담은 아무런 성과도 없이 시간만 계속 소모하였다.

> 상담자 : 수경이는 엄마가 이곳에 보낸 이유가 뭔지 알고 있니?
> 내담자 : 엄마는 내가 스마트폰을 많이 한다고 생각하시고, 중독에서 벗어나라고 상담을 신청한 것 같네요.
> 상담자 : 수경이도 스마트폰을 많이 사용한다고 생각하니?
> 내담자 : 음… 저는 친구들에 비해 스마트폰 사용 시간이 많다고 생각하지 않아요. 친구들은 저보다 스마트폰을 많이 해도 부모님이 허락해 주시는데요.
> 상담자 : 수경이는 스마트폰 사용 시간을 줄일 생각이 없나 보구나. 친구들은 스마트폰을 많이 사용하지만 부모님이 상담을 받으라고 하지 않는데 수경이는 상담을 받게 되어 기분이 상했구나.
> 내담자 : 네, 그래요.
> 상담자 : 그럼 여기에 오기 쉽지 않았을 텐데 어려운 결심을 하고 여기까지 왔겠네.
> 내담자 : 그래요. 제가 여기 와서 뭘 해야 될지 모르겠어요.

필자는 내담자에게 함께 다룰 어떤 다른 불편한 점이 있는지 찾아내려고 노력하였다. 마침내 3회기 상담에 들어서 내담자와 함께 밝혀낸 문제는 내담자의 부모가 '이유 없이' 내담자에게 언어 폭력을 행사하고 미워하면서 괴롭힌다는 것이었다. 이는 상담 초반부에 탐색된 주 호소 문제로 내담자의 상담 목표가 되었다. 이런 내담자를 만난다면 상담자는 다양한 방법으로 대화를 유도해 보기도 한다. 내담자가 다행히 마음을 열게 된다면 다음 회기를 약속하고 상담을 마칠 수 있겠지만, 그렇지 않을 경우 많은 에너지를 소진하기 때문에 내담자와의 관계 유형 중 가장 어렵다.

(3) 문제 전가형

인터넷 중독 상담에서 까다로운 또 다른 유형은 문제 전가형이다. 이 유형은 자신의 문제를 알고 있다는 점에서 문제 불인지 유형과 다르다. 하지만 자신의 문제행동을 인식하면서도 주변 사람들의 행동에 대해 더 많이 불평한다. 어떤 경우에는 상담에 대해 높은 기대감을 표현하고 집착하는 모습도 있다. 그리고 자신이 그동안 문제를 해결하기 위해 노력해 온 것에 대해 알아주고 인정해 주길 바란다. 그런데 이들은 자신이 문제해결을 위해 뭔가 해야 하는 역할이 있다고 인식하기보다는, 그러한 상태를 벗어나기 위해 주변인들 중 누군가가 달라져야 자신의 문제행동도 개선될 수 있다고 생각한다.

조현욱(26세, 남)은 현재 무직 상태이고, 대학 1년 중퇴자로서 정신과 치료를 3년째(약물 복용) 받았다. 현재 하루 9시간 이상 인터넷 게임을 하며 대인기피증이 있었다. 상담을 예약하기 1주일 전에 아버지의 뺨을 때렸고, 아버지가 부엌칼을 들고 크게 싸운 일로 여동생이 신고하여 경찰서에서 아버지와 조사를 받은 적이 있어서 어머니가 상담센터에 의뢰하였다.

> 내담자 : 저는 아무런 문제가 없어서 상담받고 싶지 않은데 엄마가 상담을 신청했어요.
>
> 상담자 : 현욱 씨는 아무런 문제가 없는데 상담받으라고 어머니가 말씀하시니까 불편하신가 봐요.
>
> 내담자 : 네, 저는 문제가 없어요. 저보다 아버지가 더 문제예요.
>
> 상담자 : 아버지가 더 문제라고 하셨는데 아버지의 어떤 문제를 말씀하시는 거죠?
>
> 내담자 : 아버지는 저를 죽이려고 했어요. 부엌에서 칼을 들고 와서 저를 죽이려고 했어요. 그래서 제가 아버지에게 폭력을 썼어요. 그 일로 여동생이 신

고를 해서 경찰서에 갔고요. 무섭고, 불안하고…(고개를 떨구고 말한다).

상담자 : 아버지와의 관계에서 그렇게 공포스러운 일이 있었는데 그때 많이 불안하셨겠어요. 여동생이 현욱 씨를 신고하고 어머니가 상담을 의뢰하셔서 많이 놀라셨을 것 같네요.

내담자 : 그래요. 식구들은 아무도 제 말을 믿어 주지 않고 저를 사람 취급 하지 않아요. 저는 쓸모없는 존재로 이 집에서 버림받은 것 같아 더 화가 나요.

상담자 : 자신의 말을 신뢰해 주지 않고 존중과 배려를 받지 못해서 화가 많이 나셨나 봐요. 그동안 가족들이 현욱 씨를 이해해 주지 못해서 많이 힘드셨을 것 같아요.

내담자 : 네, 그래요. 상담에서 변화될 사람은 제가 아니라 우리 가족이에요. 우리 가족은 모두 합심해서 저만 나쁜 사람으로 몰아가고 있어요. 나는 죽지 않기 위해, 나를 지키기 위해 저항한 것뿐이라고요.

상담자 : 그래요. 가족이 모두 현욱 씨가 나쁜 사람이라고 말하고, 함께 현욱 씨에게 화를 내고. 지금 많이 속상하시겠어요. 가족 내에서 살아남기 위해 그동안 많이 힘드셨겠군요. 혼자서 무력감을 느끼기도 하고, 사랑받지 못한 자신의 존재에 대해 한없이 슬프고 외로움도 느끼는 것 같아요. 현욱 씨는 정말 변화될 사람이 가족이라고 생각하시는데, 그럼 가족 모두가 상담에 참여하면서 자신의 문제를 해결하는 방법을 찾겠다고 한다면 함께 상담에 참여하시겠어요?

내담자 : 네. 특히 아버지는 저를 더 미워해요. 여동생도 아버지와 같이 저를 싫어해요. 그 두 사람이 상담을 받는다면 저도 함께 상담받을 수 있어요.

상담을 진행하면서 상담자는 내담자의 문제에 대한 긍정적인 공감과 수용을 통해 내담자의 힘든 마음을 이해하려고, 반영적 경청을 통해 관계 형성을 하려고 노력하였다. 내담자는 그동안 가족 내에서 많이 소외되어 외롭고 힘든 시기를 보내고 있었으며, 자신의 소외감을 달래기 위해 인터넷을 통해서 자신의 마음을 알아주는 사람과 소통하면서 살아가고 있었다. 상담자는 내담자의 이러한 마음을 공감해 주고 따뜻한 마음으로 내담자가 그동안 겪은 힘든 상황을 이해하고 격려해 주었다. 상담자의 이러한 노력에 대해 내담자는 상담을 받으면서 그동안 가족 내에서 신뢰와 인정을 받지 못하고 가족에게 유기당한 기분과 정말 다른 긍정적 감정의 세계를 경험하고 자신감이 생겼다고 말했다. 상담을 받으면서 상담자가 따뜻한 말로 존중과 배려를 해 줄 때 자신도 사랑받고 있다고 생각하니 행복감을 느꼈다고 하였다.

이 사례를 진행하면서 상담자가 진정성을 가지고 진심 어린 공감과 수용하는 태도로 상담에 임했을 때 내담자도 자신의 힘든 내면 세계를 이해해 주는 사람에게 마음의 문을 열고, 상담에 적극적으로 협력하는 상담 협조자로서 관계가 변화될 수 있다는 것을 경험하였다.

2. 관계 형성을 방해하는 상담자의 역전이는 어떻게 관리해야 하는가

필자는 앞에서 내담자와 상담자 간의 관계 유형을 세 가지로 구분하고 사례를 들어 설명하였다. 세 가지 관계 유형은 해결중심상담의 관계 유형과 동기강화상담 단계에서 많이 활용하는 것이다.[3] 이것을 근거로 인터넷 중독 개인상담 과정에서 내담자와 상담자 간에 관계 형성을 잘하기 위한 방법을 모색하고 고민하면서, 그동안 축적된 필자의 경험을 근거로 상담자와 내담자의 관계 유형 종류를 새로 고안하였다.

필자의 경험을 돌이켜 보면 상담을 진행하는 과정에서 내담자와 상담자 간의 관계 형성에 실패하여 상담이 조기에 종결된 사례도 있다. 이는 상담자와 내담자 간의 관계 형성이 늘 성공적으로 이루어지는 것은 아니기 때문에 발생하는 일이라고 생각한다. 그러나 상담실에 찾아오는 내담자들은 일반적으로 무기력하고 불안을 많이 느끼기 때문에 그들이 상담자에게 협력적인 반응을 보이는 것은 상담관계 형성과 상담 목표 성취를 위해서도 꼭 필요한 일이라고 생각된다. 협력적 관계를 형성하는 데에는 내담자의 태도뿐만 아니라 상담자의 반응과 자세도 매우

---

3 해결중심상담에서는 내담자와 상담자 간의 관계를 고객형, 불만형, 방문형으로 구분한다(Berg & Miller, 2001).

중요하다. 상담자가 내담자의 내적 세계에 대해 이해하고 공감하며 무조건적인 긍정적 태도를 갖는 것이 관계 형성에 도움이 된다. 이러한 태도가 상담 기간 내내 내담자에게 충족될 때 내담자와 상담자 간 협조적 관계 형성의 변화가 일어나기 때문이다.

인지행동 모델의 Beck과 동료들(1979)은 인간 경험의 세 가지 수준인 인지, 감정, 행동이 서로 밀접하게 관련되어 영향을 미친다고 설명하고, 높은 수준의 협력과 경험적인 질문, 학습을 통해 상담자와 내담자가 함께 문제를 규명하고 해결책을 찾아 나가야 된다고 하였다(김정민, 2014). 이른바 협력적 경험주의 관점에서 볼 때 상담자도 지속적인 자기관리와 성장을 위해 계속 발전해야 한다는 점을 강조한 것으로 보인다.

그러나 필자의 경험을 통해 볼 때 내담자와 상담자 간의 협력적 관계를 방해한 요인 중 하나는 상담자의 역전이(countertransference) 감정과 반응이었던 것 같다. 특히 상담자가 자신의 불안을 관리하지 못할 뿐만 아니라 내담자와 적절하게 감정적 경계선을 긋지 못한 채 상담을 진행했을 때 상담자의 역전이 행동이 부정적인 상담 결과를 초래하게 됨을 경험하였다. 필자가 경험했던 불안과 감정적 경계선은 객관적인 관계에서 나 자신의 감정을 다루지 못하고 내 안에 감정을 억압하여 잠재시킴으로써 내담자에 대한 양가감정으로 작용한 것으로 기억된다. 이처럼 역전이는 상담자가 다양한 개인적 경험을 통해 형성된 감정과 사고의 틀을 가지고 내담자의 문제에 접근하는 과정에서 상담자의 내적인 갈등이나 상처, 욕구가 내담자의 상황과 맞물리면서 상담자에게 나타나는 강한 감정적·행동적 반응을 말한다(권경인, 2007). 따라서 역전이는 상담 내용과 효과에 직접 영향을 끼치는 것으로서 매우 중요하게 간주되는 것이다.

상담자가 어떻게 다루느냐에 따라 역전이는 유용할 수도 있고 해로울 수도 있다. 역전이는 내담자를 더 깊이 이해하는 데 도움이 될 수 있을 뿐만 아니라(Gabbard, 2001), 상담 과정을 강화하고 진척하는 데 도움이 될 수도 있다(최명식,

2005). 또한 상담자 자신의 성장과 성숙을 위한 경험으로도 활용될 수 있다. 그러나 잘못 관리할 경우에는 오히려 내담자의 고통을 증가시킬 수도 있으므로 주의해서 다뤄야 할 것이다. 따라서 상담자는 상담 과정을 효과적으로 진행하기 위해 이러한 역전이 감정과 반응을 성공적으로 다루고, 내담자의 현재 문제 상황을 근거로 긍정적인 관계를 형성할 수 있어야 한다. 상담 과정에서 내담자의 문제에 대한 자신의 기분이나 표현, 반응을 관찰하고, 이를 효과적으로 다룰 수 있어야 한다.

표 6.1은 인터넷 중독 분야에서 나타나는 역전이에 대해 정리한 것이다. 내용을 살펴보면 내담자의 성장 배경, 상담자와 유사한 경험, 감정이입을 일으킬 수 있는 사건, 내담자의 거친 행동, 상담자의 미해결 과제 등이 상담자의 역전이를 일으키는 데 영향을 미침을 알 수 있다. 그리고 역전이를 일으킬 수 있는 상황이 발생하면 상담자는 다양한 감정이나 반응을 보이게 된다. 즉 내담자의 산만한 태도를 통제하려 하거나, 내담자의 공격적인 행동에 짜증이 올라오고 화를 내게 된다. 또한 내

표 6.1	인터넷 중독 상담 시 역전이 경험 내용		
역전이를 일으키는 내담자의 요인		상담자의 역전이 감정	상담자의 반응
종류	**내용**		
성장 배경	• 형제자매 간 경쟁적인 성장 환경 • 부모로부터 사랑받지 못한 성장 환경 • 어릴 때 친구들로부터 배척받았던 경험 • 먹을 것이 없어서 곤란을 겪었던 환경	• 힘든 분노 • 불행한 외로움 • 분노 두려움 • 창피한 비참함	• 무관심 • 배척 • 동정
미해결 과제	• 내담자 아이의 인터넷 중독에 대한 고민을 내 아이에 대한 고민과 연관지음 • 맞벌이 부부의 아이 통제에 대한 어려움	• 걱정됨 • 화가 남	• 과잉 지지 • 훈계
유사 경험	• 배우자의 과도한 인터넷 게임 활동 및 가정 소홀 행위 • 아이가 밤새 게임에 빠져 귀가하지 않아 찾으러 다님	• 무력감 • 걱정됨	• 훈계 • 과잉 공감
감정 이입	• 내담자의 악플에 대한 고통의 동일시 • 시어머니의 통제에서 벗어나고자 이혼을 결심함	• 두려움 • 불안	• 무관심 • 과잉 지지
내담자의 행동	• 상담자를 무시하는 예의 없는 태도와 행동 • 내담자의 공격적인 언행	• 불편함 • 미움	• 거리 두기 • 과도한 통제 • 훈계

담자의 공격적인 말과 행동에 분노하고, 무관심한 채 무반응 태도를 보이며 거리 두기를 시도한다.

역전이를 주제로 토론하는 세미나에서 한 상담자는 역전이로 인해 상담에서 경험한 어려움을 다음과 같이 말했다. "시간만 무의미하게 보낸 것 같아 불안감을 느꼈어요. 내담자가 내 상담을 과소평가하는 것 같을 때 마음속에 분노감이 올라오면서 이를 만회하고자 내담자에게 과잉된 공감 반응과 적극성을 보였습니다." 또 다른 상담자는 다음과 같이 말했다. "내 능력과 상담 기술을 제대로 활용하지 못하고 내담자에게 끌려가는 것 같아 좌절감을 느끼기도 했습니다. … 상담 장면에서 조급해지고 목표만큼 진전되지 않을 때 극도의 부담감을 느꼈습니다." 어떤 상담자는 자신이 원하는 결과나 성과 또는 목표를 성취하지 못했다고 느낄 때는 상담 결과에 대한 부담감과 압박감, 죄책감 때문에 이직까지 생각했다고 한다.

필자의 역전이 경험을 떠올려 보니 초보 상담자 때 역전이 감정을 가장 많이 느꼈던 것 같다. 상담 경험이 많지 않아서 역전이 감정에 대해 창피하게 생각하고, 내 자신의 감정을 숨기거나 아예 자각하지 않으려고 했던 것 같다. 이러한 역전이 감정과 반응은 슈퍼비전을 받으면서 자극할 수 있었다. 슈퍼바이저는 내가 내담자를 만났을 때 인정받고 싶어 하는 억압된 욕구가 내담자와의 관계에서 자극됨으로써 나의 자기애가 긴장감과 수치심에 압도되어 역전이 행동을 보인다고 하였다. 슈퍼바이저는 내담자가 나를 저평가하는 태도에서 나의 자기애가 상처받을 수 있다고 하였다.

이것은 중요한 문제이다. 상담자가 이러한 것을 자각하고 다루지 못한다면 격하게 화를 내며 내담자를 과도하게 통제 혹은 훈계하려 하거나, 정반대로 무관심한 척하며 배척하는 역전이 행동을 통해 내담자에게 똑같은 상처를 줄 수 있다. 나는 슈퍼비전을 받으면서 상담자의 성격적 특성에 대해 이해하는 것이 중요함을 절실히 깨달았다. 그 이후 역전이 감정과 반응을 상담 과정 속에서 더욱 적극적으로 활용하면서 이를 극복하려고 노력하였다. 이러한 경험을 통해 상담자의 역전이에 대한 감정과 반응, 자기인식이 슈퍼비전에서 보다 체계적으로 다루어져야 한다고 생각하였다.

이는 상담자의 역전이 관리 능력이 내담자의 상담 성과와 상담 지속, 그리고 협력적 관계에 직접적으로 중요한 영향을 미치기 때문이다. 이러한 맥락에서 생각해 볼 때, 만약 내담자가 협조적 유형으로 방문했을지라도 위와 같은 역전이를 통제하지 못하면 상담 효과를 쉽게 볼 수 없을 것이다. 즉 상담자로서는 역전이를 관리하는 능력이 곧 상담 능력인 것이다. Van Wagoner 등(1991)은 역전이 관리 능력(countertransference management ability)을 자기통찰(self-insight), 자기통합(self-intergration), 불안관리(anxiety-management), 공감 능력(empathy ability), 개념화 기술(conceptualizing skills) 등이라고 정의하였다(정현희, 2010).[4]

우리는 어떻게 하면 높은 수준의 역전이 관리 능력을 가질 수 있을까? 역전이와 관련된 연구를 고찰한 결과 상담자의 학위 수준, 상담 경력, 상담 분야 훈련 경험, 자기효능감, 신뢰적인 대인관계 능력, 발달 수준, 자기위로 능력(soothing ability), 가치관 등이 높으면 정적 관계가 있는 것으로 나타났다(2006, 유혜진; 신교숙, 2002). 따라서 상담자는 역전이의 감정을 잘 통제하고 관리하기 위해 의지를 가지고, 내담자의 문제를 통해 느껴지는 감정과 반응을 인식하며 이를 효과적으로 다룰 수 있어야 한다. 또한 상담에서 안정적 성과를 얻으려면 상담자 자신이 끊임없이 노력하고 상담자로서의 전문적 상담 기술 능력 향상과 인간적 자질 습득을 위한 훈련을 게을리하지 말아야 한다.

필자는 다행스럽게도 내 성장 과정의 아픔과 상처, 성격적 특성까지 분석하여 이를 이해와 공감으로 수용해 주는 따뜻한 슈퍼바이저를 만났다. 그를 통해 지속

---

4 자기통찰은 상담자 자신의 감정을 인식하고 이해하는 정도를 말하고, 자기통합은 상담자의 손상되지 않은 안정되고 건강한 성격구조를 가지고 타인과 구별할 수 있는 능력 및 욕구지연 능력을 말한다. 불안관리는 상담자가 불안을 분명히 인식하고 통제할 수 있는 능력, 공감 능력은 내담자의 정서적 경험을 부분적으로 동일시하면서도 동일시에 빠져들지 않는 능력이다. 마지막으로 개념화 기술은 내담자의 역동을 개념화할 수 있는 정도를 말한다.

적이고 체계적인 훈련을 받음으로써 이 과정에서 상담자로서 역전이를 극복하고 성장하는 데 많은 도움이 되었다.

3. 인터넷 중독 가정방문상담사의 활동 동기를 어떻게 촉발할 것인가

1) 가정방문상담의 특징

인터넷 중독 가정방문상담은 인터넷 중독 상담 분야에서 개발된 우리나라의 아주 특별한 상담 방식이다. 한국정보화진흥원과 미래창조과학부에서는 사회관계를 회피하고 두문불출하여 인터넷이나 온라인 게임만 하면서 집 안에 은둔해 있는 사람들을 위해 이 제도를 고안하였다.[5] 이 상담은 인터넷 중독의 완전한 치유가 목적이 아니다. 면접상담 6회기, 전화 2회기로 한정된 기간 동안 상담자는 피상담자가 인터넷 중독에 대한 인식을 전환할 수 있도록 돕고, 상담의 종결 이후 외부 상담센터에 연계되어 지속적으로 상담을 받을 때 거부감을 갖지 않도록 해 주는 것이 목적이다(미래창조과학부 · 한국정보화진흥원, 2013).

정부에서 가정방문상담 제도를 만든 것은 은둔형 인터넷 중독자들이 일으키는 사회적 문제와 사건 때문이었다. '은둔형'은 일본의 문화에서 힌트를 얻은 명칭이다. 일본에서는 히키코모리(引き籠もり)라고 부르는 은둔형 외톨이들이 사회 문제를 일으킨다고 본다. 이는 명확한 정신질병은 아니지만 6개월 이상 은둔해 있는 사람을 가리키는데, 우리나라의 경우 이들과 유사한 성향을 지닌 사람들이 인터넷에도 중독되는 것이 문제였던 것 같다. 그런데 심각한 문제는 이들이 반사회적 정서와 심한 우울증을 가진 채로 극단적인 폭력 게임이나 음란물에 중독되면 극단적인

---

5 이 제도는 한부모 가정 · 저소득층 자녀, 중증 장애인, 실업자 등 이른바 인터넷 중독 취약계층 중에서 상담센터 내방이 곤란한 사람들을 상담자가 직접 찾아가는 상담으로서 2009년 3,000만 원의 예산으로 시범 실시하였다. 그런데 신청자가 쇄도하여 2010년부터 공식적으로 사업화하였고, 2011년에는 전문상담사도 양성하면서 전국 8개 권역의 1,000명 대상 사업으로 확대하였다(한국정보화진흥원, 2011).

사건의 주인공이 된다는 것이다.

고영삼(2012)은 일반적으로 사용하는 용어인 '은둔형 인터넷 중독자'를 '은둔형 외톨이 인터넷 중독자'라고 칭하면서[6], 이러한 종류의 사람들이 발생하는 원인을 인간관계의 스트레스에서 받는 강한 부담, 하는 일에서의 좌절, 취약한 대인관계 기술, 학교 및 직장의 왕따 문화, 게임이나 채팅 콘텐츠 자체의 매력, 디지털화에 따른 오프라인 놀이 문화의 감소 등에서 찾았다.

2) 가정방문상담의 어려움

필자는 2009년 초창기부터 가정방문상담에 참여하면서, 가정방문상담이 센터 내 방객을 대상으로 개인상담을 진행할 때와는 아주 다른 어려움이 있다는 것을 알았다. 이는 다음과 같은 이유 때문이다.

첫째, 한마디로 피상담자는 자신의 문제에 대한 문제 인식이 없고 상담 동기가 결여되어 있었다. 그들은 지나치게 편안한 허술한 옷차림으로 준비되지 않은 환경에서 상담자를 대한다. 잘 씻지 않아서 머리에는 비듬이 있고 이발을 하지 않아서 헝클어진 장발이며, 손톱도 길고, 몸에는 부스럼이 생겨서 긁고 있는 경우가 많다. 또 상담자가 어디에 앉아야 할지 모를 정도로 집 안이 정리되지 않았으며, 메모하기도 어려울 정도로 상담환경이 준비되지 않았다. 어떤 경우에 필자는 상담을 진행하지 않고 다음에 방문할 것을 약속하며 서둘러 마치기도 했다. 약간의 여유 공간이라도 있다면 밥상을 가져오라고 부탁하여(앉을 소파나 식탁도 없어서) 상담일지를 펴 놓고서 상담환경을 구성하기도 하였다. 하지만 몇 년 동안 청소 한 번 하지 않은 곳에서 몇 개월을 씻지 않아 냄새가 진동하는 피상담자를 대상으로 상담을 진행한다는 것은 참으로 어려운 일이었다.

---

6 인터넷 중독자를 외톨이 인터넷 중독자와 비외톨이 인터넷 중독자로 분류하고, 외톨이 인터넷 중독자를 다시 왕따와 같은 활동형 외톨이 인터넷 중독자와 집에만 틀어박혀 있는 은둔형 외톨이 인터넷 중독자로 분류하였다(고영삼, 2012). 이 같은 분류는 인터넷 중독자들이 사회 문제를 일으킬 수 있다는 시각에서 분석할 때 유효한 것 같다.

곤란한 문제는 이뿐만이 아니다. 가정방문상담의 두 번째 어려움은 이들이 상담을 거부하거나, 상황을 개선하고 싶은 동기가 '전혀' 없다는 것이었다. 무표정한 얼굴을 하고서 아무 말도 없이 앉아 있는 이들에게 세월이 흐른다는 것은 아무 의미가 없어 보였다. 정신적으로 불안이 높은 피상담자가 아무리 해도 상담자와 눈을 마주치지 않고 대화를 나누지 않을 때는 정말 난감하다. 어떤 질문과 이야기를 해도 머리를 숙이고 땅바닥을 내려다보면서 한 시간 정도 완전히 침묵한 적도 있었다. 대부분의 가정방문상담이 보호자의 강요로 시작되는 경우가 많다 보니 그런 것이다. 이처럼 그들 자신의 상담 동기가 부족하여 상담 날짜와 시간 약속을 어기는 경우도 너무 많다. 집 밖에서 기다리거나 그러다 날이 저물어 정작 피상담자를 만나는 시간을 확보하지 못해 상담을 진행할 수도 없었다. 이러한 집일수록 부모의 조급함이 더욱 심하고, 당장 문제를 해결해 달라고 억지를 쓰는 모습을 보인다.

이들의 상담 동기를 불러일으키기 위해 상담자는 호소자의 언어보다 피상담자의 언어를 사용하여 라포 형성에 치중하는 것이 좋다. 필자는 상담의 진행 과정을 설명해 주면서 상담이 철저히 피상담자의 선택에 달려 있다는 것과, 피상담자가 진정으로 염려하는 것이 무엇인지를 우선 파악하는 것이 중요하다고 본다. 그의 저항을 통제하거나 빨리 개입하여 중재에 들어가기보다는 수용하면서 관계 형성에 초점을 맞추는 것 등이 매우 중요하다고 강조하고 싶다.[7] 상담자가 너무 앞서 나가면 상담은 실패하고 만다. 필자의 경우 피상담자에게 한 회기, 한 회기 성공 가능한 과제를 내주고 그의 성공 경험에 대해 '폭풍 칭찬'을 하며, 다음 회기에 대한 상담 동기를 일으키고 내담자에게 자신감(조절 능력 자신감, 동기 부여)을 불어넣어 주는 데 초점을 두고 상담을 진행한다. 피상담자의 현재 상황(인터넷 혹은 게임 중독)보다는 내담자가 꿈꾸는 비전에 대해 절제되었지만 구체적인 실현 방법을 함

---

7 피상담자의 저항을 수용하면서 관계 형성에 초점을 맞추는 것은 상담 동기 강화를 위해 가장 중요하다고 생각한다. 가정방문상담을 효과적으로 잘 운영하기 위한 토론 모임에서 어떤 상담자는 피상담자가 침대에 누운 채로 상담을 받지 않으려고 해서 어머니가 내담자와 함께 침대에 누워 이야기를 시작하면서 상담을 진행했다고 보고하였다.

께 탐색하는 것도 좋은 방법이다.

　세 번째로 이야기하고 싶은 것은 상담의 목표에 대한 것이다. 필자는 상담자가 지나치게 친밀하게 피상담자에게 다가가 그의 말에 공감하는 제스처를 보이는 행동이 피상담자에게 거부감을 줄 수 있다고 생각되어 그런 태도를 선호하지 않는다. 가정방문상담에서는 상담자의 상담 목표가 피상담자의 목표와 반드시 동일할 필요가 없음을 명심하는 것이 중요하다. 상담을 필요로 하여 연락하는 사람은 상담자를 만나면 모든 일이 다 해결될 것이라는 과도한 기대감을 갖고 그런 요구를 한다. 하지만 피상담자의 외면과 보호자의 지나친 기대에 대해 상담자는 흔들리지 말아야 한다. 그 대신 상담을 구조화하고 자신의 구조화를 현실 속에서 계속 수정·보완하면서 진행해야 한다.

　상담자는 가정이라는 환경에서 상담을 세팅하여 진행한다는 것을 잊지 말아야 한다. 상담자의 목표는 내담자가 외부 상담기관에 방문할 수 있도록 하여 장기적으로 인터넷 습관과 정신건강의 호전을 가져오도록 돕는 것이지, 그의 인터넷 중독을 완전히 치료하거나 끝까지 피상담자의 문제를 책임지는 것이 아님을 명심해야 한다. 지나친 개입을 피하는 대신, 피상담자로 하여금 인터넷에 병적으로 빠져 있음을 인식시키고, 상담을 통해 자신감 회복, 자존감 향상, 규칙적인 생활 유도, 생활계획표 작성, 미래 설계 유도, 인터넷 사용의 자기조절력 향상에 중점을 두는 것이 좋다.[8]

　마지막으로 가정방문상담에 있어서 상담자의 안전과 활동 동기에 대한 것을 언급하고 싶다. 최근에 36세 남성의 어머니와 전화 통화 후 집을 방문하였는데, 어머니는 일터에 나가고 안 계신 상태에서 그를 만났다. 초인종을 누르고 상담자임을

---

[8] 가정방문상담은 상담 한계를 분명히 하는 것이 좋다. 즉 가정방문상담의 목적은 인터넷 중독 문제의 목적 해결이나 학업에의 매진, 취업, 혹은 정상적인 사회생활로의 복귀가 아니다. 자신의 중독적인 사용과 이로 인한 문제를 인식할 수 있도록 돕고, 외부 상담기관에 다닐 수 있도록 동기를 부여하는 것이 목적이다. 상담을 하다 보면 학업이나 취직 등에 대한 상담을 요구받지만 범위를 넘는 것에 대해 한계를 두는 것이 바람직하다.

밝혔는데 그는 문도 열어 주지 않고 상담받기를 완강히 거부했다. 먼 곳에서 힘들게 찾아왔으니 잠시만 쉬었다가 가겠다고 하여 겨우 안으로 들어갔다. 그런데 들어가서 생각해 보니 폐쇄적이고 불결한 공간에서 느껴지는 신변의 위협감으로 도저히 피상담자와 함께 앉아 있을 수가 없었다.

피상담자는 필자를 경멸과 불신의 눈빛으로 바라보면서 무시하는 듯이 비스듬히 앉아 있었는데 무슨 생각을 하는지 도무지 알 수가 없었다. 필자에게도 오랫동안의 상담 경력으로 내담자를 통제할 수 있는 내적인 힘이 있다고 믿었지만, 불결한 사람에게서 나는 특유의 냄새와 상담 장소로 부적절한 공간에 앉아서 신변의 위협과 부담을 느끼면서 도저히 상담을 진행할 수가 없었다. 결국 서둘러 그곳을 빠져나오면서 안도의 한숨을 내쉬었다. 상담자가 상담을 진행하다가 상해를 입었다는 보고를 아직까지는 접하지 못했지만, 상담자의 안전 문제가 해결되지 않고서 가정방문상담 제도가 성공할 수는 없다고 생각하게 되었다.

어떤 경우에는 옷을 너무 편하게 입고 있는 사람도 만나게 된다. 물론 항상 이렇게 위험한 것은 아니다. 하지만 보호자가 함께 있는 것을 반드시 확인하고 방문하든지, 가정방문상담 제도를 사회복지사의 활동과 연계하여 동반 방문하는 등 다른 방법이 모색되어야 된다고 생각한다. 그렇지 않고 앞서 언급한 것과 같은 환경에서 상담을 진행한다면 예기치 않은 상황의 발생으로 상담자가 신체적 위해를 당할수 있을 것이다. 따라서 상담자는 자신의 신변 보호와 관리 차원에서 안전한 상담환경을 확보하고 상담을 진행해야 할 것이다. 국가에서도 가정방문상담사의 안전을 최대한 보장하는 상담환경이 조성될 수 있도록 제도적인 뒷받침과 지원을 해 주어야 할 것으로 사료된다.

4. 협력적 가족관계는 어떻게 형성할 수 있는가

가정방문상담에서는 가족의 역동이 매우 중요하다. 센터에 방문하는 상담의 경우 중독자의 가정환경을 그들의 말을 통해 파악하지만, 그 가정을 직접 방문하면 가정의 모든 생활사를 다면적으로 확인하고 많은 정보를 수집하게 된다. 이러한 가정방문상담의 특수성을 활용하여 파악할 수 있는 가족 정보나 가족역동을 상담에 잘 활용하면 가족치료의 효과도 가져올 수 있는 것이 가정방문상담의 장점이다. 물론 '가족상담'의 개념에 부합하는 상담을 하려면 대면상담 6회기는 너무 짧다. 그러나 피상담자의 인터넷 중독 습관에 대한 재인식을 도와 외부 상담센터로 연계하고, 정확한 상담 목표를 설정하여 이를 이루기 위한 가족상담은 매우 좋은 상담 전략임이 분명하다.

앞서 가정방문상담의 피상담자는 강한 거부감을 드러내는 경우가 많다고 언급하였다. 그렇기 때문에 피상담자만을 대상으로 상담을 진행하려 하기보다는 피상담자의 가족(어머니, 조부모, 누이 등)을 대상으로 피상담자와 의사소통을 원활히 할 수 있는 대화법으로 상담을 진행하면 도움이 된다. 예를 들어 가족상담은 가족역동을 탐색하거나 심리극과 역할극 연습, 빈 의자 기법 등으로 호소자의 의사소통 방법을 탐색할 수 있다. 피상담자가 상담에 불참할 경우에는 가족 조각 활용, 청소년의 특징에 대한 부모교육, 부자 갈등관계 상황 대처 방법, 가족 특성에 맞는 대안활동 개발 등을 통해 도울 수 있다.

그렇다면 어떻게 상담자가 가족과 원활한 관계를 형성할 수 있을까? 사실 가정방문상담을 진행해 보면 한 가지 문제만 발생하는 것이 아니다. 피상담자 역시 인터넷 중독만으로 고통당하는 것이 아니다. 우울, 불안, 가족관계 스트레스, 대인관계 문제 등 인터넷 중독 외에도 다양한 문제에 빠져 있다. 이 때문에 약물치료를 동시에 진행해야 하는 경우도 많다. 그런 데다가 피상담자 못지않게 가족에게도 문제가 많아서 경제적 불안정, 지나친 신경증, 동반 의존증 등의 상태에 처해 있다. 게다가 가족 구성원들 간에 상처를 주고받는 언행의 경험이 지나칠 정도로 만성화되어 있다. 즉 가족 구성원들이 극히 병적이거나 취약한 데다 그들 간에 불신과 원망, 피해 의식이 공존한다. 그렇다면 이들을 대상으로 어떻게 원활한 관계를 형성할 수 있을까?

피상담자가 상담을 거부할지라도 다행스러운 점은 그 가족(호소자) 중 한 사람이라도 도움을 받길 원해서 가정방문상담이 시작된다는 것이다. 상담자와 내담자 관계에서 협력체계를 형성할 자원이 한 명은 있는 셈이다. 가족 구성원의 인터넷 중독 문제가 가족 문제에서 시작된 것이 아닐지라도, 그가 집에 들어앉아서 게임만 한다면 가족에게 고통을 안겨 주기 때문에 가족 갈등과 가족 문제로 확대될 수밖에 없다. 이런 이유로 인터넷 중독 상담에서 주변인과 가족의 상담은 매우 중요하다.

또한 대개의 청소년 인터넷 중독은 가정 문제에 대한 실망이나 부모의 과잉 기대, 부모의 적절치 못한 행동에 대한 반항 심리와 연관된 경우가 많다. 이 때문에 '체계 이론'을 바탕으로 '전체로서의 가족'이라는 관점에서 접근하며, 피상담자와 호소자 양쪽의 욕구를 파악하여 상담을 진행해 나간다. 필자의 경우 부모상담을 2회기 정도 먼저 진행하고 그 이후에 피상담자 상담을 진행해 가는 것이 도움이 되었다.

최근에 피상담자의 어머니가 피상담자의 은둔 생활과 중독행동에 불안을 느끼고 가정방문상담을 신청하여 상담을 진행한 적이 있다. 피상담자는 군대를 제대한 지 6개월이 되었는데 집 안에서 게임만 한다는 것이었다. 피상담자는 자신의 문제가 어릴 때 부모가 이혼하고, 자신을 양육하면서 행한 부적절한 언행(비난, 지적) 등에 의해 발생된 것이라고 하였다. 어머니는 부모상담을 통해 자신이 아들에게 했던 언행(간섭과 잔소리)이 아들의 문제 증상을 더욱 강화한다는 것을 깨닫게 되었다. 부모상담 후 자신의 문제를 통찰하게 된 어머니는 마음이 편안해졌고, 아들의 은둔적인 인터넷 중독 행동에 대해서도 수용하고 감당할 수 있다고 하였다. 또한 어머니는 자신의 언행을 개선하고 양육 태도를 수정함으로써 피상담자와의 관계에 변화가 나타났다고 하였다.

그러나 가족상담이 늘 성공적으로 진행되는 것만은 아니다. 자녀를 위해 부모가 모든 희생을 감수한다고 할지라도 그들의 사고와 행동은 이미 습관화되어 있다. 또한 부모 자신의 문제에 대한 수용이 어려우며, 변화되려는 생각을 온전하게 계속 인식하고 있는 것도 아니다. 상담 과정에서도 부모의 거부감과 저항감은 다양

피상담자는 30대 중반의 남성으로서 10여 년간 무직 상태로 집 안에만 틀어박혀 생활한 지 3년 정도 되었다. 집에 아내, 자녀 3명, 60대 부모가 함께 거주하고 아이들은 그의 어머니가 돌보고 있다. 가정 방문을 했을 때 상담을 완강히 거부하여 상담환경이 준비되지 않았다.

1회기에는 그의 어머니와 상담(내담자는 상담을 완강히 거부하여 방문을 잠갔다)을 진행했고, 이 상담을 통해 성장 배경과 생활 습관을 탐색하였다.

2회기에는 그의 아내와 상담을 진행하여 아내의 성격 유형 검사를 실시하였고, 아내로 하여금 부부의 성격 차이를 수용하도록 하였다. 내담자에게는 상담을 요구하지 않았다.

3회기에는 어머니와 아내 상담을 통해 주변인(어머니, 아내)이 우선적으로 달라지는 모습과 변화된 태도에 대해 상담 과정에서 이야기를 나누었다(이때 내담자가 자연스럽게 문을 열고 나와 옆에서 듣는, 행동의 변화가 있었다).

하게 나타난다.

이와 같이 인터넷 중독자의 가족들은 그동안 많은 시도를 해 왔지만 효과가 없음에 좌절하고 낙담하는 경우가 많다. 따라서 가족상담과 부모상담을 통해 가족의 좌절에 대해 위로해 주고 그동안의 노력을 격려해 주어야 한다. 이러한 노력은 가족 모두에게 큰 힘이 된다. 부모상담은 부모와 협력체계를 형성하고 부모가 가진 자원과 장점을 찾아서 내담자의 문제행동 개선에 기능적으로 활용하는 데 도움이 된다. 부모상담을 진행할 때 먼저 부모의 호소 문제를 들어 주고 수용하며, 부모 세대와 청소년 문화의 변화에 대한 차이점을 설명한다. 또한 부모가 진심으로 신뢰할 수 있는 진지한 태도를 보이고, 상담에 적극 협조할 때 자녀의 변화가 빠르게 나타난다고 말하면서 부모에게 협조를 요청한다. 부모가 자녀의 문제로 많은 이야기를 할 때 부모의 호소 문제에 대해 적절하게 지지하고 공감해 주며, 자녀의 문제 원인이 어디에 있는지 파악할 수 있게 도움을 준다. 그리고 상담자와 내담자가 함께 세운 목표를 부모와 함께 공유하고, 내담자와 부모가 시행 가능한 과제를 내준다. 상담자는 전문가로서 내담자의 강점(자원)과 문제점(중독 정도 및 심리검사 결과, 상황 등)을 객관적으로 설명해 준다.

위의 내용을 종합해 보면, 상담자가 가족과 주변인을 대상으로 상담을 진행할 때 진지한 태도로 가족들과 협력관계를 형성하고 전문가로서 신뢰감을 보여 준다면 내담자 주변인들의 상담을 효율적으로 진행할 수 있을 것이다.

인터넷의 중독적 사용으로 인해 언론에 보도되는 사건 사고는 대부분 은둔형 인터넷 중독자에 의해 발생하는 문제로 보인다. 이들은 우울하고 불안하다고 호소하면서 충동적이고 폭력적인 성향을 드러낸다. 폭력적인 성향의 사람들은 살인으로, 우울감이 높은 사람들은 자살로 귀결될 수도 있다. 인터넷 중독자가 외부와 차단된 집 안에서만 보내는 몇 개월, 몇 년간의 칩거는 정신건강에도 좋지 않은 영향을 미치며, 증상이 심각해지면 뇌출혈 등으로 악화될 수도 있다. 이러한 사람들을 만나 효율적인 상담을 진행하기 위해서는 좀 더 나은 상담환경과 장소가 마련되어야 할 것이다. 또한 상담자의 전문적인 상담 기술 능력 향상과 양질의 상담 서비스 제공을 위해 국가에서 이들을 위한 상담교육의 기회를 마련해 주고, 가정방문상담 진행에 대한 적절한 지원과 보상이 뒷받침되어야 할 것이다.

°°맺음말

개인상담은 결코 쉬운 과정이 아니다. 물론 상담을 성공적으로 종결하고 난 뒤 내담자가 변화된 모습으로 살아갈 때 상담자로서 보람과 행복감을 느낀다. 그러나 그동안의 상담 경험을 떠올려 보면 상담을 진행하는 과정에서 많은 방해 요소와 실패 요인이 필자를 당황스럽게 했고, 어떤 때는 무력감을 느끼게 하였다.

필자는 내담자에게 도움을 주는 상담자가 되기 위해 내담자가 준비되지 않은 상태에서 방문했을지라도 그와 협력적 관계를 유지하기 위해 노력하였다. 사실 내담자와 상담자 간에 협조적 상담관계가 형성되고 나면 내담자의 내적인 변화로 인해 상담에 대한 동기가 부여되고 주변인의 협력관계도 자연스럽게 형성되어 개인상담을 효율적으로 운영할 수 있었다. 또한 내담자의 생활 습관 변화와 개선에 대한 의지가 강화되고 부모 및 가족 간의 유대관계에도 변화가 나타나 상담 성과로 이어졌다. 이러한 측면에서 내담자와 상담자 간의 관계 형성이 아주 중요하다고 생각되어 이를 개인상담의 쟁점으로 다루었다. 그리고 상담자가 내담자와 관계 형성을 잘할 수 있도록 하기 위해 관계 형성을 어렵게 하는 요인을 내담자와 상담자의 요인으로 구분하여 설명하였다.

인터넷 중독 가정방문상담은 인터넷 중독자에게 실질적으로 많은 도움을 줄 수 있는 생동감 넘치는 현장상담 사업이기 때문에 개인상담에서 쟁점으로 부각하여 다루었다. 이를 계기로 향후 가정방문상담사의 보수교육과 상담교육, 그리고 상담사의 성장과 수련을 위한 슈퍼비전의 기회 확대 등 보다 체계적인 지원을 제안해 본다.

고영삼 (2012). 인터넷에 빼앗긴 아이. 베가북스.

권경인 (2007). 한국 집단상담 대가의 발달과정 분석. 서울대학교 박사학위논문.

김춘경, 이수연, 최웅용 (2010). 청소년상담. 학지사.

문현실, 서경현 (2014). 청소년학연구. 제21권 5호(5), 495-502.

미래창조과학부, 한국정보화진흥원 (2013). 가정방문상담자를 위한 상담 핸드북.

신교숙 (2000). 놀이치료의 경력, 훈련 경험 및 자의식과 역전이 관리 능력과의 관계. 숙명여자대학교 석사학위논문.

유혜진 (2006). 초심 상담자의 상위인지 자가, 역전이 관리 능력, 상담 지속의 관계. 가톨릭대학교 석사학위논문.

정문자, 송성자, 이영분, 김유순 (2008). 해결중심단기치료. 학지사.

정현희 (2010). 상담자와 내담자의 애착, 전이애착, 역전이 관리 능력이 작업동맹과 상담성과에 미치는 영향. 계명대학교 박사학위논문.

차지은 (2012). 아동상담자의 역전이 관리 능력에 관한 연구: 경력, 훈련 경험, 상담자 자기효능감, 대인관계 성향을 중심으로. 한양대학교 석사학위논문.

최명식 (2005). 역전이 활용 척도의 개발 및 타당도 연구. 연세대학교 박사학위논문.

한국정보화진흥원 (2011). 인터넷 중독 해소 정책 매뉴얼.

Beck, A. T., Rush, A. J., Shaw, B. F. et al. (1979). *Cognitive Therapy of Depression*. New York:

Guilford.

Berg, I. K. & Miller, S. D. *Working with the Problem Drinker: A Solution-Focused Approach.* [가족
치료연구모임 역 (2001). 해결중심적 단기가족치료. 하나의학사.]

Gabbard, G. O. (2001). A contemporary psychoanalytic model of countertransference.
Psychotherapy in Practice, 57(8), 983–991.

Shertzer, B. & Stone, C. (1980). *Fundamentals of Counseling* (3rd ed.), Boston: Houghton
Mifflin.

Wright, J. H., Baxco, R., & Thase, M. E. *Learning Cognitive-Behavior Therapy* [김정민 역 (2014).
인지행동치료. 학지사.]

07
___
인터넷 중독과
가족상담

제7장

인터넷 중독과 가족상담

이화자 ㅣ 전주대학교 가정교육과

°° 시작하는 글

가족상담은 개인상담과 패러다임이 다르다. 개인상담 패러다임에서는 인터넷 중독의 주원인이 각 개인의 심리 내면에 있다는 것을 전제로 하고, 그 개인의 심리역동을 다루는 데 초점을 맞춘다. 이렇게 개인상담은 당사자를 중심으로 상담을 하고 추가로 필요한 경우에 한해 보완적으로 부모나 가족 구성원을 상담하는 식이다.[1] 하지만 인터넷 중독자에게만 문제의 초점을 두고 상담을 하는 경우, 비록 치료에 진전이 있어서 호전되었다 할지라도 다시 회복 전의 상태로 되돌아가는 경우가 많다. 이는 그 당사자가 관계하는 가족 구성원들 간의 상호작용이 근본적으로 바뀌지 않았기 때문이다.

가족상담의 패러다임은 여기에 주목한다. 가족상담자들은 인터넷 중독의 원인이 가족구조에 있다고 전제한다. 가족구조란 가족 구성원의 소통 패턴, 각자의 경계선(boundary), 각각의 위계구조, 가족 안에서의 권력과 제휴 등 상호성을 의미한

---

1 사실 대부분의 가족 구성원들도 개인상담과 유사한 가정을 하고 중독자를 대한다. 한 가정에 인터넷 중독자가 있을 때, 가족 구성원들은 중독에 빠져 있는 사람만의 변화를 원한다. 인터넷 중독자가 컴퓨터나 스마트폰 사용을 조절하기만 하면 문제가 해결된다고 여기고, 그 행동을 왜 고치지 못하느냐고 나무란다.

다. 가족구조가 비기능적으로 형성되어 순환의 흐름이 제대로 기능하지 못할 경우, 할 말을 하지 못하거나 소외되거나 혹은 억울한 상태를 경험하는 구성원이 나타나게 된다. 이렇게 가족상담의 패러다임은 문제 발생과 해결의 요인이 바로 가족구조에 있다고 전제한다. 그러므로 이 장에서는 인터넷 중독자를 치료하는 가족상담의 논리와 사례를 다루고자 한다.

1. 가족상담의 패러다임

가족상담이란 가족체계의 역기능적 상호작용의 유형과 관계구조를 변화시킴으로써 문제해결을 도우며, 건강하고 기능적인 가족이 되도록 안내하는 상담 개입 방법이다.[2] 이는 가족 구성원 중 어느 한 사람에게 나타나는 어떤 병리적 증상 또는 부적응행동의 발생 원인이 그 한 사람에게만 있는 것이 아니라, 그러한 증상을 낳게 한 가족체계의 상호작용에서 기인한다는 것을 전제로 한다. 따라서 상담자는 가족 구성원 한 명 한 명에 대한 정보보다는 그들의 관계 유형과 구조, 그리고 이것을 유지하는 가족규칙에 주목하고 전체 가족, 때로는 3세대 이상의 확대가족에 초점을 둔다.

가족치료의 방식도 개인만을 대상으로 하지 않는다. 즉 내담자 혹은 가족 구성원을 대할 때 그 개인의 심리 내적인 요소를 관찰하지만, 얼핏 보이지 않는 정신의 구조, 관계의 구조, 언어와 행동의 구조, 사고방식의 구조 등 가족의 심층적인 부분을 더 면밀하게 탐색한다. 그리고 그 흐름이 부정적이고 파괴적인 방향으로 가고 있을 때 긍정적이고 건설적인 방향으로 원활하게 흐를 수 있도록 패턴을 바꿔 주려고 한다. 다음은 가족상담자가 내담자를 대할 때 가지는 문제의식이다.

- 가족 내의 정서적인 교류가 어떻게 흘러가고 있는가?

---

2 미국가족치료학회에서는 가족치료에 대해 "가족 구성원의 신체, 심리, 정신적인 부적응과 대인관계의 문제 등을 해결하기 위해 개인을 둘러싼 가족과 중요한 맥락 전체의 상호작용 및 그 영향력을 다루는 것"이라고 정의하였다(정문자 외, 2012).

- 가족 구성원들은 각기 어떻게 반응하는가?
- 누구를 밀쳐내고, 누가 누구를 감싸고 있는가?
- 어떤 경우에 긴장이 일어나고, 어떤 경우에 충돌이 일어나는가?
- 반복해서 드러나는 문제나 가족의 스트레스는 무엇인가?
- 이 가정에서 중요하게 강조하는 가족규칙은 무엇인가?
- 이 가족이 외부에 말하지 못하는 그들만의 비밀은 무엇인가?
- 이 가족이 비합리적인 기대를 이루려고 스스로 만들어 가는 신화는 무엇인가?
- 현재 이 가족의 생애발달 시기는 어느 곳에 위치해 있는가?
- 지금 중독 증상을 일으키는 사람의 행동 이면에는 어떤 의도가 있는가?
- 서로 맞물려서 상호 간에 미치는 영향은 무엇인가?
- 각 가족 구성원의 경계선은 바람직하게 형성되었는가?
- 누가 누구를 침해하고 통제하는가?
- 이 가족 내에서 실제 권력을 사용하는 사람은 누구인가?
- 중독자의 증상은 다른 가족들에게 어떤 영향을 주고 있는가?
- 중독 증상을 가진 사람과 가장 의존이 되어 있는 가족 구성원은 누구인가?

위와 같은 사항에서 알 수 있듯이 가족상담은 분석의 기준을 철저히 가족관계 구조에 둔다. 여기서 말하는 가족구조란 가족 구성원들 각각의 경계선과 위치(지위), 권력, 제휴 등과 같은 것인데, S. Minuchin은 가족구조가 변화하면 가족 구성원의 내면 심리와 문제가 완화되거나 해소된다고 하였다(정문자·정혜정·이선혜·정영주, 2012). 따라서 가족상담자는 개인을 대할 때 그가 속한 가족구조가 구성원의 욕구를 적절하게 충족해 주는 체계인지 먼저 확인한다. 예를 들어 가족 구성원들이 독립된 존재로서 각자 자율성을 갖고 있는지, 또한 가족 간에 정서적 친밀감을 서로 적절하게 느끼고 있는지, 이러한 욕구들이 수평적인 구조 안에서 원활하게 이루어지고 있는지를 관찰한다. 물론 가족상담이라고 해서 반드시 전체 가족 구성원을 다 상담에 참여시키는 것은 아니다. 하지만 가족상담자는 누가 참여

하든 간에 가족구조에 대한 전문성을 가지고 위와 같은 관점을 유지해야 한다.[3]

2. 역기능 가족구조는 어떤 모습인가

가족관계 전문가들은 가족에 대해, 부부와 자녀로 구성된 공동체로서 그 자체가 구조화되어 역할, 규칙, 세력, 의사소통 유형을 발전시키는 최초의 사회적인 체계라고 정의한다. 또한 가족의 필연적인 요소로 안전, 휴식, 영양, 애정, 친밀감 등을 꼽고 있으며, 이러한 요소가 신뢰 안에서 자라게 된다고 한다. 가족의 기반이 되는 부부가 서로 존중하고 정서적으로 교류하는 바람직한 가족을 전문가들은 건강가족(healthy family), 강한 가족(strong family), 조화로운 가족(harmonious family), 행복한 가족(happy family), 기능 가족(optimally functioning family), 탄력적인 가족(resilient family), 양육적인 가족(nuturing family) 등으로 부른다(김순옥 외, 2012).

이런 가족에서 구성원들은 각기 고유한 지위를 가지고 자기 감정을 스스로 잘 다루며 가족 내 다른 구성원들과도 조화로운 소통을 한다. 그리고 가족발달 단계에서 겪게 되는 스트레스나 위기도 무난히 극복할 뿐만 아니라, 오히려 그러한 일을 통해 가족이 성장할 수 있는 기회를 얻는다. 즉 가족도 성장하고 발달하는 유기체이므로, 목적과 방향이 있고 서로 연결되어 영향을 주고받으며 상황에 따라 적절히 기능할 때 건강해지는 것이다.

가족구조는 건물의 물리적 구조와 유사하다고 하였다(정문자 외, 2012). 예를 들

---

3 미국가족치료학회에서는 가족치료사에 대해, 전통적으로 개인을 강조하던 시각에서 벗어나 결혼과 가족이라는 일차적인 관계망 속에서 개인이 어떤 역할을 하고 어떤 특성을 갖는가에 초점을 두며, 정신건강 관리에 대해 전일체론적(holistic)인 관점을 갖고, 개인과 가족의 전체적·장기적 안녕에 관심을 두는 전문가로 간주한다. 따라서 가족치료사는 심리치료와 가족체계 이론 분야에서 훈련을 받은 정신건강 전문가로서 평균 13년의 임상 실습을 거친 임상 전문가이다(정문자 외, 2012). 그럼으로써 성인의 정신분열증, 정서장애(예 : 우울증, 불안), 성인 알코올 중독과 약물남용, 아동의 품행장애, 청소년 약물남용, 젊은 성인 여성의 식이장애, 아동의 자폐증, 성인과 아동의 만성 신체질환, 부부 불화와 갈등, 부모-자녀 간 문제 등 가족 내에서 발생하는 정신건강 문제를 주로 치료한다.

어 주택에 방들이 있고 각 방을 구분짓는 벽과 층이 있는 것처럼 가족에도 부부, 자녀, 그리고 부모-자녀라는 부분체계가 있고, 또한 각 개인들마다 경계선이 있다. 특히 부부만의 경계선을 매우 중요하게 간주한다. 부부만의 테두리가 보장되면서 부부로서 신뢰 가운데 각자 배우자를 보호하는 것이 가장 우선적인 일이다. 이렇게 튼튼한 터전 위에 기초공사가 이루어지듯이 건강한 가정이 세워지려면 무엇보다 아버지가 권위를 갖고 있되 권위적이지 않으며, 아내, 자녀와 경계선을 유지하면서도 잘 결속하여 그들을 이해하고 존중하면서 적절한 훈육을 해야 한다. 물론 아내는 남편의 권위를 인정하고 자녀보다 남편을 더 우선적으로 배려하면서도 자녀를 사랑해야 한다. 자녀는 부모를 걱정하게 만들거나 혹은 지나치게 부모를 돕기보다는 부모의 신뢰와 사랑을 믿고 발달 단계에 맞는 역할을 해야 한다. 이 과정에서 자녀들은 자녀체계 안에서 서로 감정과 욕구의 충돌로 인한 갈등관계를 경험하면서 화해와 조정을 통해 사회적인 대인관계를 습득해 나간다.

그러나 이와 같은 가족 질서의 관계구조가 어긋나기 시작하여 정서적인 교류를 할 수 없으면 구성원들은 다른 것과 제휴를 맺게 되는데, 이를 '무의식적 회피'라고 한다. 즉 자기 자신도 모르게 다른 대상을 끌어들여 그것과 정서적인 관계를 맺는 것이다. 이러한 현상은 가족구조의 기초가 되는 부부관계에서 가장 일어나기 쉽다. 예를 들면 한 사람이 다른 대상과 삼각관계를 맺는 것이다. 이때 그 대상은 자녀, 일, 취미 생활, 종교 활동 등 매우 다양한 형태로 나타날 수 있다.

이렇게 될 때 가족의 질서는 역기능적인 구조로 변한다. 다시 말해 부부 중 한 사람이 자녀와 제휴를 맺고 그 자녀를 배우자의 위치에 올려놓음으로써 힘 있는 자로 만든다든지, 부부가 자신들의 문제를 자녀에게 노출함으로써 자녀가 중압감을 느끼게 되고, 그 결과 자녀로 하여금 부모를 돌보는 자로 만들거나, 혹은 자녀 역할보다 과중한 역할을 하게 함으로써 자녀가 발달 시기에 맞는 과제를 수행하지 못하고 부부 문제에 끼어 혼란과 압박 구조 속에서 정신적으로 어려움을 겪게 만들거나, 아니면 배우자가 못마땅해서 다른 이성과 부적절한 정서적 관계를 맺는 등 무수한

삼각관계를 만들어 낸다.[4]

위험한 것은 불균형 상태의 회로, 부정적 교류 패턴의 관계구조가 한 번 만들어지면 좀처럼 변하지 않으려는 항상성을 갖게 된다는 사실이다. 이러한 패턴 유형을 학계에서는 추적자(공격자)와 도망자(위축자) 유형, 공격자와 공격자 유형, 위축자와 위축자 유형, 혹은 참고 지내던 사람이 공격을 하는 유형 등으로 분류하기도 한다(박성덕, 2014). 이것들은 대개 관계구조 안에서 일정한 패턴으로 나타나고 고착화되며 또 다른 역기능적인 결과를 유발한다. 예를 들어 어릴 때 부모의 지나친 지적과 비난 통제를 겪으며 자란 자녀는 청소년이 되면 부모에게 수동공격자로 변하기도 한다.

역기능적인 가족구조에서 부부체계의 비중은 매우 크다. 문제가 있는 부부는 배우자보다 다른 사람에게 더 잘 해 준다는 보고도 있다(이정연, 2009 재인용; Birchler, Weiss, & Vincent, 1975). 즉 가족 안에서 중요한 관계를 맺어야 할 상대와 관계를 잘 맺지 못하면 다른 데서 정서적인 지지나 인정을 받으려 한다는 것이다. 예를 들면 배우자와의 관계가 긴장되어 있거나 편안하지 않은 경우, 또한 평등하지 않거나 한쪽을 쉽게 소외시킬 경우, 다른 한쪽이 자녀나 외부의 사람들과 긴밀한 관계를 맺게 되는 데에서 문제가 심화된다. 이렇게 역기능적인 가족의 모습을 정리하면 다음과 같다.

① 서로 비합리적인 기대가 높고 양보하기 어려운 가족규칙이 많으며 서로를 지배하거나 통제하려는 경향성이 크다.

---

4 이러한 관계는 서로 주고받는 상호성에 의해 점점 더 강화된다. 알코올 중독자 가족의 예를 살펴보자. 알코올 중독자와 잔소리가 많은 아내 체계에서 아내가 잔소리를 할수록 남편은 입을 다물고 대신 술집에 가서 만취가 되도록 마시고 늦은 시간에 귀가한다. 그러면 아내의 잔소리가 더 많아지고 날카로워진다. 술 먹은 사람은 시비와 투정 속에서 스트레스가 쌓이고 이를 거친 욕설과 폭력으로 표현하며, 그 후에는 죄책감에 시달리면서 다시 술과 술친구를 찾게 된다는 것이다. 이러한 행동을 반복하다 보면 외도가 일어날 확률이 커지고 이 악순환의 회로에서 반복적인 삶을 살게 되는 경우가 비일비재하다.

가족사회학의 입장에서 볼 때, 문제는 급격한 사회 변화의 과정 중에 역기능적인 가족이 보편화되고 있다는 사실이다. 고영삼(2012)은 정보 혁명의 와중에 가족 제도가 겪고 있는 심각한 변화가 우리의 통제권 밖에 있는 것 같다고 지적한다. 특히 가족이 지닌 원초적 기능의 와해는 심각한 수준이라고 한다. 전통적으로 가족은 부부간의 배타적인 섹슈얼리티(sexuality), 2세의 출산, 자녀 양육, 자녀 교육, 휴식, 식사 제공, 숙박, 의료, 생산, 소비, 정서 위로, 장례, 제의 등 다양한 역할을 담당해 왔다. 한 인간의 출생에서 사망에 이르기까지 모든 과정이 가족 내에서 이루어졌다. 그런데 급격한 사회 변동 속에서 이제는 가족이 전통적으로 담당해 왔던 모든 원초적 기능이 공적 사회조직에 위탁되고 있다. 즉 출산과 의료 등은 병원에, 교육은 학교와 학원에, 휴식은 각종 유흥업소나 레저 전문기관에, 음식은 식당에, 장례는 병원에 위탁되고 있으며, 부부간의 배타적 섹슈얼리티 기능마저 (은밀하게) 붕괴되고 있다. 가족상담의 철학과 역할이 더욱 요구되는 시대로 가고 있는 것이다.

② 자신의 실수나 잘못을 잘 인정하지 않으며 오히려 상대방의 비난이 두려워 숨기는 경우가 잦다.

③ 정서적 친밀감이 벌어지거나, 가족 간의 경계선을 무시한 채 역할 개입과 관여가 많은 과잉기능자가 생긴다. 특히 끊임없이 잔소리를 하거나, 한 사람의 감정 상태가 전체 가족의 분위기를 좌우하는 경우도 있다. 경우에 따라 침묵으로 관계를 부정하기도 한다.

④ 지나치게 겸손하거나 예의 바르게 행동하거나 무표정, 움츠림, 불만, 우울, 비난, 거리 두기, 블랙 유머, 외로움, 방황, 신체적인 질병 등이 일상화될 수 있다.

⑤ 구성원들이 역할 기대에 따른 조건적인 말이나 이중 메시지, 폭력적이고 거친 말, 또는 죄책감이나 수치심을 불러일으키는 말을 자주 사용함으로써 서로를 회피하거나 갈등을 더욱 증폭하는 행동을 하게 된다.

⑥ 가족 문제와 스트레스를 접했을 때 이를 합리적으로 적절하게 해결하지 못하고 오히려 갈등 상황을 회피하거나 서로 책임을 미루거나 상대방과의 관계 자체를 체념 혹은 포기하면서 서로가 더욱 고립되고 단절 상태가 되는 경우도 있다.

3. 인터넷 중독자의 역기능 가족 메커니즘과 동반의존

대개 한 가족 안에서 중독적인 사람이 생기면 그 구성원을 중심으로 온 가족이 움직인다. 즉 중독 혹은 중독자가 가정생활의 중심이 된다. 따라서 일상적인 활동이 이를 중심으로 재조직되며 감정 표현, 문제해결 및 역할 구도 등이 자리 잡는다. 예를 들면 온 가족이 중독자의 행동에 초점을 맞추고 이를 해결하기 위해 시간과 돈, 에너지를 사용하면서 가족 간에 갈등을 겪는다. 가족은 중독자의 행동에 민감하게 반응하고, 중독자를 조롱, 비난, 보호하거나 숨기려 하거나, 책임감과 죄책감 또는 불안과 좌절의 느낌 등을 겪는다. 점차 가족 구성원들은 감정적으로 격화된 상태에 빠지고 불안과 긴장이 반복되면서 정서적으로 힘들고 괴로운 관계 속에서 가정생활을 유지하게 된다.

이러한 과정을 거듭할수록 중독자 자신은 중독에 대한 언급을 하지 않으며, 때로는 반항적이고 때로는 화해적인 모습을 보이면서 가족이 원하는 것을 수용하는 것처럼 위장하기도 하며 자신이 중독인 것을 회피하려고 한다. 시간이 갈수록 더욱더 병리적인 증상에 사로잡혀 자신의 행동을 고착화하고, 가족에게 소외될수록 더욱 충동적이고 위장된 행동을 한다. 중독자는 자신도 모르게 자기가 중독자인 것을 부정(부인)하므로 가족 구성원들은 중독자에게 더욱 집중하고 지나친 비난으로 개입하게 된다. 따라서 부정적인 언어와 파괴적인 행동이 서로 오가며 감정적으로 뒤엉키고 관계가 더욱 악화된다. 이 과정에서 대부분의 중독자는 고립되거나 방치 상태가 되기도 하며, 그 자신도 스스로 가정 내에서 '결함이 있는 문제의 사람'으로 규정해 버리고 중독 증상에 더욱 몰두하게 된다.

이러한 상태가 장기화될수록 가정에는 긴장과 어려움이 반복되고 분노와 폭력, 우울, 절망감 등의 부정적인 정서가 자리 잡는다. 그 결과 가족 구성원들은 갈수록 중독자를 원망하게 되고 이를 겪는 중독자는 더욱 악화된 중독 증상을 표출하기를 반복한다. 이렇게 형성된 악순환의 연쇄 고리는 한 가족의 기능을 여지없이 손상시킨다. 그 결과 대부분의 가족 구성원들은 우울을 앓고 무기력해지며 분노와 슬품을 거쳐 체념과 포기 상태에 이르게 된다. 따라서 가정은 차츰 힘없이 흔들리고 침체, 변형되거나 심지어 해체된다.

이에 대해 가족치료학자인 Bowen(1998)의 설명은 시사하는 바가 있다. 즉 가족의 문제와 증상을 일으키는 것은 미분화된 가족자아군이며 그 속성은 만성 불안이라는 것이다. 다시 말해 불안과 긴장이 많은 사람이 걱정과 의심의 눈으로 문제가 있는 사람을 바라보기 시작하면 그 사람은 자신의 행동과 습관에 집중하여 자기 자신도 모르게 과잉반응을 보이고, 결국 걱정하는 사람이 우려하던 모습과 행동을 더욱 과장하게 된다는 것이다. 바로 이러한 메커니즘이 가족 문제와 갈등, 각종 중독을 만들어 가는 연쇄적 회로이고 악순환의 정서 과정이다.

필자는 중독자나 그 밖의 어떠한 문제를 가진 사람에 대한 상담도 가족을 대상으로 하지 않고는 해결되지 않는다는 판단으로 2003년에 가족치료 및 상담연구소를 세우고, 현재까지 개인적으로만 1,000개 이상의 내담자 가족을 치료해 왔다. 가족에 대한 애정과 가족상담 패러다임에 대한 나름의 사명감 없이는 할 수 없었던 일이다. 이러한 상담을 통해 필자는 가족의 문제와 증상이 지속적이고 반복적인 가족구조 안에서 비롯된 하나의 현상일 뿐이라는 결론을 얻었다. 가족 중 중독자가 발생하는 표면적인 현상의 이면에는 이미 오래전부터 해결하지 못한 구조적 어긋남이 잠재해 있을 가능성이 크다는 것이다. 어쩌면 중독자가 병리적 증상에 고착되기 이전부터 그 가족 안에는 역기능적인 요소가 내재되어 있었고, 단지 가족 중 한 사람의 눈에 띄는 증상을 통해 위기로 나타난 경우가 많았다.

필자가 특히 강조하려는 것은 중독자 가정에서의 연쇄 고리에 해당하는 부정적인 패턴이 만들어 내는 관계에 관해서이다. 이 패턴에서 중독자와 지속적인 관계를 갖고 생활하는 가장 가까운 배우자나 가족 구성원들이 중독자에게 부정적인 감정으로 반응함으로써 연쇄 고리를 더욱 굳게 만든다. 중독자와 그를 돌보는 사람은 '함께 의존한다(dependent with)'는 의미에서 동반의존의 개념으로 표현할 수 있다. 이 개념은 애초에 알코올 중독에서 사용하던 말로 가족상담의 관점에서는 동

일하게 적용할 수 있는 것으로 속박관계구조를 의미한다.[5]

동반의존관계의 사람들은 이러한 문제에 어떻게 대처해야 할지 잘 알지 못하고 그 악순환의 패턴과 구조에 갇혀서 고통을 겪는다. 즉 중독자가 인터넷에 의존하는 것과 똑같이 가족들 역시 중독자에게 깊이 의존되어 있다. 이 동반의존은 정서적인 속박관계나 소외단절관계로 발전하면서 관계가 악화될수록 고통을 더 겪거나 아예 감정과 무관하게 차단되어 정서적 단절관계를 유지한다.

이러한 유사 개념을 가족체계(family system) 이론에서는 밀착(enmeshment), 융해(fusion), 자아분화의 결핍(lack of self-differentiation), 정서적 의존(emotional dependency), 밀착된 관계(undifferentiation relationship)라고 부르며, 관계 중독 정신과 의사들은 이를 '의존적 인격장애(dependent personality disorder)'라고 한다. 한편 중독학자들은 이를 관계 중독(relationship addiction)으로 정의하는데, 이 개념을 중독자가 있는 역기능 가족의 환경에서 갈등하면서 살아온 대부분의 배우자와 자녀들에게서 발견되는 '가족의 질병'으로 간주하고 있다(고병인, 2005).

이렇게 중독자 가정은 많은 점에서 보통의 역기능적 가정과 비슷하다. 중독자가 존재하는 데도 대체로 잘 적응해 나가는 가족도 있다. 그러나 때때로 부인(denial)이라는 기만적인 얼굴로 자존심을 세우기 위해 문제를 부정하고 미루다가 가정 내에서 절망을 키우는 경우도 적지 않다. 불안, 긴장, 자존심 상실 등을 혼자 극복하기

---

5 대부분의 가정 문제는 가족 간의 관계구조 안에서 비롯되는데 이는 마치 신체의 질병과 유사하게 악화 과정을 겪는다. 이를 위장의 손상 과정에 빗대어 살펴보자. 과식이나 잘못된 식습관 혹은 감정적 문제로 인해 과도한 스트레스를 받으면 소화 기능이 떨어지고 이것이 반복될 경우 위염이 생긴다. 이러한 염증을 치료하지 않으면 자연스럽게 나아지기도 하지만 대부분은 위에 열이 나면서 쓰리고 아프다. 인간관계 역시 두 사람 사이에 스트레스가 쌓이면 하는 말마다 언짢고 화가 나서 흔히 '열 받는다'고 표현하는 관계가 되는 것이다(미움, 분노 관계). 위염이 위궤양으로 악화되는 것과 마찬가지로 관계에서도 보기만 해도 속이 뒤틀리고 밉고 싫고 구토가 나는 증상을 보일 수 있다. 이는 궤양 상태의 관계이다. 신체적 고통과 정서적 고통이 유사한 것이다. 위궤양이 오래되면 위암으로 발전하여 1~4기를 거치듯이 관계도 정서적으로 그 단계가 되면 오히려 아프지 않고 무감각해진다. 이렇게 되면 사람으로서가 아니라 문제로만 대상을 인식하면서 점점 관계가 악화되어 서로 투명인간처럼 취급하면서 살게 된다. 이는 단절된 관계로서 관계의 죽음을 의미한다.

위해 고군분투하지만, 다양한 노력에도 불구하고 뜻대로 되지 않으면 결국 중독자를 회피하고 중독자에게 의지와 책임을 요구한다. 이럴 경우, 중독자가 심한 좌절감에 사로잡히면서 중독 증상을 더욱 악화시키는 악순환을 반복하는 가정이 적지 않다. 이러한 악순환 속에서 중독자 가정은 어떻게 회복될 수 있을까?

4. 인터넷 중독 가족상담 사례

이 사례는 약 1년 6개월에 걸쳐 마무리된 것으로 구조적 가족상담 모델을 적용한 것이다. 구조적 가족상담은 상담의 문제와 증상이 가족구조 내에서 나타난다는 것을 전제로, 그 구조 속에서 파괴적이고 연쇄적으로 반응하는 부정적 상호작용의 패턴을 바꿔 주면 문제와 증상이 사라진다고 믿는 치료 기법이다. 사례에 대해 기술된 것을 통해 구조적 가족상담의 방식을 이해할 수 있을 것이다.

1) 호소 문제

29세의 대학 휴학생(남자)으로 초등학교 고학년 때부터 PC방에 다니다가 중학교에 들어가면서부터는 게임에 몰입하였다. 대학에 입학하여 첫 학기만 다니고 휴학을 5년째 계속하고 있다. 늘 집 안에만 있으며 주로 게임으로 하루를 보냈다. 그러다가 1년에 몇 번씩 가출을 하여 경제적으로 빚을 진다. 그때마다 게임을 그만두겠다고 약속하지만 지켜지지 않고 이러한 행동을 계속 반복하고 있다.

2) 현재 가족구조와 정보

엄격한 가부장적 가족구조이고 엄마와 아들이 심한 밀착관계이다. 이 가정의 부부관계 양상을 보면 신혼 초 시부모와 살면서부터 부부간 갈등이 있었고, 부부 모두 아들에게 몰두하나 서로 엇갈린 의견으로 아들을 대하고 있다. 내담자는 부부 사이에 끼인 아들로서 오랫동안 부부 갈등의 긴장과 압박을 암묵적으로 받으며 완충 역할을 해 온 것으로 여겨졌다. 누나(31세)는 이 가족에서 스스로 소외되어 있으며, 가족 구성원이기를 체념한 채 자신에게만 집중하고 살면서 표면적인 관계만 맺는 것으로 보인다.

- 남편(내담자의 아버지, 64세) : 엄격하고 규제가 심하며 강압적이다. 아내와 대화가 잘 되지 않고 대부분 회피한다. 장남으로서 '부모님에게 효도해야 한다'는 가족 규칙을 신념으로 갖고 있다. 은퇴 이후 내담자인 아들에 대해 더 관심을 갖게 되었고 가족상담에도 종종 참여한다.
- 아내(내담자의 어머니, 57세) : 고등학교 교사 출신으로 수학 학원을 20년째 경영하고 있다. 시부모의 부당한 대우로 실어증에 걸린 경험이 있고 자살을 한 번 시도한 적이 있다. 그때마다 남편이 시부모의 편이 되어 더 고통스러웠으며 가슴속에 상한 감정의 응어리가 아주 크다고 하였다.

3) 문제 이해 및 가족구조 진단

① 경계선 문제 : 이 가족은 내담자와 어머니가 밀접한 관계를 유지하고 아버지는 소외되어 있다. 따라서 내담자는 어머니의 과잉관여로 독립성과 자율성이 결여되어 있다고 여겨진다. 그간 대부분 어머니가 앞서서 결정하는 바람에 내담자 자신이 스스로 책임지는 훈련이 적었고, 정체감 확립에 어려움이 있었다고 추측되었다. 이러한 가족구조에서는 내담자가 정서적으로 자립할 수 없기 때문에 어떤 문제를 스스로 자율적으로 해결하는 능력이 취약할 수 있다. 게다가 어머니의 지나친 주목이 속박구조를 만들고 그 안에서 이중구속의 언어를 사용함으로써 무의식적으로 내담자의 인터넷 중독 현상이 더 악화되도록 통제해 왔을 것이다. 따라서 가장 우선적으로는 성년기 자녀에게 필요한 경계선 작업이 필요하다고 보았다.

② 부부 간의 만성 불화 : 부부간의 만성적인 갈등으로 인해 매우 파괴적인 상호작용 교류로 부정적 순환을 반복하고 있다. 이로 인해 부부가 서로 내담자를 다른 방향으로 이끌어 가면서 문제를 더욱 악화시킨다고 보았다. 특히 남편이 은퇴

이후 아들 교육 문제를 맡으면서 부부 모두 내담자에게 관심을 더 집중함으로써 삼각관계를 형성하는 등 내담자로서는 정신적인 압박과 스트레스가 가중되어 부부의 희생양이 되고 있다고 추측되었다. 따라서 내담자에 대한 부모의 기대와 규칙을 완화하도록 돕는 한편, 우선적으로 부부관계를 좋게 하는 방향으로 상담의 초점을 맞춤으로써 내담자의 증상이 더 이상 악화되지 않도록 주의해야 한다.

③ 정서적인 차단 : 부모체계는 아들의 교육 문제로 갈등이 많고, 정서적인 대화가 거의 되지 않으며, 그나마 대화를 해도 대부분 다투게 된다. 따라서 부모-자녀 관계의 구조가 역기능적이다. 특히 강압적이고 무서운 아버지와 바쁜 어머니로 인해 외로움과 두려움이 내담자 안에 내재되어 있다고 보았다. 따라서 이 부분에서 내담자가 자신의 감정을 자각하고 정체성과 위계를 스스로 확립할 수 있도록 지원해야 할 것이다.

④ 형제체계의 소원구조 : 내담자와 누나가 정서적인 관계에서 밀려나 있다. 서로 표면적으로 눈짓만 할 뿐 누나는 가족의 일원이기를 거부하고 있다. 가정은 형제관계를 통해 사회적인 실험을 하는 곳이므로 형제구조를 새롭게 변경하여 누나의 지지와 협력, 도움을 받아야 할 것이다. 따라서 누나가 가족의 일원으로서 내담자를 위해 기여할 수 있는 마음이 되도록 동기를 부여해야 한다.

4) 상담 목표 수립

① 어머니와의 경계선 작업을 실시한다. 어머니도 자신의 경계선을 찾게 하고, 나아가 내담자 역시 심리적으로 독립이 이루어지도록 자율성을 확보한다.

② 부부체계에 대해 도전하고 체계를 새롭게 구성한다.

③ 부모-자녀 체계를 새롭게 한다. 성년기 자녀의 지도를 예전과 다르게 한다.

④ 형제체계를 강화한다.

⑤ 가족의 정서적 기능을 향상한다.

⑥ 가족규칙인 인지적 기능을 유연하게 한다.
⑦ 성인 자녀 생애발달 주기에 적절한 가족구조를 형성한다.

5) 상담체계 형성

내방한 가족과 상담자의 관계 형성이 중요하다. 상담자에게는 신뢰와 영향력이 있는 역할이 요구된다. 우선 부모와 관계를 맺으면서도 상담 자체에 불신감을 갖고 있는 내담자와 관계를 잘 맺는 것이 관건이다. 내담자에게는 가지고 있는 능력과 강점을 부각하여 상담자에 대한 저항을 없애고 신뢰관계를 형성하기 위해 잘 합류할 필요가 있다.

> ● 첫 회기의 인상 : 내담자는 고개를 푹 숙이고 있다가 10여 분이 지나자 자신은 할 말이 없다며 일어나려고 하였다. 내담자는 상담자에게도 냉소적인 태도로 대하고 대부분 묵묵부답이다. 상담자의 질문에 마지못해 대답하면서 자신은 부모에게 이끌려 왔으나 상담자를 신뢰하지 않는다고 말했다. 그 이유를 알고 싶다고 하니, 그동안 상담소를 몇 군데 다녔어도 부모가 나아진 게 하나도 없다고 하였다.

아버지는 아들이 인간 구실을 하는 날만을 기다린다고 하였으며, 어머니는 아들이 게임을 한 지 약 10년이 되었고 치료를 받은 지는 5년이 지났는데 선생님들마다 치료 방법이 달라서 어떻게 해야 할지 모르겠다고 하소연을 하였다. 또 자신은 잠을 못 자고 몸무게도 줄어들고 사는 게 너무 절망적이라고 하면서 깜깜한 터널 속에서 암담한 하루하루를 지내고 있다고 하였다.

가장 원하는 것이 무엇이냐고 물으니 아들이 게임을 하지 않고 정상적인 생활을 하면 좋겠고, 제발 친구들이라도 만나고 농구 같은 운동도 하고 아르바이트라도 한다면 소원이 없겠다고 하였다. 몇 년 동안 1년에 두세 번 가출을 했는데 최근에는 가출 횟수가 더 잦아지고 날수도 많아지면서 빚을 지고 집에 돌아왔다. 그럴 때마다 어머니는 빚을 갚아 주었고 아버지는 더 고생해야 한다며 자주 부부싸움을 한다고 하였다.

내담자는 처음에 약 15분 정도를 상담하였고 조금씩 늘려 가면서 상담에 임하도록 하였다. 그 후 회기가 지날수록 40~50분간 상담을 하였다. 우선 치료자와 신뢰 관계를 구축해야 했기에 내담자를 문제의 시선으로 보지 않았다. 주로 질문을 통해 내담자의 관심사에 초점을 두고 '따라가기'를 하며 유대감을 가졌다.

6) 개입 과정

(1) 초기 개입

합류하기, 가족구조 파악하기, 부정적인 교류 상승 감소시키기, 스트레스 요인 감소시키기, 증상을 활용해서 자율성을 확보한다. 내담자가 상담에 수동적이었으므로 주로 내담자가 어머니와 동반하는 상담으로 진행했고, 이 과정에서 주로 어머니에게 초점을 맞추었다. 어머니는 동반의존자의 증상을 여실히 보여 주었다. 아들이 컴퓨터를 얼마나 하는지 감시하느라 매일 밤잠을 잘 수 없을 만큼 예민해져 있었다. 어머니는 온 관심을 아들에게만 집중하고 있었지만 정작 아들에게는 무슨 말을 어떻게 해야 할지 몰라 불안해하며 전전긍긍하는 상태였다. 어머니는 아들에 대해 다음과 같은 기대를 갖고 있었다. 청소도 하고, 설거지도 도와주고, 엄마의 대화 상대도 되어 주고, 산책도 같이 하고, 더 발전적이고 생산적인 사회활동도 하고, 아침식사도 함께 하는 것 등을 요구하면서 아들에게 몰입하고 있었다. 어머니는 아들과 과잉적으로 연루된 상호작용에 대해 비합리적인 기대와 심리적 구조를 갖고 있었다. 따라서 상담자는 내담자의 어머니가 갖고 있는 기대와 규칙, 그리고 심리적 기저에 깔려 있는 불안을 다루는 데 집중하였다. 이는 오랫동안 중독을 치료해 온 전문가들이 "중독치료는 바로 중독자에게 의존되어 있는 배우자나 부모에게 먼저 시작하는 것이 더 효과적이다"라고 말하는 것에 근거한 것이다.

- 10회기에서 부모는 내담자에게 우선 컴퓨터를 사 주기로 결정하고, 몇 가지를 합의한 다음 내담자가 자기 방에서 게임을 하도록 허용하였다. 그날 밤부터 내담자는 노트북을 가슴에 안고 잠을 잔다고 하였고, 그 이후 가출하던 습관이 대부분 없

어졌다(상담 과정에서 부모와의 갈등 이후 단 한 번 가출하였다.)

- 초기의 부가적인 상담
  - 가족의 강점과 내담자의 자원 파악 : 비범하고 마음이 따뜻하며 원래 착하고 천성이 곧고 정직하다.
  - 부부간 부정적 상호작용 패턴을 공감적 상호작용으로 실연
  - 부모의 원 가족과의 관계구조 파악

(2) 중기 개입

상담 과정은 의사소통 발전, 구성원들의 상호성 파악, 악순환이 어디서 강화되고 있는지를 인정하는 것, 가족의 재구조화, 핵가족의 전반적인 기능향상 등에 초점을 두었다. 지금껏 가족치료에 합류하기를 거부하던 누나가 함께 참여함으로써 가족상담에 활력이 생겼다. 중반기에 들어서면서부터 아들에 대한 어머니의 반응 방식이 예전과 많이 달라지자 아들의 언행에 조금씩 변화가 일어났다. 이때 상담자는 만성 갈등 관계에 있는 부모와의 사이에서 중압감을 느끼고 있는 아들을 해방시켜 주기 위해 남매관계를 강화해서 힘을 얻을 수 있도록 남매간 상호작용의 강화를 중시하였다. 따라서 가족 전원이 모였을 때 이 부분을 유념하고 상호작용을 하도록 촉진하였다. 즉 전에는 내담자와 누나가 서로 무심하고 소원한 관계였으나 남매간에 지지적 제휴를 맺게 함으로써 정서적으로 누나의 지원과 협력을 얻을 수 있었다. 내담자의 누나 역시 "가족에게 너무 지쳐서 언제부터인가 체념하고 자신에게만 집중하면서 가족에게 무관심했어요. 예전엔 동생을 사랑했는데 다 싫고 딱하기만 해요. 각자 나름대로 옳다고 주장하며 집안이 늘 긴장되어 있고 엄마는 나를 붙잡고 하소연만 하시죠."라고 진술하였다. 결과적으로 내담자는 부모-자녀 관계의 속박구조에서 남매간의 지지관계로 바뀌면서 누나의 진심이 담긴 관심을 받고 자신을 바꿔 가는 데 힘을 얻은 것으로 보인다.

변화가 느껴질 무렵, 내담자는 자기 때문에 부모님이 크게 다투는 것을 보았다. 게다가 어머니가 자신을 여전히 감시하면서 마치 초등학생을 다루듯이 용돈 문제

로 자존심을 상하게 한 일에 화가 나 아무 말도 하지 않고 컴퓨터만 가지고 약 한 달 가까이 집을 나가게 되었다. 이때 상담자는 어머니에게 계속 상담을 받도록 권하고 전과는 다르게 반응하도록 조언하였다. 상담자는 어머니에게 아들이 가출한 것이나, 빌려 쓴 돈에 대해, 예전처럼 아무 일 없었다는 듯이 말하거나 협박적인 말로 다그치지 않도록 조언하였다. 따라서 어머니는 상담자와 의논하여 진심을 가지고 대하되 책임을 대신 지지 않고 가능한 한 아들과 합의하여 단계적으로 받아주는 과정을 거치기로 하였다.

그 이후 내담자에게 자기 자신을 돌보는 변화가 현격하게 일어났다. 혼자 셔츠를 구입하고 친구도 만나기 시작했으며, 무엇보다도 아르바이트를 하려는 마음이 생겼다.

내담자가 상담에 관심을 두기 시작하면서 자신의 진짜 문제가 무엇인지에 대해 상담자와 의논하기 시작하였다. 어머니와의 관계에서 손상된 정서적 애착에 대해서도 어머니 앞에서 직접 토로할 수 있는 기회를 가졌다. "엄마는 늘 바빠서 나에게 진정한 관심이 있었나요? 퇴근하고 와서 숙제를 다 했는지, 컴퓨터를 얼마나 했는지 그것만 체크하고 다그치듯이 했지, 나에게 따뜻하게 마음으로 대해 준 적이 있었나요?"라고 말하며 울기도 하고 화를 내기도 하였다. 자신의 마음조차 알지 못했던 내담자가 우울감과 무력감에 잠식되어 있다는 것을 자각하고 힘들다고 호소하였다. 또한 '귀차니즘'이 있어서 싫으면 미뤄 버리는 습관도 인정하였다. 내담자는 이미 무기력해진 자신 때문에 자기 의지대로 행동할 수 없는 자기가 가장 큰 문제라면서 고민에 대한 상담 주제를 내놓기도 하였다. 휴학을 하게 된 배경도 이때 다루게 되었다.

내담자는 계속해서 우울감을 인정하였다. "나는 외로운 사람이었구나." "내가 정말 아빠, 엄마를 싫어하는구나." "나는 항상 집이 없었다. 그래서 가출을 해도 편안했다. 나는 집이 없었으니까. 현재도 그렇다. 그래도 나는 낙관적이고 명랑했다. 그러나 내가 불쌍하기도 하다. 하지만 이게 전부는 아니지 않은가? 내가 알아서 조절할 것이다. 돈도 내가 벌어서 살 것이다. 부모와는 '무거래'할 것이다. 상담은 2주에 한 번씩 오겠다." 내담자는 내면의 현실을 인정하고 자기승인(self-validation) 작업을 통해 자기 자신의 정체성을 찾아 가고 있었다.

한편 이 과정에서 부부의 숨겨진 문제가 본격적으로 드러나기 시작하였다. 그동안 가부장적인 남편이 화를 잘 내고 걸핏하면 방에 드러누운 채 가족 모두에게 무언의 비난과 압박을 할 때마다 아내는 남편 앞에서 할 말을 하지 못하고 지내 왔다. 남편에게 할 말을 못 하니 대신 정서적인 충족을 하고자 아들에게 더욱 관심을 가졌던 것이다. 그러나 아들이 성장할수록 통제하기 어려워지자 얼마 전부터 남편을 이끌어 내담자의 경제적인 문제를 맡게 하였다. 그러던 과정에 부부간의 불화는 계속되었고 첨예하게 부딪치는 일도 빈번하게 발생했다.

이 부부는 남편이 강압적인 어투로 말을 하고 아내는 어떤 말도 하지 않고 위축된 상호작용 패턴이었다. 따라서 상담자는 부부관계 구조를 새롭게 형성하기 위해 부부상담 10회를 따로 진행하였다. 그러나 지면상 부부 문제에 대한 상담 과정은 생략한다.

내담자는 자신의 현실감각이 떨어진 부분, 즉 돈 문제, 여자와의 관계, 학업 문제 등에 대해 하나씩 책임을 갖기 시작하였다. 예를 들면 스스로 예약하고 상담실에 혼자 오기, 병원에서 약 타 오기, 용돈을 자기가 벌어서 쓰기 등을 이행하였다. 먼저 문방구에서 시간제 아르바이트를 시작하였다.

- 중반기 과정의 부가적인 상담 : 내담자에 대한 정체성을 확립하기 위해 유치원부터 지금까지 성공한 경험 및 강점을 발견하기도 하고, 미래에 어떻게 살고 싶은지 구조를 직접 그려 보고 설계함으로써 자신의 꿈, 희망, 관심사를 알게 하였다. 그는 경영을 하고 싶다면서 카페를 창업하겠다고 다짐하고는 문방구 아르바이트에서 카페로 일자리를 옮겼다. 경영, 창업, 카페에 관심이 있었다.

(3) 상담 후반기 개입

명료한 경계선 설정, 개별성과 연합성에 대한 실연, 위계구조 등 새로운 가족구조 만들기, 내담자의 정서적 기능 회복을 지속하였다. 가부장적인 아버지 앞에서 어떤 말로도 자신을 표현하지 않던 내담자가 자신의 감정을 일치적(직접적으로 정직하게)으로 바르게 말할 수 있도록 지지하였다. 내담자는 엄격하고 무서웠던 아버지에게 할 말을 하게 되면서부터 자기표현과 자기보호를 하기 시작하였다. 이를 반복하면서 아버지와의 관계가 좋아졌다. 예를 들면 아버지의 강압적이고 경직된 말투를 아들이 웃으면서 교정해 주는 모습을 보이기도 하였다.

상담을 시작하고 1년이 지난 후부터 내담자는 게임으로 낭비했던 10년의 세월이 아깝다고 후회와 자책을 하였다. 그러나 게임을 아주 끊을 수는 없다고 가족 앞에서 당당하게 표현하였다. 그 후 어느 날 내담자는 곰곰이 생각해 보니 10년이 아니라 정확하게는 4년을 허비했다고 하면서 그 시간을 만회하기 위한 계획을 세우겠다고 하였다. 그리고는 바리스타 교육을 받는 동시에 아르바이트를 4개월간 한 뒤 현재는 커피숍 매니저로 활동하면서 월급도 제법 받고 있다. 또한 복학할 준비도 하고 있다.

한편 어머니는 아직도 아들에게 가끔씩 휘둘리는 자신의 마음을 알아차리고, 어머니로서 위상을 정립하고 가족과 더불어 새롭게 더 잘 살고 싶다며 가족에 대한 공부를 시작하였다. 그리고 자신의 노후에 대한 그림을 그리고 남편과의 관계를 새롭게 다시 설정하였다.

부모의 관계가 좋아지는 모습을 보면서 아들은 이제 상담소에 올 필요가 없다고 하였다. 내담자는 이제 보니 게임 때문에 4년을 낭비한 것이 아니라 2년 정도인 것 같다며 자신의 생각이 바뀐 것을 알려 주었다. "나는 혼자서 잘해요. 공부는 필요한 만큼 해 왔고 앞으로도 할 거예요. 살아 있는 지식 공부가 좋아요. 내가 잘되어야죠." '미루지 않고, 피하지 않고, 앞으로 나아가기'라고 휴대전화에 저장하고 다닌다며 휴대전화를 상담자에게 보여 주었다.

7) 상담 성과

상담은 성공적이었다. 내담자의 어머니는 종결상담이 있기 몇 주 전에 다음과 같이 말했다. "아들이 빈사 상태의 의식불명이다가 80% 정도 일어선 것 같아요. 갑자기 일어난 것에 대해 날마다 놀랍기만 해요. 그리고 그때마다 의심을 했는데 이제는 안심이 됩니다. 아들이 시간을 지키고, 사회에서 일도 하고, 돈을 벌고, 인정도 받고, 여자 친구도 가끔 만난다고 하니 정말로 신기해요. 이제는 아들이 혼자서 자기 일을 잘하고 있어서인지 가끔 게임하는 것을 봐도 별로 마음이 쓰이지 않아요."

상담의 성과를 열거해 보면, 첫째, 내담자와 어머니 사이에 심리적인 경계선이 구분되면서 내담자가 자율성을 확보하고 개별화가 되어 자신의 정체성을 찾을 수 있었다. 둘째, 남매체계를 강화하여 어려운 일이 있으면 누나에게 먼저 상의하고 취업 시 이력서를 작성하는 것도 도움을 받았다. 그리고 부모가 부모 역할과 지도 방법을 예전과 다르게 하여 아들과 조정하고 협상할 수 있다. 셋째, 부부체계는 아

직 미해결 정서가 많이 남아 있지만 부부가 자녀보다 더 우선 영역임을 알게 되었고, 둘만의 관계를 새롭게 하기 위해 부부 사진반에 가입하였다. 이러한 과정을 통해 가족 구성원들의 인지적인 기능이 유연하게 확장되면서 정서적인 기능 역시 많이 상승되는 새로운 가족구조를 갖게 되었다.

종결상담 시 가족 기능 평가를 실시하였다. 온 가족이 참여하여 10점 만점으로 점수화했는데, 내담자의 평가만 살펴보면 가족의 정서적인 교류 6점, 권력 6점, 개별화 3점, 문제해결 능력 3점, 가족 소통 6.5점, 감정 다루기 3점, 부부관계 6.5점이었다. 그리고 그는 "우리 가족은 괜찮은 사람들"이라고 하였다. 가족이 방향성을 잘 잡으면 스스로 잘 나아갈 수 있는 생명력이 있다는 것을 확신하는 순간이었다.

°°맺음말

중독은 폐해가 대단히 큰데도 불구하고 정작 중독의 치료는 쉽지 않다. 중독 현상은 사람의 뇌와 신체 및 정서 부분에 자리 잡고 끈질긴 상태로 습관화되어 있어 치료가 더 어렵다는 것이 일반적인 평가이다. 따라서 중독치료는 고난도의 전문성과 치료적인 능력, 그리고 무엇보다도 가족 구성원의 바람직한 도움 등 수많은 요소가 복합적으로 필요하다. 또한 치료된 상태라 할지라도 안심하거나 보장할 수 없는 것이 중독치료의 문제점 중 하나이다. 중독의 흐름을 끊어 내기 위해서는 상담자가 가족체계를 이해하는 것이 매우 중요하다. 가족의 구조, 역할, 가족규칙인 무의식적인 신념, 가족의식, 가족문화, 가족의 비밀과 전통적인 습관을 이해하는 것이 필수적이다. 왜냐하면 불안한 상황에서 사람의 기능 방식은 서로를 희생하게 만들기 때문이다(Bowen, 2005).

이를 위해 이 장에서는 인터넷 중독 상담이 개인상담보다도 가족상담 안에서 더욱 차별화된다는 점, 그리고 상담자가 가족체계에 대한 전문적인 지식과 경험을 가지고 상담을 할 때 비교적 좋은 성과를 이끌 수 있다는 점을 강조하였다. 필자는 차제에 정부 정책을 입안하고 평가하고 실천하는 분야에 종사하는 가족 · 사회 ·

복지 관련자들이 가족구조와 연결된 사고방식을 가지고 사회 전반의 시스템을 변혁해 주기를 바란다. 왜냐하면 가족구조에서 개인의 안녕, 행복, 평화, 애정이 생성되고 그것은 곧 사회의 모든 시스템으로 스며 들어가 사회구조를 만들기 때문이다. 집단 무의식, 사회문화, 사회의식이 그 과정에서 조성되어 국가 복지를 이루는 원천이 되고 그것은 다시 가정으로 흘러가는 순환체계를 이룬다. 따라서 우리나라가 복지 국가로서 시민의식을 향상하고 정신 문화 수준을 높여 선진 문화 국가로서의 위격을 갖추기 위해서는 '가정과 가족구조에 대한 이해와 교육'이 절대 필수 요소라는 것을 강조하며 이 장을 마친다.

참고문헌

고병인 (2005). 중독자 가정의 가족치료. 학지사.

고영삼 (2012). 인터넷에 빼앗긴 아이. 베가북스.

김순옥, 곽소현, 노명숙, 이화자 외 7인 (2012). 가족상담. 교문사.

박성덕 (2014). 한국가족치료학회 Emotionally focused couple therapy 연수교재.

이정연 (2009). 부부상담과 치료(제2판). 시그마프레스.

이화자 (2015). 중독과 가족상담. 누림북스.

정문자, 정혜정, 이선혜, 전영주 (2012). 가족치료의 이해(제2판). 학지사.

Kerr, M. E. & Bowen, M. (1988). *Family Evaluation*. [남순현, 전영주, 황영훈 역 (2005). 보웬의 가족치료이론. 학지사.]

Minuchin, S., et al. (2007). *Assessing Families and Couples: From Symptom to System*. [오진미, 신희천, 유계식, 김만권 역 (2007). 부부·가족상담의 4단계 모델. 시그마프레스.]

08

인터넷
중독에서의
대안활동과
예술치료

제8장
인터넷 중독에서의
대안활동과 예술치료

강준기 ∣ 서울디지털대학교 상담심리학과

우선 독자들에게 묻는다. "인터넷 중독자에 대한 치료의 끝은 어디인가?" 이에 대해 필자는 "인터넷 중독 치료의 끝은 그가 '인터넷 사용 시간을 줄였다'가 아니라, '가치 있는 결과를 기대할 수 있는 치유적인 대안활동을 확보했는가'에 달려 있다."라고 말하고자 한다.

이 장에서는 '대안활동'이라는 용어가 어떠한 방식으로 거론되고, '대안'은 어떤 의미로 사용되고 있으며, 역사적으로 세대마다 추구해 온 '대안'을 '몰입'으로 설명할 수 있는 이유와 현재에도 많은 대안활동이 일상 속에 스며 있다는 것을 다룬다. 또한 '몰입'의 핵심인 '몰두'가 어떠한 함정을 갖고 있고, 인터넷 사용의 본질적인 의도 속에는 대안활동을 가리키는 방향이 숨겨져 있으며, 치유의 개념으로 활용되는 예술치료가 대안활동의 개념과 가까운 이유와 사례를 살필 것이다. 마지막으로 고통의 상담보다는 대안의 개념으로 행복한 상담이 될 수 있도록 하자는 의견을 제시할 것이다.

1. 대안활동의 정체와 추세

1) '대안활동'이라는 용어는 지금 어디에 등장하는가

지금까지 대안활동은 그저 누군가의 책 속에나 나오는 단어에 불과해 보인다. 그리고 대안활동을 보다 깊이 있게 서술할 것 같은 책들은 인터넷 중독과 그에 대한 상담 및 치료를 설명할 때 곁들이는 음식의 양념처럼 대안활동이라는 용어를 무수히 많이 사용해 왔다.

어쨌든 필자는 대안활동이 인터넷 중독에서 한 자리를 차지할 것으로 기대한다. 그러나 이런 바람은 아직 실현되지 않았다. 새로운 것이라면 누구보다 먼저 받아들이고 실험하기를 좋아하는 한국인의 특성을 감안하면 대안활동이 하나의 깊은 학술적 과정으로 벌써 생겼어야 하는데 아직까지 보지 못했다.

2) '대안'인가, '대체'인가

앞서 언급했듯이 '대안활동(alternative activity, 代案活動)'이라는 용어를 사용하는 의도는 '단어의 의미'를 중심으로 전달되고 있다. 'alternative'는 '하나를 건너뛰고 다음 것을 선택한다', '번갈아 나오거나 생겨나다'에서 나온 '다른 선택', 즉 '대안'이라는 의미이다. 그리고 한자어 '代案'에서 '代(대신할 대)'는 '대신하다', '교체하다', '案(책상 안)'은 '생각', '안건'으로 '대안'은 '생각을 대신하고 교체하다'라는 의미이다. 결국 '대안'은 기존과는 달리 별도의 것, 종래의 것과는 다른 것을 뜻한다. 그러므로 인터넷 중독에서 '대안활동'이라는 용어의 사용은 기존의 인터넷 사용, 즉 온라인상의 행위를 다른 것으로 대신하거나 대체할 수 있는 '오프라인 활동'인 것이다.

그런데 이러한 의미만으로는 인터넷 중독 상담이 실패를 겪는다. '바꿔! 그것을 하지 말고 다른 것을 해!'라는 개념이기 때문이다. 그러므로 인터넷 중독에서 '대안'은 '대체'의 의미가 아닐 수 있다. 대체의 관점에서 보면 'A가 아니라 B'이지만, 대안이라는 관점에서 보면 'A 말고도 B, C, D, E'이다. 따라서 선택이 중요하고,

• 전문가를 위한 지침서의 예

"인터넷 중독 상담은 약 8회기 정도에 대안활동 위주의 상담을 통해 자기통제력을 확보할 수 있도록 지지하는 것이 필요하다. … 피상담자가 관심을 갖는 활동이 있을 경우 그것을 활용하여 신뢰관계를 형성할 수 있다. … 피상담자가 몰입할 수 있는 대안활동이 발견될 경우, 바우처 등의 혜택을 연계하여 지속할 수 있도록 한다. … 상담 동기가 강화된 이후의 연계에서 변화된 행동을 유지하는 데에 효과적인 대안활동과 사회성 회복을 위해 지역행사 참여를 권할 수 있다. … 제한된 사회활동이라는 요인에 따라 대안활동이 필요하다."(고영삼, 2013; 한국정보화진흥원, 2013; 한국정보화진흥원, 2012; Young & Abreu, 2013)

• 부모에게 제공된 저서의 예

"인터넷 말고 잘할 수 있는 게 있어야 게임 중독이 해결됩니다. … 대안활동 찾기, 가족들을 위해 무언가 할 수 있어서 좋아요. … 엄마의 칭찬을 듣고 싶어요. … 내가 원하는 것은 무엇인가. … 안개 속에 가려진 꿈… 기적 창조의 지혜 속으로 참여하여 희망 찾기."(김명자, 2013; 김미화·장우민, 2008; 서영창, 2009)

• 인터넷 중독 상담기관에서 참여와 홍보를 위해 사용된 예

"깨끗한 인터넷 세상 만들기 청소년 창작음악제… 인터넷 및 스마트미디어 중독 예방·해소를 위한 전통놀이를 대안활동으로… 인터넷 쉼터 캠프는 컴퓨터와 인터넷이 없는 자연 속에서 문화 체험 등 다양한 대안활동을 통해 인터넷 사용 조절 능력을 향상시키는 행사입니다. 주요 프로그램은 인터넷 사용 조절 상담과 더불어 물보라썰매, 사물놀이, 하이킹, 서바이벌 사격 등 다채로운 캠프 활동입니다. … 예방사업−삼삼한 대안활동−오프라인상에서의 즐거운 놀이활동을 통해 인터넷 밖 세상의 재미를 알고 즐길 수 있도록 돕는 보드게임 등 다채로운 체험활동 프로그램입니다. … 가족 캠프에서는 가족 안에서 인터넷 사용 대신에 할 수 있는 대안활동을 구체적으로 찾아보고 다양한 체험활동 및 집단상담을 통해 가족 간에 서로를 이해하도록 돕습니다."(한국정보화진흥원 인터넷중독대응센터, 서울시립 아이윌센터)

선택할 수 있는 대안을 만들어 내는 과정이 필요하다. 여기에 자유가 있고, 자유를 누리는 즐거움이 있다. 'A가 아니라 B'라는 세계관에서 미래는 폭력적인 모습을 띤다(박성원, 2009).

그러므로 대안은 다양한 양상으로 소개되어야 하고 여러 가능성을 열어 놓는 것이 맞다. 이처럼 대안은 선택, 자유, 비폭력의 넓은 의미를 갖고 있기 때문에 그동안 여러 저서에서 다양하고 넓은 선택의 폭을 보인 것일 수 있다. 그러나 이러한 이유로 대안활동은 뚜렷함보다는 두루뭉술하게 사용되어 왔다.

인터넷을 사용하며 눈총을 받는 이들에게 주변인들은 대체할 것을 요구한다. 또한 상담사들도 인터넷 중독으로 갈등을 겪는 이들에게 "B가 대안이다"라고 말하며 다른 선택만을 요청한다. 그러나 그렇게 생각하지 않는 사람의 시각에서는 싫어도 따라야 할 것이 되어 반감을 일으키고 사용자, 주변인, 상담자 사이에 갈등이 일어나게 된다. 그렇지만 선택의 폭만 넓혀서 'A 말고도 B, C, D, E가 있다'는 표현도 결국 그들에게는 A를 포기하고 다른 것을 선택하라는 말로 들릴 것이다. 결과적으로 이것도 폭력이 될 수 있다.

3) 선택의 폭만 해결되면 대안인가

대안의 현실적 적용을 위해 영화 〈다이버전트(Divergent)〉[1]를 살펴보자. 이 영화는 인류의 미래가 전쟁으로 파괴되어 지도자들이 안전책으로 벽을 세우고 평화를 유지하기 위해 인류를 다섯 분파로 나누었다는 내용이다. 하지만 인간이 다섯 가지 본성 중에 하나를 선택하여 살 수 있을까? 영화에서는 평화를 유지하는 중요한 신념인 '핏줄보다 분파'를 중요시하여 '인간의 본성'을 극복해야 한다고 설명한다. 그래서인지 이 영화의 명대사는 "인간의 본성이 약점인가요?"이다. 영화는 'A 말고도 B, C, D, E가 있다'는 표현을 5개의 분파로 설명한다. 그러나 이러한 선택의 폭마저도 인간의 본성과는 충돌을 일으킨다는 것을 발견할 수 있다.

그러므로 대안의 의미는 현실적으로 변화되어야 한다. 'A 말고도 B, C, D, E가

---

1 어떠한 단일 선택만으로 속박되지 않는 존재인 인간을 '다이버전트'로 설정하여 인간의 본성을 재조명한 영화이다. 가까운 미래에 잦은 전쟁과 자연재해로 폐허가 된 도시 시카고에서 인류는 하나의 사회, 5개의 분파(지식과 논리를 탐구하는 현명한 사람들의 분파, 땅을 경작하며 다정하고 화목하고 늘 행복한 분파, 정직과 질서를 중시하며 천성적으로 거짓말을 못하는 분파, 수호자이며 군인이자 경찰인 용감하고 대담하고 자유로운 분파, 이웃에 헌신하는 이타적인 분파)로 나누어 자신이 선택한 분파의 행동규범을 절대적으로 따르며 철저히 통제된 세상에 살게 된다. 핏줄보다 분파가 중요한 사회에서 모든 구성원은 16세가 되면 평생 살아갈 분파를 선택하기 위해 테스트를 치르게 되고, 그중 어느 분파에도 속하지 않아 금기시되는 존재 '다이버전트'로 판정받은 소녀 '트리스'가 나타난다. 정부에서 개발한 감각 통제 시스템으로 통제할 수 없는 강한 의지를 지닌 '다이버전트'는 영화가 제시한 미래 사회의 설정을 무너뜨린다.

있다'는 '선택의 폭'을 뛰어넘어 '중복된 선택'도 허용해야 할 필요가 있다. 즉 'A와 더불어 존재할 여러 대안이 있다'라고 변화되어야 한다. 현실적인 대안의 의미는 어떠한 단일 선택이 아니라 더불어 선택할 수 있는 것이다. 이에 상담자들도 'A와 더불어 존재할 여러 대안이 있다'라고 제시할 줄 알아야 하며, 상담자 스스로 다양성을 수용해야 한다. 그렇지 않다면 상담을 받는 사람이나 주변인들은 좌절하고 꿈을 접을 것이다.

그럼에도 오프라인으로 대체하고 대신할 수 있는 활동이라는 전통적인 대안활동이 인터넷 사용 시간을 줄여 준다고 보고되고 있다. 그러나 최근 SNS를 통해 대안활동의 정보를 공유하게 되어 대안활동의 양이 늘어남과 동시에 스마트폰 사용 시간도 늘어난다. 이처럼 급변하며 시공을 초월하는 스마트미디어 세상에서 대안활동은 인터넷 사용자들에게 인터넷의 이용 가치를 더욱 높이고 스스로 온·오프라인의 일상을 주도할 수 있도록 돕는 방향으로 변화하고 있다(김주경·이승희, 2014). 대안활동은 현재의 온·오프라인을 초월하는 스마트미디어 환경에서는 그 범위가 더욱 중복되고 겹치는 경향을 보이고 있는 것이다.

이제는 대안활동과 인터넷 및 스마트미디어 간의 관계 양상이 급격히 혼합되고 있다. 그러므로 대안활동은 전통적이며 갈등을 낳는 대체의 의미에서 '온·오프라인을 초월한 폭넓고 중복된 선택의 폭을 가진 대안'으로서의 의미로 새롭게 이해할 필요가 있다. 즉 대안활동은 이 책에서 하나의 장으로 쟁점화될 가치가 있는 것이다.

필자는 이 장에서 몰입, 몰두, 치유의 순서로 대안활동에 대해 살펴볼 것이다. 대안활동의 근본적인 의도와 조건을 살펴본 후 대안활동으로서 예술치료의 가치를 논하고, 대안활동 중심의 상담 방법과 필요성을 함께 다루고자 한다.

2. 몰입, 시대마다 추구한 여가 시간의 가치

시대마다 사람들에게 고민이 있게 마련이지만 한편으로 각 시대의 고민은 공통점이 있다. 그 고민은 인간이 삶을 사는 모습에 대한 걱정이며 보다 나은 미래를 위한 희망이 담겨 있다. 필자는 '몰입'이 이러한 시대 간의 공통된 고민과 희망을 동시에 설명하는 용어라고 생각한다. 그래서 용어가 발생하게 된 시대적 상황과 현재의 상황을 비교하여 그 근본적인 의도를 살피고, 우리 인간이 추구하는 가치가 '결과'보다는 '과정'이며 '모습'이라는 점과 여전히 생활 속에 가득 남아 있는 가치 있는 모습을 함께 설명하고자 한다.

1) 몰입을 설명하기 시작한 근본적인 의도는 무엇인가

긍정심리학 분야의 선구적 학자이며 몰입의 즐거움(*Finding Flow*)으로 유명한 헝가리 출신의 Mihaly Csikszentmihalyi는 창조적인 사람의 세 가지 조건을 전문 지식, 창의적 사고, 몰입이라고 보았으며, 그중 몰입이 모든 것을 좌우한다고 설명한다. 또한 창의적 사고는 후천적인 의지에 의해 좌우되므로 자신이 창조적이라고 믿으면 창조성이 발휘된다고 하였다.

　그가 몰입을 떠올려 설명할 당시에는 지금과 유사한 현상이 있었다. 인류 역사상 가장 새로운 형태의 발명품인 TV가 보편화되었던 것이다. 그는 TV의 중독성과 흡인력이 일상생활의 가치 있는 여가 시간을 빼앗자, '기술 발달로 노동량이 크게 줄어든 시대에서 여가 시간이 어떻게 활용되는가'에 따라 인류의 미래가 바뀔 수 있다고 설명하면서 몰입을 역설하였다.

　한편 우리나라는 과거 후진국으로서 경제 부흥을 꿈꿀 당시 미래를 향하여 '발전'이라는 결정을 내렸고, 이것을 실행하는 결단력, 추진력을 중요시하였다. 여러 개의 열쇠를 놓고 선택하자는 것은 한국인에게 혼동을 줄 뿐이었다. 당시에는 선택의 문제가 아니라 결단의 문제였고, 대부분의 국민이 경제 발전을 원했다. 그리고 가난의 대를 끊어야 한다는 절박함이 있었다(박성원, 2009). 이처럼 우리나라는 발전을 위해 다른 것으로 바꿔야 한다는 대체의 강한 의지를 통해 현재 인터넷 및 스마트미디어 분야에서 강국이 되었다. 그래서인지 우리는 인터넷 사용으로 손가락질 받는 이들에게 '대체의 강한 의지'를 발휘하고 있는 것일지도 모른다. 어쨌든 그로 인한 갈등도 빈번하게 발생하고 있다. 그러나 이제 발달된 테크놀로지가 가진 중독성으로 인해 그동안 관심 밖에 두었던 '여가 시간을 어떻게 활용해야 할 것인가?'에 대해 Csikszentmihalyi처럼 몰입의 의미를 생각해 보며 대안을 제시할 때가 되었다.

Csikszentmihalyi는 학교를 뜻하는 영어 단어 'school'이 여가를 뜻하는 그리스어 'scholea'에서 비롯된 것으로, 여가를 가장 잘 활용하는 것이 곧 학문하는 길이며, '사람은 아무 할 일이 없을 때 비로소 자신의 잠재력을 깨달을 수 있다'는 고대 사상가들의 생각을 역설하였다. 이처럼 개인이 자유 시간으로 어떤 일을 선택하여 어떤 방식으로 살아가는가에 따라 삶이 바뀔 수 있다는 점에서 여가는 기회이자 함정인 것이다.

그가 말한 몰입(flow)은 '삶이 고조되는 순간에 물 흐르듯 행동이 자연스럽게 이루어지는 느낌'이다. 또한 몰입은 중독(addiction)이나 의존과 같은 부정적인 현상을 가리키는 용어가 아니라 긍정적인 효과를 설명할 때 주로 사용된다. 몰입과 중독의 차이는 어떠한 상태에 빠져들어 있다가 나온 뒤 절정의 감각 상태가 되느냐, 아니면 심리적 혼돈과 무기력 상태가 되느냐에 있다(고영삼, 2013).

한편 Csikszentmihalyi는 가치 있는 삶을 향한 몰입은 과제와 실력의 변수가 모두 높을 때 나타나는 집중의 경험이라고 설명한다. 실력은 높은데 과제 수준이 낮으면 느긋함, 권태, 무관심에까지 이르게 되므로, 과제 수준이 적절하고 목표가 명확하며 실력도 적절한 몰입활동에 집중할 때 가치 있는 삶을 살게 된다고 보았다.

TV 시청은 과제 수준이 낮지만, 지금의 인류는 인터넷과 스마트미디어를 통해 빠르게 집중하며 높은 과제의 수준을 편리하게 해결하고 활동의 결과도 빠르게 경험하고 있다. 그러므로 몰입을 현실에 맞춰 새롭게 이해할 필요가 있다. 요컨대 현대에는 '가치 있는 삶의 결과를 갖는 행위인가'에 대해 중요하게 판단할 필요가 있다. 그러므로 '집중을 잘하는가'보다, '집중하는 행동이 가치 있는 결과의 가능성을 기대할 수 있는가'로 평가해야 한다. 즉 가치 있는 결과를 낳을 가능성이 있는 행위에 집중했느냐에 따라 몰입인가, 아닌가를 판단하게 된다는 것이며, 가치 있는 결과를 낳을 가능성이 있는 활동에 몰입하는 것이 바로 대안활동의 조건이라고 볼 수 있다. 그리고 또 한 가지 중요한 것은 대안활동이나 몰입은 가치와 가능성을 느끼는 것이지 결과만을 판단할 문제가 아니다.

2) 가치 있는 결과의 가능성을 기대할 수 있는 활동에 대한 집중이 몰입이다

가치 있는 결과의 가능성을 기대할 수 있는 행위에는 갈등이 생기지 않는다. 예를 들면 다음과 같다.

> "초 · 중 · 고등학교 학생들이 아침마다 눈을 비비며 잠에서 깨어나 학교에 등교하는 습관은 가치 있는 결과를 낳을 가능성이 있다. 누가 그 아이들을 손가락질하겠는가? 그 모습 자체가 가치 있는 결과를 낳을 가능성을 갖고 있기 때문이다. 이처럼 매일 등교하는 습관이 물 흐르듯 행동이 자연스럽게 이루어지는 느낌이 된다면 그것은 몰입의 가치를 갖는다. 결과보다 중요한 가치와 가능성이 있는 것이다."

한때 뉴스 보도나 인터넷 중독 상담 매뉴얼에서도 "하루에 몇 시간 이하로 규칙적으로 사용하면 중독이 아니다"라고 설명했던 적이 있다. 그러나 이것은 인터넷으로 가치 있는 결과를 낳을 만한 이유조차 없는 아이들, 일상의 다른 규칙이 없으며 인터넷을 거의 사용하지 않았던 아이들도 이유 없이 인터넷을 사용하게 하였다.

부모가 몇 시간 이하로 규칙적인 사용을 허락하자 '인터넷으로 가치 있는 결과를 낳을 만한 이유도 없는' 아이들의 여가 시간이 점령당하기 시작하였다. 아이들은 인터넷을 못하게 되는 날에는 불안하고 초조해지는 금단(withdrawal) 증상을 보였다. 그리고 규칙적으로 하게 되면서 습관이 되어 버렸다. 점차 사용량이 늘어나고 더욱 만족을 얻고자 하는 내성(tolerance) 증상도 생기게 되었다. 한편 정작 몰입해야 할 일에서는 무력감과 권태를 느끼게 되었다.

이처럼 스마트폰, 인터넷, 게임 등이 습관으로 길들여진다면 주변인들이 가치와 가능성을 느끼겠는가? 자기 일을 스스로 해내기 어려운 아이들에게는 더욱 문제가 된다. 주변인들은 인터넷에 빠져 있는 아이의 수족이 되는 불편함을 겪는다. 결국 인터넷 사용을 허용했던 이들이 자신이 허용한 것을 하고 있는 아이들을 손가락질하게 되었다. 이처럼 스마트폰, 인터넷, 게임 등이 습관으로 물 흐르듯 행동이 자연스럽게 이루어지는 느낌을 얻는다는 것은 끔찍한 일이다. 자기 일과의 관련성도 없고 인터넷을 통해 가치 있는 결과를 낳을 가능성도 없는 이들에게는 더욱 그렇다. 이것을 감탄사로 표현하여 쉽게 설명해 보면 다음과 같다.

> "가치 있는 결과의 가능성을 기대할 수 없는 행위는 '우~~' 하고 손가락질 받는다. 이 감탄사가 '중독'이며, 가치 있는 결과의 가능성을 기대할 수 있는 행위는 '와!' 하면서 그 가치를 주변인과 자신이 모두 느낀다. 이것이 몰입인 것이다."

모든 대안활동의 의도는 주변인과 행위자 모두가 가치 있는 결과의 가능성을 기대하는 것이다. 바꿔 말하면, 대안활동이란 가치 있는 결과의 가능성을 기대할 수 있는 과정에 집중하는 몰입활동이다.

3) 이미 우리에게는 대안활동이 있었다

Csikszentmihalyi는 TV 시청으로 인해 인간이 오랜 전통적인 가치를 추구하며 쌓아 왔던 기존의 가치 있는 행동들이 유지되지 못하고 무너지거나 악영향을 받는 것에 대해 새로운 시각을 제시하고자 몰입을 설명하였다. 따라서 '가치 있는 결과를 낳았던 기존의 행동에는 무엇이 있는가?'에 대해 먼저 주목할 필요가 있다. 기존에 가치 있는 결과를 낳았던 행동을 발견한다면, 새로운 대안활동을 애써 찾기보다 이미 갖고 있던 대안활동을 쉽게 강화해 줄 수 있다.

이 시대가 원하는 대안활동을 위한 몰입의 조건은 우선, 여가와 같은 남는 시간에 가치 있는 결과의 가능성을 기대할 수 있는 활동으로 예를 들면 삶을 사는 데 필요한 등교, 식사, 인사, 운동, 그림, 음악, 학업, 바른 자세 등이다. 필자는 이처럼 가치 있는 결과의 가능성을 기대할 수 있는 기존의 행위를 '일반적인 행동'이라고 말하고자 한다. 이러한 일반적인 행동은 지금까지 해 왔으며 앞으로도 할 수 있는 행동이다. Csikszentmihalyi도 그 시대의 일반적인 행동이 TV의 영향으로 무너지는 것을 발견한 것이 아니었을까?

Csikszentmihalyi는 사람들의 일반적인 행동이 물 흐르듯 자연스럽게 이루어지는 느낌으로 유지되어야만 아무 할 일이 없을 때조차 자신의 잠재력을 깨달을 수 있을 것이라고 여겼을 것이다. 이 행동들을 통해 자신이 잘하고 있다는 자존감과 성취감을 얻기를 바랐을 것이다. 그러므로 일반적인 행동은 강화될 필요가 있다. 다음은 필자의 재미있는 경험이다.

> "유치원의 유아 예방교육에 가 보면 유아들이 늘 해 왔던 일반적인 행동으로 줄을 적당히 맞춰 걸어오는 것을 볼 수 있다. 이러한 일반적인 행동을 강화하려면 다가가서 '줄을 정말 잘 맞추네? 와 정말 훌륭하다!'라고 말해 주면 된다. 그러면 유아들은 자신들의 일반적인 행동을 스스로 강화하여 '군인'이 되어 줄을 더 정확히 맞춘다. 그리고 착석하여 강의를 듣는 내내, 자신들이 해 온 가치 있는 결과의 가능성을 기대할 수 있는 일반적인 행동을 스스로 강화하게 된다. 유아들은 갖고 있는 좋은 행동을 실천하고 스스로 물 흐르듯 자연스럽게 예방교육에 몰입했다."

이 유아들이 갖고 있던 일반적인 행동을 강화하는 것이 좋을까, 아니면 기존의 일반적인 행동에는 관심을 두지 않고 새로운 대안활동에 몰입하게 하는 것이 좋을까? 필자는 기존 행동의 강화로 인해 유아들이 스스로 잘하고 있고 잘할 수 있다는 자존감과 성취감을 얻고 몰입되는 것을 더욱 선호한다. 필자는 이것을 '긍정성의 강화' 혹은 '일반적인 행동의 강화'라고 여긴다. 이것은 대안활동을 새롭게 만들어 인터넷 중독을 예방하기 이전에 강화해 줘야 할 기존의 대안활동이다. 그러므로 현시대에 필요한 대안활동을 찾기 전에, 그동안 인류가 삶 속에서 규칙적으로 행해 왔고 가치 있는 결과의 가능성을 기대할 수 있었던 일반적인 행동이 가장 근본적으로 유지되어야 할 대안활동이라고 볼 수 있다.

3. 몰두의 함정과 본질

"우리 아이는 인터넷에 몰두해요. 너무 몰입해요." 이렇게 말하는 부모가 있다. 사실 부모는 몰두의 함정을 본 것이다. 그러므로 몰두의 함정에 걸려들었는가 아닌가에 따라 중독이 구분된다.

1) 몰두의 함정

게임이나 스마트미디어 사용이 현저한 관심과 흥미 속에서 발전되고 있다. 이 상황에서 몰입이라는, 물 흐르듯 행동이 자연스럽게 이루어지는 느낌보다는 몰입의 상태에 가장 완전히 빠져 있는 상태인 몰두(rapt)의 개념이 인터넷 중독의 함정을 설명하기에 적합하다. 인터넷 중독에 빠진 이들은 인터넷에 몰입한 것이 아니라 인터넷을 통해 몰두의 함정에 빠져 있는 것이기 때문이다. 사실 그들은 이미 자신이 몰두하게 된 활동이 근본적으로 가치 있는 결과의 가능성을 기대할 수 없다는 것을 경계하지 못했다. 이러한 잘못된 선택과 함께 몰두해 있을 때의 함정인 '무엇을 잃고 있는지 경계하지 않는 것'에도 빠져 있었던 것이다.

이 글을 쓰고 있는 지금 새벽 3시를 넘어가고 있다. 필자는 시간의 '감각'을 잃고, '건강'을 잃고, 가족과 보내는 즐거운 '관계'를 잃고 있다는 것을 경계하지 못했다. 그러나 이 시간까지 일궈 낸 절정의 감각 상태는 이것이 몰입이었음을 느끼게 한다. 그 이유는 늦은 시간을 확인할 수 있었던 나의 '감각', 피곤함의 신호를 보낸 나의 '건강', 해야 할 일이 있는 아빠를 위해 "같이 놀자!"라는 말을 참았던 세 아이들과의 '관계'이다. 이 세 가지가 절정의 감각 상태를 더욱 값지게 한다. 그러나 이러한 몰두의 함정을 발견하기 이전에, 내가 선택한 글쓰기 활동이 이미 가치 있는 결과의 가능성을 기대할 수 없는 것이라면 그 행동은 '중독'이다.

몰입에 완전하게 집중된 상태, 즉 몰두는 주의할 것이 있다. 주변의 노이즈를 제거하고 목표 대상에 집중할 수 있는 순간이기 때문에 자칫 경계할 것을 놓칠 수 있다.

몰입의 대가로 국내에 널리 알려져 있는 황농문 교수는 "몰입의 상태에 완전히 빠지면 잠이 오지 않거나 계속 지적 능력을 발휘하면서 밤마다 머리는 맑아지고 아이디어가 튀어나온다. 뉴스나 드라마도 눈에 들어오지 않고 머리는 여전히 같은 생각에 사로잡혀 있다. 그러나 이런 생활 속에서도 뇌는 어느 순간 들리는 노래에 귀를 기울이고 사로잡혔던 생각이 완전히 대체되는 변화를 겪으면서 뇌의 휴식과 수면, 뇌를 돕는 규칙적인 운동의 병행, 느긋한 마음가짐의 필요성을 발견하게 된다."(황농문, 2008)고 말한다. 이것이 바로 몰두의 함정에서 벗어나는 순간이다. 즉 경계할 것을 스스로 알아채게 되는 것이다.

이처럼 몰두의 함정과 만나고 있다는 것을 아는 것이 중요하다. 내 목은 무척 아파 오고 있고 당연히 밀려오는 피로감이 가중되고 있다. 그러므로 가치 있는 결과를 낳는 행위는 내일을 위한 휴식을 필요로 한다는 것을 자연스럽게 받아들이는 느낌도 필요하다. 결국 여러 차원을 고려하고 경계하며 절정의 감각을 느끼는 것, 잃고 있는 것에 대한 경계를 늦추지 않고 자연스럽게 받아들이는 것이 몰두의 함정에 빠지지 않는 방법이며, 대안활동에서도 주의해야 할 점이다.

2) 인터넷 사용의 본질적인 의도를 찾으면 그에 맞는 대안활동이 보인다

인터넷 사용은 특정한 목적의 본질적인 가치를 추구하기 위한 것이다. 즉 행위자의 본질적인 의도가 존재한다. 이때 그 사람이 추구한 가치의 본질을 파악하는 것은 그에게 필요한 대안활동을 탐색하는 데 도움이 된다.

인터넷 사용자는 무언가를 좀 더 만족스럽게 하기 위해 고민하면서 생산적이 되려는 의도가 있다. 적어도 그 순간에는 활력이 넘치고 창의적인 사람이 된다. 단편적으로 인터넷 및 스마트미디어 사용의 다섯 가지 생산적인 태도와 중독을 연결하면 다음과 같다.

① 순발력과 전략을 개선하며 게임 레벨을 올리려는 태도(게임 중독)
② 활용 가능한 앱을 찾아 스마트폰 화면을 만지며 바꿔 보는 태도(앱 중독)
③ 새로운 이모티콘을 만들고 감각적인 대화를 시도하려는 태도(모바일 채팅

중독)

④ 검색으로 지식을 얻고 신선한 주제로 흥미를 채우려는 태도(정보검색 중독)

⑤ 사회가 추구하는 모습을 함께 추구하려는 수많은 태도(가상적 정체성)

①~⑤의 태도가 추구하는 가치의 본질을 같은 번호별로 다시 살펴보면 다음과 같다.

① 어떤 문제에 부딪히든 수월하게 해결하고자 하는 본질
② 생활의 편리와 이점을 보다 나은 생산적인 방식으로 해결하려는 본질
③ 소통과 감성의 미묘한 부분에서 최소 이미지로 최대한 효과를 내려는 본질
④ 내 생각에 추가적인 보충 내용을 신속히 얻어 사고의 개념을 확장하려는 본질
⑤ 내가 이 공간에 살고 있다는 존재감을 얻으려는 본질

위와 같은 본질을 긍정적인 몰입을 설명한 저서와 저자의 용어와 연결하고, 그와 관련된 대안활동의 가능성을 시도해 보면 다음과 같다.

① 생산적 강박관념(Maisel, 2010) : 눈에 보이는 성과가 드러나고 반복행동을 기초로 점진적으로 기능과 실력도 향상될 수 있는 대안활동
② 천재를 탄생시킨 빅뱅의 순간(Takeuchi, 2009) : 생활 개선 등의 발명 및 창조와 관련된 창의적이고 즉흥성이 있는 대안활동
③ 현실 수용의 여부를 결정하는 감각 지지와 자유의지적인 삶(Gallahher, 2010) : 감성적 언어와 형태 및 디자인과 관련된, 개성이 강한 감각적 대안활동
④ 창의력과 상상력에 불을 지피는 해적 정신(Burgess, 2013) : 사고 능력을 확장하며 심리적이고 교육적인 언어 및 철학적인 신념과 관련된, 사고력 확장을 돕는 대안활동
⑤ 먼지 낀 시간의 황금빛 삶으로의 변화, 최고의 나를 만나는 기회(황농문, 2007) : 상호작용을 통한 협력과 교류로 성취감을 얻는 주도적이고 참여적인

대안활동

이처럼 상담에서 인터넷에 몰두하는 피상담자의 행위의 본질은 관련된 몰입의
가치로 설명될 수 있고, 이를 통해 인터넷 사용자가 좇았던 가치와 관련되고 중복
될 수 있는 대안활동을 다양하게 선택하도록 도움을 줄 수 있다.

4. 대안활동은 치유를 동반하는가

1) 삶의 아픔을 치유하는 대안활동, 예술치료

현대 사회의 대안활동은 가치 있는 결과의 가능성을 기대할 수 있으면서 늘 공급되
어야 할 만큼 절실하다. 대안활동은 삶을 치유하는 의식이거나 늘 섭취해야 할 생
수여야 한다. 이러한 성격의 대안활동으로 가장 흔하게 떠올리는 것이 예술이다.
그러나 왜 그런지는 알 수 없다. 그냥 예술을 하면 다 치유되는 것일까? 그렇지 않
다. 예를 들면 입시 미술은 치유적이지 않다. 명문 미대에 입학하면 성취감에 더욱
잘할 것 같은 학생들 중에 꽤 많은 이들이 몇 년간 허송세월을 보내는 무기력증에
빠지곤 한다. 더 이상의 목표가 없기 때문이며, 비교나 차이를 논하는 예술 속에서
벗어나고 싶어 할 뿐이다. 치료로 사용될 때 예술은 대안적인 활동 그 이상의 '삶을
다루는 치유적인 대안활동'의 의미를 갖는다.

그런데 우리는 전통적인 대안활동을 만나게 하려고 예술학원을 추천한다. 그것
이 학습일 뿐이라면 학업의 대체가 되며, 'A 말고 예술을 하라'는 것은 폭력과 마
찬가지이다. 또한 'A 말고도 B, C, D, E가 있다'는 선택의 폭만 제시한다면 여전히
좁은 의미의 대안이 되어 갈등을 일으킨다.

반면에 치유를 동반한 예술치료는 갈등을 잠재우며 동시에 인터넷 사용자가 추
구했던 가치를 좇기 때문에 그 자체가 진정한 대안활동이 될 수 있다. 예술치료는
스트레스 해소나 기분 전환을 하는 것이 아니다. 예술치료는 '승화(sublimation)'와
'치환(displacement)'의 치료적 의미와 연결된다. 승화는 방어기제로서 본능적인 에

너지가 사회적으로 용인될 수 있는 완전히 다른 성질로 전환되는 것을 의미한다. 그리고 치환은 정서적인 원래의 대상으로부터 대안적인 대상으로 초점을 옮기는 것이다. 이 또한 방어기제로서 하나의 문제에 연결된 흥미나 관심을 더 쉽게 수용할 수 있는 다른 것으로 옮기는 것이다(주리애, 2010).

이처럼 예술치료는 인터넷 사용자가 좇던 가치의 본질은 유지하면서 그 본능적인 에너지를 계속 활용하게 한다. 예술치료를 통해 사회적으로 용인될 수 있는 대안적인 대상으로 초점을 옮길 수 있는 것이다.

예술은 범위가 폭넓고 선택이 가능하며 기존의 인터넷을 사용하는 행위가 가진 본질적인 가치와 중복된다. 이러한 이유로 예술치료는 'A와 더불어 여러 대안이 있다'는 의미를 참여자가 느끼도록 돕는다. 즉 온·오프라인을 초월한 폭넓고 중복된 선택의 폭을 가진 대안을 발견하게 되는 것이다.

같은 맥락으로 인터넷 중독 상담에서 예술치료적 접근이 시도된 데에는 그만한 이유가 있었다. 2007년 '고교생 인터넷 사용 조절 프로그램 연구-통합예술치료적 접근' 연구에 필자가 참여할 당시 인터넷 중독 청소년들, 특히 고교생 참여자들은 상담에 대한 저항과 거부가 컸다. 한국정보화진흥원은 이러한 저항과 거부의 대상을 위한 '예술치료적 접근'이 필요하였다. 이 연구는 현실적인 문제를 고려한 한국정보화진흥원의 구상으로 대단히 앞서 나간 대담한 시도였다.

연구에 참가한 인터넷 중독 고교생 참가자들의 면면도 눈에 띈다. 그때 예술은 이성적인 논리의 지배를 받지 않는 고교생들의 사적인 감성을 일깨워 주었다. 인터넷 중독 고교생들은 사적인 예술 행위의 주체가 되면서 치료에 참여적이 되었다. 그들은 사적으로 목말라 있었고 그것을 위해 인터넷을 받아들였다. 그들에게 공적이고 이성적인 논리로 다가가 문제 초점의 인지적 상담을 한다는 것은 그들을 이성적으로 용납될 수 없는 대상으로 만들고 결국 그들과 충돌을 일으킨다. 그러나 통합예술치료적 접근은 인터넷 중독 고교생들의 저항과 거부감을 대리적 대상인 예술작품으로 옮기게 도왔다. 고교생들은 그동안 겪어 왔던 관계의 문제와 자존감의 저하, 심화된 갈등이 만든 부정적 에너지를 예술작품에 쏟아부었다. 그리고 2시간 이상의 미적 행위로 '가치 있는 결과의 가능성을 기대할 수 있는 몰입'을 스스로 실천하였다. 고교 생활에서 가장 뜻깊은 시간이었다는 참여자들의 평가가 지금도 기억에 남아 있다.

2) 치유적인 예술치료를 통해 PC 사용을 대안활동으로 활용한 사례

초등학교 4학년 남자아이는 단지 새 학년 담임선생님이 마음에 들지 않는다며 투덜댔다. 이 아이가 그동안 학업에 충실할 수 있었던 것은 주변인의 영향 같은 환경에 의해서였다. 이런 경우 주변인인 담임선생님이 실망스럽게 느껴진다면 아이는 학습에 대한 동기가 사라지고 권태와 무기력 속에서 PC 게임에 빠져 지내곤 한다.

이러한 마음의 한계를 극복할 수 있는 대안활동이 없었기에 막막한 상황이었던 아이는 그나마 PC 게임이 손쉬운 반복행동만으로도 실력이 향상되는 편리한 도구임을 발견한다. 게다가 게임에는 흥미를 일으키는 자극제가 첨가되어 있어 시각과 청각은 끊임없이 거기에 빨려 들어간다.

아이가 게임을 하게 된 동기의 본질은 무엇일까? 그것은 바로 어떤 문제에 부딪히든 수월하게 해결하고자 하는 인간의 본질이 아니겠는가? 이 아이에게 필요한 대안활동은 앞서 말한 '생산적 강박관념 : 눈에 보이는 성과가 드러나고 반복행동을 기초로 점진적으로 기능과 실력도 향상이 가능한 대안활동'이다.

예술치료는 아이로 하여금 싫어하는 선생님에 대한 생각을 직접 다루도록 도왔는데, 그렇게 하여 제작된 작품이 〈바보 선생님〉이라는 애니메이션이었다. 아이는 자신이 직접 이야기를 구성하고 등장인물을 그림으로 그리거나 만들면서 눈에 보이는 성과가 드러나는 시각적인 작품 활동을 활발하게 수행하였다. 아이의 애니메이션 제작 실력은 나날이 발전했으며, 여러 장면을 촬영하고 장면에 가장 잘 어울리는 배경음악을 선택하기도 하였다. 또한 PC를 사용하여 편집된 영상을 다시 살피며 동영상 작품을 완성해 나갔다. 온ㆍ오프라인을 초월한 폭넓은 활동이었다.

애니메이션은 선생님을 바보와 멍청이로 표현하였다. 그 선생님이 용으로 변신하여 아이들에게 화를 낼 때 건물이 무너져 부상을 입은 바보 선생님은 병원에 입원하게 된다. 이것이 애니메이션의 1부 줄거리였으며, 2부의 제목은 〈쌍몽둥이 선생님은 싫어요! 바보 선생님 돌아와 주세요!〉였다. 생각의 관념은 매번 다음 단계를 좇아 흐르게 마련인데 예술치료는 이를 도왔고, 아이는 생각의 다음 단계로 '바보 선생님은 그래도 화내고 무서운 선생님보다 좋은 점이 있다'라는 것을 자발적으로 생각해 냈다. PC 게임만 하고 있었다면 선생님이 싫다는 생각에만 머물러 있었을 것이다. 그런데 예술치료를 통해 PC를 대안활동으로 활용하면서 담임선생님에 대한 부정적인 생각이 애니메이션에 녹아들었고, 싫다는 감정의 에너지가 가치 있는 결과의 가능성을 기대할 수 있는 예술작품 제작에 사용되었다.

아이는 생각의 단계를 수행했고 그로 인해 적극적이며 자발적인 삶을 사는 자신을 느꼈다. 그리고 삶을 사는 데 필요한 사고의 전환을 경험하였다. 또 한 가지 중요한 점은 이러한 몰입된 예술 작업을 통한 대안활동이 아이에게 큰 영향을 주었다는 것이다. 친척들이 모이는 사이트에 아이의 작품이 오르자 모두들 아이의 가치 있는 결과의 가능성을 기대하게 되었다. 아이는 온·오프라인을 초월한 상호작용도 경험하게 된 것이다. 결과적으로 온·오프라인을 통해 주변인들과 아이는 가치 있는 결과의 가능성을 기대할 수 있는 대안활동을 발견한 것이다. 아이는 시나리오 제작과 장면 연출, 영상 편집 등에서 '생산적 강박관념'인 몰입을 경험하였다.

그리고 눈에 보이는 성과가 드러나고 반복행동을 기초로 점진적으로 기능과 실력도 향상이 가능한 대안활동을 찾았다. 뿐만 아니라 온·오프라인을 초월한 중복된 선택의 폭을 가진 대안을 발견한 것이다.

이후 아이는 애니메이션 제작에 필요한 동영상 편집 프로그램과 시나리오 글쓰기 등에 필요한 워드프로그램을 사용하였다. 아이는 성과를 눈으로 볼 수 있고 점진적인 실력 향상을 기대할 수 있는 PC 사용과 중복되는 대안활동을 찾았다. 이제 아이의 꿈은 시나리오 작가이자 애니메이션 감독이다. PC는 자신의 가치 있는 결과를 이루어 줄, 꿈을 돕는 도구로 자리 잡았다. 아이는 담임선생님에 대한 불쾌감에서 벗어났고, 가족은 더이상 아이를 걱정하거나 손가락질할 이유가 없었다. 아이는 대안활동을 통해 모두와의 관계에서 자신의 존재감을 스스로 지켜 냈다. 특히 혼자 있는 시간에 할 수 있는 대안활동이 있다는 것은 중독행동의 종결뿐만 아니라 개선된 행동을 유지하도록 도왔다. 이처럼 인터넷 중독 상담 및 치료에서 치유적인 대안활동의 확보는 중요하다.

예술치료는 문제 중심의 상담과는 다른 차원의 소통 통로를 제공한다. 안전하고 실험적이며 창의적이다. 그 안에서 학습한 내용은 행동으로 실천한다. 또한 피상담자는 예술치료라는 대안활동을 통해 치유적인 삶으로 향할 수 있는 몰입의 가치와 태도를 배운다.

예술의 치유적인 현상 중에서 미술을 좀 더 살펴보자. 화가의 자화상은 '그리는 이의 자의식의 표현'이라는 통념 그 이상의 의미를 갖고 있다. 자기 자신과 맞서는 드라마틱한 순간, 숨은 진실을 찾으려는 움직임, 꿈과 관계, 행복, 결혼, 사랑, 잘못, 후회, 희망, 미래 등등 삶의 의미를 나타내는 자서전이 곧 미술이다. 미술은 삶과 죽음의 경계 등 세상을 향해 말을 건네는 도구이며, 지극히 사적인 체취와 정신의 본모습을 담아낼 수 있는 행위이다. 미술은 개인사의 기록이자 독백이며 속마음이 찾는 진실의 방향이다(전준엽, 2011).

생애의 굴곡을 맞이하는 인터넷 중독자들은 자기 삶에 대한 본래의 의지가 강하기 때문에 진정성 있는 미술작품이 나올 가능성도 크다. 감정을 다스리고 행동에 대한 반성의 의미도 담는 미술, 현실에서는 인정을 받지 못하지만 추구하고 있는 최종적으로 도달해야 할 목표가 있는 우리의 공허함을 다룰 수 있는 것이 미술이다.

미술을 통해 자신의 삶을 다룬 화가를 소개하면 다음과 같다.

뭉크(Edvard Munch, 1863~1944)는 32세 때 죽음 앞에 서 있는 자신을 상상하여 〈저승에서, 자화상〉이라는 작품을 그렸다. 뭉크는 저승의 불길 속에서 당당하게 죽음을 응시하는 모습으로 자신을 묘사하였다. 5세 때 어머니를, 14세 때 누나를 결핵으로 잃고, 26세 때 아버지마저 세상을 뜨는 불행을 겪자, 뭉크는 그림자처럼 자신을 따라다니는 죽음과 맞서겠다는 의지를 표현하고 싶었을 것이다. 샤갈(Marc Chagall, 1887~1985)은 〈산책〉에서 고향인 러시아 비텝스크를 배경으로 부인과 자신의 모습을 그렸다. 당시 비텝스크는 공산 혁명의 상흔으로 피폐한 상태였다. 긍정적인 성격의 샤갈은 고향의 아픔을 달래기 위해 기쁨의 에너지로 넘쳐나는 자신을 묘사하였다(전준엽, 2011). 미술은 이처럼 치유적인 삶을 살도록 돕는 대안활동 그 자체인 것이다.

5. 문제만을 바라보는 고통의 상담, 이젠 지치지도 않나

그 자체가 치유적 대안활동인 예술치료를 인터넷 중독 집단상담에서 시도하면 청소년들은 자신이 겪고 있는 문제를 자발적으로 예술치료사에게 질문한다. 청소년들은 자신이 경험한 고통의 일상을 예술을 통해 다루기 때문이다. 그 안에는 인터넷 과다 사용의 요인이 되는 여러 이야기가 담겨 있다. 또한 저항과 거부로부터 멀어질 만큼 은유적으로 현실을 다루기 때문에, 고통스러운 일을 나눌 때에도 견뎌 내도록 돕는 것이 예술치료이다. 그만큼 예술치료는 매혹적이고 특별한 치료 형식이다. 그래서인지 수치심과 저항감이 큰 인터넷 중독 청소년 집단은 예술치료에 참여하면서 집단이 갖고 있던 무기력한 침묵의 문화를 버린다.

그런데 아직도 가끔 누군가는 예술치료가 왜 인터넷 중독에 필요하냐고 한다.

문제 중심의 상담자가 열심히 문제를 다루어서 발생한 인터넷 중독자의 저항과 거부 때문에 예술치료가 연구되었고, 예술치료는 그 뒷감당을 해 주고 있다. 한편 문제 중심의 상담자는 여전히 예술치료를 몰라서 못 하거나 외면한다. 그럼 예술이 아니어도 좋으니, 문제만을 바라보기 때문에 발생하는 참여자들의 고통, 저항, 거부를 극복시키기 위해 삶을 다루는 치유적인 대안활동을 시도해 보길 바란다. 예술치료는 인터넷 중독 상담에서 고통을 겪는 참여자들뿐만 아니라 까다로운 참여자들에게도 대안이 되고 있다.

필자는 이 장에서 대안활동의 의미를 살펴보았다. 그래서인지 대안이 자꾸 떠오른다. 지금 실시 중인 인터넷 중독 상담이 모두 그러한 것은 아니지만, 문제 초점 상담이라는 것을 독자들도 많이 느끼고 있을 것이다. 그래서 필자는 보편적으로 이루어지고 있는 지금의 접근 방식에 대해 반항하는 것을 장려하고 싶다. 물론 필자의 의견에 대한 반감도 환영한다. 어쨌든 인터넷 중독 전문상담사들의 여러 생각과 접근이 수많은 폭탄으로 제작되어 인터넷 중독 상담에 투하될 때, 절박한 어떤 사람에게 그중 하나라도 명중된다면 얼마나 다행이겠는가. 필자는 이것을 각 상황에 대처할 수 있는 우발적 전략이라고도 여기며, 이것이 우리에게 필요한 태도이자 치료의 성공을 위한 방법론이라고 말하고 싶다. 그리고 이것은 우리의 현실에 맞는 대안이다. 즉 상담에도 'A와 더불어 여러 대안이 있다'는 것을 뜻한다. 이와는 반대로 상담자가 하달된 기존의 매뉴얼만을 따른다면 분명 게으름뱅이로 낙인찍힐 것이다.

필자는 인터넷 중독 상담에서 각 예술치료 분야가 통합적으로 활용될 때 더욱 의미를 갖는다고 믿는다. 이러한 통합적인 예술치료는 자신을 그림으로 그려 내고, 삶을 담은 이야기를 만들며, 이상을 담은 영화도 제작한다. 그리고 리듬과 감각을 담아 작곡하거나 연주하고, 상징적인 시와 소설도 쓴다. 이처럼 예술치료 분야의 통합적인 활용은 소통의 통로가 다양하고 선택의 폭이 넓으며 자유롭고 비폭력적인, 'A와 더불어 여러 대안이 있다'로서의 현실적인 대안의 의미를 갖고 있다. 이러한 통합예술치료는 몰입, 몰두, 치유의 과정을 갖고 있으며, 가치 있는 결과의 가능성을 기대할 수 있다는 조건도 갖고 있다.

다음은 인터넷 중독 중학생 6명이 집단상담에서 예술치료적 접근을 통해 제작한 〈인터넷 중독 청소년의 하루—오해와 위기의 연속〉이라는 소설이다. 6명이 *표시마다 돌아 가며 순서대로 이야기를 전개해 나갔다. 이들은 고통 없이 몰입하면서 인터넷 중독에 대한 자신의 경험과 생각을 소설로 담아냈고, 과정 중에 치료자에게 자신과 관련된 갈등의 문제를 자발적으로 질문하였다. 즉 스스로 상담에 참여한 것이다. 이 작품은 영화위원회 감독 지망생들의 호평을 받았다. 참여 대상은 인터넷 중독 잠재적 위험군과 고위험군으로 구성된 청소년 6명이며, 해결의 실마리까지 그들의 입장에서 제시하고 결론지었다.

> *방과 후 집에 간다. *집에 들어가서 씻거나 옷을 갈아입는다. *구몬을 조금 풀고 PC를 켜서 〈피파〉를 한다. *시간은 흐르기 시작하는데, 마침 집에는 아무도 없다. *예전에 접은 〈대항해시대〉가 업데이트되었다는 것을 알고 다시 1시간 30분간 다운을 받는다. *처음엔 다운로드 시간이 1시간 50분이었는데, 갑자기 2시간, 2시간 30분, 3시간으로 점점 늘어난다. *그래서 그동안 TV를 좀 보거나 신곡을 다운받는다. *다운로드 시간은 더욱 늘어난다. *기다리는 시간이 지겹고 짜증이 난다. 화난다. *그때 엄마가 들어왔다. *엄마는 PC를 사용하는 나를 발견했는지 언성을 높이며 말한다. *성적이 급하강한다든지 그런 정신으로 어떻게 하느냐라든지… *용돈을 줄이겠다는 협박을 날리며 위협한다. *내가 5분 뒤에 끈다고 하자 엄마는 곧바로 전기차단기를 내려 버린다. *그런데 (중략) 걱정은 눈 녹듯 사라지고 눈가에 눈물이 돌았다. *난 뒤도 돌아보지 않고 집으로 향하며 담배를 버렸다. *다행히 집에 왔다. 삼겹살이 눈앞에 있었다. *나는 고기를 먹으며 이런저런 오늘 있었던 이야기를 부모님께 말씀드려 보았다. *걱정과 달리 엄마와 아빠는 그동안 힘들었겠다며 위로를 해 주었다. *난 그 말과 걱정과 위로와 이해에 어찌할 바를 몰랐다. *난 문자를 받고 집으로 향했던 그 순간의 내가 자랑스러웠다. *나는 믿는다. *내가 내린 결정이 나를 위한 선택이었다는 것을.

이 소설을 쓰는 데는 무려 2시간 이상 걸렸다. 청소년들은 열띤 토론을 하듯 자신의 순서마다 한 줄씩 이야기를 이어 갔다. 그들은 서로의 생각과 공통적인 가치를 익히며 소외되지 않고 행위의 주체가 되었다. 필자는 손가락질 받거나 무언가 부적응적일 것이라는 편견 속에서 모인 인터넷 중독 청소년 집단에게 존경심을 느끼곤 한다.

°° 맺음말

이 장의 끝에서 서강대학교 철학과 최진석 교수의 강의[2]를 떠올리며 생각을 마무리지으려고 한다.

창조와 창의를 부르짖는 시대가 왔다. 개인의 호기심과 궁금증에서 나오는 개인적인 독특성이 강조되고 있다. 일종의 개인의 욕구이자 욕망을 추구해야 하는 시대가 되었으며, 이러한 호기심과 궁금증을 채우는 일은 자기 자신을 유능감 속에서 존재하게 하는 힘이 된다. 이것이 진정한 개인의 욕망을 추구해야 하는 이유이다.

그러나 우리는 국가와 민족의 성장을 위해 사회적인 조건과 일반적인 것을 강조하면서 개인의 욕망을 희생시켜 왔다. 그래서 지금 먹을 것이 부족하지 않고 사회의 겉모습은 성장하였다. 그런데 정작 개인의 의미를 찾는 일에서는 멀어져 무기력한 사회를 맞이하였다. 이제는 잘 먹는다고 잘 사는 시대가 아니다.

과거에는 덮어 두기만을 강조했던 개인의 욕구와 욕망이 펼쳐져야 할 시대가 왔다. 인간의 욕망은 사실 나쁜 의미만을 지닌 것이 아니다. 욕구와 욕망은 개인의 에너지이며 활력일 수 있다. 그 속에 있는 '하고 싶은 대로', '하고자 하는 대로'를 잘못 이해한 탓에 금기시해야 할 것으로 오해받기 쉬웠다. 그것을 버려야만 했던 시

---

2 EBS 초대석 '질문이 답이다—버릇없는 인문학 강의 최진석 교수' 편(2014년 11월 12일 방영). '자신의 욕망에 집중하라'라는 주제로 최진석 교수는 '무엇을 해야 자신이 존재한다고 생각하는가', '자기가 자기 삶의 주인으로 살 것인가', '이 일반적인 사회체계의 수행자로 살 것인가', '여러분이 선택하라' 등 청소년에게 필요한 내용과 방법적인 부분에 대해 설명하였다.

대는 갔다.

이제는 잘 먹는 것과 더불어 진정한 개인의 욕망이라는 활력소를 채우고, 자발적이고 또렷하며 명쾌한 삶을 살아갈 필요가 있다. 힘이 들건 아니건 유능감 속에서 할 수 있는 일, 언제든 쉽게 몰입할 수 있는 대안활동, 남과 달리 자신만의 숙달된 성취로 삶을 살며 즐겁게 몰입되는 치유적인 대안활동을 찾아야 하는 시대가 왔다.

이 시대의 인터넷 중독은 진정한 개인의 욕망이 성취되지 않을 때 터져 나오는, 거칠고 용납될 수 없는 왜곡된 욕망의 표현이다. 새로 나오는 것은 이미 있는 것과 충돌하게 마련이다. 이런 점에서 인터넷 중독은 이 시대에 추구되어야 할 개인의 욕망과 기존의 시대적 태도가 충돌하는 것이다. 그러나 인터넷 중독자의 행위에는 진정한 욕망의 본질이 숨어 있다. 그 본질과 맞는 대안활동은 개인을 독특한 자기에게 집중시키고 자기와 대면하는 시간이 되며, 진정한 개인의 욕망을 발견하고 성취하도록 돕는다. 그 치유적인 의미의 대안활동은 본능적인 에너지를 활용하는 예술치료에 있다. 예술치료는 자기 욕망을 자기 존엄 안에서 지키면서 당당하고 멋지게 펼칠 수 있는, 가치 있는 결과의 가능성을 갖춘 대안활동이다.

인터넷 중독은 테크놀러지에 의존하는 문명화와 기술 일변도의 일률적인 모습이 되어 가는 사회에서 소외된 인간들이 개인적인 욕망을 절박하게 찾으면서 나타나는 부작용인 것 같다. 그들이 절박하게 찾는 욕망의 본질을 대안활동을 통해 발견할 수 있도록 돕는다면 상담받는 일이 고통이 되지 않을 것이다. 이러한 대안활동은 그동안 추구해 왔던 가치에 대한 신념을 유지하고, 늘어나는 정보를 수용할 수 있는 능력을 보전해 줄 것이다. 상담자들이 이러한 의미를 받아들이고 실천하게 된다면 향후 대안활동의 의미와 체계에 대한 여러 사람들의 의견이 좀 더 모일 것이며, 단순히 놀 거리나 이벤트로서의 대안활동이 아니라 삶의 생수로서 공급되는, 온·오프라인을 초월한 치유적인 대안활동이 다양해질 것이다.

참고문헌

고영삼 (2011). 인터넷에 빼앗긴 아이. 베가북스.

김명자 (2013). 인터넷 바다에서 우리 아이 구하기. 까치.

김미화, 장우민 (2008). 인터넷 게임 중독에서 내 아이를 지키는 59가지 방법. 평단문화사.

김주경, 이승희 (2014). SNS 이용과 미디어 이용 시간 간의 관계 분석: 이용 제한 및 대안활동
　　을 매개변인으로. 한국콘텐츠학회논문지. Vol. 14 No 7. p. 395-406.

박성원 (2009). 만학도 박성원의 미래학 이야기 7. 신동아 2009년 7월 호.

서영창 (2009). 인터넷 중독의 절망에서 희망 찾기. 하나의학사.

전준엽 (2011). 나는 누구인가: 자화상에 숨은 화가의 내면 읽기. 지식의 숲.

주리애 (2010). 미술치료학. 학지사.

한국정보화진흥원 (2007). 고교생 인터넷 사용 조절 프로그램 개발 연구—통합예술치료 접근.

한국정보화진흥원 (2012). 인터넷 중독 생애주기 상담 프로그램.

한국정보화진흥원 (2013). 가정방문상담사를 위한 상담 핸드북.

황농문 (2008). 인생을 바꾸는 자기혁명 몰입. 랜덤하우스.

Burgess, D. (2012). *Teach Like a Pirate*. [강순이 역 (2013). 무엇이 수업에 몰입하게 하는가. 토
　　트.]

Csikszentmihalyi, M. (1997). *Finding Flow*. [이희재 역 (2010). 몰입의 즐거움. 해냄출판사.]

Csikszentmihalyi, M. (2000). *Byond Boredon and Anxiety: Experienceing Flow in Work and Play*. [이
　　삼출 역 (2003). 몰입의 기술: 일과 놀이에서 몰입 경험하기. 더불어책.]

Gallagher, W. (2009). *Rapt: Attention and the Focused Life*. [이한이 역 (2010). 몰입, 생각의 재발
　　견. 오늘의책.]

Maisel, E. & Meisel, A. (2010). *Brainstorm*. [한상연 역 (2010). 뇌내 폭풍. 예문.]

Sieberg, D. (2011). *The Digital Diet: The 4-Step Plan to Break Your Tech Addiction and Regain
　　Balance in Your Life*. [고영삼 역 (2013). 디지털 다이어트: 삶의 질 개선 프로젝트 28. 교보
　　문고.]

Takeuchi, K. (2008). 天才の時間. [홍성민 역 (2009). 천재의 시간: 고독을 다스린 몰입의 기록.
　　뜨인돌.]

Young, K. S. & Abreu, C. N. (2010). *Internet Addiction: A Handbook and Guide to Evaluation and*

Treatment. [신성만, 고윤순, 송원영, 이수진, 이형초, 전영민, 정여주 역 (2013). 인터넷 중독: 평가와 치료를 위한 지침서. 시그마프레스.]

http://www.iapc.or.kr(2014년 8월 13일)

http://www.iwill.or.kr(2014년 8월 13일)

09

인터넷 중독 상담센터의 뿌리내리기

제9장
인터넷 중독 상담센터의
뿌리내리기

조현섭 ǀ 총신대학교 중독재활상담학과, 강서 아이윌센터

°° 시작하는 글

강서 아이윌센터(I Will Center)는 서울시에서 청소년의 인터넷 문제를 해결하기 위해 설치한 시설이다. 현재 서울에는 총 6개의 센터가 각 지역별로 설립되어 있다.1 6개 센터는 평균 4개 구를 담당하는데, 강서 센터의 경우 강서구, 금천구, 구로구, 영등포구를 담당하고 있다.

필자는 오랫동안 임상 현장에서 중독과 관련된 업무를 해 왔다. 그 경험 속에서 필자는 센터를 성공적으로 운영하기 위해 지켜야 할 원칙을 발견하였다. 그것은 센터의 프로그램을 철저하게 이용자의 욕구와 수준에 맞추고, 지역사회의 특성을 반영해야 한다는 것, 그리고 지역 주민이 적극적으로 참여해야 한다는 것이다. 이와 같은 원칙으로 센터를 운영한 결과 짧은 기간 내에 지역사회에서 나름대로 신선한 변화를 일구는 데 성공했다고 자평한다. 이 장에서는 이와 관련된 이야기를 풀어 나갈 것이다.

---

1 6개 센터는 광진 센터, 창동 센터, 강북 센터, 보라매 센터, 명지 센터, 그리고 필자가 운영하는 강서 센터이다. 서울시 청소년 담당 부서에서는 청소년의 고질적인 문제인 인터넷 과다 사용을 해결하기 위해 서울을 6개 지역으로 구분하고 이 센터들을 설립하여 해마다 사업비를 지원하고 있다.

1. 강서 아이윌센터의 정체성

강서 센터가 관리하고 있는 서울시 4개 구의 생활환경은 서울의 다른 지역에 비해 열악한 편이다. 기초생활수급자가 다른 지역에 비해 2배 이상 많고 의료환경이 좋지 않으며 자살률과 이혼율이 높고 다문화 가정, 한부모 가정도 많은 편이다. 전반적으로 생활경제 수준이 낮기 때문에 부모가 자녀를 잘 보살필 수 있는 환경이 아니다. 방과 후 시간을 부모와 함께 또는 학원 등에서 보내기보다는 혼자서 지내는 청소년이 많다. 따라서 전문가들은 이 지역 청소년의 인터넷 과다 사용 문제를 해결하기 위해서는 그들의 일상생활 전반을 관리해 주어야 한다고 생각한다.

강서 센터는 필자를 포함하여 치유재활 팀 4명, 예방홍보 팀 4명, 행정 팀 1명 등 총 10명이 근무하고 있다. 치유재활 팀은 인터넷을 과도하게 사용하는 아이들에게 개인상담, 집단상담, 인터넷 관련 교육, 찾아가는 상담 등을 실시하고 있다. 예방

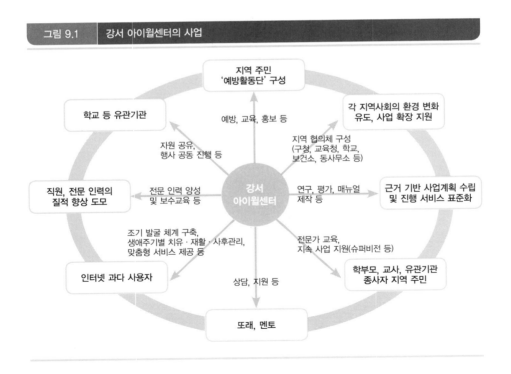

그림 9.1 　강서 아이윌센터의 사업

홍보 팀은 학생과 지역 주민을 대상으로 하는 홍보, 예방교육 등을 실시하고 있으며, 40여 명의 계약직 직원이 있다. 이러한 조직 구성은 서울의 다른 아이윌센터와 비슷하다. 그러나 다른 센터에 비해 친환경적 시설을 갖추고 하프데이(half day) 프로그램 등 차별적인 프로그램을 운영하고 있다.

그림 9.1은 강서 센터가 현재 진행하고 있는 프로그램을 보여 준다. 언뜻 보기에 다른 센터와 크게 달라 보이지 않지만 예방활동, 상담활동, 직원 전문성 향상 프로그램 운영, 유관기관과의 협력 등 일반 상담센터와는 다른 철학과 지침을 만들어 운영하고 있다.

필자는 상담센터를 위탁받은 후 맨 먼저 시설을 쾌적하게 만드는 일에 주력하였다. 그리고 인터넷을 과다 사용하는 청소년들을 위해 다음과 같이 센터의 정체성을 만들었다.

1) 실컷 놀고 쉴 곳을 제공한다

강서 센터를 방문한 사람들은 모두 놀란다. "아니 어떻게 센터를 이렇게 아름답게 가꾸셨어요?" 정원이 있는 이층 단독주택을 잘 개조한 센터를 카페로 알고 들어오는 사람도 있다. 필자는 센터를 만들 때 건물 디자인을 중요하게 생각하였다. 사무실 같은 분위기의 상담센터로는 청소년의 마음을 끌거나 치료하는 데 한계가 있을 것이라고 생각했기 때문이다. 쾌적하고 안정된 시설은 다양한 상담 기법보다도 치유에 더 도움이 될 수 있다.

청소년에게 인터넷이나 게임은 나쁜 것이 아니다. 인터넷이 일상적 환경을 구성하는 시대에 태어난 이들은 인터넷 서핑이나 인터넷 게임을 하는 것을 문제행동이라고 생각하지 않는다. 어른들이 사람들과 관계하거나 스트레스를 풀기 위해 술을 마시고 담배를 피우는 것처럼 이들은 인터넷 게임을 자연스러운 놀이 중 하나라고 생각한다. 이들에게 인터넷은 절대로 하지 말아야 되는 금지 품목이 아니다.

그래서 필자는 센터에 오는 청소년이 쾌적한 시설에서 잘 놀고 잘 쉬게 하는 것

강서 센터의 전경

센터의 마당

마당에서 놀고 있는 아이들

지하 노래방

이 중요하다고 생각한다. 청소년이 센터에 와 있는 동안에는 인터넷을 하지 않기 때문에 인터넷과 관련된 언급은 최소화하고, 그저 놀면서 쉬게 하고 싶었다. 따라서 센터의 또 다른 명칭을 '놀자, 놀자 센터'로 정하고 프로그램의 일정 부분을 놀이하는 것으로 진행하고 있다.

노는 프로그램을 위해 마당 한쪽에 무대를 만들고 그 무대 위에서 놀고 춤추며 공연도 할 수 있도록 하였다. 지하 공간에는 노래방과 밴드실을 만들었다. 마당 한쪽에서는 재기차기와 투호 던지기를 할 수 있도록 하였다. 되도록 우리나라 전통 놀이를 할 수 있도록 하고 싶었다. 이 외에도 유관기관과 연계하여 각종 놀이와 운동을 할 수 있도록 하고 외부 행사에도 적극적으로 참여시키는 등 많이 놀면서 많은 경험을 하도록 하였다.

2) 미래에 원대한 꿈을 갖게 한다

인터넷에 빠져 있는 청소년이 왜 인터넷에서 벗어나 열심히 공부하고 성실하게 살아야 하는지를 직접 느끼게 하는 것이 중요하다. 그런데 이러한 생각을 혼자서 하기는 힘들고 누군가의 도움을 받아야 하는데, 필자는 그들이 마음 편하게 찾을 수 있도록 그들의 눈높이에 맞추어 상담센터의 인테리어와 조경에 많은 정성을 들였다. 청소년들이 평소에 살고 싶어 하는 집을 꾸민 것이다. 그러자 아이들이 이런 멋있는 집에 살려면 돈을 얼마나 벌어야 하는지 토론을 하기도 하였다. 결론은 공부를 열심히 해야 한다는 것으로, 여기에는 당연히 인터넷을 하지 말아야 한다는 것도 포함되었다.

청소년에게 가장 중요한 것은 꿈이다. 인터넷에 빠져든 아이들은 하나같이 꿈이 없다. 강서 센터는 멘토 프로그램을 운영하고 있다. 센터를 이용하는 학생마다 개인 멘토를 정하여 사소한 일부터 큰일까지 멘토와 상의하고 계획을 세워 활동하도록 하였다. 또한 사회 각 분야에 종사하는 선배들을 초청하여 각 직업의 역할 및 그 직업을 갖기 위해 어떠한 준비를 해야 하는지에 대해 듣는 시간도 마련하였다. 이러한 경험을 통해 청소년이 미래에 종사하게 될 직업에 대한 계획을 세우고 이를 실현하기 위해 성실하게 준비하도록 돕고 싶었다.

우리는 센터에 오는 청소년들에게 무한한 사랑을 주고 그들을 존중하는 것이 매우 중요하다고 생각한다. 그래서 자기 자신을 존중하고 긍정적인 생각과 행동을 할 수 있는 프로그램을 진행하고 있다. 무한한 사랑과 존중을 받은 아이는 자신을 존중하고 미래에 대해 긍정적이고 원대한 꿈을 꿀 수 있기 때문이다.

3) 오늘 행복하게 한다

청소년에게는 미래가 중요하고, 미래를 위한 현재의 헌신이 중요하다. 하지만 오늘날 청소년 문제는 그 미래를 위해 지나치게 오늘을 희생시키는 데에서 기인한다고 해도 과언이 아니다. 그래서 우리는 청소년이 오늘 이 자리에서 행복감을 느끼게 하고 싶다. 청소년이 내일이나 10년 후가 아니라 오늘, 여기, 지금, 우리 센터에서 행복감을 느끼도록 하는 것이다. 그리고 청소년이 이 세상에 태어나기를 잘했다고 느끼고 자신이 얼마나 소중한 존재인지를 알게 하고 싶다. 집에서, 학교에서 말썽 피우고 문제아로 낙인찍힌 청소년이라 해도 우리 센터에서만큼은 최고의 사람으로 대접하고 싶다.

그렇게 하는 방법 중의 하나가 칭찬과 격려이다. 인터넷을 과다하게 사용하는 아이들은 대부분 문제아로 찍혀서 야단을 맞는 경우가 많다. 이 때문에 자존감과 자신감이 낮고 성적이 안 좋으며 대인관계를 잘 못하고 매사를 비관적으로 생각하는 경향이 있다. 따라서 전반적인 생활 습관, 즉 숙제하기, 준비물 챙기기, 외모 단정하게 하기, 일찍 자고 일찍 일어나기에 초점을 맞추는 프로그램을 계획하되, 야단보다는 칭찬을 더 많이 받는 아이로 자라도록 칭찬과 격려를 더 하고 있다.

그리고 잘 먹는 것도 행복의 중요한 조건으로 보고 아이들이 직접 요리를 해 먹을 수 있도록 하고 있다. 지역의 특성상 밥을 배불리 못 먹는 아이들도 있는데 이는 성장기에 문제가 된다. 그래서 주방과 포장마차를 만들고 바비큐 시설을 설치하여 아이들이 직접 요리를 해서 먹을 수 있도록 하고 있다.

요리 체험 프로그램

4) 청소년 스스로 프로그램을 주도하게 한다

강서 센터는 향후 대부분의 프로그램을 학생들이 계획하고 진행하는 것을 목표로 하고 있다. 하모니 프로그램에서는 이미 시행하고 있는데, 앞으로 더욱 확대하여 학생들의 자발적인 참여를 높이고 주인의식을 갖게 함으로써 프로그램의 효과를 극대화할 생각이다. 주입식 교육 현장에서 늘 수동적으로만 행동했던 아이들이 자율 프로그램의 주인으로서 활동하게 하는 것은 특별한 만족감과 치유 효과를 가져다준다. 또래 리더 양성 프로그램도 있는데, 이는 아이들로 하여금 인터넷 문제가 있는 친구나 혼자 지내는 친구를 조기 발견하여 도움을 주는 친구가 되도록 하는 프로그램이다.

청소년 스스로 주도하는 프로그램의 목표는 직업에 대한 구상이나 직접체험 및 간접체험과 연계시키는 것이다. 예를 들어 최근 요리에 대한 관심이 늘고 있는데 요리요법 시간을 통해 요리사가 되겠다고 목표를 세운 학생이 있으면 지역사회의 자원을 활용하여 자격증을 취득하도록 하는 등 직업까지 알선하는 것이다.

5) 좋은 인성을 갖도록 한다

강서 센터가 지향하는 것 중의 하나는 인성교육이다. 인터넷 중독이 약물 중독과 다른 것은 치료의 목표가 인터넷을 단절하는 것이 아니라 적절한 균형감 획득이다. 즉 인터넷을 사용하지 못하도록 하는 것이 아니라 적절하게 인터넷을 사용하면서 자신의 생활을 도모하는 것이다. 그래서 우리 센터는 청소년의 인터넷 문제만을 해결하는 데 목표를 두지 않는다. 그것을 넘어서 전반적인 생활 습관을 변화시키고 교육과 활동을 통해 좋은 인성을 갖도록 하는 데 목표가 있다. 그럼으로써 전인적인 사람으로 성장하여 미래에 원대한 꿈을 갖고 사회에 이바지할 수 있도록 하는 것이다.

6) 좋은 부모와 지역사회가 좋은 아이를 만든다

좋은 부모 밑에서 자란 아이는 좋은 아이가 될 가능성이 높다. 이는 부모상담과 부모교육이 필요한 이유이다. 부모 자신이 성격 문제를 가지고 있거나 부부관계가 원만하지 못해 아이를 잘 양육하지 못하는 경우에는 설령 아이를 인터넷 중독에서 회복시켜 놓는다 하더라도 다시 재발한다. 따라서 부모가 변하지 않고서는 아무리 센터에서 좋은 교육과 프로그램을 제공하고 상담을 해도 효과가 없다. 부모가 함께 건강하게 변해야 한다. 그래서 우리 센터에서는 청소년 프로그램 못지않게 부모교육을 중시한다. 부모에게 문제가 있다면 부모도 상담을 받도록 한다. 문제는 생계에 바쁜 부모가 자녀 관리를 소홀히 하여 아이가 인터넷 중독에 빠져들었는데 그 부모는 우리가 준비한 프로그램에 참여하기 힘들다는 것이다.

좋은 부모는 탄력성(resilience)을 지닌 가정환경을 만드는 가장 중요한 주체이다. 탄력성이란 심리학이나 교육학에서 사용하는 개념으로, 사람들이 불행한 사건

부모교육

그림 9.2   아이가 가질 수 있는 탄력성의 자원

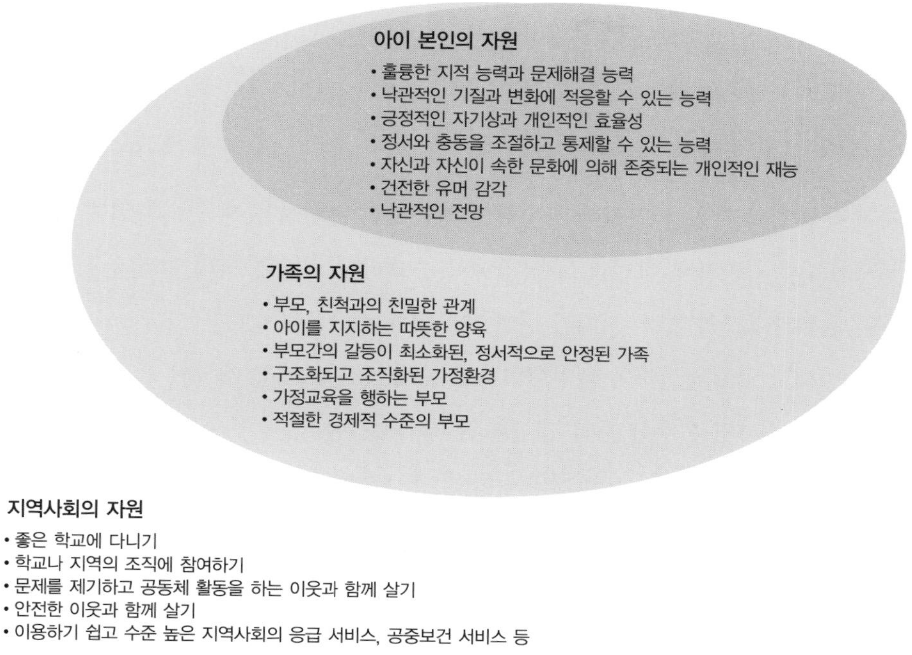

아이 본인의 자원

- 훌륭한 지적 능력과 문제해결 능력
- 낙관적인 기질과 변화에 적응할 수 있는 능력
- 긍정적인 자기상과 개인적인 효율성
- 정서와 충동을 조절하고 통제할 수 있는 능력
- 자신과 자신이 속한 문화에 의해 존중되는 개인적인 재능
- 건전한 유머 감각
- 낙관적인 전망

가족의 자원

- 부모, 친척과의 친밀한 관계
- 아이를 지지하는 따뜻한 양육
- 부모간의 갈등이 최소화된, 정서적으로 안정된 가족
- 구조화되고 조직화된 가정환경
- 가정교육을 행하는 부모
- 적절한 경제적 수준의 부모

지역사회의 자원

- 좋은 학교에 다니기
- 학교나 지역의 조직에 참여하기
- 문제를 제기하고 공동체 활동을 하는 이웃과 함께 살기
- 안전한 이웃과 함께 살기
- 이용하기 쉽고 수준 높은 지역사회의 응급 서비스, 공중보건 서비스 등

*출처 : 고영삼(2012)

을 경험한 후 신체 · 정신적으로 회복하고 또 향상되는 것을 말한다. 어떤 이들은 이를 '회복 탄력성', '복원력', '회복력', '심리적 건강성'이라고도 일컫는다(고영삼, 2012). 비관적이거나 탄력성이 낮은 부모 밑에서 자란 아이에게서 꿈과 희망에 부푼 모습을 기대하기는 어려운 법이다.

필자는 개인에게 적용하는 탄력성의 개념을 지역사회에도 적용할 수 있다고 생각한다. 활기찬 지역사회, 무언가 생동감이 넘치는 지역사회, 이러한 지역사회는 주민이 만족할 수 있는 생활 여건에서 비롯되는 것이지만, 반대로 탄력성이 높은 생활 자체가 활기찬 지역사회를 만들기도 한다. 이 선순환구조가 안착되는 것이 중요하다. 결국 인터넷 문제가 해결되기 위해서는 청소년 본인의 좋은 자원, 가족

의 자원, 그리고 지역사회의 자원이 중요하다는 것이다. 인터넷 문제는 한 개인의 문제가 아니라 지역사회의 문제이다. 이러한 점에서 강서 센터는 지역 주민의 참여를 통해 지역 공동체의 환경을 변화시키는 데에도 관심을 가지고 있다.

2. 강서 지역사회의 네트워크

지역 공동체의 자원을 최대한 가동하여 지역사회 탄력성을 제공하기 위해서는 지역사회 유관기관과의 협업과 도움이 매우 중요하다. 지역사회의 여러 인적·물적 자원과 유관기관의 협력, 지지를 위한 네트워크는 다음과 같다.

첫 번째로 아이윌센터의 운영협의체를 통해 각 센터에서 개발한 프로그램을 공유하고 각 센터의 우수한 운영 방식을 참조하기도 한다. 두 번째 협력 대상은 교육기관이다. 우리 지역에는 138개의 유치원, 101개의 초등학교, 55개의 중학교, 52개의 고등학교, 그리고 총신대학교가 있는데, 청소년들은 인터넷 사용에 문제를 많이 가지고 있기 때문에 학교들과 협력하는 것이 매우 중요하여 예방교육이나 상담이 필요한 아이들을 조기 발견하기 위해 연계망을 형성한 것이다. 상담 및 치료기관과의 협력도 중요하여 보건복지부 소관의 정신건강센터, 여성가족부 소관의 청소년상담복지센터, 건강가정지원센터 등과 연계하고 있다. 또한 심각한 아이들을 위해 여의도성모병원, 성심병원 등과 연계하고 있다. 한편 인터넷 중독 해소를 위해 설립된 기관이 아닐지라도 지역사회 유관기관과의 긴밀한 협력이 필요하다. 예를 들어 강서구청, 구로구청, 금천구청, 영등포구청과 협력할 뿐만 아니라 각 경찰서, 보호관찰소와도 유사시를 대비하여 협력체계를 맺고 있다.

현재 협력 사업 중 가장 성공적이라고 자평하는 것은 학부모, 교사 및 지역 주민을 인터넷 중독 전문가로 양성하는 사업이다. 이 사업은 지역사회의 인적 자원, 즉 학부모, 교사, 지역 주민 및 유관기관 종사자와 유관기관의 협력을 이끌어 내기 위해 시도한 것이다. 예를 들어 각 학교의 학부모와 교사를 인터넷 중독 전문가로 양성한다. 이들은 자기 자녀가 다니는 학교의 예방 강사 및 인터넷을 과도하게 사용하는 학생을 조기 발견하는 등의 역할을 담당한다. 즉 강서초등학교 1학년생의 엄마가 인터넷 중독 예방 강사가 되어 자녀가 고등학교를 졸업할 때까지 활동한다고 가정하면 12년을 인터넷 중독 예방 강사로 활동하게 되는 셈이다. 또한 교사를 인터넷 중독 전문가로 양성하여 각 학교의 인터넷 중독 예방 강사로 활동하는 학부모들을 관리하고 함께 사업을 기획하는 역할을 하게 한다.

그리고 통반장으로 인터넷예방활동단을 구성하여 지역 주민을 대상으로 인터넷의 폐해와 부작용에 대한 예방 홍보를 하게 한다. 예를 들어 길거리 캠페인을 하고 지역사회 내에 행사가 있는 경우 함께 활동하게 한다. 또한 통반장 모임이 있을 때 우리 센터를 알리고, 인터텟 과다 사용 여부를 선별하는 선별지를 각 가정에 배부하여 인터넷 과다 사용이 의심되는 경우 센터에 연락을 취하게 한다. 이외에도 유관기관에 종사하는 직원들에게 인터넷 관련 교육을 실시하여 인터넷 문제가 있는 학생을 조기 발견하고 상담을 받을 수 있도록 하는 것도 효과적인 방법

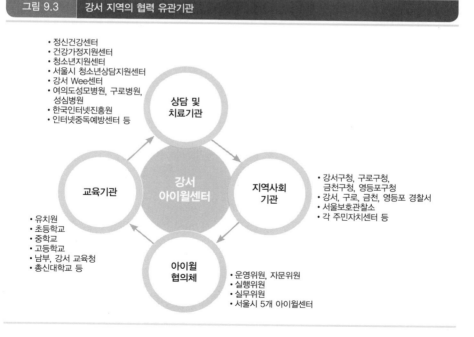

그림 9.3 강서 지역의 협력 유관기관

폰 바구니

협력 예방 사업

유관기관과의 업무 협약식

주민 참여 프로그램

중의 하나이다.

　지역사회 네트워크를 동원해서 하고 있는 사업 중 하나로 '폰 바구니 운동'이 있다. 학교, 학부모, 지역 주민이 중심이 되어 10시 이후에는 인터넷과 스마트폰을 사용하지 않도록 집 안의 한곳에 가족들의 휴대전화를 담아 놓는 폰 바구니를 만들어 배포하는 것이다. 스마트폰이 나온 이후 식사 중에도 가족 간의 대화가 사라졌기에 이는 소중한 시간을 함께할 수 있도록 전개하는 운동이다.

°° 맺음말

강서 아이윌센터는 늦게 설립되었지만 지역사회에 조기 안착했다고 평가받고 있는데, 이는 좋은 시설을 갖추고 청소년의 특징과 욕구를 반영한 덕분이다. 다행히 구성원들 간에 친목도 좋아 직원 만족도가 매우 높은 편이다. 직원들이 행복해야 내방객을 만족시킬 수 있다는 점에서 고맙고 다행스러운 일이다.

　강서 아이월센터는 공사할 때부터 지금까지 대문을 활짝 열어 놓고 센터 내부와 프로그램을 공개하고 있다. 앞으로 마을잔치를 열 계획을 세우는 등 지역 주민이 센터에 더 많이 참여하도록 할 생각이다. 우리는 인터넷 시대에 지역 주민의 쉼터 공간으로 거듭날 수 있도록 노력할 것이다.

고영삼 (2012). 인터넷에 빼앗긴 아이. 베가북스.

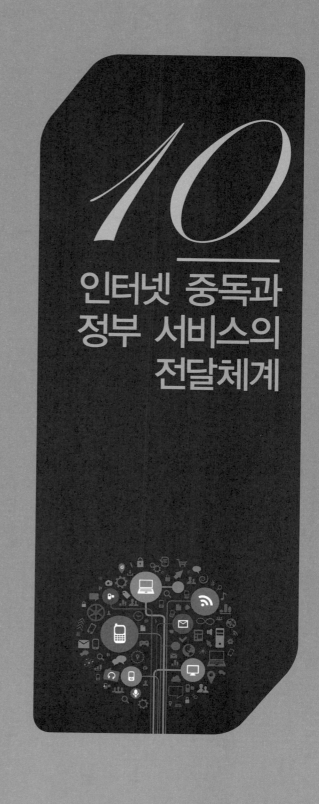

10

인터넷 중독과
정부 서비스의
전달체계

제 10장

인터넷 중독과 정부 서비스의 전달체계

고영삼 | 한국정보화진흥원

°° **시작하는 글**

우리나라 인터넷 중독 대응 정책은 2002년 한국정보문화진흥원에 인터넷중독상담센터를 구축하면서부터 시작되었다.[1] 그 후 인터넷 중독 문제가 사회적 쟁점으로 떠오르면서 다양한 부처에서 이 사업에 참여했으며, 현재 8개 부처가 참여하고 있다. 해외 여러 나라를 둘러보아도 우리처럼 많은 부처가 주요 사업으로 추진하는 나라가 없다. 이렇게 적극적인 우리나라의 인터넷 중독 대응 정책은 해외의 많은 주목을 받고 있다. 그럼에도 불구하고 인터넷 중독의 예방과 치유를 위한 정부 서비스의 존재를 모르는 국민도 적지 않다.[2] 우리의 인터넷 중독 대응 정책은 다른 나라에서 참조할 만한 모델로 발전해 왔으나 내부적으로는 수정, 보완해야만 하는 상황인 것이다.

이 장은 이러한 상황에 대해 고민하며 쓴 글이다. 많은 부처가 경쟁적으로 참여

---

1 국가 정보화 정책 전담부처인 정보통신부가 2002년에 산하 전문기관이던 한국정보문화진흥원에 인터넷중독상담센터를 설립했다. 한국정보문화진흥원은 이명박 정부에 들어서 한국정보사회진흥원(한국전산원 후신)과 합병하여 현재의 한국정보화진흥원(www.nia.or.kr)이 되었다.

2 2013년 전 국민 실태조사 결과, 국민의 34.7%만이 정부의 상담기관 운영에 대해, 1.8%만이 상담 전문 인력 양성에 대해 알고 있는 것으로 나타났다(미래창조과학부 · 한국정보화진흥원, 2014).

하고 있지만 국민에게 많이 알려지지 않은 이유는 무엇일까? 그 이유는 다양하겠지만, 지역사회 현장에 통합된 대응체계가 형성되지 않은 것도 그중의 하나가 아닐까 생각한다. 그러므로 이 장에서는 인터넷 중독 정책에 있어 정부 간 관계 모델(intergovernmental relations model)과 정부 서비스의 전달체계에서 나타나는 쟁점을 살펴보고자 한다. 정부 서비스 전달체계 개념은 정부의 정책이 사업으로 기획되고 최종적으로 개별 이용자에게 전달되는 과정에 중앙·지방 정부, 공공기관, 전문가(조직), NGO 등이 관여하는 네트워크 체계를 말한다. 인터넷 중독 8개 중앙부처 협력 시스템이 어떻게 효율적으로 작동하도록 할 것인가? 그리고 지역사회에서 살아가는 이용자들의 입장에서 만족할 만한 서비스 체계는 어떤 것일지 함께 고민해 보자.

1. 인터넷 중독의 정부 간 전달체계 현황과 시사점

지난 2013년 4월 신의진 의원은 '중독 예방·관리 및 치료를 위한 법률'을 발의했다. 이른바 '신의진법' 혹은 '4대중독통합관리법'으로 불리는 이 법안은 발의와 동시에 격렬한 반응을 불러일으켰다.[3] 게임 중독을 마약, 알코올, 도박 중독과 함께 통합하여 관리한다는 것, 그리고 국무총리 소속의 중독관리위원회를 설치하여 보건복지부가 운영한다는 내용을 담고 있기 때문이다. 실제로 게임을 마약과 동일시하는 중독 요인으로 설정한 것도 그렇지만, 인터넷 중독의 실질적 주관부처를 미래부에서 보건복지부로 변경한다는 것은 매우 민감한 문제일 수밖에 없다.

비록 거센 반대에 부딪혔지만, 이 법안은 전달체계가 게임 규제와 함께 인터넷 중독 정책에서 가장 큰 논란의 대상인 것을 확인하는 계기가 되었다. 사실 우리나

---

3 이 법안은 자녀가 공부를 하지 않는 것이 게임 때문이라고 생각하는 학부모(단체), 청소년이 게임 때문에 영성을 받아들이지 못한다고 생각하는 기독교 단체의 지원에 힘입어 새누리당의 중점 논의 법안으로 등록되기도 했다. 그러나 현재 게임 기업, 게임 개발자, 문화체육관광부, 한국디지털엔터테인먼트협회(협회장 남경필 의원), 한국e스포츠협회(협회장 전병헌 의원) 등의 강한 반대에 직면해 있다.

표 10.1	주요 부처의 인터넷 중독 사업 추진 현황
부처	**주요 사업 내용**
미래창조과학부	• 「국가정보화기본법」에 따른 인터넷 중독 대응 총괄부처 • 한국정보화진흥원(NIA)에 인터넷중독대응센터 설치 운영 • 전문상담사 양성, 교원 직무연수 운영 등 상담 전문 인력 양성 • 인터넷 중독 진단척도(K-척도) 및 상담 프로그램 개발 • 매년 인터넷 중독 실태조사 실시 • 범부처 3개년 인터넷 중독 종합계획 및 매년 추진계획 수립 • 인터넷 · 스마트폰 중독 예방 및 상담, 사후관리 추진
문화체육관광부	• 「게임산업진흥법」에 따른 게임 부작용 문제 대응 주무부처 • 게임 과몰입의 방지에 대한 예방교육, 캠페인 추진 • 게임 중독 진단척도 개발 및 상담 프로그램 운영 • 게임 과몰입에 대한 병원치료 지원, 45개 Wee센터 운영
여성가족부	• 「청소년보호법」에 따른 청소년 보호의 주무부처 • 전국 청소년상담복지센터(207개) 등을 통한 상담 사업 추진 • 인터넷치유학교(단기 기숙형 치료학교) 운영 • 인터넷 중독 고위험군 대상 약물치료에 대한 금전적 지원
보건복지부	• 「정신보건법」에 따른 정신건강 및 복지 서비스 주무부처 • 인터넷 중독의 의과학적 연구 및 치료 모델 연구 • 전국적으로 200여 개의 정신건강증진센터 운영 • 전국 50개의 중독관리통합지원센터를 통해 성인 중독 관리
교육부	• 여러 부처의 학교 현장 인터넷 중독 대응 사업에 대한 협력 • 인터넷 중독군 대응 매뉴얼 개발 및 교원 대상 교육

라에서 인터넷 중독의 전달체계는 외견상 복잡해 보인다. 미래창조과학부, 교육부, 법무부, 국방부, 문화체육관광부, 보건복지부, 여성가족부, 방송통신위원회 등 자그마치 8개 부처가 사업에 참여하고 있기 때문이다.[4]

각 부처는 표 10.1에서 보듯이 각각의 근거 법에 의해 사업을 추진하고 있다. 하지만 그동안 인터넷 중독으로 인한 자살, 절명, 살인 등과 같은 문제가 나타나자 부처 간에 경쟁적으로 대응했고, 그만큼 기능 중복이 우려되는 상황에까지 이르렀

---

4 이 중에서 미래창조과학부는 국가정보화기본법에 의해 인터넷 중독 정책의 총괄간사 역할을 하고 있다. 미래창조과학부는 7개 부처와 함께 3개년 단위의 '인터넷 중독 예방 및 해소 종합계획'을 수립하고, 또 이를 근간으로 매년 '인터넷 중독 예방 및 해소 추진계획'을 수립하여 정책 기획 및 집행의 안정성을 추구하고 있다.

다. 그에 따라 정부에서는 비교적 일찍부터 인터넷중독정책협의회라는 부처 간 정책조정 협의기구를 통해 협력도 해 왔다.[5]

확실히 8개 중앙부처가 인터넷 중독 사업을 시행하고 있다는 것은 좀 예외적으로 보인다. 우리의 정부 중심 협력체계를 유럽이나 미국 등 민간 주도형 나라의 전문가들에게 설명한 적이 있는데 그들은 쉽게 이해하지 못하는 듯했다.[6] 심지어 우리처럼 국가 주도형인 중국도 교육부, 공상부, 위생부, 민정부, 문화부 등 사업에 참여하는 부처 수가 우리보다 적었다(北京靑年報, 2010. 10. 12.; 이창호 등, 2014).

그런데 모든 나라는 제각기 정책환경의 특수성이 있기 때문에 이와 같은 사실 자체가 시비의 대상이 될 수는 없다. 더구나 각 부처는 정부조직법상의 법적 근거 위에서 활동하기 때문이다. 예를 들어 여성가족부는 청소년 및 가족 업무를 담당하기 때문에, 보건복지부는 정신건강 사업을 담당하기 때문에, 국방부는 성인 남성의 중독(우려)자 관리를 위해서, 법무부는 인터넷 중독자에 의해 발생할지 모르는 사회 문제 때문에, 방송통신위원회는 통신 정책에 관련되어 있기 때문에, 그리고 미래부와 문화체육관광부는 각기 인터넷과 게임 콘텐츠를 담당하고 있기 때문에 인터넷 중독 대응 사업을 한다는데, 이에 대해 대놓고 이의를 제기할 수는 없다.

그러면 결국 문제는 참여 부처의 수가 많고 적은가보다는 8개 부처가 참여하는 이 사업이 근본 취지에 맞도록 체계화되었는가, 지나친 중복과 예산 낭비가 발생

---

5 인터넷중독정책협의회는 2006년 노무현 정부 당시 국무조정실의 인터넷 중독 사업 기능 조정 평가에서부터 시작된 것이다. 부처 간 기능 중복이 발생하자 당시 국무조정실은 국가청소년위원회가 주관하여 정보통신부, 문화부, 교육부 등 4개 부처 간 중복 기능을 조정하라고 했다. 그 이후 각 부처는 연 1~2회 정도 협의회를 개최하기도 하고, 산하 전문기관(위 부처 순서로 한국청소년상담원, 한국정보문화진흥원, 한국게임산업진흥원, 교육학술정보원 등) 간 MOU를 맺어 정보를 교류하기도 했다.

6 인터넷 중독 정책을 기획하고 집행하는 유형은 국가 주도형과 민간 주도형으로 구분할 수 있다. 우리나라와 중국은 정부가 정확한 목표를 가지고 중·단기 국가 계획을 수립하여 추진하는 국가 주도형이다. 반면에 일본, 미국, 유럽의 각 나라들은 대학, 연구소, 학부모 관련 NGO 등이 개별적으로 연구하거나 캠페인을 하는 민간 주도형이다.

하지 않는가, 이용자의 입장에서 만족할 만한가 등의 관점에서 보아야 할 것이다. 어떤 이들은 이러한 문제의식 없이 하나의 전담부서가 맡아서 추진해야 한다고 주장하기도 한다. 하지만 그렇게 전담하는 방식은 현재로서는 불가능할 것 같다. 앞서 설명한 바와 같이 명확한 법적 근거, 전문성, 그리고 부처마다 사업을 시행해 온 네트워크가 있는데 이를 무시하고 폐지하기는 어렵기 때문이다. 게다가 부처의 사업은 다른 사업과 상호 의존적으로 얽혀 있기 때문에 레고 블록처럼 마음대로 넣고 빼기가 쉽지 않다.

이러한 문제를 해결하기 위해 현재 정부에서는 인터넷중독정책협의회라는 협의체를 운영하고 있다. 현재 역할 분담은 지난 2012년 4월 회의에서 만들어진 것인데,[7] 이때 회의에서는 인터넷 중독 예방활동은 행정안전부가, 초·중·고등학교 교내에서 집단상담은 문화체육관광부가, 교외에서의 집단상담과 야외 캠프 및 병원치료는 여성가족부가, 유·아동과 성인의 인터넷 중독에 대한 모든 활동은 행정안전부가 담당하도록 합의했다.

당시 이 협의 사항은 부처 간의 업무 중복을 없앤다는 목적으로 조정된 것이었다. 하지만 이제는 다시 조정해야 할 상황에 처해 있다. 왜냐하면 게임 '중독'의 존재 자체를 부인하는 문화체육관광부에게 집단상담을 맡도록 했기 때문이다. 집단상담은 인터넷 중독 위험자 집단을 대상으로 실시하는 프로그램으로서, 인터넷 중독의 실체를 부인하는 부처에서 담당하는 것은 논리적으로 합당하지 않다. 그리고 당시 기능 조정에 참여하지 않았던 보건복지부가 이제 사업에 가장 적극적으로 뛰어들고 있기 때문이다.

---

7 이명박 정부였던 2012년 4월에 정책협의회의 논의 사항은 다른 때보다 강력했다. 노무현 정부 때의 정보통신부가 폐지되고 그 기능을 맡은 행정안전부가 인터넷 중독 정책의 주관부처가 되어 역할 분담을 단행했다. 참고로 박근혜 정부는 부처체계를 개편하면서 행정안전부에 있던 인터넷 중독 사업을 미래창조과학부로 이전했다.

2. 현시점에서 정부 간 전략체계를 어떻게 재구성할 것인가

그러면 과연 지금 상황에 알맞은 기능 분담은 어떤 모습일까? 필자는 이를 위해 먼저 기능 조정의 큰 방향을 정하는 것이 좋다고 생각해 보았다. 첫째, 부처가 가진 자원과 전문성을 우선적인 근거로 조정해야 한다. 둘째, 부처 간의 이해관계보다는 수요자 입장에서 편리성과 효율성을 생각해야 한다. 셋째, 장기적으로 좋다면 전면 재조정도 고려해야 한다. 넷째, 전면 재조정이 어렵다면 1차 조정안을 준거로 하고 이후 발생한 환경 변화를 감안하여 재조정한다.

이상과 같은 방향을 정할 때 첫째와 둘째는 아주 당연한 기준인데, 문제는 전면 조정을 할 것이냐, 부분 재조정을 할 것이냐이다. 이른바 신의진법은 전면 조정을 하자는 시도이다. 왜냐하면 총리실에 중독관리위원회를 설치하고 그 사무국을 보건복지부에 두는 것이기 때문이다. 이것은 현재 미래부에서 담당하고 있는 역할을 보건복지부로 바꾸는 것을 의미한다.[8]

인터넷 중독의 취약계층이 대부분 사회복지 서비스의 핵심 수혜 대상이기에 사회복지와 정신건강의 전문부처인 보건복지부에서 인터넷 중독 문제를 총괄하는 것도 모양상 나쁘지 않다. 이렇게 할 경우 미래부와 문체부 등 (중독 유발 부처로 간주되기도 하는) 유관부처는 (예산 등) 지원부처로서 역할을 하면 될 것이다.

이렇게 할 때 문제는 없을까? 문제는 인터넷(게임) 중독이 알코올, 마약 등의 물질 중독과는 다르다는 점이다. 전문성에 대한 이야기인 것이다. 보건복지부는 알코올과 마약의 생산, 유통, 소비 등 모든 부분에 대한 전문성을 가지고 있다. 그러나 게임이나 인터넷, ICT 기기의 진화 등에 대한 전문성을 가지고 있다고는 할 수 없다. 이 때문에 보건복지부에서 과연 '인터넷' 중독, '게임' 중독에 대응하는

---

8 신의진법은 보건복지부에서 중독관리위원회 사무국 역할을 수행하는 것 외에도 중독 대응 5개년 기본계획 수립, 전국 각 지역에 중독관리센터 설치, 전문 인력 양성 등을 담당하도록 하고 있다. 그런데 현재 미래창조과학부는 인터넷중독정책협의회를 총괄하면서 다부처 업무를 조정하고 있으며, 3개년 종합계획 수립, 17개 광역시 · 도에 인터넷중독대응센터 운영, 전문 인력 양성 등을 이미 시행하고 있다.

그림 10.1　부처 간 사업 영역의 재조정안

	유아	청소년	성인
병원치료	복지부, 여가부		
캠프, 상설 치유학교	여가부 등 모든 부처		
집단상담	미래부 복지부(내담자)	여가부(학내, 학령전환기) 여가부(학외, 모든 청소년) 문체부(학내, 비학령전환기) 미래부(학내, 비학령전환기) 복지부(내담자)	미래부 복지부(내담자)
예방교육	미래부(문체부, 교육부, 여가부, 복지부, 법무부, 국방부, 방통위 등은 지원)		

수준 높은 예방 프로그램, 치유 콘텐츠를 만들어 내기는 쉽지 않을 것이다. 결국 현재 구조에서 본다면 보건복지부가 담당하는 것은 위 기능 조정의 첫째 방향과 배치된다.

인터넷이나 게임은 알코올이나 마약과 달리 하루가 다르게 기술 혁명 중이다. IT 기술은 최근에 웨어러블 컴퓨터(wearable computer)와 같이 인간에게 더욱더 친화적으로 진화하고 있다. 아마 어느 시점에는 인간과 기기, 인간과 사이보그의 구분 자체도 없어질 만큼 나아갈지도 모른다(고영삼, 2014).[9] IT와 게임 콘텐츠 기술은 전 세계 대학과 기업 연구소 등에서 중독적인가, 아닌가를 떠나 계속 실험되고 발전하는데, 그 기술에서 중독성만을 따로 발라내어 다른 부처에서 다룬다는 것은 무언가 어색할 수 있다.

1차 조정의 결과를 참조하여 역할을 조정하는 것도 한 방법이다(그림 10.1 참조).

① 예방교육 : 국가정보화기본법에 따라 미래부에서 총괄하여 실시하되, 필요에

---

[9]　이러한 점에서 인터넷 중독은 도박 중독과 약물 중독보다 훨씬 더 동적이고, 이러한 의미에서 인터넷 중독은 도박 중독 등에 비교하여 '동적 중독'이라고 이해할 수도 있다(고영삼, 2015).

따라 각 부처에서 지원.[10]

② 집단상담 : 학령전환기 아이들 대상 학내 사업은 여가부에서 2013년 기준 사업 대상의 약 20%를 소화했는데 앞으로도 계속 전담하고 사업 확장 추진/비학령전환기 아이들의 학내 프로그램은 문체부에서 2013년 기준 사업 대상의 약 6.2%를 소화했는데, 정부 서비스 치고 양적 성과가 너무 미약하여 중복 지원이 되지 않도록 유의하면서 미래부에서도 참여하여 서비스 수혜자 비율 확장/모든 아이들의 학외 프로그램은 여가부에서 계속 일괄 추진/성인 및 유아 대상 집단상담은 미래부에서 전담하되, 복지부에서는 모든 연령층의 센터 내 담자를 대상으로 시행.

③ 캠프, 상설 치유학교 : 캠프와 상설 치유학교는 인터넷 중독을 치유하기 위한 대안활동으로서 계속 개발해야 하는 것으로, 각 부처에서 유사 사업을 할지라도 중복이 우려될 만큼 많지 않기에 모든 부처에 개방.

④ 병원치료 : 복지부와 여가부에서 현 사업의 정체성을 유지하며 계속 추진하면 중복성 우려가 없음. 왜냐하면 복지부는 정신건강증진센터(199개)를 방문하는 인터넷 중독 아동·청소년에 대해 사업을 실시하는 반면, 여가부는 인터넷 중독 고위험 청소년을 대상으로 공존질환 검사 및 병원치료 연계 후 치료비를 약 30만~50만 원 지원하는 프로그램이기 때문. 그러나 인터넷(게임) 중독을 치료할 만한 병원 여건을 갖출 필요가 있음.

한편 인터넷 중독 관련 부처 간의 기능 배분에 고려해야 할 부분이 있다. 인터넷 중독 관련 정책에서 초기부터 늘 논란이 된 것이 부처 간 기능 중복과 이로 인한 예산 낭비의 가능성이다. 이는 예산 담당 정부부처와 국회에서 계속 감시하는 사안이다. 그런데 필자는 기능 중복이 항상 부정적인 것만은 아니라는 사실을 말하

---

10 2014년 5월 22일 신설, 개정된 국가정보화기본법 제30조8에는 유치원, 초·중·고·대학, 공공기관은 매년 1회 이상 인터넷 중독 관련 교육을 실시해야 한다고 명시되어 있다.

표 10.2	학교 예방교육 및 집단상담 사업 규모와 실적			
구분	여가부	미래부, 문체부		
	학령전환기	비학령전환기		
	초 4, 중 1, 고 1	초 1~3, 5~6	중 2~3	고 2~3
재학생 수	170만여 명	229만여 명	180만여 명	124만여 명
사업 규모 / 위험군 비율(%)	6.2	9.3	12.0	11.4
사업 규모 / 위험군 수(명)	105,152 (초 4) 18,605 (중 1) 43,346 (고 1) 43,201	212,800 (초 1) 10,456 (초 2) 41,156 (초 3) 47,440 (초 5) 50,801 (초 6) 62,947	217,319 (중 2) 100,460 (중 3) 116,859	140,835 (고 2) 61,245 (고 3) 79,590
2013년 사업 실적 / 예방교육	미래부 : 총 97만 명(초등 : 435천 명, 중등 : 326천 명, 고등 : 21만 명) 문체부 : 총 17만 명			
2013년 사업 실적 / 상담	21,102명(20.1%)	문체부 담당 : 33만 명(6.2%)		

* 출처 : 여가부 위험군 비율 자료는 여가부의 '2013년 인터넷 · 스마트폰 이용 습관 조사', 미래부 · 문체부 자료는 미래부 NIA의 '2013년 인터넷 중독 실태조사' 결과임

고 싶다. 오히려 다양한 기관 간 일정 수준의 기능 중복은 기관 간 의사소통에 긍정적으로 작용하는 부분이 있으며, 클라이언트의 관점에서 서비스를 선택할 수 있는 장점이 있기 때문이다(이선혜, 2003a).[11] 더구나 정신보건 분야의 서비스 전달체계 평가에서 사용되는 기준에 있는 포괄성의 관점에서 보면 일정 수준의 기능 중복은 오히려 권장되어야 하는 것이다.[12]

더구나 표 10.2에서 보듯이 학교 현장에서 실시하는 집단상담은 전체 비학령 아

---

[11] 이선혜(2003a)는 미국 캘리포니아 주 정신보건 서비스의 경우 서비스 대상과 내용이 상당히 중복된다고 하면서, 거기서는 서비스 중복(overlap)보다는 공백(gap)이 문제로 인식된다고 설명한다.

[12] 포괄성은 클라이언트가 필요로 하는 모든 자원과 다양한 유형의 원조가 전달체계상에 존재하는지의 여부와 관련된 것으로(Bachrach, 1986; Baker, 1991), 치료 및 재활 접근 방법에 대해 클라이언트가 서비스를 선택할 수 있을 만큼 자원을 다량 제공하는 개념으로 정의하고 있다(Minkoff, 1991; 이선혜, 2003b 재인용).

이들 533만 명 중 6.2%인 33만 명 정도만 혜택을 보고 있어 그야말로 중복이 문제가 아니라 공백이 심각한 상황이다. 집단상담은 청소년 인터넷 중독 분야의 주력 서비스인 데에도 수혜율이 이 정도란 것은 문제라고 볼 수 있다. 제한된 재정 자원을 효율적으로 사용하기 위한 정부의 어려움은 이해하지만, 기능 중복만을 제1 원칙으로 삼고서 칼을 대는 것은 위험할 수 있다. 향후 중복과 공백 사이의 딜레마를 극복하기 위해서는 인터넷중독정책협의회를 국가정보화기본법상 존재로 자리매김하여 권한을 더 강화하는 것이 좋을 것이다. 그리고 부처 간 기능 조정을 하되 최소한 30% 공급이 이루어질 때까지는 중복보다는 사업 확대에 더 치중하는 것이 필요할 것이다.

한편 정책협의회의 권한 강화보다는 신의진법에서 제안한 바와 같이 총리실에 중독관리위원회를 설치하는 것도 고려해 볼 수 있다. 사물 인터넷, 웨어러블 컴퓨터가 우리의 일상을 더욱 지배하는 미래를 생각할 때, 디지털 미디어의 의존 문제에 대한 국가 대응력을 더 강화할 필요가 있기 때문이다.[13] 국회 보건복지위원회에서는 신의진 의원 법안을 검토하면서 중독관리위원회의 사무국을 보건복지부에 두기보다는 차라리 총리실 산하에 두는 것이 좋다고 평가한 바도 있다(김대현, 2013). 그렇게 하는 것이 부처 간의 이견을 조정하고 협의를 유도하기 쉽다는 것이다.

3. 지역 주민 입장에서 본 인터넷 중독 전달체계의 현황과 시사점

이상과 같이 중앙정부에서 수립된 정책은 광역자치단체를 거쳐 지역에 소재한 상

---

[13] 사물 인터넷(internet of thing, IoT)은 사람, 사물, 공간, 데이터 등 모든 것이 인터넷으로 연결되어, (인간의 조작 없이—필자 주) 정보가 생성 · 수집 · 공유 · 활용되는 초연결 인터넷을 말한다. 2020년까지 전 세계 기업의 총이익을 21% 성장시키는 잠재력을 지닌 기술이다(미래창조과학부, 2014). 사물 인터넷 시대가 본격화되면 인간은 이제까지 인터넷을 통해 인간과 연결되듯이 사물과 연결되는 디지털 기기 초의존 문명에 휩싸일 것이다. 이러한 문명의 디지털 중독 양상에 대해서는 고영삼(2015)을 참조하라.

담 전문기관을 통해 국민에게 서비스된다. 중앙정부가 지침이 포함된 사업 계획과 예산을 광역자치단체에 주면, 광역자치단체는 예산 범위 내에서 계획된 바에 따라 사업을 실행하는 것이다. 이렇게 우리나라 인터넷 중독의 전달체계에서 중앙정부와 지방정부는 구상과 집행, 협력의 관계로 형성되어 있다. 그러나 미세하게는 각 부처별로 그 운영 메커니즘이 다르다.

미래부(한국정보화진흥원)는 통합 컨트롤 기능을 하는 인터넷중독대응센터를 서울에 두고, 17개 광역시 · 도별로 지방정부의 시설을 협조받아 지역대응센터를 운영하고 있다(동 센터는 2015년부터 '스마트쉼센터'로 이름이 바뀌었다). 또한 인터넷 중독 선별척도(K-척도), 표준 집단상담 프로그램, 예방 콘텐츠 등을 지역에 보급하고 지역에서 활동할 전문상담사를 양성한다. 여성가족부는 각 지역에 소재한 청소년상담복지(지원)센터를 통해 지역의 청소년 인터넷 중독 문제에 대응하고 있다.[14] 센터는 지역 내 초 · 중 · 고등학교의 학령전환기 아이들을 대상으로 중독 여부를 진단하고 중독 위험군으로 나타난 아이들, 청소년동반자(YC) 사업 중 중독 위험군으로 발견된 아이들에게 상담치료 서비스를 지원한다. 또한 그중 고위험군에 대해서는 지역의 치료협력병원(총 179개)을 통해 치료비를 지원한다(미래창조과학부 등 8개 부처 공동, 2013).[15]

문화체육관광부는 게임 기업들이 출자한 게임문화재단을 운영하는 한편, 교육부가 운영하는 Wee센터 45개에 전문상담사를 배치하여 게임 과몰입 청소년에게 상담 서비스를 제공하기도 한다.[16] 또한 중앙대학교 병원을 허브센터로 하여 4개

---

14 청소년상담복지센터는 인터넷 중독뿐만 아니라 학업, 진로, 학교 폭력, 성 문제 등 청소년의 문제 일반을 모두 다루는 기관으로 서울 25개, 부산 6개, 대구 3개, 인천 9개, 광주 4개, 대전 2개, 울산 5개, 경기 32개, 강원 10개, 세종 1개, 충북 13개, 충남 16개, 전북 15개, 전남 19개, 경북 16개, 경남 21개, 제주 3개 등 총 200개이다. 한편 여가부에서는 서울시가 직접 운영하는 아이윌센터(6개) 및 청소년미디어센터 등을 합하여 총 207곳을 활용하고 있다(미래창조과학부 등 8개 부처 공동, 2013).

15 저소득층, 취약계층은 50만 원 이내, 일반계층은 30만 원 이내에서 진료비를 지원한다.

16 Wee센터는 교육부의 학생안전통합시스템으로서 문화체육관광부에서 게임 과몰입 학교 안전망으로 활용하고 있으며 2013년 현재 서울 6개, 부산 3개 등 전국에 45개가 있다.

지역(부산, 대구, 광주, 대전)에 거점병원을 지정·운영한다(미래창조과학부 등 8개 부처 공동, 2014). 보건복지부는 2013년 현재 전국을 합하여 총 199개의 정신건강증진센터를 운영하고 있으며, 2014년부터 알코올상담센터 50개를 중독관리통합센터로 기능 전환하여 운영하고 있다. 또한 필요시에 연계할 수 있는 국립정신병원 5개를 지정하여 운영한다.

한편 아주 초보적인 수준이긴 하지만 광역자치단체는 지역 내에서 협력체계를 형성하고 있다. 한국정보화진흥원의 지역 인터넷중독대응센터가 중심이 되어 교육청, 학교, 대학, 병원, 기업, 언론 등과 협력체계를 형성하였다. 이들은 지역의 중독 실태 및 대책을 논의하기 위해 연 2회의 회의체를 운영한다.[17]

지역사회 내에 이렇게 전달체계가 갖춰져 있으니 문제가 없을까? 그렇지 않다. 각 부처가 지역 생활권에 경쟁적으로 보일 만큼 상담센터를 많이 설치하고 있지만, 과연 수요자 입장에서 얼마나 고려하고 있는지 의문이기 때문이다. 국가 전체적으로 볼 때 미래부의 17개 인터넷 중독 전문 상담기관, 여가부의 201개 청소년 문제 상담기관, 문체부가 교육부의 협조를 받아 운영하는 45개 상담기관, 보건복지부의 250여 개 정신건강 상담기관, 서울시의 6개 전문 상담기관, 그리고 적지 않은 병원 치료시설 등 외양적으로는 많은 기관이 설치되어 있다. 그러나 국민의 입장에서는 이러한 기관들이 얼마나 적정하게 설치된 것인지, 정말 필요한 곳에 설치된 것인지, 그리고 무엇보다도 이 기관들을 통해 얼마나 통합되고 연속된 서비스를 받을 수 있는지에 대한 고려가 부족해 보인다.

필자는 이러한 고민을 하다가 인터넷 중독의 전달체계도 이제 그 패러다임을 전부 바꾸면 좋겠다는 생각을 했다. 즉 중앙정부에서 기획하고 예산을 마련하여 지방정부에 그 사업의 지침을 던져 주는 식의 운영 방식을 탈피해야 한다는 생각을

---

17 서울시는 다른 지역과 달리 중앙정부 및 한국정보화진흥원의 예산을 받지 않고 자체 예산 계획을 수립하여 사업하고 있다. 즉 인터넷 중독 전문 상담조직인 아이윌센터 6개소가 25개 구를 나누어 담당하도록 하고 있다.

한 것이다. 이는 서비스 체계의 주체를 중앙정부에서 지방정부로, 정부 중심에서 정부-민간 거버넌스 방식으로 바꾸는 것을 의미한다(Koh, 2015).

사실 그동안 우리나라의 정책환경은 많이 발전해 왔다. 국민의 정보 이해력이 매우 높은 수준으로 발전하고 정부 투명성에 대한 압력이 계속 커지고 있다. 이제는 정부의 운영 방식이 이에 걸맞게 변화되어야 한다. 정부는 국민에게 무언가를 제공하기(providing)보다는 가능하도록 하기(enabling), 직접 모든 것을 집행(rowing)하기보다 방향을 잡아 가는(steering) 안내자로서 역할을 수행해야 한다. 현실적으로 많은 나라에서도 정부가 모든 문제를 해결할 수 없기 때문에 지시 통제하기보다는 돕고 협력해야 하는 식으로 변화되고 있다(Leach and Percy-Smith, 2001). 이것이 거버넌스 시스템의 필요성이 부각되는 이유이다.[18]

이러한 점에서 필자는 인터넷 중독 분야도 광역자치단체 규모를 완결적 단위로 삼고, 지방정부가 주체가 되어 민간조직과 협력하여 대응하는 전달체계를 만들 시점이 되었다고 생각한다. 이렇게 될 때 인터넷 중독의 전달체계도 "부처 간, 기관 간 이해관계의 조정에 관련된 것이긴 하지만, 궁극적으로 (각 지역사회에서—필자 주) 결국 각 기관 간 기능이 분화되는 동시에 적절한 연계가 이루어지는 보호 시스템"(이선혜, 2003b)이라는 개념에 더 근접해지는 것이다.

4. 현시점에서 구성해야 할 지역통합 지원체계의 방향

그러면 어떤 방식으로 이것을 만들 수 있을까? 우선 정신보건 분야에서 알려진 전달체계의 다음과 같은 평가 기준을 고려할 수 있다(Bachrach, 1986; Baker, 1991; Levine & White, 1961 등을 정리한 이선혜, 2003b 참조).

---

18 협치(協治)로 번역되기도 하는 거버넌스(governance)는 거버먼트(government)와는 달리 현실적으로 정부가 모든 문제를 해결하기 어렵다는 점에서 수직적이고 일방적인 권력 행사에서 벗어나 수평적 권력 분산을 통한 협력적·참여적 권력 융합을 의미한다(한세억·고영삼, 2012). 즉 정책의 구상, 집행, 평가의 전 과정에 정부, 기업, 민간이 함께 참여하여 협의하고 추진하는 것이다.

① 포괄성 : 잠재 고객이 필요로 하는 모든 자원과 다양한 유형의 원조가 전달체계상에 존재할 것

② 연계성 : 잠재 고객이 필요에 의해 프로그램 사이를 이동할 때 지역사회의 서비스가 단절되지 않고 연계될 수 있도록 연결망을 구성할 것

③ 적절성 : 서비스 운영자와 프로그램이 전문적이고 알맞을 것

④ 효과성과 효율성 : 장기적으로 치료 성과와 비용 효과가 있을 것

⑤ 조정 : 서비스 제공 주체들 간에 프로그램, 정보, 자원, 고객의 공조와 교환이 잘될 것

⑥ 접근성 : 고객이 특정 서비스를 필요로 할 때 물리적ㆍ지리적ㆍ경제적으로 접근하기 쉬울 것

⑦ 책임성 : 프로그램이 치료적ㆍ법적ㆍ재정적 기준에 부합되도록 집행될 것

한편 이 기준은 항상 적용되어야 하지만 인터넷 중독의 전달체계 발전 단계상 현시점에서 특히 주의할 것은 다음과 같다. 첫째, 표 10.3과 같은 서비스 주기별 통합지원체계를 각 지역마다 완성해야 한다. 대개 정신보건에서는 서비스 스펙트럼

표 10.3	인터넷 중독 치유 서비스 주기별 통합지원체계			
구분	예방	상담치료	약물치료	사후관리
서비스 목표	건강 생활 지속, 생산적 활용, 중독 위험성 인식	사용 조절력 확보, 일상생활 복귀	사고 예방, 일상생활 복귀	면역력 강화, 생산적 활용
잠재 고객	일반인, 과다 사용자	중독 위험군	중증 고위험자, 공병 질환자	치료 종결자, 일반인
사업 주체	가정, 학교, 직장, 아동 공부방, 언론, 종교, NGO, 기업	전문 상담기관, 가정, 종교	전문병원	가정, 학교, 직장, 아동 공부방, 청소년 쉼터, 전문 상담기관, NGO, 기업
사업 내용	지지 기반 제공, 중독 예방 캠페인, 중독 예방 교육, 대안활동	중독·심리 문제 평가, 상담치료, 프로그램 개발, 대안치료 프로그램	진단, 약물치료	재활교육, 대안 프로그램 운영, 지지 기반 제공

을 예방, 치료, 유지로 구분하지만, 여기서는 편의상 예방, 상담치료, 약물치료, 사후관리 등으로 구분하고자 한다.

예방은 모든 정신보건 사업이 그러한 것처럼 가장 중요한 활동이다. 미디어를 충동적·도피적 목적으로 사용하는 것을 극복하고, 건강하고 역량 있는 생활을 지원하는 미디어 활동을 계속할 수 있도록 하는 것이 목적이다. 일반 미디어 사용자나 과다 사용자를 대상으로 한다는 점이 여타 정신보건 사업의 예방과는 차이가 있다. 참고로 세계보건기구에서도 활용된 정신보건 개입 스펙트럼(mental health intervention spectrum)을 살펴보자. 이는 발병률 감소에 목표를 둔 것으로서, 예방을 새로운 사례 출현을 감소시키고자 하는 1차 예방(보편적 개입, universal prevention), 평균 이상의 위험자를 대상으로 하는 2차 예방(선별적 개입, selective prevention), 만성 장애에 관련된 고위험자를 대상으로 하는 3차 예방(표적 개입, identified prevention) 등으로 구분한다. 우리나라 인터넷 중독에서는 예방이 아니라 치료 대상으로 포함하는 선별적 개입 및 표적 개입의 대상도 여기서는 예방의 대상으로 구분하고 있다.[19]

상담치료의 대상은 K-척도상에서 잠재위험군 및 고위험군이다. 상담의 목표는 인터넷을 중독적으로 사용하면서 일상생활에 장애를 경험하는 이를 대상으로 정신건강 회복, 대인관계 회복, 건강한 일상생활을 가능하게 하는 것이다. 각 부처가 설치한 상담센터에서 이 일을 담당할 수 있다. 한편 이러한 기관에 방문한 내담자 중에서 K-척도 평가 후 약물치료를 병행해야 할 경우 전문병원으로 인계해야 한다.[20] 그렇기 때문에 각 지역별로 상담기관과 전문병원 간의 연결망을 잘 구축하는 것이 중요하다.

한편 사후관리도 중요한데, 우리나라에서는 아직 본격적인 시도를 못하고 있다. 물질 중독의 치료 목적은 물질을 아예 끊어 버리는 것(금단, 금주)이지만, 인터넷 중독은 단절이 아니라 공존하면서 건강하게 활용하는 것이다. 그런데 심리 문제가 해소되었을지라도 디지털 미디어 환경에 항상 노출되어 있고 사회생활을 위해 단절할 수 없으니 유혹이 계속된다. 사후관리는 결코 쉬운 일이 아니다. 어쨌든 광역자치단체별로 예방에서 사후관리까지 모두 포괄할 수 있는 전문기관을 포괄성, 접근성 등을 고려하여 구축해야 한다.

전달체계 발전 단계상 고려해야 할 두 번째 사항은 전달체계의 연계성이다. 연계성은 잠재 고객이 그의 정신적 건강 상태에 따라 조건에 알맞은 서비스를 받고자 할 때, 지역사회 내에서 단절 없이 가장 최적의 기관에서 가장 최적의 서비스를 받을 수 있도록 연계되는 것을 말한다. 연계성을 확보하기란 매우 어렵다. 실제 가정방문상담 서비스의 경우, 상담사가 인터넷 중독으로 은둔해 있는 사람의 가정을 방문하여 그의 심리 문제나 대인관계를 증진하는 효과를 보고 그 후 외부 상담기

---

19 이 구분법은 Caplan(1964)과 Gordon(1987)의 모델을 합한 것이다. 한편 Mrazek와 Hoggerty(1994)는 이를 활용하여 스펙트럼을 예방(보편적 개입, 선별적 개입, 표적 개입), 치료(사례 발견, 잘 알려진 질병에 대한 표준치료), 유지(생활 속에서 치료 준수, 사후관리) 영역으로 설명하고 있다(이선혜, 2003b 참조).

20 한국정보화진흥원에서는 K-척도상 고위험자군에 속하면서 불안검사에서 21점 이상이거나, ADHD 검사에서 19점 이상이거나, 우울검사에서 19점 이상이라면 약물치료 대상으로 보고 병원으로 연계한다.

관이나 병원을 연계하려고 해도 어려웠다. 여가부에서 전수조사를 마친 학령전환기 아이들 중 중독 위험자를 외부 상담센터에 연계할 때도 어려운 것은 마찬가지이다. 상담사나 의사에게 정신적 문제를 상담하는 것에 대한 편견이 낙인을 찍기 때문에 이를 피해서 치료를 받게 하는 연계성은 실제로 쉬운 일이 아니다. 그나마 여가부의 병원 초진비 제공은 경제적인 이유로 연계되지 못하는 것에 대한 최소한의 대안이다.

전문기관이 절대 부족한 상태에서 모든 상담기관과 병원을 연계체계망(기관, 전문가명, 연락처 등)으로 묶는 것은 쉽지 않다. 더구나 인터넷 중독 분야는 서비스를 통합하고 연계하는 것도 중요하지만 그 이전에 서비스를 더 확충해야 하는 상황이기 때문이다. 이는 정신건강 서비스를 순차적으로 발전시켜 온 선진국과는 다른 면이다. 미국은 1980년대 이전에는 우리처럼 서비스가 부족했으나 그 이후에는 늘어난 서비스 간의 중복과 분절화를 해소하는 데 주력했다. 그러나 우리는 폭발적으로 터지는 복지 서비스에 대한 욕구를 해결하기 위해 '확충'과 동시에 '통합성, 연계성'을 추진해야 하는 상황인 것이다.[21]

세 번째로 고려해야 할 것은 지역사회 커뮤니티 강화를 통한 전달체계의 확장이다. 전달체계의 연계성을 강화하는 것 못지않게 중요한 것이 전달체계의 범위를 확장하는 것이다. 최근 들어 정신건강은 단순히 개인에 국한된 질병, 환자와 의사, 내담자와 상담자 간의 것이라기보다는 이들을 둘러싸고 상호작용하는 역동적인 네트워크(dynamic network)라고 해석하는 경향이 있으며, 이러한 의미에서 치료적 공동체(therapeutic community)라는 용어가 사용되고 있다. 이 시각으로 보면 인터넷 중독의 치료에서도 최근 정신신경 전문의들이 주도하는 의학적 · 생물학적 치료(medical care)나 심리 · 사회적 재활치료(psychosocial rehabilitation)뿐만

---

21 일반적으로는 다양한 서비스 기관의 확충이 어느 정도 이루어지면 정신건강의 공동 목적을 위해 조직 간 연계체계의 구축이 필요하다는 주장에 대해서는 서동우(1999), 이용표(2002), 이강(2009)을 참조하라.

아니라 사회적 지지(social support)까지 포함하는 개념을 도입해야 할 것이다(이영문, 2006; 강상경, 2006; 이강, 2009 참조). 여기서 말하는 사회적 지지의 부분은 사람들의 일상이 영위되는 장소를 근거로 한다. 지역사회에 존재하는 학교, 기업 등과 같은 사회제도뿐만 아니라, 구성원을 사회화하거나 받들어야 할 가치를 전수하고 규범을 통제하는 것과 연관되어 있다. 한국 사람들의 높은 인터넷 중독률이 인터넷 도입을 생활의 발전으로 간주하는 사회 분위기와 연관되어 있음을 생각해 보라. 중독의 발병뿐만 아니라 치료에 있어서도 사회적 지지의 영향력을 알 수 있을 것이다.

이러한 점에서 필자는 인터넷 중독 전달체계를 편의상 '전방 전달체계'와 '후방 전달체계'로 나누고자 한다. 전방 전달체계는 정부, 중독 상담센터, 학교, 직장, 전문병원, 청소년 수련원 등과 같이 이미 알려져 체계 내부에 적용되고 있는 것을 말한다. 후방 전달체계는 인터넷 중독 외에 다른 사업을 위해 설립된 기관을 말한다. 사회복지관, 학부모·지역 공동체 살리기 관련 NGO, 실업 및 고용 지원 조직, 기업, 종교기관, 심지어 도서관이나 음악당, 축제까지 여기에 해당된다. 후방 전달체계를 포섭하면 문제자의 발견이나 조기 대응이 매우 쉬워진다. 예를 들어 교사나 학부모에 의해 지속적으로 감시, 평가되는 청소년과 달리 성인의 디지털 미디어 병리적 사용이나 중독은 노출되지 않는 경우가 많은데, 위의 후방 전달체계를 가동하면 발견하기도 더 쉬울 것이다.[22] 미국의 정신보건 전달체계에서도 교육, 종교, 교정, 복지, 건강, 고용 체계 등과 같은 비정신보건 전달체계를 십분 활용하고 있다. 전방체계는 후방체계와 소통하면서 중독 위험자의 발견에서 치료에 이르기까지 공조할 수 있을 것이다.

네 번째로 고려해야 할 사항은 전달체계의 중심에 대한 것이다. 각 부처의 상담

---

[22] 이렇게 활용되는 사례로 강원도의 인형극이 있다. 강원도 인터넷중독대응센터에서는 원래 지역의 전통적 축제였던 인형극을 활용하여 인형극 전용 극장에서 인터넷 중독 관련 연극을 매년 개최하고 예방 및 치유 효과를 보고 있다. 지방정부 중심의 전달체계가 가동되면 지역의 다양한 후방 전달체계를 전방으로 끌어올 수 있다는 것이 장점이다.

기관 및 병원을 계산해 보면 인터넷 중독 전문상담센터 23개(정보화진흥원 17개, 서울시 아이윌센터 6개), 종합상담센터 451개(청소년종합상담센터 201개, 종합정신건강센터 250개), 학교 현장센터 45개(Wee센터 45개), 병원 등이다. 그런데 문제는 이러한 구슬을 누가 꿰어서 보배로 만들 것인가이다.

현재로서는 정보화진흥원의 지역 대응센터가 각 지역 거버넌스 체계의 핵심 주체인데 그 활동이 미약한 수준이다. 이들 지역 대응센터는 표준 상담 프로그램과 예방 콘텐츠 개발, 전문상담사 양성, DB 등을 제공하는 서울의 대응센터와 완전한 연결망이 구축되어 있으며, 구조상 지방정부와 소통에 어려움이 없지만 인력의 한계가 있는 것 같다. 그러나 이 센터는 인터넷 중독만 전담한다는 점에서 청소년 문제 모두를 담당하는 기관(여가부의 청소년상담복지지원센터)이나 물질 중독 등 여타 중독도 모두 다루는 기관(보건복지부의 정신건강증진센터와 중독관리통합센터)과 차별적이다. 그러므로 광역자치단체에서 미래부와 매칭펀드 형식으로 인력을 확충하여 거버넌스 기획 운영 기능과 전문 상담 기능을 동시에 확보해야 할 것이다.

°°맺음말

인터넷 중독 정책의 환경은 과거 10년 전보다 엄청나게 달라졌다. 그동안 한부모 가정, 다문화 가정, 실업자 등 인터넷 중독에 취약한 계층이 형성되었는데, 연이어 스마트폰의 일상화에 따라 디지털 기기 의존이 모든 사람들의 문제로 확산되고 있다. 이제라도 사람들이 필요로 하는 모든 전문 서비스가 지역 내에서 편리하게 제공될 수 있는 환경을 구축하는 것이 중요한 시점이 되었다. 이렇게 변화된 상황을 고려하며 필자는 인터넷 중독의 전달체계를 광역자치단체가 중심이 되어 유기체와 같이 통합된 대응체계로 만들어야 한다고 설명했다.

이를 위해서는 국가 정책의 구상과 집행 방식이 전환되어야 한다. 즉 지역 거버넌스의 여러 주체가 지속적으로 상호작용을 하여 생활환경의 현장에 기반한 사회적 지지체계를 강화해야 한다. 현재 인터넷 중독을 제외한 지역사회의 정신보건 관련 조직들은 기관 역할 중복, 기능 분화 지체, 상호 연계를 위한 체계성 부족 등의 상태에 있다(김문근·김용득, 2003). 그러나 인터넷 중독에서는 조만간 부족한 상담기관을 확충하는 문제와 함께 난립하는 기관들 간의 조정 문제가 수면 위로 부상할 것이다. 따라서 지역 거버넌스를 형성하여 지역의 모든 전후방 전달체계 간의 소통(정보 교환 및 공유), 조정(서비스 중복을 방지하고 자원의 효율적인 사용을 위해 정기적인 회의 개최), 협력(각 조직이 각각의 정체성을 유지하되 자원을 공유하고 연계하여 사회적 자본을 확대)을 강화하는 상태로 역량을 쌓아 가야 할 것이다.

참고문헌

강상경 (2006). 제4장 정신장애에 대한 다양한 접근들. 정신보건의 이해와 실천 패러다임. 도서출판 EM커뮤니티.

고영삼 (2011). 청소년 인터넷 중독 상담 내담자의 사회심리적 특성 분석. 인문학논총, 제25집. 경성대학교 인문과학연구소, 51–79.

고영삼 (2014). 인터넷에 빼앗긴 아이. 미래인.

고영삼 (2015). 인터넷 중독의 미래. 디지털중독연구회 공저. 인터넷 중독의 특성과 쟁점. 시그마프레스.

고영삼, 조용완 (2007). 정보화 역기능 해소를 위한 지역 공공도서관의 역할 탐색. 한국정보문헌학보, 12월호. 한국정보문헌학회, 7–29.

김대현 (2013). 중독 예방·관리 및 치료를 위한 법률안 검토 보고. 신의진의원 대표발의(의안번호 제4725호). 국회 보건복지위원회. http://likms.assembly.go.kr/bill/jsp/BillDetail.jsp?bill_id=PRC_A1S3K0U4H3M0V0L9Q5K5J0Z5H1G5P1

김문근, 김용득 (2008). 정신보건 서비스 전달체계의 현황과 발전 방향–이용자의 권리보장 강화를 중심으로. 한국정신보건사회복지학회 학술발표논문집, 2008–1호. 한국정신보건사회복지학회.

류진아, 김광웅 (2004). 청소년의 인터넷 중독에 영향을 미치는 생태체계 변인. 청소년상담연구, 12호, No.1. 한국청소년상담원, 65-80.

미래창조과학부 (2014). 사물 인터넷 기본계획(안). 사물 인터넷 기본계획 공개토론회 자료집.

미래창조과학부, 교육부, 법무부, 국방부, 문화체육관광부, 보건복지부, 여성가족부, 방송통
신위원회 (2014). 제2차 인터넷 중독 예방 및 해소 종합계획.

미래창조과학부, 교육부, 법무부, 국방부, 문화체육관광부, 보건복지부, 여성가족부, 방송통
신위원회, 17개 시도 (2013). 2014년도 인터넷 중독 예방 및 해소 추진계획.

미래창조과학부, 한국정보화진흥원 (2014). 2013년 인터넷 중독 실태조사. 북경청년보 (2010
년 10월 12일).

북경청년보 (2010년 10월 12일).

송태민 (2013). 앤드슨 행동모형을 이용한 노년기 외래의료 서비스 이용에 대한 스트레스 취
약요인의 매개효과 분석. 보건사회연구, 33(1). 한국보건사회연구원, 547-576.

여성가족부 (2013). 2013년 인터넷 · 스마트폰 이용 습관 조사.

을지대학교 건강증진사업지원단 (2011). 각종 중독 예방 · 상담 · 재활 종합관리체계 구축. 보
건복지부 건강증진연구사업, 정책. 보건복지부, 10-46.

이강 (2009). 정신건강 지역사회 지지체계 모델의 적용과 개발 춘천 지역사회정신건강 네트워
크 사업의 사례연구. 한국정신보건사회복지학회 2009 춘계학술대회 및 보수교육 자료
집, 211-248.

이대영, 최기조 (2013). 우리나라 공공복지 전달체계의 발전적 방향 모색. 한국정책학회 춘계
학술대회. 한국정책학회, 183-206.

이선혜 (2003a). 정신보건 전달체계의 업무 연계와 역할 정립. 한국정신보건사회복지학회 발
표논문집, 2003(0), 9-23.

이선혜 (2003b). 정신보건전달체계의 운영 측면에서의 현황 분석과 개선방안. 한국사회복지
행정학, 제9호. 한국사회복지행정학회, 137-167.

이영문 (2006). 한국 정신보건체계 개혁을 위한 제언. 정신보건 개혁과 전환, 제7회 정신보건
국제학술대회. WHO 협력기관.

이창호, 윤철경, 최금해, 김옥태 (2014). 한중 청소년의 온라인 게임 이용과 중독 예방 및 치료
정책에 관한 비교연구. 한국청소년정책연구원.

지은구 (2012). 공공사회복지 전달체계 개편의 문제점과 개선방안. 사회과학논총 제31집 2호.
계명대학교, 55-86.

최성재 (1993). 사회복지행정론. 나남.

한세억, 고영삼 (2012). 인터넷 중독 예방을 위한 지역 거버넌스 구축방안. 지방행정연구, 제
26권 제3호(통권90호). 한국지방행정연구원, 461-484.

Bachrach, L. L. (1986). The challenge of service planning for chronic mental patients, *Community*

Mental Health Journal, 22, 170−174.

Baker, F. (1991). *Coodination of Alcohol, Drug Abuse, and Mental Health Services*, Technical assistance publication series number 4(chapter 4). Rockville, MD: U.S. Department of Health and Human Services.

Leach, R. & Janie P. (2001). *Local Governance in Britain*, Palgrave.

Levine, S. & White, P. E. (1961). Exchange as a conceptual framework for the study of interorganizational relationships. *Administrative Science Quarterly*, 5, 583−601.

Minkoff, K. (1991). Program components of a comprehensive integrated care system for serious mentally ill patients with substance disorders, In K. Minkoff & R. E. (Eds.) *New Direction for Mental Health Services: Dual Diagnosis of Major Mental Illness and Substance Disorder* (pp.13−27), 50. San Francisco, CA: Jossey−Bass

Young-Sam, Koh. (2015). The Korean National Policy for Internet Addiction. M. Reuter, C. Montag (Eds.). *Internet Addiction: Neuroscientific Approaches*. Springer. http://link.springer. com/book/10.1007/978−3−319−07242−5

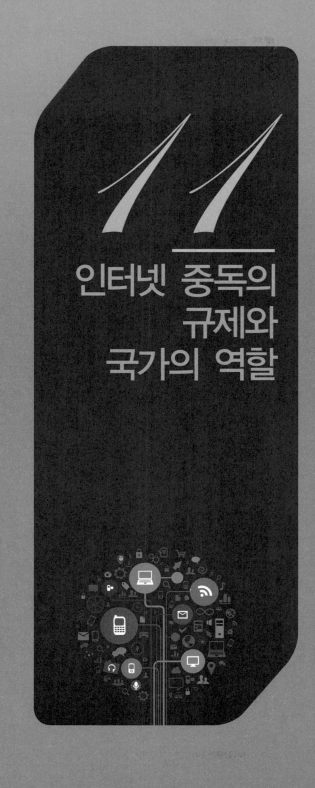

11

인터넷 중독의
규제와
국가의 역할

제11장
인터넷 중독의 규제와
국가의 역할

조정문 | 한국정보화진흥원

°° 시작하는 글

인터넷 중독의 규제를 고찰하기 위해서는 인터넷 중독에 대한 국가의 역할과 책임이 무엇인가를 함께 생각해 보아야 한다. 왜냐하면 규제의 주체가 국가이므로 국가의 역할과 책임을 어떻게 규정하느냐에 따라 규제에 대한 생각이 달라질 수 있기 때문이다. 따라서 인터넷 중독에 개입되어 있는 다양한 주체 중의 하나로서 국가의 위치와 역할을 우선 살펴볼 필요가 있다.

인터넷 중독은 한 개인에게 나타나는 개인 문제로 이해될 수 있지만 실제로는 중독된 개인의 심리적 특성뿐만 아니라 개인이 속한 가족 및 학교/직장 환경, 중독유발 콘텐츠를 생산 및 유통하는 인터넷 사업자, 국가 정책 등 다양한 주체에 의해 영향을 받는다. 이 주체 중에서 국가는 다른 주체들과 대등한 관계가 아닌 상위에 있으면서 다른 주체들의 활동을 감독하기도 하고 때로는 이 주체들의 활동을 지원하기도 한다. 이런 맥락에서 인터넷 중독에 대한 규제 및 국가의 역할과 책임에 대한 논의는 매우 의미 있다고 하겠다.

이 장에서는 인터넷 중독에 개입되어 있는 개인, 가족, 학교/직장, 사업자, 국가 등 다양한 주체와의 비교를 통해 국가의 역할과 책임에 대한 일반적인 논의를 먼저

하고, 그다음으로 규제에 대한 구체적인 논의를 하고자 한다. 규제는 두 가지 차원으로 고찰하는데, 직접규제/강제규제와 간접규제/자율규제라는 측면 그리고 통합규제와 개별규제라는 측면에서 살펴볼 것이다. 끝으로 마무리 글을 통해 바람직한 규제 방안을 제시하고자 한다.

1. 인터넷 중독, 누구의 책임인가

이 절에서는 인터넷 중독이 개인, 가족, 학교/직장, 사업자, 국가 등 여러 주체 중 누구에게 더 책임이 있는가를 살펴보고자 한다. 이를 위해 각 주체가 인터넷 중독 원인 제공 및 예방과 치유에 각각 어떻게 영향을 미치는지를 성인과 청소년으로 구분하여 표 11.1에 제시하였다.

개인 : 개인의 심리적 특성 관점에서는 인터넷에서 제공되는 감각적인 즐거움이나 자극을 추구하는 성향이 지나치게 높은 사람, 게임 이용자 중에서도 게임이 제공하는 보상에 과도하게 의존하는 사람, 낮은 자아존중감을 보상하기 위한 수단 혹은 현실 도피의 수단으로 인터넷을 이용하는 사람, 자기통제 및 억제 능력이 부족하고 충동 성향이 높은 사람, 주의력 결핍 및 과잉행동장애 특성을 보이는 사람, 시간관리 능력의 부재로 스스로 인터넷 이용 시간을 관리하지 못하는 사람 등이 인터넷 중독에 빠질 가능성이 높은 것으로 알려져 있다.[1] 따라서 인터넷 중독의 예방과 치유를 위해서는 자기 스스로 혹은 타인과 전문기관의 도움을 받아 이런 기질을 극복하려는 노력이 필요하다.

가족 : 가족은 인터넷 중독을 예방하고 치유하는 장이 될 수도 있지만 때로는 인터넷 중독을 유발하는 원인이 될 수도 있다. 특히 부모와 자녀 간의 관계가 원만하지 않거나 부부 간의 갈등이 자녀의 가족생활 부적응 요인으로 작용하면 청소년이

---

[1] 이에 대한 자세한 설명은 '디지털 중독 대응 총서' 1권인 인터넷 중독의 특성과 쟁점의 7장 '인터넷 중독과 심리'를 참조하라.

가족에서 벗어나려 하고, 이것이 인터넷 중독으로 빠져들게 하는 요인이 될 수 있다. 하지만 중독을 예방하고 치유하는 데에도 가족의 역할이 절대적이다. 특히 어린 청소년의 경우 부모가 올바른 인터넷 이용 습관 습득에 큰 역할을 할 수 있으며, 중독 상태에서 벗어나게 하는 데에도 가족의 지원과 도움이 매우 중요할 것이다.

학교/직장 : 학교/직장 역시 가족처럼 인터넷 중독을 예방하고 치유에 기여할 수 있는 반면 부적응과 스트레스를 유발하는 요인으로 작용할 수 있다. 학업 성취가 낮은 청소년이 인터넷 중독의 위험에 더 많이 노출되어 있다는 것은 많은 연구(아영아·정원철, 2010)에서 지적되고 있으며, 성인의 경우에도 실업이나 취업 스트레스가 인터넷 중독 유발 요인(장수미·경수영, 2013; Jie et al., 2014)이라는 지적도 많다.

사업자 : 사업자의 기능에 관해서는 대부분이 중독을 유발하는 콘텐츠를 제작하여 공급하는 부정적인 역할만을 생각할 뿐, 중독을 예방하고 치유하는 긍정적인 역할을 기대하지 않는다. 그러나 사업자들도 인터넷 중독을 예방하고 치유하는 데 적절한 기여를 해야 한다는 여론이 조성되고 있어 사업자들이 이 역할을 마냥 외면할 수는 없으니 어떤 식으로든 인터넷 중독의 예방 및 치유 관련 활동을 할 것으로 생각된다. SK브로드밴드는 인터넷 중독 예방을 위한 '해피 인터넷 가족캠프'를 진행하기도 했으며, 페이스북은 아동의 올바른 인터넷 이용을 위해 14세 미만 아동은 페이스북 이용을 금하고 있다. 사업자의 참여는 강제적 참여와 자발적 참여로 구분할 수 있다. 강제적 참여는 손인춘 의원이 2013년 발의한 「인터넷 게임 중독 치유 지원에 관한 법률」에서 제시한 부담금(매출액의 1% 이내) 부과가 그 대표적인 예[2]이며, 자발적인 참여는 「국가정보화기본법」 제30조3에 의해 시행되고 있는 그린 인터넷 인증 제도가 그 예[3]이다.

---

2 이 법안은 반대 의견이 많아 통과되지 못한 상태이다.

3 정보통신 사업자들의 자발적인 인터넷 중독 해소 노력을 촉구하기 위해 이에 동참한 사업자에게 인증을 부여하는 제도이다.

표 11.1 　각 주체별 인터넷 중독 원인 제공 및 예방과 치유

구분	원인 제공		예방과 치유	
	성인	청소년	성인	청소년
개인	감각(자극) 추구 성향, 보상 의존성(게임의 경우), 낮은 자아존중감(현실 도피 수단), 충동성(자기통제 및 억제 능력 부족), 주의력 결핍 및 과잉행동장애(ADHD), 시간관리 능력 부재		인터넷 중독을 유발할 수 있는 심리적 기질을 극복하기 위한 본인의 노력, 올바른 인터넷 이용 습관 형성을 위한 본인의 노력, 생리적 장애(도파민과 세로토닌 분비, 편도체, 전두엽 등) 치유	
가족	가족 갈등(부부 및 부자 간 갈등)	지나치게 억압적이거나 방임적인 양육, 가족 기능 상실, 부모와의 의사소통 부재	가족관계 회복	가족관계 회복, 자녀의 올바른 인터넷 이용 시간 지도
학교/직장	직장생활 부적응	학교생활 부적응		인터넷(게임) 이용 시간 조절 능력 교육 및 훈련
지역(전문)단체	해당 사항 없음		예방교육, 전문 상담 및 치유 서비스 제공	
내용물 제공자	내용 요소(성적 자극물, 자극적 내용, 판타지 등), 과정적 요소(익명성 환상, 시간 및 공간 감각 상실, 탈억제 및 통제감 상실 유발, 예측 불가능한 보상을 통한 중독 유인, 차이가르닉 효과* 등), 상호작용 요소(쉬운 만남 및 성취, 편리성, 저비용, 연결되어 있다는 느낌 등)		과도한 인터넷/게임 이용 방지를 위한 조치, 과도한 게임물 이용 방지를 위한 주의 문구 게시, 게임물 이용 화면에 이용 시간 경과 내역 표시, 게임물 이용 시간과 결제 정보 등 게임물 이용 내역을 보호자에게 고지, 중독을 예방할 수 있는 기술적 도구	
국가	실업 등 성인의 사회 부적응을 초래하는 환경 방치	학업 스트레스 등 청소년의 학교 부적응을 초래하는 환경 방치	개인·가정·직장 및 사업자의 인터넷 중독 예방 및 치유 노력 지원	청소년 인터넷 중독 예방을 위한 청소년 자신·가정·학교·사업자의 활동 지원, 청소년의 인터넷/게임 이용 강제 규제

* 주 : 차이가르닉 효과는 완료된 상황보다 완료되지 않는 상황을 더 잘 기억하는 효과를 말한다. 인터넷 서핑의 경우에는 시작과 끝이 분명하지 않고 경계가 불분명하기 때문에 계속 머물러 있게 만드는 효과가 있다.

국가 : 국가는 앞서 지적한 것처럼 다른 주체들을 관리, 지도할 수 있는 권한과 능력을 갖고 있어 특별한 역할과 활동이 기대된다. 그러나 국가의 활동 방식은 각국의 국가 기능 모델에 따라 달라질 것이다. 국가에 큰 기능과 권한을 부여하고 그에 따른 책임을 요구하는 강한 국가 모델을 지향하는 나라에서는 국가의 역할이 클

테지만, 약한 국가 모델을 지향하는 나라에서는 인터넷 중독을 개인과 가족, 지역 사회의 몫으로 치부할 가능성이 높다. 그리고 강한 국가 모델을 지향한다 하더라 도 직접적으로 개인 및 가족의 생활을 규제하는 직접적/강제적 개입 방식과 개인, 가족, 지역사회의 활동을 지원하는 간접 개입 방식이 가능하다. 우리나라에서 채 택하고 있는 강제적 셧다운 제도는 강한 국가의 직접적/강제적 개입의 대표적인 사례라 할 수 있다. 직접적/강제적 개입을 도입하고 있는 우리나라도 간접 개입을 전혀 도입하지 않는 것은 아니다. 개인, 가족, 학교, 지역사회가 인터넷 중독 예방 을 위한 교육 및 상담을 잘 진행할 수 있도록 재정적·기술적 지원을 하고 있으므 로 간접 개입 방식도 병행하고 있다고 할 수 있다.

그렇다면 누가 가장 큰 역할을 해야 할까? '개인, 가족, 학교/직장, 지역사회, 국 가 등 다양한 주체 중 누구에게 가장 큰 책임이 있는가?'는 의미 있는 질문이다. 물 론 사례에 따라서 그 책임 소재가 달라질 수 있겠지만, 일반인(5~49세)을 대상으 로 한 설문조사의 결과에 의하면 응답자의 대부분(66.2%)이 본인에게 책임이 있다 고 생각하고 그다음은 가족(13.0%), 학교(8.6%), 기업(5.6%) 순이며, 정부에 책임 이 있다는 비율은 2.3%로 매우 낮다(표 11.2 참조).

표 11.3에 의하면 인터넷 중독이 개인의 내재적 기질이나 중독 유발 콘텐츠보다 는 부정적인 정서나 사회 부적응과 같은 사회관계적 요인에 의해 더 많이 유발되는 것으로 나타났다. 물론 남자 집단에서는 콘텐츠 요인이 더 크게 나타났는데, 이는 아마도 남자가 인터넷 게임을 많이 하고 이로 인해 중독되는 성향이 높기 때문으로

표 11.2	인터넷 중독의 해소를 위한 각 주체의 중요성						
구분	본인	가족	학교	기업	정부	의료기관	공공기관, 종교단체, 시민단체
비율(%)	66.2	13.0	8.6	5.6	2.3	1.6	2.6

* 출처 : 한국정보화진흥원(2013), 2012년 인터넷 중독 실태조사(5~49세 전 국민 15,000명을 대상으로 실시)

표 11.3	인터넷 중독을 유발하는 요인 중요도 비교			
구분	내재적 기질	부정적 정서	사회 부적응	중독 유발 콘텐츠
여자 청소년	15.75	32.5	35.75	15.5
남자 청소년	21.25	22.75	35	20.5
여자 성인	16.75	34	35	14.25
남자 성인	19.75	26.5	33.25	20

* 주 : 인터넷 중독을 유발하는 요인을 중독자의 내재적 기질(감각 추구, 보상 의존성, 충동성 등), 부정적 정서(우울, 불안, 낮은 자아존중감 등), 사회 부적응(가정, 학교, 직장 등), 중독 유발 콘텐츠 노출(게임, 성인물, 채팅 등이 좋아서)로 나누고 인터넷 중독 상담사 20명에게 '본인의 상담 사례에 비추어 어느 요인이 가장 중요하다고 생각하는가?'라는 질문을 통해 측정(4개 요인 점수의 합이 100이 되게 측정)

표 11.4	인터넷 중독 방지를 위한 조절 요인 중요도 비교			
구분	개인 조절 능력	가족 조절 능력	학교/집단의 역할	법/제도의 역할
여자 청소년	33	36.75	18.25	11.25
남자 청소년	34.75	35.5	18	12.75
여자 성인	44.5	29.75	15	11.25
남자 성인	45	28	15.25	12.25

* 주 : 인터넷 중독을 방지하기 위한 요인으로 개인의 조절 능력, 가족의 조절 지원, 학교/직장의 조절 지원, 법/제도 규제를 제시하고 인터넷 중독 상담사 20명에게 '본인의 상담 사례에 비추어 어느 요인이 가장 중요하다고 생각하는가'라는 질문을 통해 측정(4개 요인 점수의 합이 100이 되게 측정)

보인다. 그리고 여자는 우울, 불안, 낮은 자아존중감 등 부정적인 정서가 원인인 경우가 남자보다 많았다.

표 11.4에는 '인터넷 중독을 방지하기 위해서는 누구의 노력이 중요하다고 생각하는가?'라는 질문에 대한 결과가 제시되어 있다. 상담사들은 개인 및 가족의 역할이 학교/집단과 법/제도의 역할보다 더 중요하다고 생각하였다. 그리고 청소년 집단에서는 개인의 역할과 가족의 역할을 비슷하게 평가했으나, 성인의 경우에는 개인의 역할을 가족의 역할보다 더 중요하게 생각하였다.

이처럼 일반인과 상담사 대상 조사 결과에 의하면 국가가 인터넷 중독 예방을 위해 큰 역할을 해야 한다고 생각하는 사람은 많지 않다. 하지만 국가가 직접 인터넷 중독의 예방과 치유를 위해 기여하는 바가 적다고 인식된다 하더라도, 국가는 개인, 가족, 학교/직장 등의 다양한 활동을 관리·지원하는 역할을 수행할 수 있어 간접적으로 인터넷 중독의 예방과 치유에 기여하는 바가 적지 않을 것이다. 이런 맥락에서 국가가 어떤 방식으로 어떤 역할을 수행하는 것이 바람직한가는 여전히 의미 있는 논의라고 생각된다.

2. 국가는 어떤 식으로 규제해야 하는가

이 장의 목표는 국가가 어떤 식으로 개인, 가족, 학교/직장을 관리·지원하는 것이 바람직한가를 제시하는 것이다. 이를 위해서는 부각되는 관련 쟁점에 대한 객관적인 이해가 선행되어야 한다. 따라서 이 절에서는 국가 규제와 관련하여 쟁점이 되고 있는 직접규제/강제규제와 간접규제/자율규제, 그리고 타 중독과의 통합규제와 인터넷 중독 단독 개별규제에 대한 장단점 등을 살펴보고, 이를 토대로 각 논의의 객관성과 타당성을 제시하고자 한다. 이러한 논의는 국가 규제의 바람직한 모형 제시의 이론적 근거로 활용될 수 있을 것이다.

1) 직접규제/강제규제 혹은 간접규제/자율규제

(1) 개요

직접규제/강제규제의 대표적인 사례는 우리나라에서 채택하고 있는 '강제적 셧다운'으로, 이는 자정부터 다음 날 6시까지 16세 미만 청소년의 온라인 게임 접속 및 이용을 금하는 제도이다(2011년 11월 20일 시행). 이 외에도 '선택적 셧다운'이라고 불리는 제도(2012년 7월 1일 시행)가 있는데, 이는 18세 미만 청소년의 경우 본인 및 부모의 요청 시 게임물 이용 시간을 제한할 수 있는 제도이다. 이에 대한 자세한 규정은 청소년보호법 24조부터 27조, 게임산업진흥에 관한 법률 제12조의3에 진술되어 있다.

(2) 직접규제/강제규제에 대한 찬반론

강제적 셧다운제 도입 이후 이에 대한 찬반 양론이 팽팽한 평행선을 달리고 있다. 여기서는 규제 목적, 규제 대상, 규제의 합리성과 효율성 측면에서 논의 핵심을 살펴보고 2014년 4월 발표된 헌법재판소의 판결을 함께 다루고자 한다.

규제 목적 : 청소년의 온라인 게임 중독이 심각하기 때문에 강제규제를 통해 달성하고자 하는 목적—온라인 게임 중독의 해소—에는 셧다운제 찬성론자나 반대론자 간에 이견이 없어 보인다.

「청소년보호법」 중 인터넷 중독 예방 관련 조항

제3장 청소년의 인터넷 게임 중독 예방

제24조(인터넷 게임 이용자의 친권자 등의 동의) ① 「게임산업진흥에 관한 법률」에 따른 게임물 중 —— 정보통신망을 통하여 실시간으로 제공되는 게임물의 제공자(——)는 회원으로 가입하려는 사람이 16세 미만의 청소년일 경우에는 친권자 등의 동의를 받아야 한다.

제25조(인터넷 게임 제공자의 고지 의무) ① 인터넷 게임의 제공자는 16세 미만의 청소년 회원 가입자의 친권자 등에게 해당 청소년과 관련된 다음 각 호의 사항을 알려야 한다.
1. 제공되는 게임의 특성 등급(——) 유료화 정책 등에 관한 기본적인 사항
2. 인터넷 게임 이용 시간
3. 인터넷 게임 이용 등에 따른 결제 정보

제26조(심야 시간대의 인터넷 게임 제공 시간 제한) ① 인터넷 게임의 제공자는 16세 미만의 청소년에게 오전 0시부터 오전 6시까지 인터넷 게임을 제공하여서는 아니 된다.
② 여성가족부장관은 문화체육관광부장관과 협의하여 제1항에 따른 심야 시간대 인터넷 게임의 제공 시간·제한 대상·게임물의 범위가 적절한지를 대통령령으로 정하는 바에 따라 2년마다 평가하여 개선 등의 조치를 하여야 한다.

제27조(인터넷 게임 중독 등의 피해 청소년 지원) ① 여성가족부장관은 관계 중앙행정기관의 장과 협의하여 인터넷 게임 중독(인터넷 게임의 지나친 이용으로 인하여 인터넷 게임 이용자가 일상생활에서 쉽게 회복할 수 없는 신체적·정신적·사회적 기능 손상을 입은 것을 말한다) 등 매체물의 오용·남용으로 신체적·정신적·사회적 피해를 입은 청소년에 대하여 예방·상담 및 치료와 재활 등의 서비스를 지원할 수 있다.

제59조(벌칙) 다음 각 호의 어느 하나에 해당하는 자는 2년 이하의 징역 또는 1천만 원 이하의 벌금에 처한다.
5. 제26조를 위반하여 심야 시간대에 16세 미만의 청소년에게 인터넷 게임을 제공한 자

제12조의3(게임 과몰입·중독 예방 조치 등) ① 게임물 관련 사업자(———)는 게임물 이용자의 게임 과
몰입과 중독을 예방하기 위하여 다음 각 호의 내용을 포함하여 과도한 게임물 이용 방지 조치를 하
여야 한다.

1. 게임물 이용자의 회원 가입 시 실명·연령 확인 및 본인 인증
2. 청소년(18세 미만)의 회원 가입 시 친권자 등 법정대리인의 동의 확보
3. 청소년 본인 또는 법정대리인의 요청 시 게임물 이용 방법, 게임물 이용 시간 등 제한
4. 제공되는 게임물의 특성·등급·유료화 정책 등에 관한 기본적인 사항과 게임물 이용 시간 및
   결제 정보 등 게임물 이용 내역의 청소년 본인 및 법정대리인에 대한 고지
5. 과도한 게임물 이용 방지를 위한 주의 문구 게시
6. 게임물 이용 화면에 이용 시간 경과 내역 표시
7. 그 밖에 게임물 이용자의 과도한 이용 방지를 위하여 대통령령으로 정하는 사항

규제 대상 : 16세 미만을 대상으로 하는 것과 심야 시간의 온라인 게임 이용을 규제하는 것이 적절한가에 대해서는 셧다운제 찬성론자와 반대론자 간에 입장이 나뉜다. 찬성론자는 16세 미만의 경우 자기 스스로 판단하여 조절할 수 있는 능력이 부족하기 때문에 강제규제가 필요하다고 생각하며, 청소년의 수면권 보호를 위해 심야 시간의 온라인 게임 규제가 필요하다는 입장이다. 그러나 반대론자는 16세 미만이라도 스스로 판단할 수 있고 부모에게 통제할 수 있는 권한을 부여하는 것이 타당하다는 입장이며, 심야 시간에 온라인 게임을 하지 않고도 중독이 될 수 있으므로 심야 시간만을 규제하는 것은 적절하지 않다는 입장이다.

규제의 합리성 및 효율성 : 셧다운제의 합리성과 효율성에 대해서도 찬성론자와 반대론자 간에 의견이 나뉜다. 반대론자는 16세 미만 청소년도 타인의 아이디를 도용하여 심야 시간대에 온라인 게임을 이용할 수 있기 때문에 제도의 실효성이 떨어지고, 사업자들에게 본인 나이 인증 시스템 구축이라는 추가적인 부담을 지우며, 청소년이 우리나라에서 서비스되는 온라인 게임을 외면하고 외국의 온라인 게임을 이용하게 된다면 자국의 온라인 게임 서비스 사업자에게만 불리한 차별적 규제가 된다는 점을 지적한다. 반면 찬성론자는 이러한 부작용이 있을 수 있지만 온

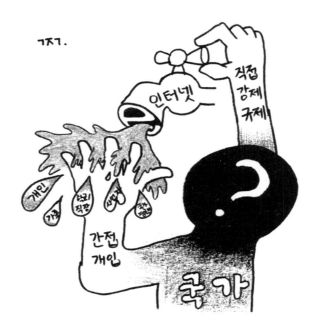

라인 게임 중독으로 인한 피해의 심각성을 고려할 때, 심야 시간대 미성년자 온라인 게임 중독 금지는 게임 중독의 피해 예방에 어느 정도 긍정적인 효과가 있을 것이라고 주장한다.

헌법재판소의 판결 : 셧다운제를 반대하는 단체(게임사, 문화연대 등 사회단체)들은 셧다운제가 청소년의 행동자유권, 부모의 자녀교육권, 인터넷 게임 제공자의 직업 수행 자유를 침해한다는 이유에서 헌법소원을 제기했으나 헌법재판소는 2004년 4월 24일 셧다운제의 합헌 판결을 내렸다.

헌법재판소의 이런 판결에도 불구하고 셧다운제 폐지에 대한 여론은 상존하고 있다. 2014년 7월 김상민 의원은 셧다운제 폐지 및 '중독'을 '과몰입'으로 대체하는 것을 주요 내용으로 한 「청소년보호법 일부 개정안」을 국회에 발의했으며, 여성가족부도 이런 반대 여론에 부응하여 강제적인 셧다운 제도를 부모의 요청 시에는 심야 시간에도 온라인 게임 이용이 가능하도록 부모 선택제로 변경하겠다고 2014년

인터넷 게임 셧다운제 위헌소원에 대한 헌법재판소의 판결문 요약

적용되는 인터넷 게임의 범위가 분명하여 누구가 쉽게 이해할 수 있으며, 교육적 게임과 중독성이 낮은 게임은 제외하고 있어 죄형법정주의의 명확성 원칙을 위반하지 않는다. 그리고 청소년의 건전한 성장과 발달 그리고 인터넷 게임 중독을 예방하려는 입법 목적은 정당하며, 16세 미만 청소년에게 일률적으로 적용하는 금지도 적절한 수단이다. 인터넷 게임이 과몰입되거나 중독성이 높고 중독될 경우 나타나는 부정적 결과, 그리고 자발적 중단이 쉽지 않다는 인터넷 게임의 특성을 고려할 때 과도한 규제라고 보기 어렵다. 게임산업법상의 자발적 셧다운제(게임 시간 선택제)의 이용률이 지극히 저조하여 침해를 최소하면서 효과를 낼 수 있는 대체 수단이라고 볼 수 없어 이 금지 조항이 침해의 최소성 요건도 충족한다. 인터넷 게임은 동시 접속자와 상호 교류를 통한 게임 방식을 취하고 있어 중독성이 강하고 망 서비스가 되는 곳이면 언제 어디서나 쉽게 접속하여 장시간 이용으로 이어질 가능성이 크기 때문에 인터넷 게임에 대해서만 강제적 셧다운제를 적용하는 것은 합리적 이유가 있다. 그리고 외국 업체도 국내에서 영업을 하려면 부가통신사업자로 등록을 해야 하고 이 법의 적용을 받아야 하므로 국내 업체만 부당하게 규율하여 평등권을 침해한다고 볼 수 없다.

9월 밝혔다. 이는 심야 시간대 미성년자의 인터넷 게임 이용에 대한 통제 권한을 부모에게 부여했다는 점에서 진일보한 정책으로 평가된다.

(3) 바람직한 국가 규제 방안

바람직한 국가 규제 방안을 제시하기 위해서는 '왜 국가가 규제하는가?'라는 근본 질문으로 돌아가야 한다고 생각한다. 국가 규제는 인터넷 게임 중독의 예방 및 치유에 실제적으로 기여하기 위한 것이지, 행정부의 체면 유지와 조직 유지의 수단이 아니다. 따라서 셧다운제 유지를 위해서는 이것이 인터넷 게임 중독의 예방과 치유에 기여한다는 객관적인 증거가 있어야 한다. 그러나 셧다운제 도입으로 인한 인터넷 게임 이용 시간이 실제로 감소되었는지를 조사한 연구(성욱준, 2013)에 의하면 감소 효과가 없다고 한다. 오히려 제도 시행으로 인해 게임 사업자에게 경제적 부담을 주고 국내 게임 산업이 위축된다는 지적이 많다(문화연대, 2014).

그렇다면 국가는 어떤 식으로 인터넷 중독의 예방과 해소를 위해 기여할 수 있을까? 이 해답 역시 인터넷 중독의 원인에 대한 이해가 선행되어야 한다. 인터넷 중독의 원인이 개인의 심리적 기질이라면 이를 극복하려는 노력을 해야 할 것이고, 가족 갈등 및 학교생활 부적응으로 인한 현실 도피 수단이라면 가족 갈등을 봉합하고 학교생활 부적응을 해소하기 위해 노력해야 한다. 그리고 인터넷의 내용 및 매체 특성 때문에 쉽게 중독에 이른다면 인터넷에 유통되는 내용물을 정화하거나 인터넷 매체 특성의 이해를 통한 경각심 조성이 필요하다. 따라서 심야 시간의 인터넷 게임 이용 규제는 문제의 원인을 전혀 제거하지 않은 채 드러나는 현상인 이용 시간만을 규제하는 것으로, 국가의 권력을 이용한 편의주의적 규제라고 할 수 있다.

국가 규제는 국가가 나서서 인터넷 중독을 직접 해결하겠다는 직접적 규제보다는 다양한 관련 주체(개인, 가족, 학교/직장, 지역사회, 사업자 등)의 노력을 지원하는 간접적인 규제가 바람직하다고 생각된다. 「국가정보화기본법」 제30조8항에 명시된 인터넷 중독 예방교육 의무화는 겉으로는 국가의 강제규제이지만 내용적으로 교육을 통한 자발적 중독 예방을 추구한다는 측면에서 유용한 정책 도구로 여겨진다. 중독 예방교육의 의무화에 한 걸음 더 나아가 다양한 주체가 예방교육을 효율적으로 수행할 수 있게 지원하는 것도 필요할 것이다. 이러한 주체에 대한 지원도 재정 지원 같은 외형적 지원뿐만 아니라 인터넷 중독에 대한 원인 규명, 각 연령 및 상황별로 준수해야 할, 매우 구체적이고 실제적인 도움이 되는 가이드라인 개발, 인터넷에 중독된 자녀 및 가족 구성원을 둔 가족의 대응 매뉴얼, 학교 및 지역사회가 인터넷 중독 예방을 위해 사용할 수 있는 효과적인 교재의 개발, 인터넷 사업자가 인터넷 중독 예방을 위해 실천할 수 있는 실천 사항 개발 등 개별 주체가 스스로 개발하기 어려운 도구를 개발하여 제공할 필요가 있다.

그리고 각 연령대별, 상황별로 제기될 수 있는 다양한 질문(왜 과도한 이용이 유해한가? 왜 조절하기 어려운가? 어느 정도 이용이 적정한가? 다른 친구들은 이용하는데 나는 왜 하지 말아야 하는가? 인터넷/스마트폰 이용이 학습에는 어떤 효과가 있는가? 어느 연령부터 이용하는 것이 적절한가?)에 답할 수 있도록 부모교육 지도안을 개발하여 배포해야 할 것이다. 또한 인터넷 중독 예방 프로그램 운영 시

온라인 의사소통은 대면 의사소통이 가진 몸짓, 표정, 음색 등 다양한 비언어적 수단을 사용하지 못하기 때문에 결함이 많은 의사소통이다(Kock, 2004). 그러나 일대다의 의사소통이 가능하고, 시공간을 초월한 의사소통이 가능하며, 이동 중에도 가능하고 저장의 기능을 갖추고 있어 비실시간 의사소통도 가능하다. 따라서 활동의 범위가 넓고 빈번히 이동하는 사람(성인)에게는 유용한 도구이지만 그렇지 못한 사람(청소년)에게는 온라인 의사소통의 장점보다는 단점이 더 많다.

온라인의 의사소통도 대면 의사소통만큼 주관적 행복감과 사회적 지지 역할을 수행할 수 있는가? 온라인 만남이 대면 만남의 결핍을 극복해 줄 수 있다는 연구가 있는 반면, 온라인 만남이 역으로 대면 만남의 기회를 박탈한다는 연구도 있다. 이 역시 온라인 만남을 자율적으로 스스로 선택하여 적극적으로 활용할 수 있는, 그래서 자아탄력성(통제성)이 높은 사람(성인)에게는 사회적 지지의 원천이 될 수 있지만 그렇지 못하고 무비판적으로 온라인 만남에만 의존하는 사람(청소년)에게는 이것이 대면 만남의 기회를 차단하고 진정한 사회적 지지로 이어지지 않는다고 한다(Mitchell, 2011; 손해영 등, 2011).

디지털 독서가 종이책 읽기보다 더 이로운가? 스크린의 읽기 속도가 책보다 20~30% 떨어지고 정확도와 이해도가 책보다 못하다는 것은 이미 알려져 있으며(Dillion, 1992), 최근 스크린의 해상도 및 가독력 향상으로 그 차이가 줄어들었지만 여전히 스크린의 읽기 속도나 몰입 이해도가 낮고 피로도가 높으며 책이 주는 풍부한 정서적 느낌이 결여되어 있다고 조사되었다. 그러나 스크린은 책이 제공해 주지 못하는 검색 기능, 하이퍼링크를 통한 추가 정보 획득, 사전 기능, 이동 편리성 등을 제공한다(New York Times, 2009). 따라서 이런 기능이 필요한 글 읽기 혹은 가벼운 글 읽기의 경우에는 유용하지만 청소년에게 필요한 몰입하여 교재 읽기에는 적합하지 않다고 하겠다.

디지털 매체의 또 다른 장점은 여러 가지 과제의 동시 수행(멀티태스킹)을 가능하게 한다는 것이다. 그러나 이는 멀티태스킹의 오류에 불과하고, 실제로는 이 과제 저 과제로 옮겨 다니는 현상이므로 과제 완성에 더 많은 시간이 소요되며 주의 분산 및 피로도도 더 높다고 한다. 특히 추론과 깊이 있는 사고를 필요로 하는 학습의 경우에는 멀티태스킹이 더 유해하여 뇌의 기억 관련 부위의 발달을 저해하며, 장시간 정보 과잉에 노출될 경우에는 창의적 의사 판단 능력이 떨어지는 주의력 결핍 증상(attention deficit trait)을 초래할 수 있다고 한다고 한다(Poldrack, 2011; Hallowell, 2005). 따라서 디지털 매체를 활용한 멀티태스킹은 이를 감당할 수 있을 만큼의 충분한 지적 역량을 갖추지 못한 사람(특히 청소년)의 경우 작업 능률을 낮춘다는 것이 확인된 사실이다.

에는 단순히 이용을 절제하도록 할 뿐만 아니라 위에 제시된 '미디어에 대한 이해'도 함께 전달한다면 높은 교육 효과를 기대할 수 있을 것이다.

2) 통합규제 혹은 개별규제

(1) 개요

인터넷/게임 중독을 약물, 알코올, 도박 등 다른 중독과 함께 통합적으로 관리해야 한다는 논의는 '중독 예방·관리 및 치료를 위한 법률안'을 신의진 의원이 발의(2013년 4월 30일)함에 따라 촉발되었다. 이 법은 국민을 중독으로부터 예방·치료하고 중독 폐해를 방지·완화하기 위한 국가중독관리위원회 및 중독관리센터 설치 등을 주요 내용으로 한다. 그러나 이 법안은 발의와 동시에, 건전하고 창의적인 인터넷/게임 활동을 비생산적이고 반사회적이기도 한 약물, 도박 등과 동일하게 취급한다는 점에서 인터넷/게임 업무 종사자로부터 강한 비판을 받고 있다.[4] 한편 찬성하는 입장은 중독된 내용물의 종류는 다르더라도 중독으로 나타나는 증상 및 폐해가 유사하며, 통합적으로 관리함으로써 효율적이라는 점을 강조한다(국회 보건복지위원회, 2014).

(2) 통합규제와 개별규제 관련 쟁점

표 11.5에는 통합관리와 개별관리의 장단점이 비교·제시되어 있다. 통합관리의 장점으로는 중독에 대한 일반인의 사회적 관심을 제고하고, 행정관리 비용을 절감할 수 있으며, 중독으로 인해 유사한 증상을 보이는 경우에 한하여 효과적인 치료 효과를 낼 수 있다는 것을 들 수 있다. 그러나 네 가지 중독자를 하나로 묶어서 관리함으로써 생기는 부작용으로, 중독자를 사회로부터 격리·소외시키는 낙인 효과가 일어날 수 있고, 각 중독 유형별로 원인과 상담, 치료가 달라야 한다면 물리적

---

4 김광진 의원이 발의한 문화예술진흥법 개정안은 게임이 영상, 미술, 소설, 음악 등 많은 예술 분야가 융합된 종합예술로 발전하였으므로 문화예술의 범위에 게임을 포함해야 한다고 한다.

표 11.5	중독 통합관리의 장단점	
구분	통합관리의 장점	통합관리의 단점
사회적 인식	중독에 대한 사회적 관심 촉구 및 지원 확대 가능	중독자 전체를 사회로부터 격리하는 부정적 효과(낙인 효과)를 초래하여 이들의 사회 적응을 더욱 어렵게 할 수 있음
행정관리 비용	인력, 공간을 공유할 수 있어 행정 비용 절감 가능	중독 유형별로 상이한 전문가 집단이 구성되어 특화된 대응을 해야 한다면 물리적 통합관리의 효과가 미미함
중독 예방 및 중독자 치유	상이한 유형의 중독자가 동일한 원인과 증상을 보일 경우에만 효과적임	중독 유형별로 중독자의 특성과 원인이 다르고 그에 따라 처방이 달라야 한다면 통합의 효과가 없음 인터넷/게임 중독자를 마약 및 알코올 중독자와 함께 다룸으로써 인터넷/게임 중독자의 반감을 초래하여 치료 효과가 감소될 수 있음

통합의 효과를 기대할 수 없으며, 게다가 인터넷/게임 중독자의 경우 자신이 다른 중독자들과 다르다는 인식을 갖고 있다면 국가의 대응 방식에 더 반감을 가져 중독 치료를 얻지 못할 수도 있을 것이다.

(3) 통합규제와 개별규제 중 무엇이 더 효율적인가

통합규제와 개별규제 중 어느 것이 더 효율적인가는 각 중독의 원인, 처방, 중독자의 인구적 특성 측면에서 얼마나 유사하고 상이한가에 달려 있다고 하겠다. 표 11.6에 제시된 중독 유형별 차이점과 유사점을 살펴보면, 중독으로 나타나는 증상은 유사하나 중독 유발 물질의 사회적 금지 수준과 중독자의 인구 구성비에서 차이가 더 크다.

특히 표 11.7에 제시된 각 유형별 중독자의 인구 구성비를 살펴보면 인터넷 중독은 청소년층에서 심각하여 중·장년층에서 주로 나타나는 알코올이나 도박 중독자와는 인구적 특성이 확연히 다르다. 물론 인터넷/게임 중독자의 임상적 증상은 다른 중독자와 비슷하여, 충동조절장애가 도박 중독자와 인터넷 중독자 집단에서 공통적으로 나타난다는 연구(Lee, 2012), 도박 중독자와 인터넷 중독자가 유사한 심리적 특성(불안, 고독, 스트레스 등)을 보인다는 연구(Dowling, 2010) 등도 있

표 11.6	4대 중독 간 차이점과 유사점		
구분	차이점		유사점
	사회적 허용 정도	중독자의 인구 특성	중독의 징후
약물	금지	성인	금단, 내성, 일상생활 장애 등
도박	금지, 특수한 경우 허용	성인	금단, 내성, 일상생활 장애 등
알코올	성인 허용, 미성년 금지	성인	금단, 내성, 일상생활 장애
인터넷(게임)	허용, 청소년의 경우 제한적 금지	청소년, 성인	금단, 내성, 일상생활 장애 등

표 11.7	중독 유형별 인구 구성비						
구분	5~9세	10~19세	20~29세	30~39세	40~49세	50~59세	60세 이상
인터넷 중독률	6.4%	11.7%	9.5%	5.6%	3.4%	3.8%	–
마약 사범 구성비		0.6%	10.3%	25.6%	36.2%	18.8%	6.6%
도박 중독자 구성비		0.4%	22.0%	38.1%	19.4%	13.9%	6.2%
알코올 중독자 구성비			16.2%	18.2%	20.6%	18.9%	20.7%

* 주 : 인터넷 중독은 중독률이며 나머지 중독은 전체 중독자 중 각 인구 집단의 구성비임
* 출처 : 법무부(2013), 마약류 범죄 백서; 사행산업통합감독위원회(2013), 사행산업 관련 통계; 알코올사업지원단 (2011), 알코올 통계 백서; 미래창조과학부 · 한국정보화진흥원(2014), 2013년 인터넷 중독 실태조사

다. 인터넷 중독자가 도박 중독자와 유사하게 합리적인 의사결정 능력이 떨어진다는 연구(Xu, 2012)가 있는 반면, 인터넷에 중독된 대만 대학생들의 심리 상태를 조사한 연구에 의하면 약물이나 도박 중독자에게 나타나는 의사결정 능력 취약이 인터넷 중독자에게는 나타나지 않는다는 연구도 있다(Ko et al., 2009). 따라서 인터넷/게임 중독이 다른 중독과 어떻게 다르고 유사한가에 대한 정밀한 연구 없이 행정 편의적인 이유에 따라 통합관리가 추진된다면 효율보다는 비효율이 더 많이 초

래될 것으로 생각된다.

이 장에서는 인터넷 중독을 어떻게 규제하는 것이 바람직한가에 대해 살펴보았다. 그림 11.1에서는 규제와 관련된 다양한 법안과 활동을 간접규제/자율규제와 직접규제/강제규제, 그리고 개별규제와 통합규제라는 2개의 축으로 분류하였다. 4대 중독(게임, 약물, 알코올, 도박)을 함께 통합적으로 다루어야 한다는 신의진 발의 법안 외에는 모두 개별규제를 당연시 받아들이고 있어 개별규제냐 통합규제냐의 논쟁보다는 개별규제를 하되 간접규제/자율규제와 직접규제/강제규제 간에 더 많은 논쟁이 있음을 알 수 있다.

간접규제/자율규제와 직접규제/강제규제 분류 틀에서는 게임을 문화예술에 포

| 그림 11.1 | 인터넷 중독 규제 모형 |

간접규제/자율규제

김광진 발의 법안

그린 인터넷 인증제
중독 예방교육 의무화

선택적 셧다운제

개별규제 ——————————————— 통합규제

셧다운 부모 선택제   신의진 발의 법안

손인춘 발의 법안
강제적 셧다운제

직접규제/강제규제

함해야 한다는 김광진 발의 법안이 인터넷/게임 중독에 대한 우려를 전혀 언급하지 않는다는 측면에서 개인의 자율을 가장 신뢰하는 입장으로 해석된다. 그리고 인터넷 사업자의 자율적인 인터넷 중독 예방 조치 참여를 촉구하는 그린 인터넷 인증제, 중독 예방교육 의무화 등은 자율규제를 추구하는 제도라고 생각된다. 18세 미만 청소년의 인터넷 게임 이용 시간을 본인이나 친권자의 요청 시 규제할 수 있게 한 선택적 셧다운제, 여성부가 2014년 9월 제시한 셧다운 부모 선택제(16세 미만의 심야 시간 온라인 게임 이용 금지를 부모가 원하면 해지해 주는 조치)는 직접규제/강제규제 중에서도 그 강도가 약한 것으로, 또한 손인춘 발의 법안(인터넷 게임 사업자의 매출액 1% 이내에서 중독 예방·치유 부담금 부과)이나 지금 청소년보호법에 따라 시행되고 있는 강제적 셧다운 제도는 그 강도가 가장 강한 것으로 분류할 수 있다.

간접규제/자율규제와 직접규제/강제규제의 효율성과 방향성에 대해서는 대체로 직접규제/강제규제보다는 간접규제/자율규제를 선호하는 것으로 파악된다. 그러나 중요한 것은 간접규제/자율규제를 선호하기만 할 것이 아니라 간접규제/자율규제가 제대로 정착되어 작동할 수 있게 하는 개인, 사회, 국가의 공동 노력이라고 생각된다. 이론적으로는 간접규제/자율규제가 바람직하지만 이것이 제대로 이루어지지 않으면 언제 또다시 직접규제/강제규제의 필요성이 대두될지 알 수 없다. 따라서 우리에게 필요한 것은 바람직한 규제 모형 제시에서 한 걸음 더 나아가 간접규제/자율규제 정착 및 성공을 위한 노력이라고 할 수 있다.

● ● ●　참고문헌　● ● ●

국회보건복지위원회 (2014). '중독 예방 관리 및 치료를 위한 법률안' 공청회.
문화연대 (2014). 강제적 게임 셧다운제 위헌 보고서.
미래창조과학부, 한국정보화진흥원 (2013). 2012년 인터넷 중독 실태조사.

미래창조과학부, 한국정보화진흥원 (2014). 2013년 인터넷 중독 실태조사.

법무부 (2013). 마약류 범죄 백서.

사행산업통합감독위원회 (2013). 사행산업 관련 통계.

성욱준 (2013). 게임 셧다운제 정책이 청소년 게임 사용 시간에 미치는 효과 연구. 제1회 한국 미디어패널 학술대회, 한국정보통신정책연구원.

손해영, 심홍진, 황유선 (2011). 온라인 커뮤니티의 사회적 지원이 청소년의 스트레스 감소에 미치는 영향. 한국방송학보, 25권 1호, 116-158.

아영아, 정원철 (2010). 청소년의 학업 및 가족 갈등 스트레스가 인터넷 중독에 미치는 영향-스트레스 대처 능력의 조절효과 중심으로. 청소년복지연구, 12(4), 257-277.

알코올사업지원단 (2011). 알코올 통계 백서.

여성가족부, 문화체육관광부 (2014). 청소년 게임 이용 시간 관리에 부모 선택권 확대.

장수미, 경수영 (2013). 대학생의 취업 스트레스와 중독행동의 관계: 불안의 매개효과를 중심으로. 보건사회연구, 33(4), 518-546.

정호경, 송시강 (2011). 온라인 게임 규제의 문제점과 개선방안-고포류 게임의 사행성 논란을 중심으로. 경제규제와 법, 4권 2호, 7-40.

조형근 (2011). 게임 셧다운제의 도입과 향후 정책 방향, 국회입법조사처.

Dillon, A. (1992). Reading from paper versus screens: A critical review of the empirical literature. *Ergonomics, 35*, 1297-1326.

Dowling N. A. & Brown M. (2010). Commonalities in the psychological factors associated with problem gambling and Internet dependence. *Cyberpsychology Behavior Social Networking*, Aug: 13(4), 437-41.

Hallowell, Edward M. (2005). Overloaded circuits: Why smart people underperform? *Harvard Business Review*, Jan. 55-62.

Jie T. et al. (2014). Prevalence of internet addiction and its association with stressful life events and psychological symptoms among adolescent internet users. *Addictive Behaviors*, V39(3), 744-747.

Ko, Chih-Hung et al. (2009). The characteristics of decision making, potential to take risks, and personality of college students with Internet addiction. *Psychiatry Research*, V175(1-2), 121-125.

Kock, N. (2004). The psychobiological model: Towards a new theory of computer mediated communication based on Darwinian evolution. *Organization Science* 15, 327-348.

Lee, H. W. et al. (2012). Impulsivity in internet addiction: A comparison with pathological gambling. *Cyberpsychology Behavior Social Networking*, 15(7), 373-7.

Mitchell, M. E. & Lebow, J. R. (2011). Internet use, happiness, social support and introversion: A more fine grained analysis of person variables and internet activity. *Computer in Human Behavior*, 27, 1857−186.

New York Times (Oct. 14, 2009). Does the Brain Like E-Books?

Russ Poldrack (2011). May I Have your Attention? The Brain, Multitasking, and Information Overload. *Project Information Literacy Smart Talks* No. 9.

Xu, Si-Hua (2012). Internet addicts' behavior impulsivity: Evidence from the Iowa gambling task. *Acta Psychologica Sinica*, 44(11), 1523−1534.

12

인터넷 문화와
청소년

제12장
인터넷 문화와 청소년

민웅기 | 목원대학교 교양교육원

°° 시작하는 글

– 문화, 청소년 문화, 그리고 인터넷 문화

인간은 태어나서 누구나 사회와 관계를 맺으면서 살아간다. 사회구조와 구성원들 간의 관계 속에는 다양한 문화가 존재하는데, 그것은 인간의 가치로 내재화되며 인간 개개인의 태도, 행동, 가치관 등에 영향을 미치기도 한다. 따라서 문화와 관련된 연구는 일반적인 사회환경과 관련된 거시적 주제이면서 동시에 인간의 활동 능력과 사고, 가치 등을 논의한다는 점에서 미시적 개념도 함께 포함하고 있다. 이 같은 '문화'라는 용어는 일반적으로 영어권 사회에서 '경작하다, 양육하다'라는 의미가 내포된 말로 사용되어 왔으며, 이 개념은 점차 인간 정신과 관련된 추상적인 형태의 개념적 특성을 보이면서 오늘날 인간의 정신 가운데 세련되고 정제된 의식을 지칭하는 의미로 사용되고 있다(원용진, 1997). 지금도 문화는 다양한 개념으로 사람들에게 인식되고 있다.

지금까지 문화를 개념화하는 여러 가지 하위 범주가 있었다. 우선 문화는 현대 사회에서 일반적으로 통용되는 '교양' 개념을 중심으로 연구가 진행되었다. 문화를 지식체계이면서 인간적 완벽에 이르게 하는 것이라고 명명한 Arnold 학파의 논의(Arnold, 1960), 사회는 다양한 문화로 구성된 집단으로 이루어져 있지만 그 문화의 다양성을 넘어서는 공통된 질서는 결국 엘리트적인 문화일 가능성이 높다고 본 Eliot의 주장(Eliot, 1948), 문화는 항상 소수에 의해 유지되어 왔고 그 공통된 문화적 가치를 지킬 수 있는 계급 역할을 강조한 Leavis의 논의(Leavis, 1930) 역시 모두 교양으로서의 문화 개념 정의와 같은 사회적 맥락에서 표출된 주장이었다고 볼 수 있다. 더불어 Williams는 시대가 변화함에 따라 문화의 개념이 점차 고급스럽고 교양 있는 지배계급적인 의미를 내포하게 되었으며, 더 나아가 음악, 문학, 역사 등의 개념이 더해짐으로써 그 개념의 범위가 더욱 확장되었다고 보았다(Williams, 1993). 이러한 논의는 문화를 둘러싼 계급 갈등을 설명하기에 적합하며, 고급 문화를 향유하는 교양 있는 계층과 그렇지 못한 계층의 구조적 특성을 이론적으로 설명하는 연구를 가능하게 했다.

또 다른 관점에서 살펴본 문화의 개념도 고찰할 필요가 있는데, 앞서 언급한 Eliot과 Leavis를 중심으로 한 공유학파의 논의에서 그 근거를 찾을 수 있다. 이 논의의 핵심은 당대의 교양 있는 사람들이 추구하는 사회적 선(善)이라는 문화 개념이 '인간 삶의 총체적 방식(a whole way of life)'이라는 의미로 확대 해석된다는 것이다(원용진, 1997). 물질적 · 비물질적인 것을 막론하고 인간 활동의 전반적인 포괄적 개념으로 사람들에게 인식되는 사고의 변천 과정이 문화를 통해 규명될 수 있다는 데 논의의 초점이 맞추어져 있다. 여기서 말하는 총체적 생활양식이란 일반적으로 지역적 · 전통적 · 종교적 구속으로부터 독립된 근대적 행동 유형을 지칭하는 데 적용되는 개념이다. 그것은 일상생활 속 개인적 행동의 표현임과 동시에 환경적으로 공유되는 행동과 의식의 조직으로 이해될 수 있다(Chaney, 1996). 이처럼 문화를 보는 관점은 단순하게 문화를 사회지도층의 교양이 가미된 향유 수단에 국한된 것으로 여기는 모습에서 벗어나, 다양한 계층의 문화를 인정하는 문화의 존재 가치가 본격적으로 발현하기 시작했음을 보여 준다.

더 나아가 생활양식의 총체라는 다소 모호하면서도 광범위한 문화 개념은 문화의 '상징'적 의미를 중요시한 기호학에 이르러 더욱 정교화된 의미로 발전된다. 일찍이 Geertz는 문화를 '상징의 형태로 구체화된 의미의 유형'으로 명하고, 상징에 의한 문화의 원리와 법칙을 기호학적으로 분석했다(Thompson, 1990). 이 같은 관점에서 바라본 문화 개념은 다양한 삶의 양식 속에 내재된 '상징'을 공유함으로써 형성되는 의미를 어떻게 구성할 것인가에 대한 문제로 귀착된다. 결국 인간 활동에서 공유되는 삶의 분석을 위해 상징에 의해서 창출된 문화 개념에 대한 해석적 행위가 중요하게 되었다(Turner, 1967). 이는 사회의 주도 문화에 의해 일방적으로 형성된 문화적 적합성과 문화적 공유도가 약화됨을 의미하며, 수많은 사회적 분화가 각각의 문화 영역 내에 형성됨을 의미한다(김문조, 2007).

이처럼 문화를 둘러싼 의미 있는 인간 활동과 행위의 복잡한 의사소통망은 현대 사회 속에 얽혀 있다. 현대 문화의 두드러진 특징 가운데 하나는 이 복잡한 환경의 관계망 속에서 사람들이 스스로 정체성(identity)을 찾으려 한다는 것이다. 자유로운 상호작용과 의사소통의 과정 속에서 사람들은 공동 가치인 삶의 스타일과 신념, 삶의 지향점을 구성해 간다. 하나의 문화는 외계의 다양한 환경에 의미를 부여하기도 하고, 이해할 수 있는 다양한 행위를 통해 이를 해석하고 스스로 개념을 규정한다. 주체적인 사회 구성원의 의식과 행위, 이를 해석하는 문화적 사건, 그리고 다양한 맥락 등의 문화적 기호군이 합쳐질 때 문화는 그 의미를 더 강력하게 발현하며, 그 과정 속에서 기존의 문화 개념을 넘어선 소통으로서의 문화적 의미가 탄생하는 것이다. 사람들은 객관적인 사회구조에 의해서 일상적 삶의 문화를 내면화하며, 사회적 지위와 역할을 통해 그들 삶의 실존이 결정되기도 한다. 우리가 스스로의 삶을 실천하게 만드는 것이 곧 이 과정에서 체득한 지속적 경험과 고정된 성향인 것이다(민웅기 · 김남조, 2009).

이 같은 문화의 속성 속에서 최근 기존의 문화와는 달리 새롭게 구성되어 사회적 쟁점으로 부각되고 있는 것이 청소년 문화이다. 현대 사회의 청소년 문화는 단순히 기성세대와의 차이뿐만 아니라 과거 산업 사회의 청소년 문화와도 다른 모습을 보이면서 그 영향력이 확산되고 있다. 최근 사회적 관심을 받고 있는 청소년 문화에는 복잡한 문화 구성 방식이 내재해 있으며, 따라서 우리 사회가 청소년 문화를 바라보는 시각 역시 일반적으로 인식하는 다른 사회 하위 범주의 문화와는 또 다른 양상을 보이고 있다.

흔히 사람들은 청소년 문화를 완성되지 않은 '미숙한 문화', '비행(非行) 문화', 기성 문화에 대한 '반항적 문화' 등 부정적 개념의 문화 범주로 인식하여 단순히 하위 문화 또는 반(反)문화의 임시적 범주로 간주해 왔던 것이 사실이다. 하지만 이렇게 치부해 버리기엔 지금의 청소년 문화가 우리 사회에 미치는 영향력이 매우 크다. 이제 사회 구성원들은 기성세대에서는 찾을 수 없는, 청소년 문화에 내재된 긍정적·생동적인 문화구조를 인정하고 관심을 기울일 필요가 있다. 청소년 문화는 인간 사회화 과정의 기본 단위인 가족, 학교, 사회조직을 연결해 준다. 또한 기존 기성문화에 존재하는 고착된 질서에 대한 생산적 변화는 물론, 기성 문화가 추구해야 할 바람직한 문화적 지향점의 정립을 위한 새로운 자극을 주고 있다. 이제는 기성세대가 청소년 문화의 창조적·진보적 특성이 발휘될 수 있는 발판을 마련해야 할 시기가 되었다고 볼 수 있다.

그렇다면 현재의 청소년 문화 중 가장 대표적인 문화적 범주와 특징은 무엇일까? 그것은 '인터넷 문화'로 명명되는, 온라인과 연계된 청소년 문화의 범주라 할 수 있을 것이다. 점차 개인화되고, 즉시적이면서 감각적인 사고와 행동을 보이며, 매체 의존적 성향을 지닌 현대 청소년의 문화적 특징 이면에는 인터넷 문화라는 근원적 문화활동의 사회 하위 범주가 숨어 있다. 하지만 상술한 바와 같이 기성세대가 청소년 인터넷 문화를 보는 관점은 미성숙한 문화적 특징과 그 문화가 가진 역기능에만 주목하고 있다. 더 나아가 사이버 매체를 통한 청소년 문화활동의 부정적인 측면만을 중심으로 그것이 야기하는 사회 문제를 강조하는 과오를 범하기도 한다. 예를 들어 게임 중독, 폭력물 및 음란물 중독이 학업과 건강에 끼치는 해로움을 경계하고, 각종 일탈행동에 노출되기 쉽다는 식의 관점과 관계된 논의가 그것이다.

물론 이러한 우려는 실제적으로 외생되어 중요 사회 문제로 쟁점화되고 있는 것

역시 엄연한 사실이다. 하지만 그 문제에 대해 우리가 다른 측면에서도 고민할 필요가 있는 것은 그 우려의 관점이 지나치게 한쪽으로 치우쳐 있기 때문이다. 청소년들은 인터넷 문화 향유를 통해 건전한 표현의 자유, 수평적 연대, 새로운 문화 체험 등의 기회를 누리고 있으며, 온라인 네트워크를 통한 지속적 의사소통과 참여, 새로운 문화 콘텐츠의 접속과 소통을 통해 이 공간을 자연스럽게 전인교육(全人教育)의 장으로 활용하기도 한다.

청소년 문화를 바라보는 이러한 양극단의 관점은 현대 청소년 문화를 대표하는 키워드인 인터넷 문화의 여러 범주 가운데 무엇에 초점을 맞추어 이야기하느냐에 따라 더욱 합리적인 논의의 접점을 찾을 수 있을 것이다. 이제는 청소년 인터넷 문화의 부정적인 요소만을 강조하여 이를 바라보는 관점에서 벗어나, 기존 청소년 문화의 특징이 어떻게 인터넷 문화와 연계되어 새롭게 변화하고 있으며, 청소년의 사고와 행동이 사회환경과 결합하여 어떤 방식으로 외현되는지에 대한 구체적인 분석과 해석이 필요한 시기이다. 이를 통해 네트워크를 매개로 구성된 사이버 공간에서 나타난 청소년 문화를 이해하고 수용하여 올바른 향유의 방향성을 확립해야 할 책임은 기성세대의 몫이기도 하다. 따라서 이 장에서는 청소년 문화의 특징과 현재 그들이 향유하는 인터넷 문화의 특징, 그리고 이들 사이의 관계에서 새롭게 나타나는 청소년 인터넷 문화의 주요 쟁점과 온라인 환경에서 청소년이 지향해야 하는 바람직한 문화적 정향성에 대해 논의해 본다.

1. 청소년 문화와 인터넷 문화는 어떤 친화력을 지니고 있는가

– 포스트모던 사회의 특징이 내재된 문화 융합의 전형으로서의 청소년 인터넷 문화

'청소년'이란 개념이 본격적으로 논의된 것은 Hall(1904)이 인간 발달 시기로서 청소년기(adolescence)를 규정하면서부터였다. 과거 농경 사회, 산업 사회를 거치면서 나타난 사회 구성원들의 청소년기는 지금과 달리 어린 나이에 일찍 부모 곁을 떠나서 노동을 통해 경제적 자립 능력을 일정 부분 갖춘 반의존적(semi-dependent)인 개념으로 인식되었다. 오늘날과 같이 독립되지 못한 사회적 주체로서 활동하는 청소년기의 특징에 주목하게 된 것은 최근의 일이다(천정웅·김윤나·이채식·전경숙, 2012).

일반적으로 현대 청소년 문화는 사회화 과정을 담당하는 가정, 학교, 또래 집단, 미디어 등의 사회환경적인 요인에 많은 영향을 받는다. 이 시기에는 생물학적으로 신체적 호르몬의 변화가 나타나고, 인지 능력에서는 아동기와 달리 추상적·개념적으로 사유할 수 있게 된다. 또한 자신의 불명확한 사회적 역할로 인해 주변인으로서의 역할과 지위에 대해 혼란을 겪는 문화적 경험을 하게 된다(Hill, 1983; Keating, 1990; 한상철·김혜원·설인자·임영식·조아미, 2003). 특히 이 시기에 대한 기성세대의 시각은 이들이 속한 사회의 특성에 따라 달라질 수 있다. 사회가 청소년에게 어떤 의무와 역할을 부여하느냐에 따라 상이한 행동 및 사고방식을 낳을 수 있다. 따라서 청소년은 서로 다른 사회화 과정 속에서 가치관의 혼란을 겪기도 하고, 기성세대의 주류 문화에 적응하지 못할 경우 심리적 불안감에서 오는 사회 부적응적 행동양식을 보이기도 한다.

한편 청소년은 미처 성숙하지 못한 자아 확립 상태에서 기성세대의 소비 문화에 휩쓸리는 경우도 있다. 일반적으로 소비는 사회적 삶을 만드는 핵심 수단이며, 환경과 인간의 사고 및 행동 간 긴장관계 속에서 지속적으로 사회에 나타난다. 현대 소비 문화는 청소년 문화의 특징인 틀에 박히지 않은 충동적·활동적인 성향 및 개인의 소비 욕망과 결합되어 새로운 감성주의 문화로 외현되고 있다(Campbell, 1987; Featherstone, 1991). 이 감성주의 소비 문화에 따른 생활양식은 개인화, 표현성의 증대, 스타일화 등의 개념으로 구체화되어 청소년의 신체, 의복, 여가 시간, 언어 등에 영향을 미친다. 청소년이 선호하는 특정 생활양식의 선택은 소비자로서의 정체성에 입각한 감각과 개인적 취향에 따라 다르게 구현된다. 최근 이 같은 청소년 문화와 새로운 소비 문화의 장(場)이 결합하여 이루어진 것이 '사이버 공간'이다. 이곳의 인터넷 문화는 체계화되어 구성되는 과정에서 청소년 감성주의 문화의 영향을 크게 받았으며, 일단 인터넷 문화가 구성되는 순간 빠른 속도로 다시 청소년에게 엄청난 영향을 미치고 있다.

인터넷 문화는 청소년이 접속하여 이용하기 쉬운 기술적·상징적 성격을 지니고 있는데, 이는 청소년기에만 경험하게 되는 그 시기의 문화적 특징과 결합하여 현재 크게 확산되고 있다. 인터넷 문화와 청소년 문화가 어떤 방식으로 상호 연계되고 있는지에 대해 고찰하면 다음과 같다.

첫째, 사이버 공간의 가장 큰 특징은 의사소통 주체 및 객체와의 관계 속에서 익명성이 보장된다는 것이다. 이로 인해 오프라인상에서 사회적 정체성이 확고히 구현되지 않은 청소년은 사이버 공간에서 자신의 이미지를 새롭게 창출할 수 있다. 물론 이 경우, 자신의 행동으로 인해 파생되는 문제에 대해 스스로 책임을 져야 하는 심리적 부담도 가지게 되지만, 익명성이라는 사이버 공간의 특징이 그 참여행동의 과감성 정도를 높여 준다.

둘째, 비대면성(非對面性)에 근거한 의사소통을 하게 된다. 이는 익명성과는 또다른 개념으로, 일상에서 서로 마주 보고 이야기하지 않고도 의사소통이 가능한 현상을 말한다. 인터넷 공간에서 사람들은 일반적인 사회적 관계에서보다 시공간의 제약을 덜 받으면서 지속적으로 상대방과 메시지 교환이 가능하다. 학교와 가정에 국한된 단순한 생활을 반복하다 보면 청소년은 누군가와 이야기를 나누고 싶어도 대면적인 의사소통을 하기에 여러 가지 물리적 제약이 따르게 된다. 하지만 사이버 공간은 의사소통과 관련한 이 같은 시공간의 제약을 극복하여 청소년에게 타인과 의사소통할 수 있는 많은 기회를 제공해 준다.

셋째, 사이버 공간에서 얻을 수 있는 심리적 자유는 청소년의 자율적 참여행동으로 이어지게 된다. 청소년에게 정보통신기술(information and communication technology, ICT)의 지원이 가능해졌으며, 이를 통해 사이버 공간에서 청소년 스스로 자신의 공간을 구획하여 그 내부에서 자신만의 정체성을 행동으로 구현하게 된 것이다. 블로그, 홈페이지, 트위터, 페이스북 등의 다양한 SNS(social network service) 기능은 특정 행동을 머릿속으로만 그리는 것이 아니라 실제 행동에 옮길 수 있는 행동 가능성에 대한 매력을 실현할 수 있도록 도와주며, 이를 통해 어떤 쟁점에 대해 참여하려는 청소년의 심리적 특성을 더욱 강화하였다. 이는 사고와 행동 과정에서 즉시성이 강한 현 시대 청소년기의 특징과도 연계되어 있다.

넷째, 청소년은 인터넷 공간에서 오프라인 생활과는 다른 교환관계를 경험한다. 본격적인 사회생활을 하지 않는 청소년은 자신에게 필요한 정보와 상품에 대한 교류 상대를 직접 만나고 유무형의 재화를 교환하는 과정에서 여러 가지 사회적 한계와 제약에 직면하게 된다. 하지만 인터넷 공간에서 청소년은 필요와 기호에 맞는 정보와 상품을 맞춤형으로 교환할 수 있다. 이는 인터넷 매체가 지닌 기술적 강점이면서 동시에 또 다른 사회 문제를 야기하는 근원적 특성 중 하나이기도 한, 복사본을 원본과 똑같이 복제할 수 있는 정보통신기술의 영향력 때문이다. 일반적으로 오프라인상에서의 교환은 나와 타인 소유 재화의 교환 과정을 통해 자신의 소유에서 타인의 소유로 이전되는 과정이지만, 온라인상에서는 타인과 내가 똑같은 재화를 함께 소유할 수 있기 때문에 오프라인과는 다른 방식의 교환관계가 성립된다. 결국 이는 공유의 가치와 저작권 보호의 문제라는 상충되는 사회적 쟁점을 더욱 가속화하는 계기가 되었다.

다섯째, 인터넷 공간은 청소년의 개인화된 기호에 따른 소규모 집단 공동체의 구성을 가능하게 해 준다. 청소년은 기성세대와는 다른 문화 정체성을 갖고 있다. 주류의 소비 문화를 생산해 냄과 동시에 능동적 문화 생산 주체로서 그들만의 기호에 의한 집단 공동체가 이미 구성되어 있다. 그들은 개인화된 태도와 행동을 지니고 있지만 한편으로 유사 기호를 지닌 집단적인 폐쇄형 문화도 함께 경험하고 있다. 인터넷 문화는 개인화·파편화되기 쉬운 청소년의 분절적 자아에 세대 간 문화적 동질성을 부여하고, 그들만의 소비 문화를 공유함과 동시에 친밀감 형성을 도와주는 수많은 소규모 사이버 문화 공동체를 생산해 낸다.

지금까지 언급한 인터넷 문화의 여러 가지 특징은 본래 존재한 청소년 문화의 특징과 친화적으로 결합하여 새로운 매력을 지닌 청소년 인터넷 문화를 생산해 내고 있다. 사이버 공간은 청소년들이 주로 활동하는 일상생활 공간인 가정과 학교에서 통제당하는 그들의 억압된 욕구를 분출시켜서 활동상의 탈억제 효과(disinhibition)를 강화하는 계기를 마련해 주었다(김종길, 2008; 김종길 · 김문조, 2006; 황상민, 2004). 기존의 청소년 문화와 원래 인터넷 문화에 내재된 고유의 특성이 결합된 현대 사회의 새로운 문화체계라 할 수 있는 청소년 인터넷 문화는 서로 다른 문화적 하위 범주가 선택적으로 결합된 '포스트모던적인 문화 융합'의 전형이라 평가할 수 있다.

2. 청소년 인터넷 문화 향유의 본질은 타율적 일탈행동의 모습인가, 주체적 여가활동의 새로운 유형인가

인터넷 문화가 청소년에게 미치는 영향과 관련하여 긍정적인 측면과 부정적인 측면이 늘 함께 존재한다. 청소년 인터넷 문화는 정보 공유, 학습 범위의 확대, 다양한 문화 콘텐츠의 생산과 소비 등 다양한 순기능이 있다. 그럼에도 불구하고 우리 사회는 인터넷 게임 중독, 폭력 · 음란물 접촉, 사이버 범죄와 같은 사회 역기능적 문제에 더 주목하는 경향이 있다. 긍정적인 측면의 논의 중 대표적인 것은 일상생활에서의 콘텐츠 체험과 관련된 여가활동 수단으로 인터넷 문화가 이용되고 있다는 점이다. 한편 부정적인 측면에서 인터넷 문화를 바라보는 관점은 정상적인 일상생활에 지장을 받을 만큼의 온라인 중독을 병리적 현상으로 논의해야 한다는 입장과, 인터넷 문화 체험 중 옳지 않은 학습 효과에 근거하여 모방적 일탈이 일어날 수 있다는 점, 그리고 사회성의 결함을 가져올 수 있는 고립된 인간상을 만든다는 점이 대표적인 예라고 할 수 있다.

특히 최근 들어 청소년의 인터넷 게임 활동 과정에서 나타나는 역기능에 대한 많은 연구 성과물이 꾸준히 생산되고 있다. 유연 사회로의 전환은 청소년이 인터넷 게임을 시공간의 제약 없이 즐길 수 있는 계기를 마련해 주었지만(김문조,

2013), 여러 가지 크고 작은 사회문제를 야기하기도 했다. 기성세대는 이에 주목하고 게임이 지닌 역기능에 초점을 맞추어 다양한 우려를 표명하고 있다. 현재 사이버 공간에서의 게임 활동 연구에서 그것이 '병리적 중독'이라는 관점과 '생산적 몰입'의 한 유형에 불과하다는 두 가지 관점이 팽팽하게 대립하고 있다. '몰입'과 '중독'은 그 개념상에 차이가 있는데, 일반적으로 몰입은 내면에서 행위자가 자신과 활동을 모두 통제하는 상태이고, 중독은 그렇지 못한 상태라는 것을 중요한 차이로 본다(권재원, 2010).

청소년 게임 중독을 중요한 사회 문제로 보는 이들은 자아가 성숙하지 못한 청소년이 인터넷 문화에 접속하기 때문에 여러 가지 사회 문제가 발생한다는 입장이다. 하지만 청소년이 왜 인터넷 공간에서 특정 콘텐츠에 호감을 가지게 되는지, 이것이 그들의 네트워크에서 어떤 방식으로 향유되는지, 그 과정에서 운용되는 기술적 방법과 심리적 효용이 어떤지에 관해서는 아직 논의가 활발하게 이루어지지 못하고 있다. 청소년들이 인터넷에서 주로 참여하는 문화 콘텐츠는 무엇이고, 그들이 공유하는 집합적인 지식 범주의 유형에는 어떤 것들이 있는지에 대한 분석을 청소년 고유의 심리 및 행동 연구와 함께 융합적으로 더욱 심도 있게 논의할 필요가 있다. 더 나아가 그들이 문화 콘텐츠를 공유하는 데 어떤 정보통신기술의 활용 능력이 필요하며, 그 매체 운영 기술 자체가 사용자인 청소년에게 어떤 심리적 효용을 가져오는지, 그리고 청소년의 정서적 유대의 본질에 대해서도 더 고민해야 한다. 상호작용성, 연계성이 강한 인터넷 문화는 청소년의 또래 집단 문화에서 빠른 속도로 학습 및 모방이 이루어지기 때문에 상술한 청소년의 다원적 체험 공유 및 확장에 대한 학제적·융합적 논의가 필요하다.

이 같은 체험 공유 및 상호작용을 위한 가상공간에서의 인터넷 문화는 청소년의 관계망 속에서 그들의 다양한 주체적 여가활동을 위한 수단을 제공해 준다. 인터넷 문화는 청소년의 참여적 여가활동의 전형으로서 그 기능을 충실히 수행하고 있다. 청소년 인터넷 문화는 기성세대에 의한 타율적인 사회적 영향력에서 소외된 청소년의 일탈행동 모습으로 나타나기도 하지만, 한편으로 스스로 주도하는 인터넷 문화 콘텐츠의 접속과 이용을 통해 일상의 노동 중심적 시공간에서 경험하지 못한 자율적인 자신만의 여가 문화를 만들어 가고 있다. 특히 스마트폰을 중심으로 한 새로운 개인 미디어 기술의 보급은 사이버 공간에서의 다양한 주체적 · 생산적 · 참여적 여가활동 향유를 가속화하였다. 게임 콘텐츠의 확산, 휴대전화 기술의 개발, 정보통신 회사의 데이터 공급 판매 및 지원 등은 이 같은 시대적 트렌드의 흐름을 잘 보여 주는 사회현상이라 할 수 있다.

한편 청소년 인터넷 중독과 같은 사이버 일탈행동을 이해하기 위해서는 새로운 매체(media)에 대한 종합적인 이해가 이루어져야 한다. 네트워크에 기반을 둔 인터넷 게임이 활성화되기 훨씬 이전에도 게임은 존재하였다. 오랜 기간 청소년은 오락실에서 또는 텔레비전, 비디오, 개인용 컴퓨터(PC) 등으로 게임을 해 왔다. 하지만 지금처럼 게임의 중독적 특성이 심각하게 논의되지는 않았다. 게임 중독을 말할 때 우리는 게임의 유형, 게임 서비스의 미디어적 속성 등에 대한 고민을 많이 하지 않고 논의해 왔던 것이 사실이다. 따라서 한동안 일률적인 예방 및 치료 방법만이 제시되기도 하였다.

더불어 지금까지 기성세대는 청소년의 사이버 문화에 대한 연구를 논의할 때 주로 인터넷 중독에서 비롯되는 폐해를 중심으로 이를 사회 문제로 공론화하여 고민하였다. 하지만 이 같은 논의에 더하여 청소년의 인터넷 활동이 활발하게 이루어지고 있는 지금, 청소년 인터넷 문화에 나타나는 구체적 향유 대상, 수단, 효용성 등에도 의미를 부여할 필요가 있다.

여기서 우리는 앞서 언급한 공론화된 사회문제 중 게임을 중심으로 한 청소년 인터넷 활동에 대해서 논의할 필요가 있다. 청소년이 온라인 문화 콘텐츠를 통해 여가활동을 향유하는 이유 중 하나는 사이버 공간에서 얻게 되는 내용상의 효용성 때문이며, 그 중심에는 '재미'라는 요소가 내재해 있다. 지금까지 논의된 청소년 인터넷 중독과 관련한 많은 연구물에서 청소년이 궁극적으로 얻고자 하는, 문화 콘텐츠의 '재미'라는 요소의 본원적 특성과 분석을 간과한 채, 그것을 병리적 현상으로 확정하고 치료 방법을 중심으로 그 문제를 진단, 분석하는 연구 경향이 있었다. 하지만 그 문화 콘텐츠가 지닌 특성과 청소년의 향유 원인에 따라 완전히 다른 맥락에서 청소년 인터넷 문화를 이해할 수 있다(전종수, 2012). 예컨대 청소년이 문화 콘텐츠로 가장 많이 활용하는 게임에 대해 중독이 아니라 몰입의 개념으로 분석해 보자.

몰입 이론에 따르면 한 사람의 최적 몰입 상태를 이루기 위한 전제 조건은 도전(challenge)과 기술(skill)이며, 이 두 가지가 일정 수준에서 균형을 이룰 때 몰입이 발생하게 된다(Csikszentmihalyi, 2010). 이 몰입은 결국 어떤 일에 대한 자발적인 즐거움을 전제로 한다. 도전의식과 기술이 내재된 행위자는 그 활동으로 즐거움을 얻고 몰입 상태에 이르게 되는 것이다. 어쩌면 그 활동 자체가 자기목적적 활동으로서 기능하게끔 도와주는 인터넷 기술과 문화 콘텐츠가 청소년의 몰입을 가능하게 하는 중요 여가활동 수단으로 기능한다고도 볼 수 있다.

따라서 청소년 인터넷 문화의 중독과 일탈행동에 대한 비판, 교화에 앞서 인터넷 미디어와 콘텐츠가 어떤 점에서 그들을 몰입하게 만들고 중독에까지 이르게 하는지에 대한 폭넓은 논의가 필요하다. 일반적으로는 웹 2.0의 정보 문화적 특성을 '참여, 공유, 개방'이라는 세 가지 키워드로 정리할 수 있는데, 그 각각의 특성은 청소년 인터넷 문화가 주체적 여가활동으로서 기능하는 것을 잘 설명해 준다(송해룡, 2009). 청소년 인터넷 문화의 균형 잡힌 논의가 필요한 것은 이 같은 이유 때문이다.

그렇다면 이 같은 여가활동이 구성되는 곳으로 인터넷 공간이 최근 주목받게 된 것은 어떤 사회문화적 이유 때문일까? 과거 산업 사회는 노동(일)을 하지 않는 문화에 대해 배타적인 사회적 인식이 강하게 작용했던 시기이다. 하지만 정보 사회가 도래하면서 단위 시간당 수행할 수 있는 작업량이 증가하고, 이에 따라 사람들에게 잉여 시간에 대한 향유 욕구가 생기면서 의식 속에서도 자율적으로 활동할 수 있는 여가의 개념이 삶에서 중요한 위치를 차지하게 되었다. 더 나아가 노동활동뿐 아니라 여가활동이 현대 사회에서도 다양한 순기능적 역할을 수행할 수 있다는 인식이 형성되었다. 청소년 여가도 이러한 사회적 흐름에 따라 외생된 현상이다. 그들이 인터넷 공간에서 추구하는 자기성찰적 · 자기표현적 여가활동은 기성세대와는 또 다른 새로운 여가활동 유형이라 할 수 있다.

따라서 지금 청소년의 건전한 인터넷 문화 향유를 위해 필요한 것은 불건전 여가 정보에 대한 규제와 함께 종합적인 문화 콘텐츠 서비스 제공 시스템과 같은 새로운 여가 수단을 개발, 생산, 보급하는 것이다. 이러한 문화 콘텐츠 개발에 청소년이 스스로 적극적으로 참여하게 만들고 기성세대가 청소년의 창의적 활동을 보호, 지원해 줌으로써 그들의 문화적 욕구를 다양한 방식으로 수렴하는 역할도 병행해야 할 것이다.

현재 인터넷 공간 구조에서는 청소년이 마음껏 누릴 수 있는 다양한 문화 콘텐츠 자체가 부족하다. 청소년은 획일화된 콘텐츠를 함께 이용하거나 성인용 콘텐츠 등에 접속함으로써 일탈행동을 하기도 한다. 이 같은 문제를 해결하기 위해서는 청소년 문화 콘텐츠 이용에 대한 규제 중심의 일방적 선별이 아닌, 정보 문화 이용의 주요 대상자들의 심리적 향유 욕구와 구체적인 콘텐츠의 내용, 필요성을 면밀히 검토하는 시장조사가 병행되어야 한다. 또한 그것이 하나의 신뢰 시스템으로서 청소년 인터넷 여가 프로그램에 적극 반영되어야 한다.

이러한 청소년 인터넷 문화 생태계의 근간은 복합적인 사회 연대를 통해 이루어진다고 해도 과언이 아니다. 최근 급부상하고 있는 '청소년 소셜 네트워크'의 본질은 기존 사회질서에 내재된 강한 연대(strong ties)에서 배제된 청소년들이 스스로 찾은 그들만의 약한 연대(weak ties)의 관계성이다. 기성세대의 직접적 교환관계에 의한 분절적 관계 정립이 아니라, 피상적이지만 신뢰와 상호 의사소통에 근거한 연대의 원리가 인터넷 문화에 녹아 있다. 그 관계망 속에서 형성된 공유된 의미는 조직화된 청소년들의 참여 정도를 높여 다양한 창의적 시민으로서의 행동을 실천에 옮기도록 도와주고 있다. 청소년 고유의 담론 형성 및 그와 연관된 건전한 사회 참여 활동은 성숙된 시민 사회를 만들어 가는 과정 중 하나이기도 하다(Levine,

2007). 그 과정에서 중요한 점은 청소년이 인터넷 문화에 주체적 시민으로서 참여하는 방법을 학습하는 것인데, 그 역할을 위한 지식과 기술을 기성세대가 지원해 주어야 한다. 이 같은 측면에서 볼 때, 사이버 공간에 내재된 다양한 문화 콘텐츠를 이용한 청소년의 주체적 여가활동은 그들이 창조적 시민으로서 정체성을 확보해 나가는 과정이라고도 볼 수 있다. 이제 확장, 재생산되고 있는 청소년 여가활동의 과정에서 기성세대와 청소년 세대 간의 문화 콘텐츠 상품 시장에 차별화를 둘 수밖에 없는 사회적 상황에 이르렀다.

따라서 기성세대는 청소년 인터넷 활동의 본원적 의미를 타율적 일탈행동으로만 규정하지 말고, 주체적 여가활동으로서 발현시키기 위해 다각도로 지원해야 한다. 좀 더 구체적으로 살펴보면 여가 문화 콘텐츠의 즐거움에 항상 뒤따르는 향유 윤리와 관련된 교육을 시스템적으로 강화해야 할 필요가 있으며, 전문적인 상담 시스템의 구축을 위해 전문 인력을 양성하는 제도적 지원이 요구된다. 그와 동시에 청소년 인터넷 중독과 관련된 기존의 예방과 치료 및 교육 방식은 꾸준하게 유지하여 실행해야 한다. 온라인 문화 콘텐츠를 활용한 다양한 여가활동은 인터넷 매체의 특성상 이질적인 문화 간 상호 교류의 모습으로 더욱 확산되고 있다. 인터넷 공간 내 문화 콘텐츠를 이용하여 청소년은 여러 가지 여가활동을 꾸준히 경험하고 있다. 청소년이 건전하고 주체적인 문화적 의사소통을 경험할 수 있도록 구체적인 정책 지원의 실천이 요구된다고 하겠다.

3. 청소년 인터넷 문화에 대해 주목해야 할 사안은 교화인가, 학습인가

청소년은 현재 문화 콘텐츠 향유의 주요 수단이자 공간인 웹상에서 네트워크를 구성하고 이를 장시간 이용하고 있다. 그들은 일반적인 우매한 군중의 모습이 아니라 첨단기술과 콘텐츠를 능수능란하게 다루며 자신의 의사를 주체적으로 피력하는 '영리한 군중'의 정체성을 지니고 있다(Rheingold, 2003). 또한 지극히 감각적인 문화를 공유하고, 매체를 통해 이미지가 중심이 되는 감성 중심의 문화 콘텐츠를 표현하며, 이를 공감할 수 있는 기술 능력이 학습되어 있다.

우리 사회에서는 과거부터 오늘날에 이르기까지 현대 사회에서 빠르게 진보하는 정보통신기술의 교육적 혜택을 많이 받아 그 운용 능력을 갖춘 청소년과, 정보 사회의 시대적 흐름에 어중간하게 걸쳐 있어 그러한 교육을 제대로 받지 못한 기성세대 집단 간에 보이지 않는 갈등관계가 구조화되어 있다. 현재 청소년 인터넷 문화를 둘러싼 갈등관계의 근간을 이루는 기본 구조는 대부분 비슷하다. 정보통신기술의 학습 및 활용 능력이 부족한 부모(기성세대)는 인터넷 문화를 주체적으로 활용하여 그들만의 폐쇄적 문화를 구축해 가는 자녀(청소년)를 염려하고, 그 문화적 역기능에 주목하여 이를 교화하는 방향으로 의사소통한다는 사회 담론이 형성되어 있다. 따라서 성인은 청소년에게 어떤 문제행동이 발생할 경우 그 원인을 분석하여 이를 교화하려고 하지만, 정작 그러한 행동이 왜 인터넷 문화 및 운용 기술과 연계되어 확장되었는지에 대해서는 잘 알지 못한다.

일반적으로 문제행동은 크게 외향적 문제행동과 내향적 문제행동으로 분류할 수 있다. 외향적 문제행동이란 심리적인 어려움이 타인이 쉽게 볼 수 있는 행위로 표현되는 것을 말하고, 내향적 문제행동이란 우울, 불안 등과 같이 자신의 내적 심리 증상을 중심으로 나타나는 경우를 말한다. 청소년에게서 나타나는 문제행동은 종종 이 같은 행동 유형들이 동시다발적으로 발생한다(Achenbach & Edelbrock, 1981; Jessor & Jessor, 1977). 청소년은 하나의 문제행동이 발생할 때 이와 연관된 또 다른 문제행동이 함께 유발될 가능성이 높다(한상철·김혜원·설인자·임영식·조아미, 2003). 이 같은 현상은 청소년의 가정, 학교, 지역사회와의 유대관계 약화에서 비롯되는 사회적 격리 상태에서 그 원인을 찾기도 한다(Gottfredson & Hirschi, 1990).

많은 부모들은 청소년의 인터넷 접속에서 비롯되는 오프라인상의 유대관계 억제라는 사회 역기능을 경계하여 대부분 인터넷 사용과 관련한 금기성 교육에 의한 교화를 시도하게 된다. 하지만 기성세대는 인터넷에서의 어떤 기술적 기능과 문화

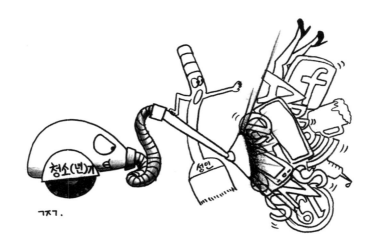

콘텐츠 운영 방법, 내용 등이 청소년의 이 같은 행동을 야기했는지에 대해서는 스스로 학습하지 않는다.

일반적으로 청소년은 사회화 과정에서 또래 집단과 밀접한 상호관계를 맺으며, 특히 성인이 되는 심리적 성숙 과정에 큰 영향을 받는다(Brown, 1990). 청소년은 친구들을 통해 여러 가지 사회적 관계를 맺는 기술을 학습하고, 성인이 되었을 때의 사회적 역할을 미리 경험하기도 한다. 부모와 교사로부터 얻지 못하는 심리적·정서적 지지는 물론, 현실적인 정보와 자신의 경험을 표현하는 기회를 서로 공유하는 것이다. 이 같은 청소년 문화를 확장한 대안적 활동 장소의 역할을 사이버 공간이 구현해 냈으며, 그곳에서 지속적으로 적층된 새로운 청소년 문화가 나타나게 된 것이다.

이 같은 사회문화적 변화 속에서 기성세대는 청소년과의 의사소통을 위해 그들이 이용하는 인터넷 문화의 운용 기술을 비롯해 공유하는 문화 콘텐츠의 구현 방식을 체계적으로 학습할 필요가 있다. 이를 통해 청소년이 향유하는 인터넷 문화에 성인도 동참하여 의사소통할 수 있게 된다. 그 과정 속에서 청소년의 문제행동에 대한 정확한 진단이 가능해지는 것이다. 기성세대는 급속도로 발달하고 있는 인터넷 문화에 대해 청소년 일탈 문제를 중심으로 하는 '교화'의 역할과 콘텐츠 향유의 측면에 초점을 맞추는 '학습'의 노력을 함께 경주해야 한다.

한편 최근 급부상하고 있는 스마트폰과 같은 개인 매체의 보급과 기존 인터넷 문화 콘텐츠의 결합으로 청소년은 일상의 의사소통 과정에서 사람들과 친밀한 관계를 맺고 있다. 시공간을 넘나들며 행위자끼리 주고받는 커뮤니케이션 과정은 상호관계의 불확실성을 감소시키고, 예측 가능한 관계를 설정하는 등의 사회 순기능적 활동을 가능하게 한다. 또한 동시적 메시지 교환을 통한 사회관계망의 접근성이 더욱 가까워졌으며, 친밀성이 담보되는 의사소통 창구의 집중화 경향 또한 나타나고 있다. 따라서 기성세대는 청소년이 어떤 정보통신기술을 사용할 수 있으며, 그 기술이 어떤 새로운 청소년 문화 구현에 영향을 주었는지, 추후 그러한 효과가 순기능적 선순환구조로서 기능하기 위해 어떤 지원이 있어야 하는지 구체적인 기술적 대안에 대해 학습할 필요가 있다.

청소년 인터넷 문화가 순기능적 효과를 충분히 누리기 위해서는 부모들도 인터넷 문화 활동의 참여 폭을 넓혀야 하는데, 이는 정보통신기술에 대한 폭넓은 학습을 통해 가능하다. 관련 지식의 보급과 학습은 인터넷 문화 향유에 대한 기성세대의 관여 정도를 높일 수 있으며, 이를 통해 청소년 인터넷 활동에 더욱 관심을 가질 수 있게 된다. 기성세대는 교육받은 정보통신기술을 이용하여 청소년의 올바른 인터넷 정보 활용 능력을 배양시킬 수 있을 것이다. 어쩌면 현재 폐쇄적 공간에서 구현되고 있는 청소년 인터넷 문화는, 청소년이 울타리를 친 것이 아니라 학습을 통해 그 공간으로 진입하려는 노력 자체를 하지 않는 기성세대의 수동적 태도에 기인했을 수도 있다. 인터넷 문화에 대한 기성세대의 학습을 바탕으로 청소년을 위한 관련 제도 등이 구축될 때, 규제 중심의 선별적 정책 구성이 아니라 인터넷 문화에 대한 욕구와 필요성이 적극 반영된 사회 제도의 전반적인 개선이 이루어질 수 있을 것이다.

– 건전한 청소년 인터넷 문화의 정착을 위한 제언

인간은 주변 환경의 영향을 받으며 살아간다. 사회가 변하면 인간의 가치관과 생활양식도 달라진다. 또한 한 시대의 문화는 동시대를 살아가는 사람들의 의사소통 과정을 표현한다. 청소년 문화 역시 마찬가지이다. 청소년은 시대에 따라 다양하고 독특한 그들만의 문화 영역을 생산하고 소비해 왔다. 최근 청소년의 속성을 잘 표현하는 사회 구성물 중 하나가 바로 인터넷 문화라 할 수 있다.

앞서 논의한 바와 같이 이 인터넷 문화에 대한 기성세대의 관점은 서로 다른 두 개념을 중심으로 범주화할 수 있다. 대부분의 기성세대는 인터넷을 통한 과도한 콘텐츠 접속이 청소년의 학업을 방해하고 건강까지 해칠 수 있다는 이유로 그 이용 행위에 대해 경계하고 있다. 게다가 그것이 인터넷 중독이나 일탈, 범죄 등으로 연결된다는 점에서 이를 치료하기 위해 노력하고 있다. 또 다른 입장에서는 사이버 공간 내부에 존재하는 다양한 문화 콘텐츠에 접속할 수 있으며, 이를 통해 개별 삶의 질을 높일 수 있다는 점에서 청소년의 인터넷 사용을 적극적으로 권장한다. 더불어 현재의 정보통신기술은 청소년이 표현의 자유, 연대의 문화 경험을 할 수 있게 도와주며, 그들만의 새로운 생활 기회를 창출할 수 있다는 점에서 긍정적인 기능을 한다는 관점 역시 존재한다.

상술한 바와 같이 청소년 인터넷 문화를 바라보는 서로 다른 두 관점은 온라인 네트워크를 기반으로 이루어지는 실제 청소년 활동의 모습을 각자 상반되는 방식으로 평가한다. 이제 인터넷 문화 공간은 청소년에게 중요한 삶의 터전이 되고 있다. 온라인 네트워크의 시스템 구축과 청소년의 계속적인 참여로 인해 청소년 인터넷 문화는 그 구조와 의미가 확대, 재생산되고 있다.

전반적인 인터넷 문화에 중요한 영향을 미치고 있는 청소년 인터넷 문화의 성격 규명을 위해 문화 담론의 이론적 근간 위에서 그 특징을 고찰하고, 추후 건전한 청소년 문화로서의 인터넷 문화가 확장될 수 있는 기회를 모색하는 일은 중요한 사회적 과업 중 하나이다. 결국 청소년 인터넷 문화와 관련한 본격적인 논의를 위해서는 청소년의 문화 향유와 관련한 심리적·사회적·정책적 쟁점 등이 연계된 융합적 연구 내용과 방법을 통해 균형 잡힌 시각을 견지해야 한다. 청소년의 문화 향유에 대한 권리를 보전함과 동시에 이로 인해 파생되는 사회적 역기능을 억제할 수 있는 연계적 공조체계의 구축이 필요한 시점이다.

이와 관련하여 최근 논의되고 있는 문화복지에 대한 사회적 지원은 주목할 만하다. 문화복지는 정신적 삶의 풍요로움을 제공하는 복지로서, 국민의 문화권 (cultural rights)을 국가나 사회가 인정한다는 의미가 본원적으로 내재되어 있다. 문화복지는 사람들에게 삶의 활력을 제공하고, 새롭고 다양한 정책 실현 시도를 근간으로 하는 생산적 복지의 한 범주로 개념화되기도 한다(이소희·김민정, 2000). 따라서 현대 사회가 안고 있는 청소년 인터넷 문화와 관련한 여러 가지 사회 역기능적 문제를 해결하기 위한 장기적인 제도적 보완은 이러한 문화복지의 맥락에서 논의될 필요가 있다. 이는 사회 일탈 및 병리 문제를 근본적으로 해결할 수 있다는 점에서 예방적 정책의 한 보기라고도 할 수 있다.

청소년과 인터넷 문화 연구에서 문화복지가 중요한 이유는 이 정책적 대안이 청소년의 정신적·문화적 욕구를 충족시키는 생활문화적 시민권의 확보를 가능하게 한다는 점 때문이다. 즉 기존의 정치·경제적 시민권의 개념을 넘어서 인간이 자연과 관계를 맺고 성찰하는 과정에서 문화 실천 및 삶의 스타일 선택과 관련된 스스로의 권리를 찾게 되는 과정이라 볼 수 있다(민웅기, 2012).

이제는 청소년 인터넷 문화에 대해 기성세대가 세밀한 관심을 보여야 한다. 물론 이것은 기성세대가 청소년 인터넷 문화에 대해 하나하나 감시하는 활동을 진행해야 한다는 의미가 결코 아니다. 건전한 청소년 인터넷 문화의 주체적 향유를 위한 기성세대의 정확한 진단, 치료, 치유, 지원 등이 요구된다(고영삼, 2012; 김진숙·최수미·강진구, 2000). 청소년 인터넷 문화의 본질을 명확하게 판단하기 위해서는 판단 주체 스스로가 그 사용에 대해 전문적인 지식과 문화적 역량을 함양해야 한다. 포스트모던 사회에 내재된 문화 융합의 전형으로서 청소년 문화와 인터넷 문화가 어떤 친화력을 지니고 있는지에 대한 심도 있는 검토가 필요하다.

또한 단순히 인터넷 사용의 주체가 청소년이기 때문에 모든 부작용을 그들의 미성숙한 자아의 탓으로 돌리기보다는, 그들의 문제행동에 대해 어떤 중재를 할 수 있을지에 대해 고민하고, 그 폐해를 막을 수 있는 기성세대의 시스템적 지원이 필요하다. 이를 위해 기성세대는 빠른 속도로 변화하는 인터넷 문화 콘텐츠와 기술에 대한 끊임없는 학습을 스스로 시도해야 한다.

요컨대 청소년 인터넷 문화는 다양한 관점과 해석이 필요한 복잡적인 사회 구성물로 이해해야 한다. 문화에 관한 분석은 법칙을 탐색하는 실험적 과학으로써뿐만 아니라 의미를 탐색하는 해석적 과학에 근거해서도 이루어질 수 있기 때문이다(Geertz, 1975). 청소년 인터넷 문화는 결국 기기, 매체, 콘텐츠, 제도, 의식 등의 사회 융합화 과정 속에서 나타난 새로운 사회적 사실이라 할 수 있다(김문조, 2013). 현재 우리 사회의 청소년 문화에 나타나 있는 다양한 구성적 속성은 인터넷 기술과 융합하여 복잡한 사이버상의 문화 형성 기제를 끊임없이 창조하고 있다. 융합적 성격을 지닌 청소년 인터넷 문화의 정확한 진단, 분석, 해석, 전망 도출을 위해 사회 구성원 모두가 노력할 때이다.

참고문헌

고영삼 (2012). 인터넷에 빼앗긴 아이. 베가북스.

권재원 (2010). 게임 중독 벗어나기. 이담.

김문조 (2013). 융합문명론: 분석의 시대에서 종합의 시대로. 나남.

김종길 (2008). 사이버트렌드 2.0. 집문당.

김종길, 김문조 (2006). 디지털 한국사회의 이해. 집문당.

김진숙, 최수미, 강진구 (2000). 청소년 PC 중독. 한국청소년상담원.

민웅기 (2012). 성찰적 여가활동으로서의 문화관광의 의미-욕구의 개인화와 생활문화적 시민권의 개념을 중심으로. 관광연구논총, 24(3), 123–143.

민웅기, 김남조 (2009). 관광자의 소비문화와 관광목적지 이미지의 담론 연구-관광지의 장소 마케팅을 위한 탐색적 논의. 관광연구논총, 21(2), 61–82.

송해룡 (2009). 미디어 2.0과 콘텐츠 생태계 패러다임. 성균관대학교출판부.

원용진 (1997). 대중문화의 패러다임. 한나래.

이소희, 김민정 (2000). 청소년 문화복지지표체계 개발 연구. 청소년복지연구, 2(2), 61–86.

전종수 (2012). 게임 중독과 셧다운제. 커뮤니케이션북스.

천정웅, 김윤나, 이채식, 전경숙 (2012). 청소년 복지론. 신정.

한상철, 김혜원, 설인자, 임영식, 조아미 (2003). 청소년 문제행동 심리학적 접근. 학지사.

황상민 (2004). 대한민국 사이버 신인류. 21세기북스.

Achenbach, T. M. & Edelbrock, C. S. (1981). Behavioral problems and competencies reported by parents of normal and disturbed children ages four through sixteen. *Monographs of the Society for Research in Children Development, 46*(1), 1–82.

Arnold, M. (1960). *Culture and Anarchy*. London: Cambridge University Press.

Brown, B. (1990). Peer Group. In S. Feldman & G. Elliott (Eds). *At the Threshold: The Developing Adolescent*. pp. 171–196. Cambridge: Harvard University.

Campbell, C. (1987). *The Romantic Ethic and the Spirit of Modern Consumerism*. Cambridge: Polity.

Chaney, D. (1996). *Authenticity and Suburbia*. In S. Westwood and J. Williams (eds). *Imagining Cities*. London: Routledge.

Csikszentmihalyi, M. (1997). Finding Flow. [이희재 역 (2010). 몰입의 즐거움. 해냄.]

Eliot, T. S. (1948). *Notes Towards a Definition of Culture*. London: Faber & Faber.

Featherstone, M. (1991). *Consumer Culture & Postmodernism*. SAGE.

Geertz, C. (1975). *The Interpretation of Culture*. Hutchinson.

Gottfredson, D. & Hirschi, T. (1990). *A General Theory of Crime. Stanford*. CA: Stanford University Press.

Hall, G. S. (1904). *Adolescence: Its Psychology and its Relations to Physiology Anthropology, Sociology, Sex, Crime, Religion, and Education*. New York: Appleton & Company.

Hill, J. (1983). Early adolescence: A framework. *Journal of Early Adolescence, 2*, 1–21.

Jessor, R. & Jessor, S. (1977). *Problem Behavior and Psychosocial Development: Longitudinal Study of Youth*. New York: Academic Press.

Keating, D. (1990). *Adolescent Thinking*. In S. Feldman & G. Elliott (Eds). *At the Threshold: The Developing Adolescent*. pp. 54–89. Cambridge: Harvard University.

Leavis, F. R. (1930). *Mass Civilization and Minority Culture*. Cambridge: Minority Press.

Levine, P. (2007). *The Future of Democracy: Developing the Next Generation of American Citizens*. Mediford: Turfs University Press.

Rheingold, H. (2002). SmartMobs. [이운경 역 (2003). 참여군중. 황금가지.]

Thompson, J. (1990). *The Concept of Culture in Social Theory*. In S. Turner (ed.), *Social Theory & Sociology: The Classics and Beyond*. Blackwell.

Turner, V. (1967). *The Forest of Symbols*. Cornell Univ Press.

Williams. R. (1983). *Keywords: A Vocabulary of Culture and Society*. London: Fontana.

13

인터넷 중독
전문가 훈련

제13장
인터넷 중독 전문가 훈련

천성문 ǀ 경성대학교 교육학과

°° 시작하는 글

인터넷 중독은 어제오늘의 일이 아니다. 최근 다양한 스마트 기기가 보급되면서 인터넷 중독이 만연하는 가운데 이와 관련된 많은 사회적 비용을 지불하고 있다. 특히 어린 학생이나 유·아동은 물론이고 나이 든 어르신들까지 인터넷의 세계에 빠져들고 있다. 이를 해소하기 위해 다양한 기관과 단체에서 인터넷 중독 전문상담사를 양성해 왔으며, 인터넷 중독에 관한 예방교육과 함께 인터넷 중독 상담도 진행되고 있으나 기존의 전문상담사를 양성하는 과정에 다양한 문제점이 드러나고 있다. 다행히도 2014년 민간자격제도가 처음 시행되고, 전문성이 강화된 인터넷 중독 상담사를 양성함으로써 양성과정의 체계화, 교육 내용의 전문성을 지향하고 있다.

그러나 현행 인터넷 중독 전문상담사 양성 및 교육과정을 국내외 중독 전문가나 정신보건 전문가 양성 및 교육과정과 비교해 보면 부족한 점이 많다. 따라서 현행 인터넷 중독 전문상담사 양성과정의 지원 자격, 교육 내용 및 교육과정을 살펴봄으로써 인터넷 중독 전문상담사의 전문적 자질을 향상할 수 있는 방향 등을 제시하고자 한다.

모래 위에 세운 누각은 오래가지 못한다. 체계적이고 전문화된 과정을 통해 인터넷 중독을 해결하기 위한 그동안의 노력이 사상누각이 되지 않도록 해야 할 것이다.

1. 상담 전문가는 모두 중독 전문가인가

2014년 인터넷 중독 전문상담사 민간자격제도가 시행되기 이전에는 한국정보화진흥원(NIA)을 비롯해 청소년상담복지센터, 대학의 평생교육원, 교사 연수 등 여러 단체에 인터넷 중독 전문상담사 양성과정이 개설되었다. 양성과정 지원 자격은 상담 관련 종사자나 상담 전공자, 심지어 일반인까지 포함하고 있다. 양성과정을 통해 배출된 인터넷 중독 전문상담사는 '중독 전문상담사'의 자질을 함양하고 실무 중심의 교육보다는 인터넷 중독 관련 교육을 이수하는 데 초점이 있었다. 그 후 2014년 한국정보화진흥원에서 인터넷 중독 전문상담사 민간자격이 시행되면서 좀 더 구체적인 상담 관련 전문성을 요구하고 있으나 인터넷 중독 전문상담사로서의 지원 자격을 좀 더 강화해야 될 것으로 보인다.

우선 2014년 민간자격으로 처음 시행된 인터넷 중독 전문상담사 지원 자격에 대해 살펴보자. 인터넷 중독 전문상담사 2급 지원 자격은 '상담 관련 분야의 석사학위를 취득한 자', '상담 관련 분야의 학사학위를 취득한 후 상담 실무 경력 3년 이상인 자', '상담 관련 분야 이외의 학사학위를 취득한 후 상담 실무 경력 4년 이상인 자', '상담 관련 분야의 전문학사학위를 취득한 후 상담 실무 경력 5년 이상인 자' 등으로 정해 놓고 있다. 이는 이전의 인터넷 중독 전문상담사보다는 좀 더 명확하고 전문적인 자질을 요구하고 있다고 할 수 있다. 그러나 지원 자격을 구체적으로 살펴보면 일반적인 상담 관련 내용을 담고 있을 뿐 '중독' 전문가로 보기에는 한계가 있다. 또한 2급보다는 더 전문적인 자격을 요구하는 1급 지원 자격의 경우에도 '인터넷 중독' 관련 실무 경험이 없더라도 응시가 가능하며, 실무 경력에 대한 구체적인 시간이 제시되지 않고 경력 연한만 제시되어 있다. 이렇듯 인터넷 중독 관련 실무 경력이 없는 지원자에게 자격을 줌으로써 문제 유형별, 증상별 개입이 어려워졌다.

인터넷 중독은 도박, 섹스, 쇼핑 등 특정한 행동이나 생활에 의존하는 행위 중독의 하나이므로 인터넷 중독 전문상담사는 인터넷 중독뿐 아니라 중독의 일반적인 특성과 메커니즘에 대해 구체적으로 인지하고 있어야 한다. 또한 인터넷 중독은 다른 중독 유형과 마찬가지로 겉으로 드러나는 일종의 증상으로 볼 수 있으며, 그 증상별 문제를 내담자의 심리적 문제와 연결지어 해결할 수 있어야 한다. 따라서 일반적인 심리상담의 기법에 대해 아는 것도 중요하나, 다양한 증상을 보이는 내담자를 경험한 상담자만이 인터넷 중독 전문상담사로서 요건을 갖추었다고 볼 수 있다. 그럼에도 불구하고 중독과 관련된 전문적인 지식이 없는 상담자들이 인터넷 중독 전문상담사라는 자격을 취득하고 있는 것에 대해 고민해 봐야 할 것이다.

다음으로 실무 경력과 관련된 지원 자격에 대해 살펴보자. 인터넷 중독과 함께 중독으로 분류되는 도박이나 약물 중독 상담 전문가 제도의 국외 자격 기준을 보면, 미국의 경우 주마다 자격 기준이 상이하지만 '최소 270시간의 알코올 및 약물 남용 관련 교육 및 훈련을 받고, 3년간 상근 또는 6,000시간 동안 알코올이나 약물 남용 상담사로 실무 경험이 있을 때', '알코올 및 약물남용 관련, 치유 관련 석사학위 소지자' 등 구체적으로 관련 분야의 임상 실습이나 자격 요건을 제시하고 있다. 호주의 경우는 도박 중독 상담사 제도가 있는 것은 아니지만, 중독 전문가가 정부에서 정해 놓은 도박 중독 관련 직무에 관한 특별교육을 받은 후에 도박 중독 상담 전문가로 활동하도록 되어 있다. 이렇듯 명확한 기준을 제시하고 있는 것은 미국이나 호주 사회에서 알코올, 약물 및 도박 관련 중독 상담에 대한 요구가 높고, 상담 전문가의 개입이 필요할 만큼 사회적 이슈가 되었기 때문이라고 할 수 있다.

현재 우리나라는 인터넷 중독이 저연령화되고 중독의 정도도 심화되고 있다. 특히 스마트폰이 보급되면서 기성세대까지도 다양한 경로로 쉽게 인터넷에 빠져들게 되었다. 서구 사회에서는 물질 관련 중독 중 도박과 약물 중독의 경향성이 높다면, 우리나라의 경우 인터넷과 스마트폰의 높은 보급률과 무선 인터넷의 상용화 등으로 인터넷 중독의 경향성이 높다. 따라서 우리나라는 서구의 물질 중독 전문가처럼 실무 경험이 풍부한 인터넷 중독 전문가를 필요로 하게 되었다.

한편 중독과 관련된 우리나라 정신보건 분야의 정신보건전문요원 자격 요건을 살펴보면, 대학이나 대학원에서 이수해야 되는 필수과목을 비롯해 실습기관, 실습 중 이수해야 되는 과목과 실습 내용에 대해 제시하고 있다. 즉 실무 경험을 통해 정신보건임상심리사로서의 전문 자격을 갖출 수 있도록 요구하고 있다.

30~40시간의 교육 이수로 양성되는 인터넷 중독 전문상담사가 인터넷 중독의 양태가 다양화되고 심화되는 현상에 전문적이고 실제적으로 개입하기란 불가능하다. 또한 '상담' 관련 분야의 막연하고 추상적인 실무 경력으로는 인터넷 중독 전문상담사의 전문성을 확보할 수 없다. 따라서 인터넷 중독 전문상담사의 전문 자질을 향상하고 인터넷 중독자에게 빠르고 정확하게 개입하기 위해서는 '중독'에 대한 기본적인 지식을 습득하고 '인터넷 중독' 상담에 대한 실무 경험을 충분히 체득한 자에게 전문상담사 자격을 부여해야 할 것으로 보인다.

따라서 인터넷 중독 전문상담사를 양성하기 위한 두 가지 방법을 제시하고자 한다. 첫째, 인터넷 중독 전문상담사를 양성하는 표준화된 교육기관을 마련하는 것이다. 2015년 한국상담학회는 우후죽순 양성되는 상담사의 질적 역량을 향상하기 위해 교육연수인증기관제를 도입하려고 한다. 이는 전문상담사를 교육하기 적합한 기관을 인증하여 그곳에서 배출된 상담사의 전문 자질에 대해 인증을 해 준다는 의미이다. 이처럼 정부기관이 인증한 표준화된 프로그램을 운영할 수 있는 교육연수기관을 통해 양성된 인터넷 중독 전문가가 자격을 취득할 수 있도록 하는 것이다. 교육연수기관을 통해 자격을 취득하는 경우는 이미 사회에서 인정된 상담 전문가를 대상으로 교육을 실시하고, 이들이 '인터넷 중독'이라는 전문 분야의 자격을 취득할 수 있도록 하는 방안이다. 이는 '인터넷 중독'이 분명 중독의 메커니즘을 따르고 있으나 중독이라는 증상의 원인에는 심리적 문제가 있는 경우가 많아서, 심리상담 전문가가 인터넷 중독에 대한 이론적 접근과 실무를 동시에 경험한다면 더욱 효과적인 상담 효과를 나타낼 수 있기 때문이다.

둘째, 대학이나 대학원에서 중독 관련 과목을 이수한 사람들에게 인터넷 중독 관련 실습수련 기회를 제공하는 것이다. 중독의 경우는 다양한 임상 실습이 무엇보다도 중요하다. 특히 인터넷 중독의 경우에는 게임 중독, 채팅 중독, SNS 중독 등 다양한 유형이 있으며 중독자마다 중독의 정도도 다르므로 다양한 경험을 통해 인터넷 중독에 대한 시야를 확대해야 한다. 정신보건전문요원의 경우, 정부에서 요구하는 과목을 이수한 사람들을 대상으로 인정받은 연수기관에서 정해진 기간 동안 실습수련을 하도록 요구한다. 따라서 인터넷 중독 전문가도 대학이나 대학원에서 중독 관련 과목을 이수한 사람을 대상으로 실습수련이 가능한 기관에서 수련을 거친 자에게 자격을 취득할 수 있는 기회를 제공한다면 전문성을 확보할 수 있을 것이다.

2. 교육과 강의만으로 인터넷 중독 관련 상담이 가능한가, 단기 과정으로 양성된 상담사를 인터넷 중독 전문가로 인정해 줄 수 있는가

현재 인터넷 중독 전문상담사 양성과정 중에서 가장 대표적인 과정으로는 한국정보화진흥원 인터넷중독대응센터의 '인터넷 중독 전문상담사 양성과정'과 한국청소년상담복지개발원의 '인터넷 중독 상담전문인력 양성과정'이 있다. 두 양성과정

표 13.1		한국정보화진흥원 인터넷중독대응센터의 인터넷 중독 전문상담사 양성과정 커리큘럼		
일정	교육 시간	교육 과목	시간	총 45시간
1일 차 (월)	09:00~10:00	인터넷 · 스마트미디어 중독 실태와 국가 정책	1	9
	10:00~12:00	인터넷 게임 동향 및 사이버 문화 이해	2	
	12:00~13:00	점심시간		
	13:00~16:00	인터넷 · 스마트미디어 중독의 이해	3	
	16:00~19:00	인터넷 · 스마트미디어 중독과 정신건강	3	
2일 차 (화)	09:00~10:00	인터넷 · 스마트미디어 중독 진단척도 활용	1	9
	10:00~13:00	생애주기별 스마트미디어 레몬 교실	3	
	13:00~14:00	점심시간		
	14:00~15:30	생애주기별 인터넷 레몬 교실	1.5	
	15:30~17:00	WOW 건강한 인터넷 멘토링	1.5	
	17:00~19:00	가정방문상담의 실제	2	
3일 차 (수)	09:00~12:00	인터넷 · 스마트미디어 중독 개인상담 전략	3	9
	12:00~13:00	점심시간		
	13:00~17:00	공개 사례 발표 및 슈퍼비전	4	
	17:00~19:00	인터넷 · 스마트미디어 중독과 위기상담	2	
4일 차 (목)	09:00~12:00	예술치료적 접근 I	3	9
	12:00~13:00	점심시간		
	13:00~16:00	예술치료적 접근 II	3	
	16:00~19:00	인터넷 · 스마트미디어 중독과 진로상담	3	
5일 차 (금)	09:00~12:00	생애주기별 집단상담 프로그램-초등	3	9
	12:00~13:00	점심시간		
	13:00~16:00	생애주기별 집단상담 프로그램-중등	3	
	16:00~19:00	인터넷 · 스마트미디어 중독 자녀를 둔 부모 및 가족상담	3	

* 세부 일정 및 강사는 회차별로 변경될 수 있음
* 출처 : 인터넷중독대응센터(http://www.iapc.or.kr/)

표 13.2		한국청소년상담복지개발원의 인터넷 중독 상담전문인력 양성과정 및 스마트 중독 상담전문 인력 양성과정 커리큘럼	
	과정	교과 내용	기간
청소년 인터넷 중독 상담전문인력 양성과정	신규과정	• 인터넷 중독 예방 · 해소 지원 사업 정책 • 전수조사 및 사후조치 개인 안내의 실제 • 인터넷 중독의 병리적 이해 • 청소년의 게임 심리와 사이버 문화의 이해 • 인터넷 중독 개인상담 • 인터넷 중독 집단상담 • 청소년 상담을 돕기 위한 인터넷 게임의 이해	2박 3일 (총 19시간)
	심화과정	• 인터넷 중독 청소년 상담 개입 교육 • 인터넷 중독 가족상담 프로그램(인터넷 조절 이끌기) • 인터넷 중독 가족상담	1박 2일 (총 14시간)
	보수과정	• 인터넷 중독 개인상담 슈퍼비전 • 인터넷 중독 청소년 유형별 개인상담 프로토콜 이해 및 실습	1박 2일 (총 13시간)
청소년 스마트 중독 상담전문인력 양성과정	예방과정	• 청소년 스마트폰 중독 예방교육 • 스마트폰 중독 부모교육	1일 (총 7시간)
	상담개입과정	• 청소년 스마트폰 중독 개인상담 • 청소년 스마트폰 중독 집단상담	1일 (총 7시간)

* 출처 : 한국청소년상담복지개발원(https://www.kyci.or.kr/)

의 커리큘럼은 표 13.1, 13.2와 같다.

한국정보화진흥원 인터넷중독센터의 '인터넷 중독 전문상담사 양성과정'은 인 터넷 이용의 일반화, 보편화에 따른 인터넷 중독 등 사회적 폐혜 증가와 함께 전문 상담 수요 급증에 대응할 수 있는 전문 상담 인력을 양성하여 인터넷 중독의 예방 및 해소에 기여하고 있다. 2002년 처음 시행되었으며, 올해까지 91기 전문상담사 를 배출할 예정이다. 교육 기간은 각 교육 지역별로 연간 교육 계획이 잡혀 있으며, 교육 시간은 5일 과정 총 45시간이다.

한국청소년상담복지개발원의 '인터넷 중독 상담전문인력 양성과정'은 신규과정 과 심화과정으로 나누어지며, 신규과정은 청소년 인터넷 중독 상담의 기본 역량을 강화하고 전국 단위 인적 인프라를 구축하는 데 목표를 두고 있으며, 심화과정은 전문 역량을 강화하는 것을 목표로 한다. 한국청소년상담복지개발원 연수원에서 신청을 받아 교육을 진행하고 있으며, 2008년 3회를 시작으로 2009년 5회, 2010년 5회, 2011년 6회, 2012년 5회, 2013년 8회, 2014년 4회까지 진행되었다. 인터넷 중독/스마트폰 중독 상담전문인력 양성과정을 단계별로 운영하고 있으며, 인터넷 중독 상담전문인력 양성과정의 경우는 신규과정 2박 3일(19시간), 심화과정 1박 2일(14시간), 보수과정 1박 2일(13시간), 스마트 중독 상담전문인력 양성과정의 경우는 예방과정 1일(7시간), 상담개입과정 1일(7시간)로 이루어져 있다.

대부분 교육 수료 후 인터넷 중독 전문상담사로서 미취학 아동과 초·중·고등학생, 학부모 및 성인을 대상으로 집단 예방교육을 할 수 있으며, 또 취약계층과 일반 가정의 아동·청소년, 성인 무직자 등을 대상으로 가정방문상담사로 활동할 수도 있다.

인터넷 중독은 한 가지 요인으로 발생하기보다는 심리적·가정적·환경적 요인 등 다양한 변인이 작용한다. 따라서 인터넷 중독에 개입하기 위해서는 통합적인 지식은 물론이고, 다양한 변인에 속하는 증상들의 상호작용에 대한 이해가 필요하다. 그러나 아쉽게도 교육과 강의로 이루어지는 양성과정은 단기로 전문가를 양성하므로 인터넷 중독에 대한 폭넓은 이해가 부족하고, 통합적 측면에서 바라볼 수 있는 시각을 키우는 데에도 역부족이다. 특히 실제 사례를 접해 보는 임상 경험 없이 지식만 가지고 인터넷 상담 전문가 자격을 취득할 수 있는 교육과정은 상담 장면에서 바람직하지 못하다.

또한 한국정보화진흥원에서는 2014년 실시한 인터넷 중독 전문상담사 자격 시험에 합격하고 연수과정을 마친 84명의 '제1기 인터넷 중독 전문상담사'를 배출하였지만, 시험과 자격 연수만으로 인터넷 중독 전문상담사라고 부를 수 있을지 의문이 든다. 이들이 상담 관련 전공자라는 점에서는 이전의 교육생들보다 질적으로 향상된 부분이지만 '중독'에 대한 지식을 실제 현장에 접목하기에는 미비한 면이 많아 보인다.

| 표 13.3 | 국외 중독 관련 전문상담사 자격 및 교육 내용 |

NAADAC (중독전문가 협회)	NCAC I (국가 공인 중독 상담, 레벨 I)	• 물질사용장애 상담 등의 현재 상태 인증/허가 • 3년간 풀타임 또는 약물사용장애 상담 등의 감독 경험 6,000시간
	NCAC II (국가 공인 중독 상담, 레벨 II)	• 학사학위 이상 • 물질사용장애 상담 등의 현재 상태 인증/허가 • 5년간 풀타임 또는 약물사용장애 상담 등의 감독 경험 10,000시간
	MAC (MASTER 중독 상담)	• 물질사용장애 치료 분야에 적용할 깊이 있는 주제와 치유의 예술 또는 관련 분야의 석사학위 이상 • 물질사용장애 상담 또는 관련 치유 예술 현재 상태 인증/허가 • 3년간 풀타임 또는 감독 경험 6,000시간
도박중독 상담사 자격제도	미국 캘리포니아 주 (CCGC)	• 문제도박의 개요, 가족상담, 다문화와 다양성 이슈 EAP 등으로 이루어진 30시간 교과과정 수강 • 가족상담을 포함한 100시간의 임상 훈련 • 심리학 등 관련 전문 분야 자격증 소지자 • 윤리강령 서약서, 자조집단 참석 확인서, 정신보건전문가 추천서
	미국 뉴욕 주	• 알코올 및 약물상담사 자격증인 CASAC 자격증 소지자를 대상으로 60시간의 문제도박에 대한 교과과정 수강 • 100시간의 임상 훈련(100시간 중 최대 30시간은 개인상담, 가족상담, 집단상담, 위기 개입, 재정상담이 필수)
	미국 오리건 주	• 도박 특화 교과와 도박 관련 교과로 구성된 60시간의 교육 • 도박 중독 영역에서 1,000시간의 임상 훈련(도박 중독 관련 서비스 기관에서 6개월의 전일제 근무를 1,000시간으로 간주)
	싱가포르	• 중독 분야에서 중독상담사로 3년(총 6,000시간)의 임상 근무 경험자(행동과학 분야 학위 소지자) • 중독상담사의 12개 핵심 기능 수행에 필요한 지식과 기술에 관한 300시간의 직무 훈련을 받았다는 증명서 제출(문제도박자와 가족 구성원에 대한 치료 및 상담을 제공한 도박중독상담사로서의 훈련 100시간 포함) • 이론 교육적인 측면에서는 중독상담 분야에서 270시간의 교육과 함께 적어도 30시간의 도박 관련 훈련이나 교육, 6시간의 전문가 윤리교육이 포함됨 • 자격증은 2년간 유효하며, 향후 2년 동안 40시간의 재교육을 통해 갱신

* 출처 : NAADAC(http://www.naadac.org/)

그렇다면 외국의 중독 관련 자격제도를 통해 현재 우리나라의 인터넷 중독 전문 상담사의 자격 및 교육 내용을 비교·분석하여 그 대안을 모색해 보자.

외국에서 알코올 중독이나 도박 중독과 관련된 자격증을 따려면 교육과 실무 경험, 시험을 거쳐야 한다. 하지만 우리나라의 경우 40시간 이상의 교육만으로 인터넷 중독 전문가가 되어 현장에 바로 투입되고 있는 실정이다. 현재 진행되고 있는 기존 인터넷 중독 전문상담사 프로그램들의 교육 시간과 교과 내용에 대한 심도 있는 고찰이 필요하며, 실무 위주의 경험이 많이 추가되어야 할 것이다.

또한 인터넷 중독 양상은 다양하게 변화되는 모습을 드러내고 생애주기별 중독 양상도 다르다. 전문상담사가 인터넷 중독 양상에 적응하기 위해서는 지속적인 보수교육이 필요하다. 한국청소년상담복지개발원의 보수과정에 대한 교육 내용이 짧게 제시되어 있으나, 상담사가 자신의 역량을 확인해 볼 수 있는 정도에만 그치고 상담 역량을 강화하기에는 부족함이 많다. 따라서 전문상담사의 자질을 향상하기 위해서는 지속적인 보수교육은 물론이고 슈퍼비전 등이 필요할 것으로 보인다.

더 나아가 현재의 인터넷 중독 전문상담사 양성과정은 주로 중독에 초점을 두고 있다. 그러나 우리나라의 경우 핵가족으로 인한 고립성(isolation), 저기회비용(low cost), 접속의 용이성(accessibility) 등으로 인터넷 중독 경향성이 높다(매경이코노미, 2012. 5. 9.). 따라서 인터넷 중독 전문상담사의 분야를 중독예방 전문상담사와 중독치료 전문상담사로 이원화할 필요가 있다. 중독예방 전문상담사의 경우 유·아동 및 청소년을 대상으로 예방활동은 물론이고 부모교육을 포함한 환경적 요인에 대한 이해와 인터넷 중독에 빠지는 심리정서적 요인에 대한 이해에 통합적으로 접근할 수 있도록 해야 한다. 이는 중독치료 전문상담사도 마찬가지이지만 중독치료 전문상담사의 경우에는 좀 더 임상 재활과 관련된 심리상담적 요소가 강화되어야 한다.

또한 중독에 빠지게 하는 환경적 요인의 교정을 위해서는 가족, 학교, 직장 등과 연계된 프로그램에 대한 이해가 필요하며, 이를 실제적으로 실행할 수 있는 방법론을 알고 적용할 수 있는 과정이 필요하다. 중독치료 전문상담사들이 실무나 수련 경험을 쌓는 것도 하나의 방법이지만 다양한 사례를 접함으로써 중독자에 대한 다양한 접근법을 이해할 수 있도록 해야 한다.

3. 인터넷 중독 전문상담사를 위해 추가해야 할 교육 내용은 무엇인가

기존의 인터넷 중독 전문상담사 교육과정을 살펴보면, 인터넷중독대응센터의 주요 교육 내용은 인터넷·스마트미디어 중독의 이해 및 정신건강, 인터넷·스마트미디어 중독과 위기상담 및 개인상담 전략, 인터넷 중독·스마트미디어 중독과 진단척도 및 생애주기별 상담 프로그램 등이다. 또한 한국청소년상담복지개발원의 주요 교육 내용은 인터넷 중독의 병리적 이해, 청소년의 게임 심리와 사이버 문화의 이해, 인터넷 중독 개인상담 및 집단상담, 인터넷 중독 청소년 상담 개입 교육, 인터넷 중독 가족상담, 청소년 스마트폰 중독 예방교육, 스마트폰 중독 부모교육, 청소년 스마트폰 중독 개인상담 및 집단상담 등이다.

기존의 교육 내용은 인터넷 중독과 관련된 일반적인 내용이 주를 이루고 있다. 그러나 인터넷 중독 중 가장 심각한 것으로 알려진 게임 중독의 경우, 전문상담사가 알아야 할 게임에 대한 지식이 상담 과정에서 중요하게 작용함에도 불구하고 실제로 게임을 해 보는 등의 깊이 있는 교육이 이루어지지 않는 실정이다.

특히 청소년 대상 상담사들은 인터넷 중독 관련 상담을 할 때 겪는 어려움으로 게임 자체에 대한 이해 부족을 꼽았으며(송수민, 2012), 인터넷 중독 관련 변인으로 가족 간의 의사소통, 가족 응집력 등의 가족 변인이 중요한 것으로 나타났다(한국정보문화진흥원, 2007). 또한 보건복지부(2011)의 정신질환 역학조사에서도 인터넷 중독자들은 공존질환을 가지고 있어 관심이 필수적이다.

따라서 인터넷 중독 전문상담사가 되려면 기존의 교육 내용과 차별화된 교육으로 어떠한 것들이 필요한지 심도 있게 고찰해야 한다.

1) 게임에 대한 이해

인터넷 중독 중에서는 게임과 채팅이 문제가 되는 경우가 많다. 이는 다른 서비스에 비해 사이버 공간에서 상호작용을 요구하는 요소가 많기 때문이며, 이러한 상호작용은 충동 조절을 하기 힘들게 하는 중독을 높이는 요소의 하나로 작용한다.

청소년이 인터넷 게임을 지속하게 만드는 중독 요소는 게임 내 사람들과의 교류를 통한 강박적 상호작용 요소, 대결을 통한 성취감이나 우월감 요소, 아이템 획득이나 레벨업 등의 보상이 주어지는 구조 등을 들 수 있다(여성가족부, 2012). 그리고 대학생의 경우에는 인터넷 게임을 할 때 상대편과 경쟁하여 승리하는 것이 가장 큰 재미였고 임무를 완수하여 게임 레벨이 상승할 때도 많은 재미를 느끼는 것으로 나타났다(안희돈 외, 2012).

이러한 인터넷 게임은 웹 환경에서 인터넷을 활용하여 다른 사용자들과 함께 어울려 진행하는 것으로, 게임을 통해 심리적 만족과 대인관계 욕구를 충족할 수 있다. 행정안전부(2011)의 '인터넷 중독 실태조사'에 따르면 인터넷 중독자 전체적으로는 전략 시뮬레이션 게임(48.9%)을 주로 이용하는 것으로 나타났고, 고위험군의 경우에는 롤플레잉 게임(46.4%)과 일인칭 슈팅 게임(46.3%)을 가장 많이 하는 것으로 나타났다. 롤플레잉 게임은 역할을 분담해서 그 역할을 연기하는 게임으로, 이를 온라인화한 것이 다중 접속 온라인 롤플레잉 게임(MMORPG)이다. MMORPG는 하나의 완벽한 가상 세계에서 자신의 분신과도 같은 캐릭터를 선택하여 키워 나가도록 함으로써 중독에 이르게 하며(권정현, 2009; 전종수, 2010), 대표적인 게임으로는 〈던전앤드래곤〉, 〈리니지〉, 〈창세기전〉, 〈파이널판다지〉, 〈드래곤퀘스트〉, 〈울티마〉, 〈월드오브워크래프트(WOW)〉, 〈뮤〉, 〈디아블로〉, 〈마비노기 영웅전〉, 〈메이플스토리〉 등이 있다. 1인칭 슈팅 게임(FPS)은 총이나 포 등을 쏘아 목표를 맞추는 슈팅 게임의 일종으로 〈서든어택〉, 〈스페셜포스〉, 〈카스온라인〉, 〈둠〉, 〈퀘이크〉, 〈언리얼토너먼트〉, 〈헤일로〉, 〈매달오브아너〉, 〈콜오브듀티〉, 〈카운터스트라이크〉 등이 있다.

또한 최근에는 스마트폰이 확산되면서 스마트폰용 게임이 청소년들 사이에서 크게 인기를 끌고 있다(여성가족부, 2013). 스마트폰을 이용하는 청소년들은 카카오톡이나 마이피플 등의 채팅 서비스에 이어 게임 애플리케이션을 두 번째로 많이 이용하고 있으며(여성가족부 · 한국언론학회, 2013), 〈애니팡〉, 〈바운스볼〉, 〈드래

곤플라이트〉, 〈모두의 게임〉, 〈캔디팡〉을 즐겨 이용하는 것으로 나타났다(여성가족부, 2013).

각 게임의 특징을 아는 것은 게임 중독에 빠지게 되는 원인을 파악하는 데 도움이 될 뿐만 아니라, 게임에 대한 지식이 있어야만 내담자와 원활한 대화를 할 수 있다. 한 예로, 지난 2012년 행정안전부와 인터넷중독대응센터에서는 인터넷 중독 전문상담사를 대상으로 한 보수교육으로 게임 중독 요소 체험교육을 1일 8시간 실시하였다. 게임 체험 과목에서는 〈서든어택〉과 〈던전앤파이터〉를 직접 해 보고 게임의 요소와 중독성에 대해 학습하는 시간을 가졌는데, 인터넷 중독 전문상담사들은 공통적으로 게임을 해 본 적이 없기 때문에 이번 보수교육이 큰 도움이 되었다고 한다. 게임의 구성요소가 게임 중독을 가중시키는 데 어떤 역할을 하는지, 중독의 메커니즘에 대해 체험적인 이해를 한 것으로 보인다.

한편 중독에 관한 인지적 측면의 이해를 높이는 것도 당연히 필요하지만, 인터넷 중독을 감소시킬 수 있는 구체적이고 실제적인 방법을 익힐 수 있도록 하는 것이 필요하다.

2) 가족상담

인터넷 중독 상담에서는 부모 및 가정환경의 영향력이 매우 중요하다. 인터넷 중독에 영향을 미치는 주요 요인으로 부모 관련 요인을 살피는 연구가 많다(강석수, 2007; 고은옥, 2006; 김기숙, 2009; 이인선, 2004). 부모와 자식의 관계가 갈등적일수록 인터넷 중독의 경향성이 높고(김교현, 2002), 인터넷에 대한 부모의 과잉통제와 부정적인 태도도 인터넷 중독의 위험 요인으로 보고 있다(류진아 · 김광웅, 2004). 또한 가족의 통제가 없이 청소년이 독점 사용하는 경우에 인터넷이나 게임 중독의 위험도가 높다(권윤희, 2005). 특히 가정환경은 인터넷 게임 중독에 이르게 하는 핵심 요인이므로 이를 고려하는 상담이 이루어져야 한다(강석수, 2007; 고은옥, 2006; 이인선, 2004).

인터넷 중독뿐 아니라 같은 행위 중독인 도박 중독의 경우에도 가족 구성원이 중독에 빠지면 가족 간의 관계에 미묘한 갈등이 일어난다. 인터넷 중독 역시 심각한 갈등 상황을 맞게 하고, 특히 중독 대상이 자녀인 경우 부모와 자녀를 둘러싼 환경적 요인이 큰 영향을 미치게 된다. 따라서 인터넷 중독 교육과정에는 반드시 가족상담에 대한 내용이 포함되어야 하며, 가족 간의 역동은 물론 가족 내의 지지체계 구축 등을 다룰 수 있도록 훈련되어야 한다.

Young(2009)은 인터넷 게임 중독 상담에 보다 효과적으로 접근하기 위해 가족역동을 중시했으며, 가족 중 중독에 관한 특징적인 부분이 전수되지 않았는지, 서로 간의 의사소통은 어떠한지, 가족 내 갈등이 있는지, 가족이 서로 존중하고 정서적 안정을 누리는지 등에 관해 고려하는 것이 중요하다고 밝혔다. 즉 부모가 효과적인 개입 방법을 알아야 중독행동을 도와줄 수 있으며, 자녀가 건강해지고 재발이 일어나지 않도록 도움을 줄 수 있다.

3) 동기강화상담을 기반으로 한 인지행동치료

중독행동의 치료로 가장 각광을 받는 것으로는 인지행동치료를 들 수 있다. 인지행동치료는 인지적이고 행동적인 변화를 염두에 둔 적극적이고 직접적이며 교육적·구조적·문제 지향적인 치료 방법으로, 자신의 자동적 사고를 파악하고 인지 왜곡을 탐색하며 더 합리적이고 적응적인 사고로 재구조화할 수 있다. 특히 중독행동에는 왜곡된 인지와 부적절한 대처 기술이라는 인지행동적 요소가 내재되어 있기 때문에 인지구조의 변화가 중요하다. 인터넷 중독자의 경우 인터넷 사용이나 게임을 하는 상황에서 스트레스가 해소되거나 자동적 사고로 인해 게임에 더욱 몰두하여 현실 도피적인 행동의 악순환이 반복되기 때문에(이형초, 2001) 인지행동치료가 매우 적합하다고 할 수 있다.

한편 인지행동치료는 인터넷 중독 대상자를 치료하고 예방하는 데 매우 효과적인 치료 방법이기는 하지만, 자발적인 동기가 부족한 인터넷 중독 청소년을 대상으로 진행하기에는 어려움이 있다. 실제로 청소년은 자발적으로 참여하기보다는 가족이나 담임선생님, 주위 사람들에 이끌려 오는 경우가 많기 때문에 치료 동기가 매우 낮다. 따라서 치료 동기를 높이기 위해 자율성을 높이고 자신감을 북돋을 수 있는 상담 기법인 동기강화상담은 자발적인 동기가 부족한 청소년에게 적절한 상담 방법이 될 수 있다. 특히 동기강화상담은 여러 다른 접근법과 통합하여 적용할 수 있는데, 다른 접근법을 준비시키기 위한 동기적 기초를 다지는 서두의 도입부에 사용하면 보다 큰 효과를 볼 수 있다(Miller & Rollnick, 2006). 2013년 인터넷 중독대응센터의 보수교육 중 '인터넷 중독과 동기강화상담 기법 활용 실습'이 교육 내용에 포함된 것을 보면 그만큼 동기강화상담의 중요성을 알 수 있다.

인터넷 중독 대상자, 특히 비자발적인 청소년에게 동기강화상담을 기반으로 인지행동치료를 적용한다면 많은 도움을 줄 수 있을 것이다. 인지행동치료에 동기를 강조한 선행 연구에서도 긍정적인 효과가 입증된 바 있다. Treasure 외 5명(1999)의 연구에서는 CBT(cognitive behavioral therapy)만을 실시한 집단에 비해 CBT+MI(motivational interviewing) 기법을 적용한 집단이 치료 면에서 더 효과적이었음을 밝혔고, Project MATCH(Matching Alcholism Treatments to ClientHeterogeneity) Research Group(1998)은 알코올 중독자를 대상으로 순수한 CBT 집단보다 CBT와 MI를 병행한 집단의 치료 효과가 더 우수함을 보고하였다. 따라서 인터넷 중독 전문상담사가 인지행동치료와 동기강화상담 기법을 익힘으로써 효과적이고 전문적인 상담적 개입이 가능할 것으로 보인다.

4) 정신과적 질환, 약물, 전문기관 의뢰 절차 등에 관한 교육

부산정보산업진흥원 게임과몰입상담치료센터에 따르면 센터 방문자의 70%가 인터넷 과몰입 외 주의력 결핍 및 과잉행동장애(ADHD) 등 공존질환을 가지고 있는 것으로 밝혔다(국제신문, 2014. 2. 26.). 이에 앞서 '청소년 인터넷 중독 정도에 따른 정신과적 공존질환 및 행동 양상에 관한 연구'(이준영 외, 2010)에서도 인터넷 중독자의 61.2%가 공존질환을 앓고 있다고 발표하였다. 이들 중 ADHD가 27%로 가장 많았고, 그다음으로는 우울장애 24%, 기분장애 12.4%, 불안장애 3.9%, 충동조절장애 3.1%, 물질 관련 장애 2.3%, 정신증적 장애 0.8% 등으로 나타났다.

또한 보건복지부(2011)의 '정신질환 실태 보고'에서도 18~29세 집단의 인터넷 중독이 가장 많은 것으로 나타났으며, 인터넷 중독이 있는 경우 하나 이상의 정신장애를 경험한 경우가 75.1%였다. 인터넷 중독의 39.9%는 불안장애를 앓은 적이 있고, 39.1%는 기분장애를 앓은 적이 있었다.

순수한 인터넷 중독인 경우 상담을 통해 예방 및 치료가 이루어지지만, 정신병리적 질환을 함께 갖고 있는 중증 인터넷 중독자의 경우에는 공존질환에 대한 약물치료 등을 함께 병행할 필요가 있다. 따라서 우울증, 충동조절장애, ADHD, 기분장애, 반항장애, 불안장애 등 정신과적 질환(공존질환)을 미리 파악하고 적절한 치료를 받을 수 있도록 도움을 주어야 한다.

정신병리적 질환을 앓고 있는 경우, 인터넷 중독 치료 전문병원과의 연계를 통해 치료 및 재활 서비스가 이루어져야 하며 이에 따른 다양한 교육이 필요할 것이다. ① 정신과적 질환(공존질환)에 대한 교육, ② 인터넷 중독 치료에 사용되는 약물에 대한 교육(현재 인터넷 중독의 치료에 허가를 받은 약물은 없으며, 다만 다른 중독에 허가를 받은 기분안정제, SSRI, Psychostimulant, Bupropion, Naltrexone, Acamprosate 등이 사용 가능하다), ③ 인터넷 중독 치료 전문병원이나 정신과, 기타 인터넷 중독 관련 전문기관 의뢰 절차, 진단비용 등에 대한 교육이 인터넷 중독 전문상담사 교육과정에 포함되어야 할 것이다.

또한 공존질환을 보이는 인터넷 중독 사례를 접함으로써 상담 현장에서 내담자를 파악하고 분석하는 데 도움을 줄 수 있도록 해야 한다. 이를 위해서는 교육과정이 일회성으로 그칠 것이 아니라, 다양한 사례를 접할 수 있는 수시 교육과정으로 연수회나 워크숍을 개최할 필요성이 있다.

5) 인터넷 중독 회복자를 위한 사후관리 교육

인터넷 중독은 교육과 상담만으로 100% 치유 효과를 보장할 수 없으며, 또한 중독에 걸린 사람은 중독의 유사한 기제로 인해 다른 종류에도 쉽게 중독될 가능성과 재발의 위험이 높은 편이다. 그럼에도 불구하고 인터넷 중독 전문상담사를 위한 교과과정에는 사후관리에 대한 프로그램이 전무한 실정이다. 특히 우리나라의 경우, 인터넷이나 스마트폰을 언제 어디서든 접할 수 있기 때문에 상담을 통해 회복된 경우라도 재발할 위험이 매우 크다고 할 수 있다. 따라서 이들을 위한 사후관리 지원체계를 구축하고 이들을 위해 실시할 수 있는 프로그램이 인터넷 중독 교과과정에 포함되어야 할 것이다.

인터넷중독대응센터별로 사후관리 프로그램(心봉사 마음열기 프로젝트, 心心 FREE 프로젝트)을 운영하고 있다. 이러한 프로그램을 통해 인터넷 중독자들이 인터넷 환경에서 벗어나 다양한 야외활동과 대학생 멘토단을 활용한 일대일 상담 치유 활동을 하고 있으나, 센터별로 각기 다른 활동을 하고 있어 사후관리의 통일된 프로그램이 필요한 실정이다. 특히 활동 위주의 프로그램 이외에 전문적이고 체계적인 사후관리 프로그램이 개발되어야 할 것이다.

일반적인 상담 이후, 센터나 학교 등을 내방하는 대상자를 위한 프로그램과 가정방문상담 이후의 사후관리 등 각기 다른 사후관리 프로그램이 필요하며, 대상별로도 사후관리가 달라져야 한다. 청소년과 성인을 대상으로 그들에게 필요한 것이 무엇인지 파악하고 적절한 사후관리를 해야 할 것이다. 예를 들어 청소년의 경우 학습이나 진로 등 미래를 대비할 수 있는 상담이 필요할 것이며, 성인의 경우 사회복귀를 돕는 직업재활 프로그램 등이 필요할 것이다. 또한 중독 회복자는 자조 모임을 결성하는 경우가 많은데, 인터넷 중독 대상자들을 위한 자조 모임을 결성하게 하는 것도 사후관리의 한 방법이다. 이러한 다양한 사후관리 프로그램이 체계화되어 인터넷 중독 교과과정에 포함된다면, 인터넷 중독의 재발로 새로운 비용을 투입하고 서비스를 다시 하는 등의 낭비를 줄일 수 있을 것이다.

인터넷 중독 상담이란 마치 소 잃고 외양간을 고치는 것과 흡사하다. 잃어버린 소를 찾아 외양간에 넣는 것이 인터넷 중독 전문상담사가 해야 할 일이다. 그리고 또다시 소를 도둑맞지 않기 위해 튼튼한 외양간을 만들어 지속적으로 보수하고 관리하는 것 또한 인터넷 중독 전문상담사의 몫이라고 할 수 있다.

4. 인터넷 중독 전문상담사 자격증만으로 미래 보장이 가능한가

인터넷 중독 전문상담사뿐 아니라 상담 관련 전문가들은 '귀족 전공'으로 불릴 정도로 수련과정에 많은 투자를 하고 있다. 이는 단순히 경제적으로 넉넉한 사람이 배우는 학문이라기보다는 상담사로서 역량을 강화하는 데 끊임없는 투자와 노력이 필요하나 막상 실무에서 받는 대우는 매우 빈약하다는 뜻이기도 하다.

작년 국정감사 자료에서 국회 미래창조과학방송통신위원회 소속 홍문종 의원(새누리당)은 전국 인터넷 중독자가 220만 명으로 추정되지만 한국정보화진흥원에서 운영하는 인터넷중독대응센터의 상담 인력은 36명에 불과하다고 지적하였다. 특히 상담 인력의 100%를 계약직으로 채우고 있어 연속성과 전문성을 확보하기 어려운 것으로 나타났다. 인터넷 중독 상담 인력이 부족하다는 지적과 함께 그들의 처우가 열악하다는 지적도 제기되었다. 최원식 의원(민주당)이 국정감사 자료를 분석한 결과 전국 인터넷 중독 상담사의 94%가 석사 이상의 고학력자였고, 88%가 상담 관련 자격증을 보유한 우수 인력으로 나타났다. 하지만 인터넷 중독 상담사 36명 전원의 최대 계약 기간이 2년인 비정규직이고 임금도 월평균 185만 원으로 고용과 급여 수준 모두 불안한 상황이라고 최 의원은 덧붙였다(디지털타임즈, 2013. 10. 25.).

국정감사 자료를 통해서도 알 수 있듯이 인터넷 중독 전문가들은 전문성과 우수성에 비해 적절한 대우를 받지 못하는 것이 현실이다. 지속적으로 인터넷 중독 전문가를 양성하는 것도 중요하지만, 기존 인터넷 중독 전문가들에 대한 적절한 보상과 처우 개선, 전문화를 위한 보수교육 및 슈퍼비전, 연구 기회 제공 등이 이루어져야 한다. 또한 정규직으로의 전환으로 고용에 대한 안정이 필요하며, 급여 또한 그들의 전문성에 맞게 대우해 줌으로써 숙련된 경험자들의 이직을 방지하는 것이 앞으로 인터넷 중독 전문상담사들의 지속된 활동을 보장할 수 있는 길일 것이다. 제대로 된 교육과정을 통해 숙련된 전문가로 활동할 수 있도록 하는 것이 장기적인 관점에서도 인터넷 중독을 감소시키는 데 효율적일 것이다. 인터넷 중독이라는 한 분야에서 지속적으로 활동하며 다양한 증상을 호소하는 사람들을 만남으로써 쌓여 가는 노하우는 이 분야의 발전을 촉진할 수 있는 밑바탕이 된다.

인터넷 중독이 사회적 문제로 부각되면서 각 기관 및 부처에서는 너 나 할 것 없이 인터넷 중독 상담 전문가를 배출하고 있다. 그러나 사회적 필요에 의해 양성된 상담사들은 짧은 시간 내에 단기 교육만으로 배출됨으로써 전문성을 인정받지 못하고 있다. 게다가 일선에서 이루어지는 대다수의 인터넷 중독 관련 예방사업이 교육이나 체험 위주의 활동으로 끝나고 있다. 또한 중독자에 대한 치료가 대응센터, 청소년상담복지센터, 정신과 등에서 이루어지므로 실제 인터넷 중독 전문상담사 양성과정을 마치더라도 중독자를 대상으로 하는 상담을 하는 경우는 거의 없다. 예방교육이 일회적 · 단기적으로 행해지므로 전문상담사의 처우가 열악할 수밖에 없으며, 그마저도 본인이 알아서 일자리를 찾아야 하는 게 현실이다.

인터넷 중독 상담사들이 자격 요건이나 교육 내용의 전문성을 확보하게 된다면 전문성을 인정하여 교육 수준이나 역할에 맞는 사회적 대우를 해 주어야 할 것이다. 가령 인터넷중독대응센터 등에서 전문 인력 채용을 강화하거나, 인터넷 중독 전문상담사를 양성하는 기관을 단일화하여 인력 풀을 형성하고 활용할 수 있다. 이렇게 한다면 인터넷 중독 전문상담사의 자질을 확보할 수 있을 뿐 아니라 안정적인 수급이 가능하며, 교육 내용이나 상담도 지속적이고 장기적인 과정으로 진행될 수 있다. 그리고 이는 곧 인터넷 중독 전문상담사의 사회적 지위와 급여, 복지 등의 향상으로 이어질 수 있을 것이다.

인터넷을 기반으로 한 게임, SNS, 검색 기능, 채팅 등이 발달할수록 인터넷 사용으로 인한 부작용도 커질 수밖에 없다. 스마트폰 등 최신 전자기기를 사용하는 연령이 갈수록 낮아지고 있으며, 식당에서 만화나 게임 동영상을 보는 아이들을 자주 목격할 수 있다. 또 친구를 만나거나 가족끼리 있는 시간에도, 길을 건널 때도, 계단을 오르내릴 때도 스마트폰을 손에서 놓지 않고 인터넷 세상을 즐기는 모습은 일상적인 풍경이다.

이렇게 사람과 사람의 접촉보다 사람과 기계의 접촉이 더욱 많아지면서 감정을 공유하며 서로를 가슴으로 이해하는 과정이 생략되고 있다. 점점 더 건조해지고 삭막해지는 관계에서 인터넷 중독은 사람의 온기가 식어 버린 우리의 안타까운 모습이다. 그래서 인터넷 중독에서 벗어나려는 사람들의 노력은 참으로 반갑고 다행이다. 인터넷 중독이라는 그늘에서 벗어나 건강한 삶을 살아갈 수 있도록 도와주는 인터넷 중독 전문상담사가 더욱 절실히 필요하다.

양날의 칼과 같은 인터넷을 제대로 잘 사용하기 위해서는 중독예방 전문상담사가 필요하고, 잘못된 사용을 바로잡기 위해서는 중독치료 전문상담사의 역할이 중요하다. 따라서 인터넷 중독 전문상담사 양성과정에 대한 비판적 시각으로 현재의 단점을 보완하여 더 나은 양성 및 교육과정을 수립하기 위한 다양한 측면의 노력이 필요할 것으로 보인다.

• • • 참고문헌 • • •

강석수 (2007). 중학교 남학생의 인터넷 중독과 부모-자녀 간 의사소통 및 양육태도와의 관계. 경남대학교 석사학위논문.

고은옥 (2006). 부모 양육태도 및 부모-자녀 간 의사소통과 아동의 인터넷 중독의 관계. 경남대학교 석사학위논문.

국제신문 (2014. 2. 26.). 인터넷 중독 청소년 70% 다른 정신질환도 앓아. http://www.kookje. co.kr/news2011/asp/newsbody.asp?code=0800 &key= 20140227.22026192507(2014. 8. 27.)

권윤희 (2005). 청소년의 인터넷 게임 중독 예측모형 구축. 계명대학교 박사학위논문.

권정현 (2009). 몰입과 중독이 다사용자 온라인 롤플레잉 게임(MMORPG) 이용자의 충성도에 미치는 영향에 관한 연구. 경기대학교 석사학위논문.

김교현 (2002). 심리학적 관점에서 본 중독. 한국심리학회지: 건강, 7(2), 159-179.

김기숙 (2009). 청소년 인터넷 게임 중독에 영향을 미치는 부모 관련 요인 예측모형. 중앙대학교 박사학위논문.

디지털타임즈 (2013. 10. 25.). 인터넷 중독자 220만 명, 상담 6개월이나 대기. http://news. zum.com/articles/9557471?pr=008(2014. 8. 23.)

류진아, 김광웅 (2004). 청소년의 인터넷 중독에 영향을 미치는 생태체계 변인. 청소년상담연구, 12(1), 65-80.

매경이코노미 (2012. 5. 9.). [한국 사이버 중독에 빠지다] 청소년 왜 사이버 중독에 취약하나...언제나 접속되는 환경이 문제. http://pann.news.nate.com/info/254070067(2014. 8. 20.)

보건복지부 (2011). 정신질환 실태 역학조사. 보건복지부.

송수민 (2012). 청소년 상담사들이 지각한 인터넷 중독 상담모형의 중요 요소 연구. 가족과 상담, 2(2), 17-29.

안희돈, 정의준, 김석, 전문기 (2012). 인터넷 게임 중독과 관련 정책에 대한 인문학적 중심의 학제적 연구. 경제·인문사회연구회.

여성가족부 (2012). 청소년 인터넷 게임 건전이용제도 관련 평가척도 개발연구. 여성가족부.

여성가족부 (2013). 청소년의 인터넷 게임 이용 실태조사. 여성가족부.

여성가족부, 한국언론학회 (2013). 청소년의 건강한 스마트폰 이용 문화 조성을 위한 토론회 자료집.

이인선 (2004). 부모-자녀 간 의사소통 유형 및 학교생활 만족도가 청소년의 게임 중독 정도에 미치는 영향. 서강대학교 석사학위논문.

이형초 (2001). 인터넷 게임 중독의 진단척도 개발과 인지행동치료 효과. 고려대학교 박사학위논문.

장수미, 전영민, 김성재 (2009). 외국의 도박중독상담 전문인력 자격제도 비교-미국, 호주, 싱가포르를 중심으로. 스트레스연구, 17(1), 53-62.

전종수 (2010). MMORPG의 재미 요소가 게임 중독에 미치는 영향에 대한 연구. 한양대학교 박사학위논문.

한국정보문화진흥원 (2001). 인터넷 중독 가족상담 프로그램 개발연구. 한국정보문화진흥원.

행정안전부 (2011). 인터넷 중독 실태조사. 행정안저부.

Miller, W. R. & Rollnick, S. (2002). *Motivational Interviewing*. [신성만, 권정옥, 손명자 역 (2006). 동기강화상담: 변화준비시키기. 시그마프레스.]

Project MATCH Research Group (1998). Therapist effects in three treatments for alcohol problems. *Psychotherapy Research, 8*(4), 455−474.

Treasure, J. L., Katzman, M., Schmidt, U., Troop, N., Todd, G., & de Silva, P. (1999). Engagement and outcome in the treatment of bulimia nervosa: Firstphase of a sequential design comparing motivation enhancement therapy and cognitive behavioral therapy. *Behaviour Research and Therapy, 37*(5), 405−418.

Young, K. S. (2009). Understanding online gaming addiction and treatment issues for adolescents. *The Amerrican Journal of Family Therapy, 37*(5), 355−372.

찾아보기

저자 소개

김교헌 kyoheonk@cnu.ac.kr

충남대학교 심리학과 교수이며, 성균관대학교에서 임상건강심리학 전공으로 박사학위를 받았다. 한국심리학회장, 중독심리학회장 등을 역임했으며 현재 충남대학교 중독행동연구소 소장으로 활동하고 있다. '중독과 자기조절: 인지신경과학적 접근' 등의 논문이 있고, **중독의 이해와 상담실제, 건강심리학** 등을 펴냈다. 현재 명상과 자기조절 분야에 관심을 가지고 있다.

박승민 subiya99@ssu.ac.kr

숭실대학교 기독교학과 상담심리 전공 교수이며, 서울대학교에서 교육상담 전공으로 박사학위를 받았다. 한국상담심리학회 1급 상담심리사, 한국상담학회 1급 전문상담사, 국가공인 1급 청소년상담사 자격을 소유하고 있으며, 박사학위 논문인 '온라인 게임 과다 사용 청소년의 게임 행동 조절 과정 분석' 외 다수의 논문이 있다. **청소년 인터넷 중독의 이해와 상담, 근거이론 접근을 활용한 상담연구방법** 등을 펴냈다.

신성만 sshin@handong.edu

한동대학교 상담심리학과 교수이며, Boston University에서 재활상담 전공으로 박사학위를 받았다. 현재 한국중독상담학회 회장, 한국중독심리학회 부회장으로 활동하고 있다. **청소년을 위한 동기강화상담, 동기강화기술 입문, 동기강화상담, 실존치료, 정신재활** 등의 역서, '사회적 지지와 스마트폰 중독 간의 관계', '청소년 인터넷 도박행동의 실태 및 심리적 특성과의 관계' 등의 논문이 있으며 *Journal of Counseling Psychology, Psychology of Addictive Behavior* 등의 저널에 기고하고 있다.

박중규 pjkpsy@daegu.ac.kr

대구대학교 재활심리학과 교수이며, 연세대학교에서 임상심리학 전공으로 박사학위를 받았다. 서울대병원 신경정신과 임상심리연구원, 연세대 의대 강사를 거쳐 인제대 일산백병원 신경정신과에서 조교수를 역임했다. 임상심리전문가, 정신보건임상심리사 1급 자격을 가지고 있으며, 인터넷 중독 특성 분석 및 상담 전략을 개발하고 K-척도 개발에도 참여했다. 한국재활심리학회장, 한국임상심리학회 수석부회장 등을 역임했으며, 현재 한국인지행동치료학회 부회장, 한국재활심리사협회 이사, 한국명상학회 이사로 활동 중이다.

유영달 ydyou@silla.ac.kr

신라대학교 사회복지학부 교수이며, 독일 뮌헨대학교에서 임상심리학으로 박사학위를 받았다. 한국상담학회 부산·경남·울산 지역 학회장을 역임했으며, 현재 신라대학교 사이버중독치료센터 소장을 겸임하고 있다. '게임·인터넷·스마트폰 올바른 사용을 위한 생활지도 매뉴얼' 등 연구물이 있으며 **정신건강과 상담**, **정신건강론**, **인간관계의 심리** 등을 펴냈다. 현재 긍정적 중독의 일종인 몰입감(flow) 현상에 관심을 가지고 있다.

문현실 shi-l@hanmail.net

DM행복심리상담치료센터 원장이며, 백석대학교에서 인터넷 중독 상담 전공으로 박사학위를 받았다. 현재 한국청소년상담학회 수련감독, 서울 가정법원 상담위원, 해결중심치료학회 슈퍼바이저로 활동하고 있다. 상담 현장에서의 경험으로 '인터넷 중독 청소년에 대한 해결 중심 상담 프로그램의 치료 효과 연구' 등의 논문을 발표했고, 한국정보화진흥원의 **중·고등학생용 인터넷 중독 집단상담 프로그램**, **가정방문 상담사를 위한 상담 핸드북** 등을 개발했다.

이화자 hjlee@ahafamily.org

전주대학교 가정교육과 교수이며, 성균관대학교에서 가족상담 전공으로 박사학위를 받았다. 오랫동안 아하가족성장연구소 소장으로 활동하며 가족상담의 한 일가를 이루었다. 상명대학교 복지상담대학원 가족치료학과 겸임교수를 역임했고, 현재 한국상담학회 부부가족 슈퍼바이저 및 윤리위원장, 한국가족치료학회 슈퍼바이저 및 사례위원장으로서 중독자 가족치료 임상에 전념하고 있다.

강준기 051145@sdu.ac.kr

서울디지털대학교 상담심리학과 강사이며, 서울여자대학교 특수치료전문대학원에서 예술치료학 박사학위를 받았다. 한국정보화진흥원 인터넷 중독 전문상담사 양성과정에서 통합예술치료, 미술치료 분야의 교수요원으로 활동하고 있다. 한국정보화진흥원과 함께 **고교생 인터넷 사용조절 프로그램-통합예술치료 접근**, **가정방문상담사를 위한 상담 핸드북**을 개발했다. 현재 명상치유, 심리운동, 교도소 성폭력사범 교정 심리치료 분야에서도 활동 중이다.

조현섭 grangchohs@hanmail.net

총신대학교 중독재활상담학과 교수이며, 이화여자대학교에서 심리학 박사학위를 받았다. 국제중독전문가, 중독전문가 1급 및 슈퍼바이저로 활동하고 있으며, 보건복지부 알코올상담센터 기술지원단장, 사행산업통합감독위원회 중독예방치유센터장, 한국중독전문가협회 회장 등을 역임했다. 현재 Columbo Plan ICCE(International Centre for Certification and Education of Addiction Professionals) 이사 겸 한국 대표, 강서 인터넷중독상담센터를 운영하고 있다.

고영삼 yeskoh@hanmail.net

한국정보화진흥원 수석연구원이며, 부산대학교에서 ICT 융합의 사회심리학 분야 박사학위를 받았고 KAIST 전자정부고위과정을 이수했다. 우리나라 인터넷 중독 국가 종합계획을 수립하는 등 정책 현장에서 줄곧 활동해 왔다. 80여 편의 논문·보고서를 썼으며, K. Young 등 해외 학자들과 *Internet Addiction* 출간에 참여했고, **인터넷에 빼앗긴 아이, 디지털 다이어트, 스마트 미디어의 이해** 등 14권의 저서 및 역서를 펴냈다.

조정문 cmcho@nia.or.kr

한국정보화진흥원 수석연구원이며, 미국 매릴랜드대학교에서 사회심리 및 가족사회학 전공으로 박사학위를 받았다. '청소년의 자아존중감과 비행', '한국계 미국 이민자의 가족구조 변화', '정보화와 가족 변화' 등의 논문이 있으며, **가족사회학**을 펴냈다. 현재 정보화로 인해 변화되는 인간의 자아정체성과 가족 등에 관심을 가지고 있다.

민웅기 sunppk@mokwon.ac.kr

목원대학교 교양교육원 교수이며, 고려대학교에서 사회학을 전공하여 문학박사 학위를, 한양대학교에서 관광학박사 학위를 받았다. 고려대학교 아세아문제연구소 연구원, 덕성여자대학교 연구교수를 지냈다. 지은 책으로 **사회문제의 이해**(공저), 번역한 책으로 **관광과 관광공간**(공역) 등이 있으며, 현재 문화·관광 콘텐츠의 소비행동과 관련된 사회심리학 분야에 관심을 가지고 연구 중이다.

천성문 smcheon@ks.ac.kr

경성대학교 교육학과 교수이며, 영남대학교에서 상담심리학 박사학위를 받았다. 미국 스탠퍼드대학교 연구교수, 서울대학교 초빙객원교수로 활동하고 있다. 한국중독상담학회와 한국학교상담학회 등에서 학회장을 역임하였다. '인터넷 중독과 성격과의 관계', '집단정신치료의 치료적 요인' 등의 논문이 있고 **상담심리학의 이론과 실제, 집단상담** 등을 펴냈다. 현재 심리치료의 치료적 요인, 동양사상과 상담 분야에 관심을 가지고 있다.